찾아보고 발견하며 배우고 즐기는
동물 대백과사전!

지은이 존 우드워드
논픽션 전문 작가이며, 어린이를 위한 과학 책을 많이 썼다. 공룡을 비롯한 동물과 지구, 환경에 관심이 많다. 지은 책으로 『숲 속의 건축가』, 『생생 클로즈업! 공룡 체험관』, 『상어 전쟁』, 『공룡 백과』 등이 있다.

동물학 집필 톰 잭슨, 팀 해리스

그린이 발(Advocate-art), 앤드루 베킷, 애덤 벤턴, 피터 불, 다이나모, 앤드루 커, 존(KJA), 애런 루이스, 피터 미니스터, 스튜어트 잭슨카터(SJC Illustartion)

자문 킴 데니스브라이언 박사
고생물학자이자 과학 저술가이며, 영국의 개방 대학교(Open University)에서 강의했다.

옮긴이 이한음
서울대학교에서 생물학을 공부했고, 과학 저술가이자 전문 번역가로 일하고 있다.

찾아보고 발견하며 배우고 즐기는
동물 대백과사전!

1판 1쇄 펴냄 2022년 1월 31일 1판 2쇄 펴냄 2023년 3월 31일
지은이 존 우드워드, 톰 잭슨, 팀 해리스 자문 킴 데니스브라이언 옮긴이 이한음
펴낸이 박상희 편집주간 박지은 편집 김지호 디자인 김혜림
펴낸곳 (주)비룡소 출판등록 1994.3.17.(제16-849호)
주소 06027 서울시 강남구 도산대로1길 62 강남출판문화센터 4층
전화 영업 02)515-2000 팩스 02)515-2007 편집 02)3443-4318,9 홈페이지 www.bir.co.kr
제품명 어린이용 각양장 도서 제조자명 Leo Paper Products
제조국명 중국 사용연령 3세 이상

Original Title: Knowledge Encyclopedia Animal!:
The Animal Kingdom as You've Never Seen it Before
First published in Great Britain in 2016 by
Dorling Kindersley Limited
One Embassy Gardens, 8 Viaduct Gardens, London, SW11 7BW

Copyright © Dorling Kindersley Limited, 2016
A Penguin Random House Company
All rights reserved.

Korean Translation Copyright © 2022 by BIR Publishing Co., Ltd.
This Korean translation edition is published by arrangement with
Dorling Kindersley Limited, London.

이 책의 한국어판 저작권은 저작권사와 독점 계약한 (주)비룡소에 있습니다.
저작권법에 의해 한국 내에서 보호를 받는 저작물이므로
무단 전재와 무단 복제를 금합니다.
ISBN 978-89-491-5372-8 74490
ISBN 978-89-491-5371-1 (세트)

For the curious
www.dk.com

DK
찾아보고 발견하며 배우고 즐기는
동물 대백과사전!

비룡소

차례

동물이란 무엇일까?	6
진화와 멸종	8
동물의 역사	10
동물계	12

무척추동물

무척추동물이란 무엇일까?	16
태평양쐐기풀해파리	18
자포동물	20
대왕조개	22
두족류	24
연체동물	26
유럽바닷가재	28
갑각류	30
사막메뚜기	32
왕잠자리	34
딱정벌레	36
감비아학질모기	38
나비와 나방	40
꿀벌	42
곤충	44
아마존왕지네	46
멕시코붉은무릎타란툴라	48
황제전갈	50
거미류	52
붉은불가사리	54
극피동물	56

어류

어류란 무엇일까?	60
바다칠성장어	62
백상아리	64
꽁지가오리	66
상어와 가오리	68
복해마	70
점쏠배감펭	72
돛새치	74
붉은배피라냐	76
경골어류	78

양서류

양서류란 무엇일까?	82
빨간눈청개구리	84
두꺼비	86
개구리와 두꺼비	88
빗영원	90
도롱뇽과 영원	92

파충류

파충류란 무엇일까?	96
갈라파고스땅거북	98
바다거북과 땅거북	100
카멜레온	102
코모도왕도마뱀	104
바다이구아나	106
도마뱀	108
에메랄드나무왕뱀	110
서부다이아몬드방울뱀	112
뱀	114
악어류	116

조류

조류란 무엇일까?	**120**
주금류	122
황제펭귄	124
펭귄	126
닭류	128
검독수리	130
매와 수리	132
앵무	134
나그네앨버트로스	136
물새, 바닷새, 연안 새	138
수리부엉이	140
부엉이	142
왕부리새와 딱따구리	144
붉은장식극락조	146
흰점찌르레기	148
참새류	150

포유류

포유류란 무엇인가?	**154**
단공류	156
붉은캥거루	158
유대류	160
브라질세띠아르마딜로	162
큰개미핥기	164
유럽두더지	166
코끼리	168
북아메리카비버	170
설치류	172
토끼와 산토끼	174
여우원숭이	176
검은고함원숭이	178
원숭이	180
수마트라오랑우탄	182
마운틴고릴라	184
유인원	186
박쥐	188
회색늑대	190
아프리카들개	192
개과 동물	194
회색곰	196
대왕판다	198
곰	200
캘리포니아강치	202
물범	204
줄무늬스컹크	206
벌꿀오소리	208
족제비류	210
호랑이	212
치타	214
사자	216
눈표범	218
야생 고양이류	220
점박이하이에나	222
미어캣	224
말	226
검은코뿔소	228
낙타류	230
혹멧돼지	232
붉은사슴	234
소과 동물	236
기린	238
하마	240
범고래	242
혹등고래	244
고래류	246

동물학	**248**
낱말 풀이	**282**
찾아보기	**284**

크기와 비교 기준

이 책에서는 동물들을 가장 큰 개체들의 평균값으로 크기를 나타냈다. 성인 남성의 키, 손 길이, 엄지 한 마디 길이의 **평균값**도 그림으로 함께 표시해 크기를 비교할 수 있다. 어류, 양서류, 파충류는 몸길이가 머리에서 꼬리 끝까지를 가리킨다. 조류는 부리에서 꼬리 끝까지, 포유류는 꼬리를 제외한 머리에서 몸통 끝까지다.

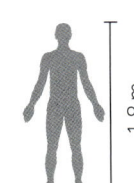 1.8 m
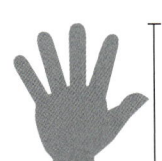 18 cm
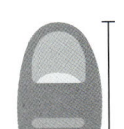 2 cm

동물이란 무엇일까?

동물은 모습과 행동 방식이 놀랄 만큼 다양하다. 사람도 동물이다. 따라서 동물들의 행동에 익숙하다. 우리는 고양이가 원하는 게 무엇인지, 주위 환경에 어떻게 반응할지 본능적으로 알 수 있다. 그러나 생활 방식을 이해하기 어려운 동물들도 있다. 산호는 동물이지만 식물에 더 가까워 보인다. 산호와 고양이, 사람의 공통점은 무엇일까? 왜 이들을 동물이라고 부르고, 다른 생물은 동물이 아니라고 할까?

생물의 일곱 가지 계

과학자들은 현재 지구에 살아가는 생물을 일곱 가지 '계'로 나눈다. 그중 고세균, 세균, 조류, 원생생물은 미생물이다. 크기가 아주 작아 현미경으로만 볼 수 있다. 그러나 이 미생물이 없으면 사람도 살 수 없다. 나머지는 식물, 균류, 동물이다. 식물은 빛 에너지를 이용해서 먹이를 만든다. 균류와 동물은 식물이 만든 먹이를 먹는다. 균류는 주로 썩어가는 생물을 빨아들인다. 동물은 대부분 돌아다니며 다른 생물을 찾아서 먹는다.

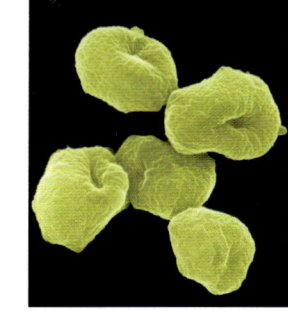

고세균
단세포 생물로, 뜨거운 산성 웅덩이나 동물의 몸속 같은 험한 곳에서 사는 종류가 많다.

동물의 여섯 가지 중요 특징

동물은 모습, 크기, 해부 구조가 매우 다양하다. 아주 작은 벌레부터 거대한 고래까지 모두 동물이다. 그리고 동물은 몸의 가장 기본적인 구조, 자라고 번식하는 방법, 환경을 감지하는 방식, 운동성 등 몇 가지 중요한 특징을 가진다.

다세포 몸
고세균, 세균, 원생생물은 아주 작은 미생물로, 대부분 단세포 생물이다. 하나의 세포 안에 생명에 필요한 복잡한 화학 물질이 다 들어 있다. 동물은 많은 세포로 이루어져 있다. 세포들이 모여서 다양한 조직과 기관을 이룬다. 물벼룩은 민물에 사는 갑각류로, 몸길이가 최대 5밀리미터에 불과하지만, 다세포 동물이다.

물벼룩

에너지와 먹이
생물은 활동하려면 에너지가 필요하다. 식물은 햇빛 에너지를 화학 물질로 바꾸어서 몸에 저장한다. 동물은 식물을 먹거나 식물을 먹은 동물을 잡아먹는다. 먹이를 먹음으로써, 몸을 만들고 움직이는 데 필요한 필수 화학 물질과 에너지를 얻는다.

애벌레는 식물의 잎을 먹어서 에너지를 얻는다.

먹이 찾기
동물은 살아 있는 생물이나 죽은 생물을 먹는다. 대부분 소화 기관을 통해 먹은 생물의 조직을 분해하여 영양분을 얻는다. 몇몇 수생 동물은 물에 떠다니는 먹이 알갱이를 걸러 먹는다. 그러나 대부분은 입으로 먹이를 붙잡아 삼킨다. 동물은 감각이 뛰어나며, 움직일 수 있다. 이 두 가지 특징을 이용하여, 먹이를 찾고 붙잡는다.

돌묵상어는 물에서 먹이를 걸러 먹는다.

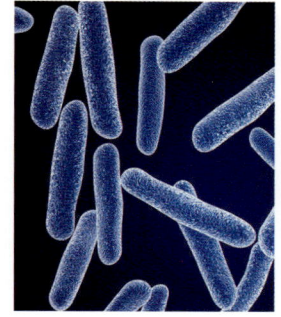 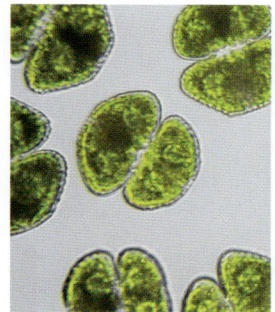  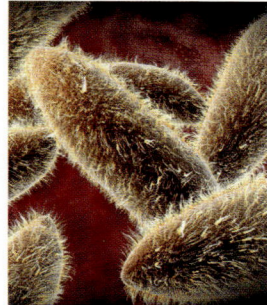  

세균
단세포 생물로, 어느 곳에나 많이 있다. 양분을 재순환시켜서 다른 생물이 사는 데 도움을 준다. 그러나 질병을 일으키기도 한다.

조류
식물처럼 태양 에너지를 이용해서 먹이를 만든다. 구조가 단순하며, 주로 물에서 산다.

식물
많은 세포로 이루어져 있다. 대개 땅 위에 산다. 태양 에너지를 이용해서 스스로 양분을 만들어 자란다.

원생생물
아주 작은 미생물이지만, 단세포 세균보다는 구조가 더 복잡하다. 대개 동물처럼 먹이를 찾아 돌아다닌다.

균류
단세포 생물도 있고 다세포 생물도 있다. 대개 죽은 동식물을 먹어 에너지를 얻는다.

동물
다세포 생물이다. 근육과 신경이 있어, 대부분 먹이를 얻기 위해 움직인다.

호흡
동물은 먹이에서 에너지를 얻기 위해 산소가 필요하다. 산소를 흡수하고 이산화탄소를 내보내는 과정을 '호흡'이라고 한다. 곤충은 몸에 근육과 기관으로 공기를 보내는 관이 있다. 근육과 기관은 공기에서 산소를 빨아들이고 노폐물인 이산화탄소를 내보낸다. 대다수 동물은 아가미나 폐로 호흡을 한다. 혈액은 아가미와 폐에서 산소를 가득 받아서 몸 곳곳으로 운반한다.

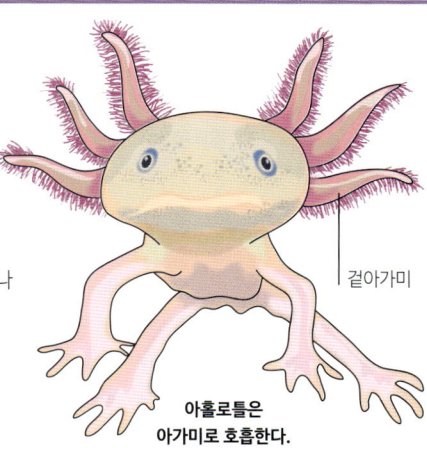

겉아가미

아홀로틀은 아가미로 호흡한다.

감각계
거의 모든 동물은 피부에 신경 세포들이 그물처럼 퍼져 있다. 그래서 무언가에 닿으면 반응한다. 가장 고도로 발달한 동물은 빛, 열, 냄새, 맛, 소리, 압력, 심지어 전기까지 감지하는 특수한 감각 기관들을 지닌다. 뇌는 경험을 통해 배운다. 자극을 받으면 기억을 한다. 나중에 자극을 다시 받으면 기억을 떠올려서 더 빨리 반응한다. 동물은 감각 기관이 주로 머리에, 즉 입과 뇌 가까이에 몰려 있다.

흰머리수리는 시력이 아주 좋다.

돌아다니기
가장 눈에 띄는 특징은 이동성이다. 홍합과 따개비 같은 동물은 움직이지 않는 것처럼 보인다. 성체 때에는 주로 바위에 붙어 있기 때문이다. 그러나 홍합과 따개비도 껍데기를 여닫으며 몸속으로 물을 빨아들인다. 다른 동물들은 대부분 기거나, 헤엄치거나, 걷거나, 달리거나, 심지어 난다. 동물들은 먹이를 찾고, 적을 피하고, 짝을 찾아 나선다.

치타는 가장 빠른 육상 동물이다.

진화와 멸종

꾸준히 이어진 진화의 결과로 동물은 놀라울 만큼 다양해졌다. 진화는 오랜 시간 동안 생물이 주위 환경에 적응하면서 변하는 과정이다. 세상이 변하면, 가장 잘 적응해서 살아남는 동물은 더욱 번성하여 그 수가 불어난다. 이런 동물을 '적자'라고 한다. 반대로, 적응하지 못한 동물은 죽어서 영원히 사라진다.

개체 변이

동물이 번식할 때, 자식은 부모의 특징을 물려받는다. 엄마와 색깔이 같거나, 아빠와 색깔이 같은 개체가 나온다. 또 부모의 색깔이 섞인 개체도 나올 수 있다. 돌연변이로 뜻밖의 색깔이 나오기도 한다. 위장에 도움이 되는 색깔을 지닌 개체는 살아남는 데 유리하다.

자연 선택

자연 선택은 환경에 가장 잘 적응한 생물이 살아남아서 더 많은 자식을 남기는 과정이다. 시간이 흐를수록 유용한 적응 형질을 지닌 동물의 수가 더 많아지고, 그 결과 종이 서서히 진화한다. 예를 들어, 19세기 영국에서는 산업 오염으로 나무가 검게 변했다. 그러자 어두운 색을 띤 희귀한 형태의 회색가지나방이 많아졌다. 검은 나무에 앉으면 위장이 잘 되어서 새의 눈에 잘 띄지 않기 때문이다.

검댕으로 검어진 나무껍질에 잘 어울리는 날개

지의류로 덮인 나무껍질에 잘 어울리는 날개

어두운 색의 회색가지나방

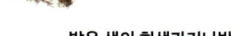
밝은 색의 회색가지나방

사라진 조상들

지구에 사는 생명은 계속 변한다. 새로운 종이 나타나고, 있던 종은 사라진다. 화석 증거에는 빠진 부분이 아주 많다. 따라서 어느 동물의 조상이 어느 동물인지 아는 것이 불가능하다. 과거로 갈수록 더욱 알기 어려워진다. 과학자들은 동물들 사이의 유사점을 살펴보지만, 아주 비슷하게 생긴 동물들도 가까운 친척이 아닐 수 있다.

갈라지는 가계도
이 고대 동물들은 현생 코끼리의 직계 조상이 아니다. 그러나 모두 공통 조상에서 유래하여 같은 가계도에서 뻗어나간 가지들이라고 여겨진다.

지금까지 살았던 종들 중 **90퍼센트 이상은** 멸종했다.

메오리테리움

피오마

곰포테리움

데이노테리움

새로운 도전 과제

서식지를 새로 옮기면 동물은 새로운 문제에 직면한다. 한때 유용했던 특징들이 쓸모가 없어지기도 한다. 포식자가 전혀 없는 섬에서 새는 포식자를 피해 날아 다닐 필요가 아예 없다. 나는 데는 에너지가 많이 들기 때문에, 날지 못하는 새가 더 잘 자란다. 따라서 시간이 흐르면 섬에는 날지 못하는 종이 나타난다. 갈라파고스가마우지가 날지 못하는 이유도 이 때문이라고 여겨진다.

날개가 짧아 날지 못한다.

갈라파고스가마우지

변하는 세계

생물은 환경에 완벽하게 적응할 수 있지만, 환경은 계속 변한다. 북극곰이 살아가는 환경에도 변화가 일어났다. 북극곰은 일 년 중 대부분을 북극해 해빙 위에서 산다. 그런데 기후 변화로 얼음이 녹아내리고 있다. 얼음 위에서 살던 북극곰은 제대로 적응하지 못하면, 결국 멸종할지도 모른다.

대량 멸종

때로는 재앙이 닥쳐 세상이 급변하면서, 생물이 대부분 죽기도 한다. 약 6600만 년 전, 소행성 혹은 혜성이 지구에 충돌했다. 이 사건으로 거대한 공룡과 익룡이 대량 멸종했다. 그러나 현생 포유류와 조류의 조상은 살아남았다.

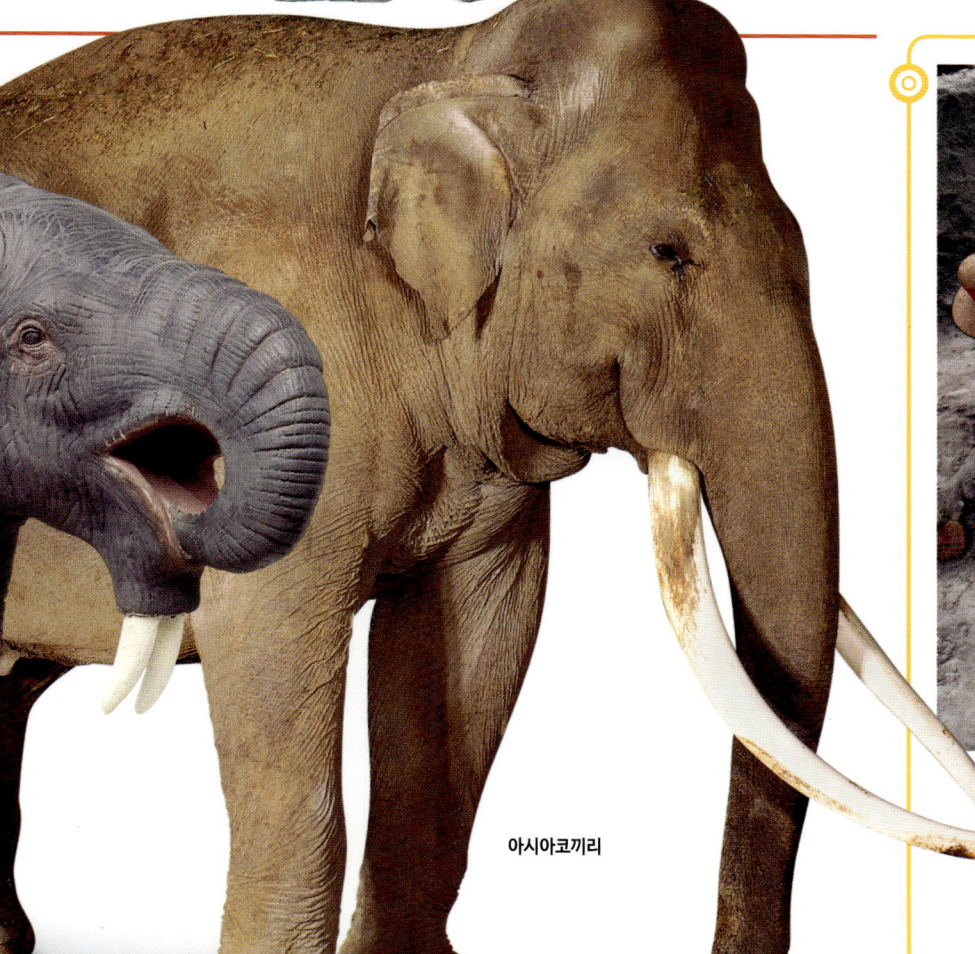

아시아코끼리

화석 증거

멸종한 동물에 관한 지식은 모두 화석을 보고 추론한 것이다. 화석이란 오래전에 죽은 생물의 잔해나 흔적이 정상적인 부패 과정을 거치지 않은 덕분에 보존된 것이다. 화석은 대부분 딱딱한 껍데기와 뼈가 진흙이나 모래에 묻혀 암석이 된 것이다. 암석의 광물질이 조직에 스며들어서 돌로 변한 것이다. 드물게 몸이 무른 동물이나 깃털 같은 부드러운 조직이 눌린 자국이 남아서 화석이 되기도 한다.

리아옥시오르니스
초기 비행 공룡은 이빨이 있고, 뼈대가 든 긴 꼬리를 가졌다. 그러나 백악기에는 최초의 진정한 조류도 진화했다.

고제3기(팔레오기)
6600만 년 전~2300만 년 전
거대한 공룡을 없앤 무시무시한 변화에도 몇몇 작은 포유류는 살아남았다. 포유류는 사라진 공룡들을 대신해 점점 더 큰 초식 동물과 포식자로 진화했다.

우인타테리움
체격이 거대한 초식 동물이다. 현생 코뿔소만 했다.

백악기
1억 4500만 년 전~6600만 년 전
백악기에는 몇몇 가장 크고 가장 놀라운 공룡들도 진화했다. 그러나 백악기가 끝날 때, 모든 거대한 공룡들은 대량 멸종했다.

티라노사우루스
T. 렉스라고도 부르며, 가장 유명한 공룡이다. 백악기 말에 살았다.

시조새
쥐라기 말에 깃털 달린 공룡 중에서 날 수 있는 날개를 가진 종이 진화했다. 시조새는 현재 날개를 지닌 가장 오래된 공룡이라 여겨진다.

- 초기 지구
- 고생대
- 중생대
- 신생대

동물의 역사

지구는 약 46억 년 전에 생겼다. 지구의 역사에서 생물이 산 기간을 보면, 세균 같은 미생물만 살던 기간이 대부분을 차지한다. 그러다가 6억 년 전에 새로운 종류의 생물이 나타났다. 최초의 단순한 동물이었다. 이 동물은 바다에서 출현했다. 바닷물에는 생명을 이루는 복잡한 물질을 만드는 데 필요한 모든 화학 물질이 들어 있기 때문이다. 약 4억 3000만 년 전에는 최초의 육상 동물이 출현했다. 그 뒤로 동물은 지구의 거의 모든 서식지에 자리를 잡았다.

지질 시대

과학자들은 지구 역사를 '대'로 나눈다. 대는 '기'라는 더 작은 단위로 나뉜다. 이 페이지에서는 대와 기가 어떻게 나뉘는지를 보여 준다. 이 긴 세월 동안 진화와 멸종의 과정은 놀라울 만치 다양한 동물들을 만들고 없애 왔다.

석탄기
3억 5800만 년 전~2억 9800만 년 전
육지에 원시적인 나무처럼 생긴 식물들이 드넓은 숲을 이루었다. 생물들이 빠르게 불어났다. 곤충과 거미가 번성했고, 커다란 양서류가 곤충과 거미를 사냥했다.

이크티오스테가
다리가 네 개인 최초의 동물 중 하나이다. 꼬리지느러미와 물고기의 비늘 같은 작은 비늘 등 어류의 특징을 일부 간직하고 있었다.

롤포스테우스
데본기 후기에 살던 어류이다. 넓적한 턱으로 조개류를 으깨어 먹었다.

데본기
4억 1900만 년 전~3억 5800만 년 전
다양한 어류가 진화했다. 약 3억 7500만 년 전, 뼈가 든 부속지 네 개를 지닌 동물이 생겨났다. 바다와 육지를 오가며 생활한 최초의 양서류로, 모든 육상 척추동물의 조상이었다.

선캄브리아대
46억 년 전~5억 4100만 년 전
이 기나긴 기간의 대부분 동안 지구에는 단세포 생물만이 존재했다. 단세포 생물들이 군체를 이루기 시작했고, 약 6억 년 전에 일부 군체가 최초의 다세포 동물로 진화했다.

화산이 만든 바다
고대 화산에서 분출된 수증기가 식어서 커다란 바다가 생겼다. 이 바다에서 최초의 생명체가 진화했다.

디킨소니아
이 초기 동물은 해파리나 벌레를 닮았다. 단단한 부위가 전혀 없어서 화석이 아주 드물다.

신제3기(네오기)

2300만 년 전~250만 년 전

많은 현생 포유동물이 출현했다. 거대한 초식 동물을 사냥할 수 있는 무시무시한 육식 동물들도 있었다.

틸라코스밀루스
이 사냥꾼은 칼 모양 송곳니를 가졌다. 약 300만 년 전 남아메리카에 살았다.

제4기

250만 년 전~현재

긴 빙하기와 따뜻한 간빙기가 번갈아 나타나곤 했다. 우리는 현재 간빙기를 살고 있다. 인류가 지구에 널리 퍼지면서 많은 동물들이 멸종했다.

털매머드
현생 아시아코끼리의 가장 가까운 친척이다. 털매머드는 추운 기후에 적응했다. 약 3,700년 전에 멸종했다.

쥐라기

2억 100만 년 전~1억 4500만 년 전

이 시기에는 공룡이 세상을 지배했다. 거대한 초식 공룡과 강력한 포식자도 있었지만, 조류의 조상인 더 작고 깃털로 덮인 공룡도 있었다.

모르가누코돈
곤충을 잡아먹는 최초의 포유류였다. 몸이 털로 덮였고 크기는 쥐만 했다. 약 2억 2500만 년 전에 출현했다.

이사노사우루스
초식 공룡으로, 네 발로 걸어 다녔다. 앞발을 들고 일어서서 높은 나무의 잎도 먹을 수 있었다.

페름기

2억 9800만 년 전~2억 5200만 년 전

비늘 피부를 지닌 파충류가 나타났다. 양서류는 따뜻한 육상 서식지 어디에서나 살 수 있는 파충류에게 밀려났다.

메가네우라
날개폭이 75센티미터에 이르는 거대한 잠자리처럼 생긴 곤충이다.

레피도덴드론
이 식물은 높이 30미터까지 자랐다. 동물들에게 먹이와 서식지를 제공했다.

디메트로돈
등에 돛 모양의 돌기가 있다. 포유류의 조상과 친척이었다.

트라이아스기

2억 5200만 년 전~2억 100만 년 전

페름기는 대량 멸종으로 끝났다. 그 뒤를 이은 트라이아스기 말에 최초의 공룡이 진화했다. 하늘을 나는 익룡과 최초의 포유류도 진화했다.

실루리아기

4억 4300만 년 전~4억 1900만 년 전

턱을 움직일 수 있는 경골어류가 실루리아기에 진화했다. 이때쯤 바다에서 육지로 생명이 진출했다. 최초의 육지 생물은 녹색 식물이었다.

쿡소니아
줄기가 있는 최초의 식물에 속했다. 최초의 육상 동물은 전갈이나 지네를 닮은 무척추동물이었다. 쿡소니아는 이런 무척추동물의 먹이가 되었다.

현재 가장 오래된 육상 동물은 **약 4억 2800만 년 전**에 살았던 작은 노래기로 알려져 있다.

사카밤바스피스
최초의 어류다. 현대의 칠성장어처럼 관절로 연결된 턱뼈가 없었다. 가슴지느러미나 배지느러미도 없어, 아마 헤엄을 잘 치지 못했을 것이다.

캄브리아기

5억 4100만 년 전~4억 8500만 년 전

캄브리아기가 시작될 무렵, 동물들이 다양해졌다. 단단한 껍데기를 지닌 종류도 많아져, 몸이 무른 동물보다 화석을 더 많이 남겼다.

마렐라
약 5억 년 전 바다에 살았다. 삐죽빼죽하고 단단한 껍데기를 지녔고, 게처럼 관절이 있는 다리를 가졌다. 몸길이는 2센티미터가 안 되었다.

오르도비스기

4억 8500만 년 전~4억 4300만 년 전

초기 어류가 바다에 출현했다. 어류는 최초의 척추동물이다. 삼엽충 같은 다른 동물들과 함께 살았다. 그러나 오르도비스기 말에 일어난 대량 멸종 사건으로 상당수가 사라졌다.

동물계

동물계

지금까지 이름 붙여진 현생 동물은 약 140만 종이다. 매일 더 많은 종이 발견되어 분류되고 있다.
동물들은 '문'이라고 하는 35가지 큰 집단으로 나뉜다. 이 중 척삭동물문에 모든 척추동물이 속해 있다.
척추동물은 어류, 양서류, 파충류, 조류, 포유류다. 나머지는 모두 무척추동물, 즉 속뼈대가 없는 동물이다.
그중 하나인 절지동물문에는 다른 모든 문들을 합친 것보다 더 많은 종이 들어 있다.

무척추동물

무척추동물
'무척추동물'이라는 말은 과학적 분류 용어가 아니다. 그저 몸속에 관절로 연결된 뼈대가 없는 동물 전체를 가리키는 표현일 뿐이다. 동물계에서 무척추동물은 30개가 넘는 문을 이룬다. 다음은 주요 문들을 그림으로 나타낸 것이다.

해면동물문

가장 단순한 동물이다. 분화한 기관이 전혀 없고, 비슷한 세포들의 덩어리로 이루어져 있다.

자포동물문

물에 사는 수생 동물이다. 해파리, 산호, 히드라, 말미잘 등 침을 쏘는 촉수를 지녔다.

극피동물문

성게, 불가사리, 해삼, 거미불가사리가 속해 있다.

절지동물문

다족상강
다리가 아주 많은 지네강과 노래기강을 통틀어 이른다. 모두 육지에 살며, 주로 축축한 곳에 있다.

갑각상강

쥐며느리를 제외하면, 모두 물에 산다. 게, 바닷가재 등 많은 종류가 있다.

거미강

거미, 전갈, 진드기로 이루어졌다. 모두 다리가 네 쌍이다. 독을 지닌 종류가 많다.

곤충강

다리가 세 쌍이며, 대부분 날개가 있다. 가장 큰 집단이다.

태형동물문
물에 사는 '이끼벌레류'는 단단한 표면에 붙어서 군체를 이루어 산다. 물에서 먹이를 걸러 먹는다.

선형동물문
몸이 실처럼 가느다란 벌레로, '선충류'라고도 한다. 여러 서식지에 사는데, 다른 동물의 몸속에 사는 종류도 있다.

편형동물문
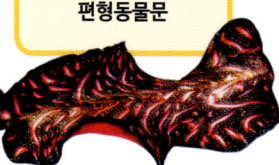
납작한 띠 모양의 동물이다. 피부를 통해 먹이를 흡수한다.

연체동물문

주로 바다에 산다. 달팽이, 조개, 문어 등으로 이루어졌다.

환형동물문

지렁이와 갯지렁이로 이루어져 있다.

지금까지 연구하고 분류한 동물 종은 지구에 사는 동물 중에서 **20퍼센트가 채 되지 않는다**고 여겨진다.

동물들의 관계

동물들은 공통된 특징을 토대로 다양한 집단으로 분류된다. 서로 가까운 친척임이 뚜렷이 드러나는 집단들도 있다. 과학자들은 그런 집단들을 묶어서 가계도처럼 나타낸다. 이를 '계통도'라고 한다. 계통도는 마지막 공통 조상에서 어떤 집단들이 갈라져 나갔는지를 보여 준다. 세부 내용은 새로운 발견이 이루어질 때마다 바뀌곤 한다.

분류

과학자들은 모든 생물을 여러 층으로 이루어진 분류 체계에 끼워 넣는다. 유연관계가 가까운 친척들은 더 큰 집단으로 묶이며, 각 집단마다 이름이 붙어 있다.

계
모든 동물은 동물계에 속한다. 동물계 외에 식물계, 균계, 미생물로 이루어진 세 개의 계가 더 있다.

문
동물계는 문으로 나뉜다. 문은 아문으로 더 나뉘기도 한다.

강
문은 여러 개의 강으로 이루어진다. 강을 몇 개씩 묶어서 상강을 만들기도 한다.

목
강은 여러 개의 목으로 이루어진다. 한 예로, 포유강(포유류)에는 식육목(육식 동물)이 있다.

과
식육목 같은 목은 여러 개의 과로 이루어진다. 식육목에는 고양잇과가 있다. 모든 고양이는 고양잇과에 속한다.

속
과는 속이라는 더 작은 집단으로 나뉜다. 대형 고양잇과 동물들은 모두 표범속에 속한다.

종
속은 종으로 나뉜다. 각 종에는 두 개의 단어로 된 학명이 붙어 있다. 눈표범의 학명은 판테라 운키아(*Panthera uncia*)다.

척삭동물문
척삭동물은 몸의 긴 축을 따라서 연골로 된 줄이나 등뼈가 쭉 뻗어 있는 동물이다. 모든 척추동물과 수생 피낭동물(멍게와 살파)과 창고기가 척삭동물에 속한다.

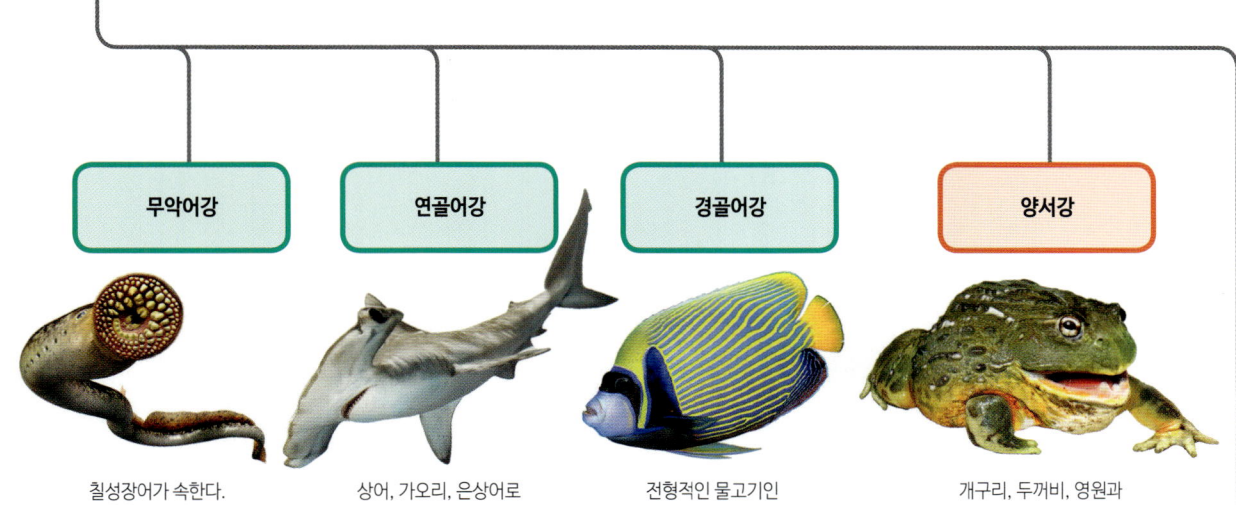

무악어강
칠성장어가 속한다. 칠성장어의 먼 친척인 먹장어도 무악어강에 속한다.

연골어강
상어, 가오리, 은상어로 이루어졌다. 뼈대가 경골(굳뼈)이 아닌 연골(물렁뼈)로 되어 있다.

경골어강
전형적인 물고기인 조기어류와 사지동물의 친척인 총기어류로 이루어진다.

양서강
개구리, 두꺼비, 영원과 그 친척들로 이루어진다. 육지에 살지만, 번식은 물에서 한다.

포유강
몸이 털로 덮인 척추동물이다. 가장 큰 현생 동물들과 사람이 포유강에 속한다.

조강
깃털을 가진 것이 특징이다. 날아다니는 대표적인 척추동물이다.

파충강
몸이 비늘로 덮인 변온동물이다. 도마뱀과 뱀이 속해 있다.

무척추동물

지구에 사는 동물 중 대다수를 차지하는 것은 털로 덮인 포유류도, 비늘로 덮인 파충류도, 깃털로 덮인 조류도 아니다. 무척추동물이다. 몸속에 관절로 연결된 뼈대가 들어 있지 않은 동물들이다.

무척추동물은 바다에도 많이 살지만, 육지에 사는 종류가 더 많다. 가장 수가 많고, 살아남는 데 가장 성공한 집단인 곤충도 무척추동물에 속한다.

무척추동물이란 무엇일까?

무척추동물은 몸속에 관절 뼈대가 없는 동물이다. 무척추동물은 아주 작은 벌레에서 대왕오징어에 이르기까지 아주 다양하다. 공통점은 척추 뼈대가 없다는 것뿐이다. 부드러운 몸을 지닌 동물도 있고, 껍데기로 몸을 보호하는 종류도 많다. 하지만 가장 많은 것은 관절로 연결된 딱딱한 겉뼈대를 지닌 절지동물이다. 절지동물은 갑각류, 곤충, 거미류 등으로 이루어진 놀랄 만큼 다양한 집단이다.

월등히 많은 수
무척추동물은 동물 종의 적어도 97퍼센트를 차지한다. 척추동물에는 몸집이 가장 큰 동물들이 속해 있지만, 수가 훨씬 적다.

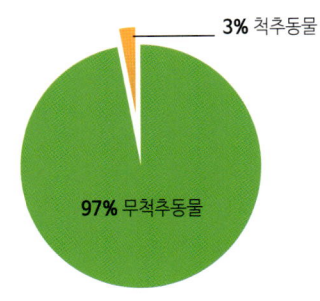

3% 척추동물
97% 무척추동물

무척추동물의 종류
동물계는 크게 35가지 문으로 이루어져 있다. 척추동물은 그중 한 문에 속할 뿐이다. 나머지 34개 문은 무척추동물로 이루어져 있다. 무척추동물 중 몇 종류만 살펴보자.

해면동물
이 수생 생물은 동물 중에서 가장 단순하다. 많은 세포로 이루어져 있지만, 분화한 기관이 전혀 없다. 물에서 먹이를 걸러 먹는다.

환형동물
지렁이와 많은 해양 종이 속한다. 물렁한 고리 모양의 마디들이 모여 몸을 이룬다.

연체동물
달팽이, 조개뿐 아니라, 문어 같은 동물도 속한 큰 문이다. 대부분 바다에 산다. 탄산칼슘으로 된 껍데기를 지닌 종류도 많다.

극피동물
극피란 '가시 피부'를 뜻한다. 가시투성이 성게가 속한 문이다. 불가사리와 해삼도 극피동물에 속한다.

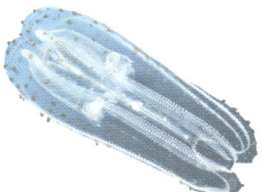

유즐동물
'빗해파리류'라고 한다. 피부에 있는 빗살 모양의 구조물을 물결듯 움직여서 헤엄친다. 바다를 떠다니면서 촉수에 걸리는 다른 동물들을 잡아먹는다.

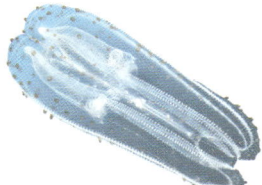

자포동물
말미잘, 산호, 해파리가 속한다. 모두 물에 산다. 침을 쏘는 촉수를 뻗어서 작은 동물을 잡아먹는다.

절지동물
관절 다리가 달린 단단한 겉뼈대를 지닌 동물들로 이루어진 가장 큰 문이다. 튼튼한 뼈대 덕분에 물속뿐 아니라 육지에서도 살 수 있다.

절지동물
알려진 동물 종의 80퍼센트 이상을 차지한다. 그중 대부분이 곤충이다. 또 갑각류, 노래기 같은 다족류, 전갈과 거미 같은 거미류도 절지동물에 속한다.

곤충 · 갑각류 · 다족류 · 거미류

절지동물의 몸속
절지동물은 많은 몸마디(체절)로 되어 있다. 각 몸마디는 뼈대 역할을 하는 단단한 피부로 덮여 있다. 피부에 탄산칼슘이 섞여 두꺼워지면서 보호 갑옷이 생기기도 한다. 한편 몸마디 사이의 피부는 얇고 유연해서 몸을 움직일 수 있다.

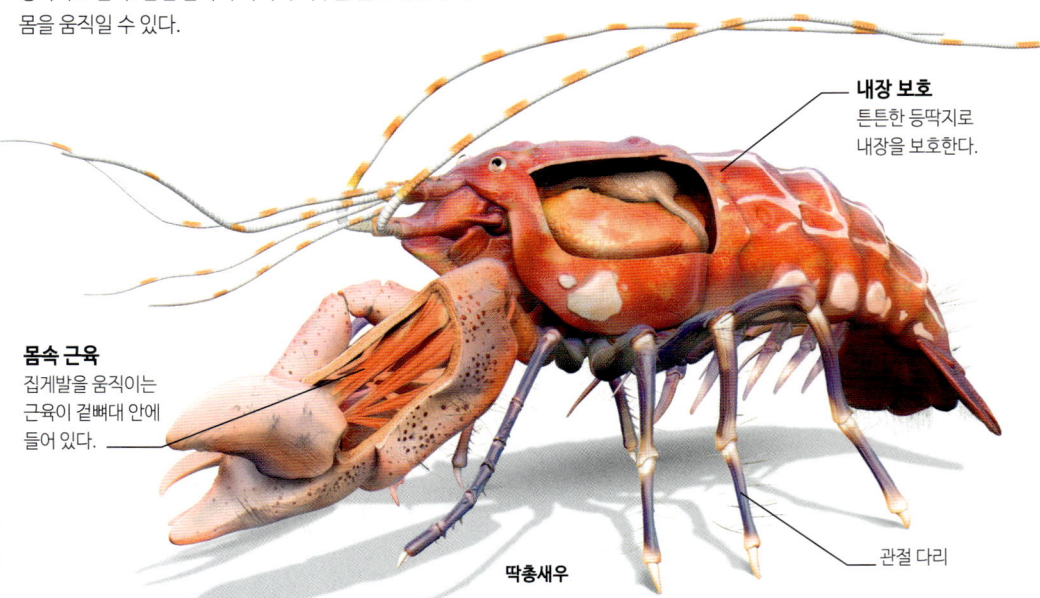

내장 보호 – 튼튼한 등딱지로 내장을 보호한다.

몸속 근육 – 집게발을 움직이는 근육이 겉뼈대 안에 들어 있다.

딱총새우 · 관절 다리

머리와 꼬리

무척추동물은 생김새가 아주 다양하다. 우리에게 익숙한 몸의 기본 구조를 지닌 종류도 많다. 뇌와 잘 발달한 감각 기관들이 들어 있는 머리, 다리가 달린 몸통, 꼬리로 이루어진 동물들은 대개 좌우 대칭이다. 몸의 왼쪽과 오른쪽이 서로 거울에 비친 모습이다. 그러나 전혀 다른 형태의 대칭을 보이는 종류도 많고, 해면동물은 아예 대칭성이 없다.

곤충
무당벌레는 좌우 대칭이다. 몸은 머리, 가슴, 배 세 부분으로 나뉜다. 가슴에는 다리가 세 쌍 달려 있다.

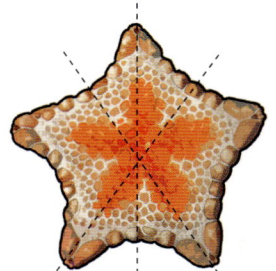

불가사리
불가사리류는 몸이 방사 대칭이다. 중심에서 여러 방향으로 대칭을 이룬다.

문어
오징어와 문어 종류는 특이한 몸 구조를 지닌다. 촉수가 머리에 직접 달려 있고, 신체 기관들은 주머니 모양의 외투막 안에 들어 있다.

조개
대합 같은 두껍질조개류 연체동물의 껍데기 안에는 뚜렷한 신체 구조가 없다. 머리도 뇌도 없고, 아주 기본적인 감각 기관들만 있다.

몸과 껍데기

많은 무척추동물은 몸이 무르지만, 뼈대가 필요하지 않다. 근육과 체액을 써서 모양을 유지한다. 그러나 물렁한 몸은 약하기 때문에, 껍데기로 몸을 보호하는 종류도 있다. 절지동물의 단단한 겉뼈대는 몸을 지지하고 보호도 한다.

물렁한 몸
지렁이는 몸을 흙이 지탱하기 때문에 튼튼한 뼈대가 필요하지 않다. 많은 수생 무척추동물도 물이 몸을 지탱해 준다. 지렁이는 머리 쪽을 앞으로 쭉 뺀 다음, 꼬리 쪽을 잡아당기면서 나아간다.

지렁이

보호 껍데기
달팽이는 몸이 무르지만, 단단한 껍데기를 지닌다. 위협을 느끼면 몸을 껍데기 안으로 쏙 집어넣는다. 껍데기는 수분이 날아가는 것을 막아, 건조한 날씨에도 살아남을 수 있다.

정원달팽이

단단한 겉뼈대
이 거미의 겉뼈대는 몸을 지지하고, 독도 만든다. 하지만 겉뼈대는 거미가 자라는 걸 막기도 한다. 작아진 겉뼈대를 벗고 새로 만들면, 새 겉뼈대는 매우 무르다. 이 겉뼈대가 굳는 동안 거미는 아주 연약하다.

민꽃게거미

수생 무척추동물

많은 무척추동물은 바다에 산다. 물은 몸을 지탱해 주고, 먹이도 꾸준히 공급한다. 육상 동물은 먹이를 찾아 돌아다니지만, 수생 무척추동물은 대개 먹이가 오기를 기다린다.

걸러 먹기
해안에는 아주 많은 무척추동물들이 군체를 이루어서 바위에 다닥다닥 붙어산다. 진주담치는 물을 몸속으로 통과시켜 먹이 알갱이를 걸러 먹는다. 해안에는 이 동물들이 모두 먹을 만큼 먹이가 아주 많다.

진주담치

뱀타래말미잘

정착 생활
말미잘은 생애 대부분을 바위에 붙어 지낸다. 굳이 돌아다닐 필요가 없다. 작은 동물이 물에 실려 다가오면 긴 촉수로 잡으면 된다.

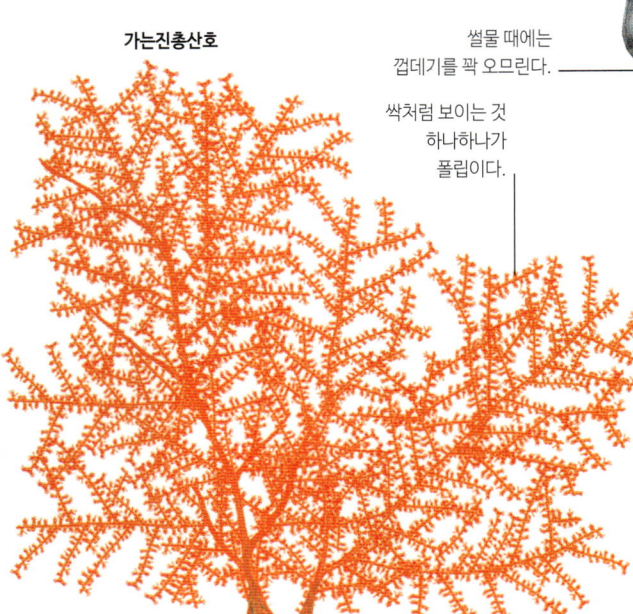

가는진총산호

썰물 때에는 껍데기를 꽉 오므린다.

싹처럼 보이는 것 하나하나가 폴립이다.

연결된 군체
무척추동물 군체는 각각의 동물들이 모여 있는 것이다. 그런데 각 개체가 나무의 가지에 달린 싹들처럼 서로 연결된 종류도 있다. 이 총산호는 뼈대에 작은 폴립들이 많이 모여 이루어졌다.

무척추동물 ○ 자포동물

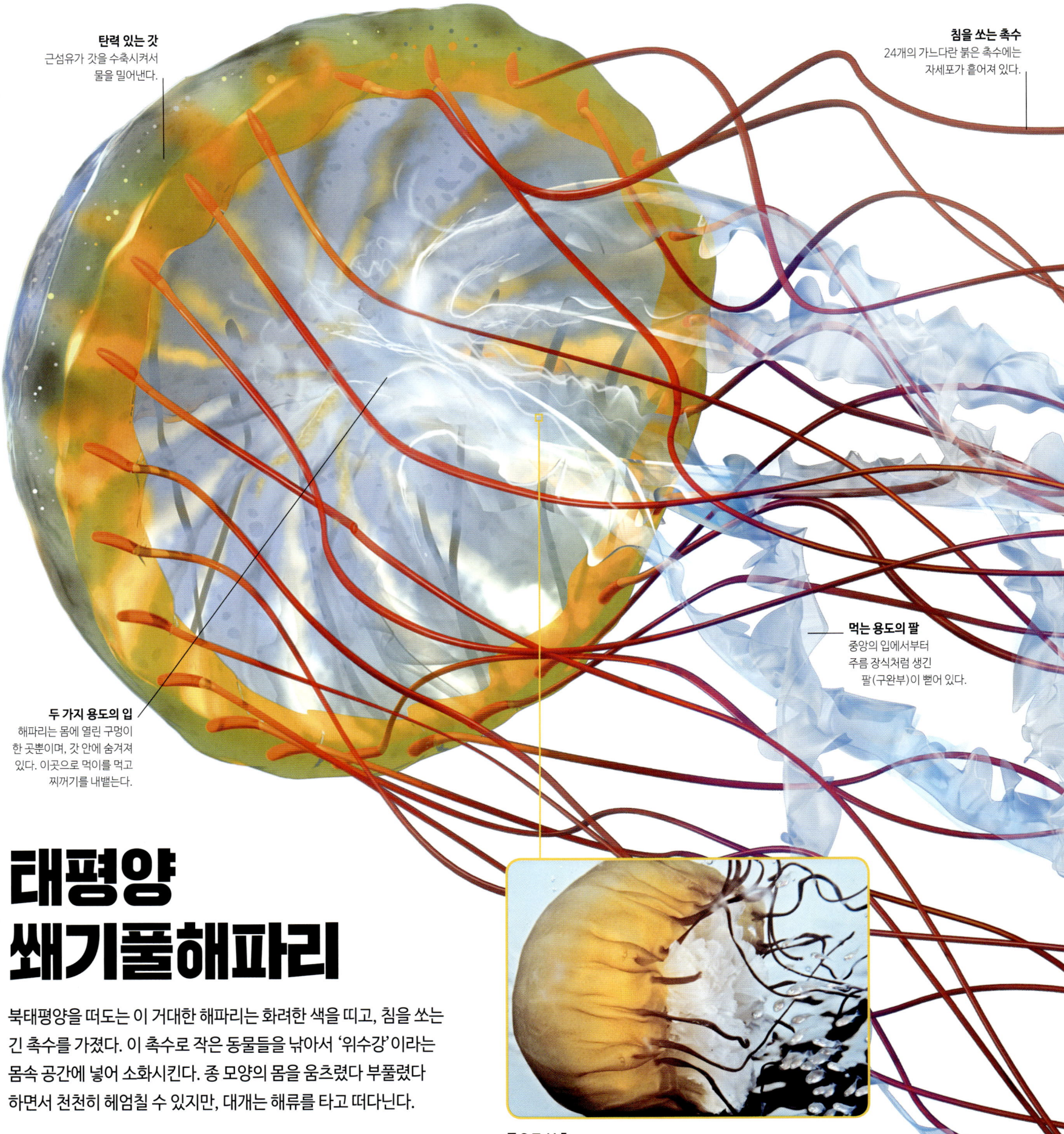

탄력 있는 갓
근섬유가 갓을 수축시켜서 물을 밀어낸다.

침을 쏘는 촉수
24개의 가느다란 붉은 촉수에는 자세포가 흩어져 있다.

대형 해파리는 볼 수 없지만, 홑눈이라는 기관으로 빛과 어둠을 감지한다.

먹는 용도의 팔
중앙의 입에서부터 주름 장식처럼 생긴 팔(구완부)이 뻗어 있다.

두 가지 용도의 입
해파리는 몸에 열린 구멍이 한 곳뿐이며, 갓 안에 숨겨져 있다. 이곳으로 먹이를 먹고 찌꺼기를 내뱉는다.

태평양 쐐기풀해파리

북태평양을 떠도는 이 거대한 해파리는 화려한 색을 띠고, 침을 쏘는 긴 촉수를 가졌다. 이 촉수로 작은 동물들을 낚아서 '위수강'이라는 몸속 공간에 넣어 소화시킨다. 종 모양의 몸을 움츠렸다 부풀렸다 하면서 천천히 헤엄칠 수 있지만, 대개는 해류를 타고 떠다닌다.

해파리는 가장 단순한 동물에 속한다. 감각 기관도 거의 없고, 정보를 처리하고 저장할 뇌도 없고, 가장 기본적인 형태의 소화계만 있다. 하지만 한살이가 복잡하며, 무시무시한 독을 지닌 자세포로 무장한 긴 촉수를 늘어뜨리고 다니는 매우 강력한 포식자다.

독으로 보호
쐐기풀해파리의 독은 치명적이지만, 샛돔 같은 몇몇 작은 물고기는 이 독에 영향을 받지 않는다. 몸이 미끈거리는 두꺼운 점액으로 덮여 있어서 해파리의 자세포가 피부를 뚫지 못하기 때문이다. 이런 물고기는 적을 피해서 해파리의 촉수 사이에 숨는다.

4.5m 태평양쐐기풀해파리의 긴 촉수가 뻗을 수 있는 최대 길이.

침이 있지만, 커다란 물고기, 새, 장수거북은 이 해파리를 뜯어먹는다.

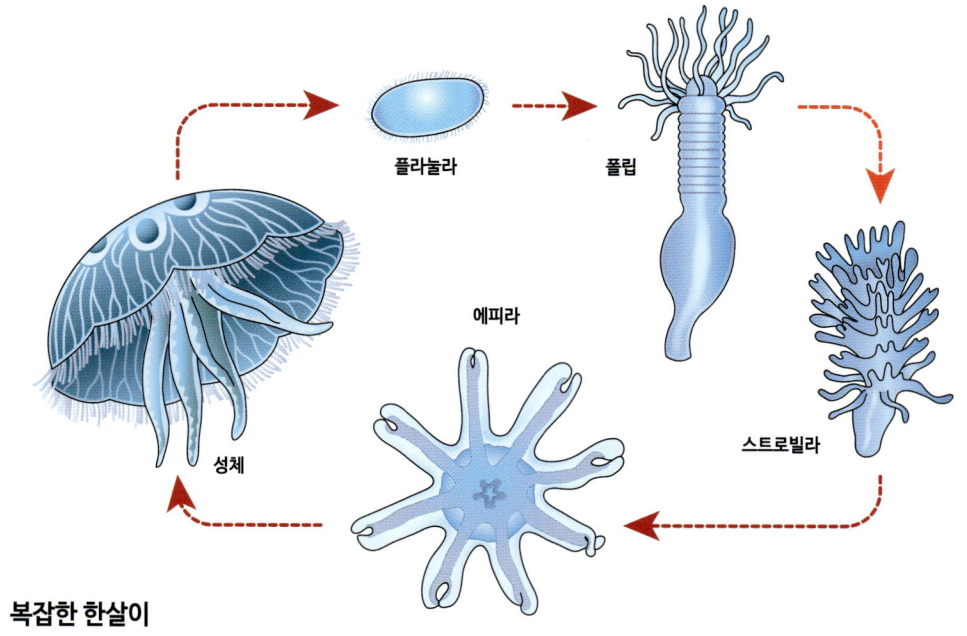

복잡한 한살이
해파리 성체는 '플라눌라'라는 작은 유생을 만든다. 플라눌라는 단단한 표면에 붙어서 꽃 모양의 '폴립'으로 자란다. 폴립은 자라서 '스트로빌라'가 된다. 작은 해파리들을 접시처럼 쌓아놓은 모양이다. 쌓여 있던 해파리들이 떨어져 나가서 '에피라'가 된다. 에피라는 떠다니면서 자라서 성체 해파리가 된다. 성체 해파리는 '메두사'라고도 부른다.

독을 품은 세포
해파리의 촉수와 팔에는 '자세포'라는 세포들이 가득하다. 자세포에는 미늘이 달려 있으며, 끝이 날카롭고 속이 빈 실(자사)이 독이 든 주머니 안에 들어 있다. 먹이가 바깥에 달린 방아쇠를 건드리면 주머니 뚜껑이 열린다. 그러면 실이 쏘아져서 먹이에게 독을 주사한다.

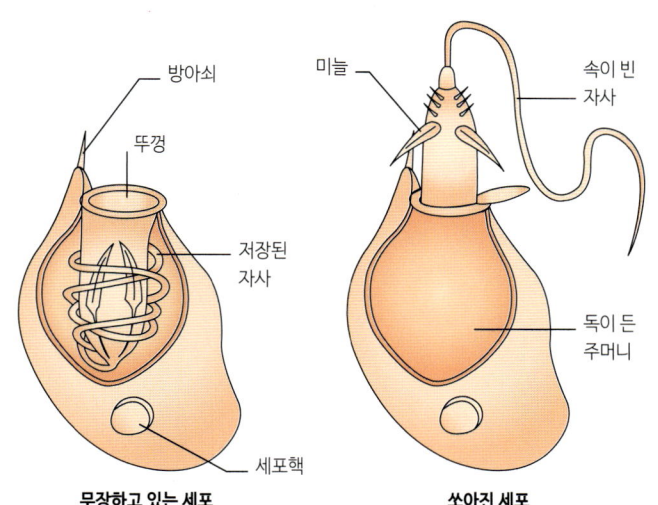

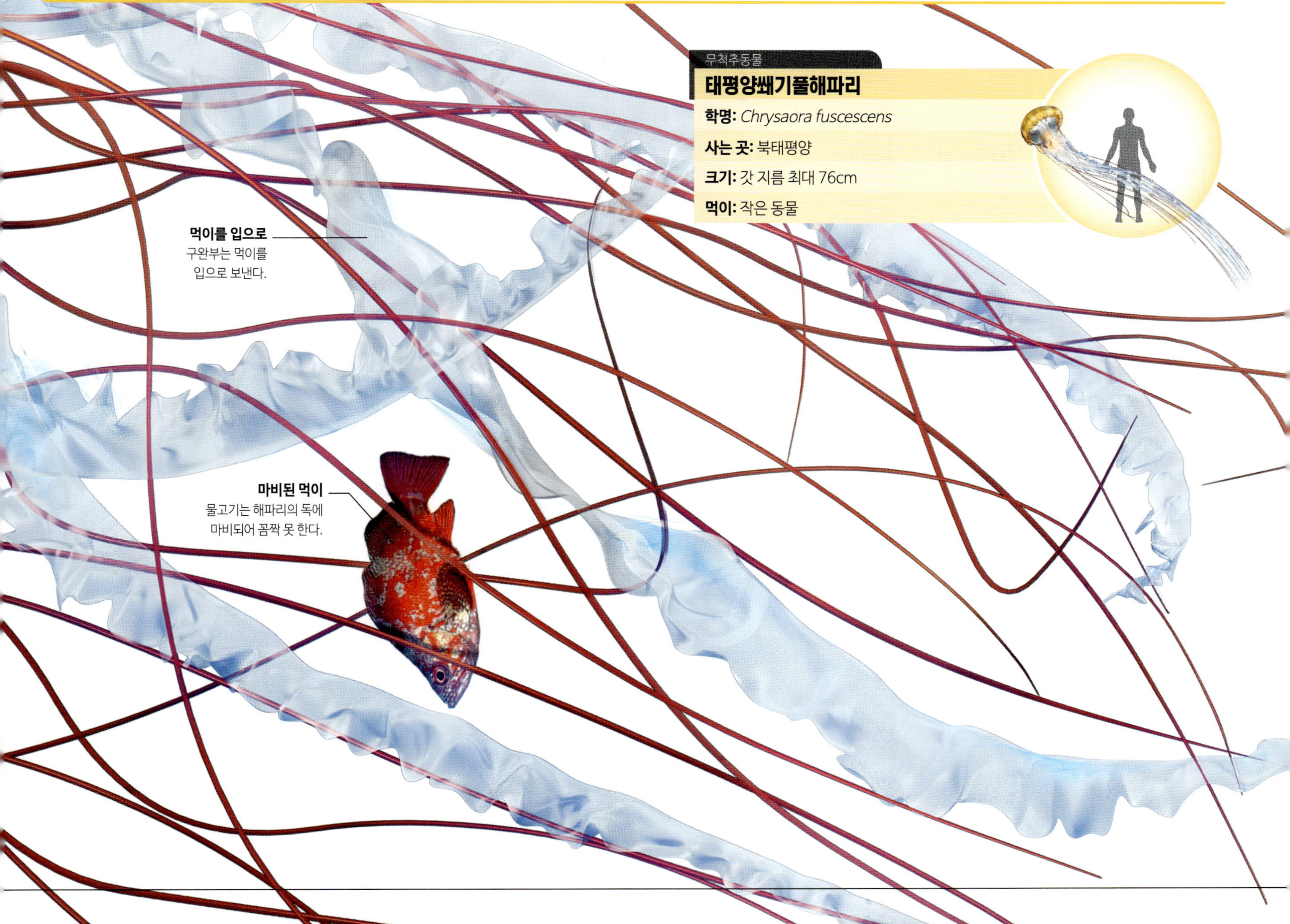

무척추동물

태평양쐐기풀해파리
학명: *Chrysaora fuscescens*
사는 곳: 북태평양
크기: 갓 지름 최대 76cm
먹이: 작은 동물

먹이를 입으로
구완부는 먹이를 입으로 보낸다.

마비된 먹이
물고기는 해파리의 독에 마비되어 꼼짝 못 한다.

무척추동물 ○ 자포동물

작은부레관해파리는 죽어서 해변에 밀려와 있어도 **독침**을 쏠 수 있다.

24개 상자해파리의 눈 개수.

뱀타래말미잘
학명: *Anemonia viridis*
사는 곳: 지중해, 대서양
크기: 지름 최대 7cm

해안의 조수 웅덩이에서 종종 보인다. 침을 쏘는 긴 촉수로 작은 물고기를 잡는다. 촉수에 사는 미생물 조류의 색깔 때문에 초록색을 띤다. 조류는 햇빛의 에너지를 이용해 당을 만들며, 말미잘도 이 당을 이용한다.

바위에 붙은 몸

딸기말미잘
학명: *Actinia fragacea*
사는 곳: 대서양 북동부
크기: 지름 최대 10cm

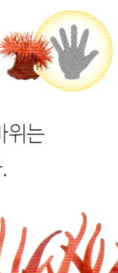

다른 몇몇 말미잘처럼 이 말미잘은 바위 해안에 산다. 바위는 하루에 두 번 썰물 때 물이 빠져나가면 밖으로 드러난다. 말미잘은 공기에 노출되면, 촉수를 위수강 안으로 움츠린 채 버틴다. 물이 다시 들어오면 촉수를 내밀어서 먹이를 잡는다.

썰물 때 촉수를 움츠린 모습

버섯산호
학명: *Ctenactis echinata*
사는 곳: 인도-태평양
크기: 지름 최대 25cm

원통형이나 달걀형 모양으로, 한가운데에 있는 입을 작은 촉수들이 둘러싸고 있다. 홀로 사는 이 산호는 말미잘과 비슷하게 생겼다. 산호초를 만드는 돌산호 중 하나다. 바닷물에서 빨아들인 광물질을 써서 석회석 뼈대를 만든다.

자포동물

해파리, 산호, 말미잘과 그 친척들은 모두 자포동물이다. 대개 먹이를 잡는 자세포로 무장하고 있는 부드러운 몸을 지닌 수생동물이다. 많은 자포동물은 아주 아름답지만, 치명적인 독을 지닌 종류도 있다.

전형적인 자포동물의 몸은 젤리를 두 겹의 세포층으로 감싼 것처럼 생겼다. 한 층은 바깥 테두리가 되고, 다른 한 층은 위장의 벽이 된다. 또 위장의 입구에 움직이는 촉수들을 두르고 있을 수도 있다. 몇몇 자포동물은 자유롭게 떠다닌다. 반면에 바위나 바다 밑에 달라붙어서 살아가는 것도 많다. 많은 산호와 말미잘은 폴립(촉수로 둘러싸인 속이 빈 원통 형태)들이 서로 연결되어 군체를 이루어서 물에서 얻은 영양분을 서로 나눈다.

뇌산호
학명: *Diploria labyrinthiformis*
사는 곳: 카리브해
크기: 지름 최대 2m

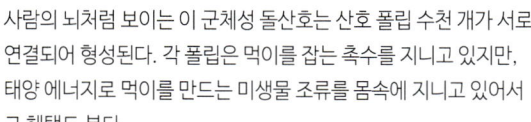

사람의 뇌처럼 보이는 이 군체성 돌산호는 산호 폴립 수천 개가 서로 연결되어 형성된다. 각 폴립은 먹이를 잡는 촉수를 지니고 있지만, 태양 에너지로 먹이를 만드는 미생물 조류를 몸속에 지니고 있어서 그 혜택도 본다.

가는진총산호
학명: *Swiftia exserta*
사는 곳: 서대서양
키: 최대 2m

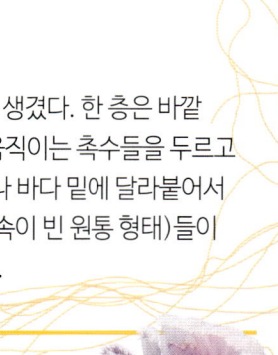

'바다부채'라고도 한다. 많은 폴립들이 연한 뿔 같은 뼈대에 달라붙은 형태의 군체성 산호다. 군체는 가지를 뻗어 편평한 형태로 자라며, 가지 사이로 흐르는 물에서 먹이를 걸러 먹는다.

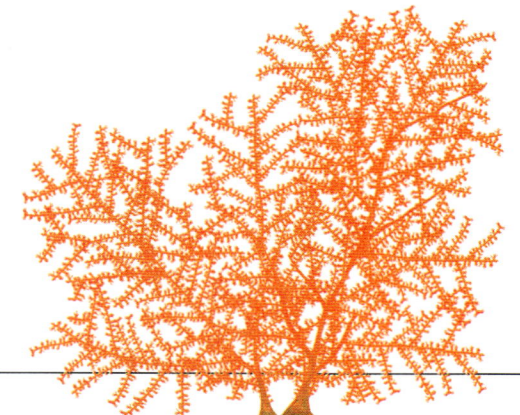

진홍버들조름
학명: *Virgularia*
사는 곳: 대서양 북동부, 지중해
키: 최대 50cm

줄기를 이루는 훨씬 더 큰 중앙 폴립에 많은 폴립들이 달라붙은 형태다. 바다부채와 마찬가지 방식으로 가지 사이로 흐르는 물에서 먹이를 걸러 먹는다. 모양이 꼭 깃펜처럼 생겼다.

군체성 돌산호류는 지구에서 가장 거대한 살아 있는 구조물을 만든다. 바로 오스트레일리아의 그레이트배리어리프이다. 그 길이가 2,300킬로미터에 달한다.

100년 몇몇 버들조름이 살 수 있는 나이.

초록히드라
학명: *Hydra viridissima*
사는 곳: 북부 온대 지역
키: 최대 3cm

히드라는 민물에 사는 극소수의 자포동물에 속한다. 히드라는 떠다니는 작은 동물을 촉수로 잡지만, 초록히드라는 빛 에너지로 먹이를 만드는 녹조류도 몸에 지니고 있다. 몸에서 돌기 같은 싹이 생겨서 새 히드라로 자란다.

싹이 자라서 새 히드라가 된다.

작은부레관해파리
학명: *Physalia physalis*
사는 곳: 전 세계의 열대와 아열대 바다
크기: 고깔 지름 최대 30cm

이 별난 모습의 생물은 동물 한 마리가 아니라, 많은 폴립이 모인 군체다. 폴립마다 맡은 역할이 다르다. 어느 폴립은 물에 뜨도록 고깔을 만들며, 어느 폴립은 먹이를 모으고, 어떤 폴립은 먹이를 소화하고, 어떤 폴립은 새 폴립을 만든다. 길게 늘어진 촉수로는 위험한 침을 쏜다.

치명적인 촉수
촉수는 최대 50미터까지 자란다.

유령해파리
학명: *Cyanea capillata*
사는 곳: 북극해
크기: 지름 최대 2m

진정한 해파리 중 가장 큰 것에 속한다. 넓은 종 모양의 갓을 수축시키면서 천천히 헤엄칠 수 있지만, 대개는 해류를 타고 떠다닌다. 물고기, 오징어 등 침을 쏘는 긴 촉수로 가둘 수 있는 모든 동물을 먹는다.

침을 쏘는 촉수가 물에 늘어져 있다.

거꾸로해파리
학명: *Cassiopea andromeda*
사는 곳: 멕시코만, 카리브해
크기: 지름 최대 30cm

해파리는 대부분 물에서 헤엄치거나 떠다닌다. 하지만 이 특이한 종은 촉수를 위로 뻗은 채 바다 밑에 누워 있다. 말미잘처럼 물에 떠다니는 동물을 걸러 먹을 수 있다.

남반구십자해파리
학명: *Haliclystus antarcticus*
사는 곳: 남극해
크기: 지름 최대 4cm

최근에 남극 대륙 근처의 거의 얼어붙은 듯한 얕은 물에서 발견됐다. 이 해파리는 중앙의 줄기에 여덟 개의 팔이 붙어 있는 모습이다. 각 팔에 촉수들이 모여 있다. 바위에 붙어서 차갑지만 먹이가 풍부한 물에 떠다니는 먹이를 걸러 먹는다.

상자해파리
학명: *Chironex fleckeri*
사는 곳: 인도-태평양
크기: 지름 최대 25cm

상자해파리는 가장 위험한 해양 생물 중 하나다. 치명적인 침 때문에 '바다말벌'이라고도 불린다. 60개의 긴 촉수에 자세포가 가득하다. 상자해파리에 쏘이면 사람도 심각하게 앓거나 죽을 수 있다.

무척추동물 ○ 연체동물

몇몇 나라에서는 대왕조개의 조개관자를 귀한 음식 재료로 여긴다. 이 때문에 **남획이 이루어져서** 대왕조개는 해마다 줄어들고 있다.

무척추동물
대왕조개

- **학명:** *Tridacna gigas*
- **사는 곳:** 남태평양과 인도양
- **크기:** 껍데기 지름 최대 1.4m
- **먹이:** 플랑크톤

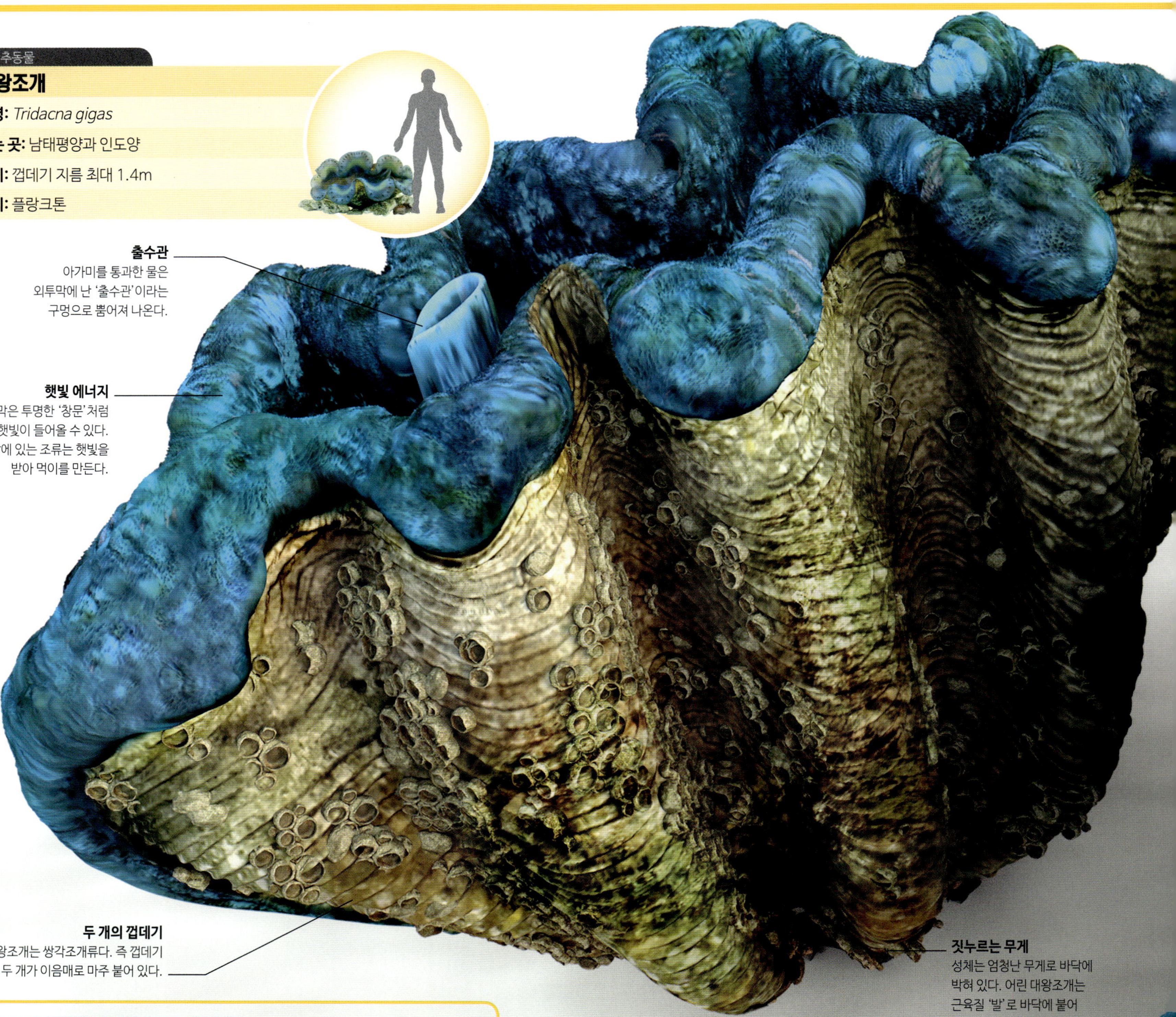

출수관
아가미를 통과한 물은 외투막에 난 '출수관'이라는 구멍으로 뿜어져 나온다.

햇빛 에너지
외투막은 투명한 '창문'처럼 햇빛이 들어올 수 있다. 외투막에 있는 조류는 햇빛을 받아 먹이를 만든다.

두 개의 껍데기
대왕조개는 쌍각조개류다. 즉 껍데기 두 개가 이음매로 마주 붙어 있다.

짓누르는 무게
성체는 엄청난 무게로 바닥에 박혀 있다. 어린 대왕조개는 근육질 '발'로 바닥에 붙어 있지만, 나이가 들면서 발은 쪼그라든다.

알과 정자가 출수관으로 뿜어진다.

산란
대왕조개는 정자와 난자를 다 만들 수 있다. 대왕조개는 돌아다닐 수 없으므로, 주변 개체의 정자와 난자가 만나 수정이 이루어질 수 있도록 모두 동시에 산란을 하여 번식을 한다. 정자와 난자를 다 물속으로 뿜어내는데, 자가 수정을 막기 위해서 정자를 먼저 뿜는다. 수정란은 부화하여 유생이 되고, 유생은 물에 떠다닌다.

대왕조개

거대한 대왕조개는 현생 연체동물 중 가장 무겁다. 새조개, 홍합, 굴의 거대한 친척이다. 열대 산호초의 모래에 박혀서 살아가며, 해가 갈수록 점점 더 커진다.

대왕조개 유생은 열대 인도-태평양에서 처음 며칠 동안 껍데기 없이 자유롭게 떠다닌다. 하지만 곧 부모의 축소판처럼 변해서 산호초에 내려앉는다. 물을 몸속으로 통과시켜 플랑크톤을 걸러 먹는다. 그러나 필요한 영양분의 3분의 2는 부드러운 외투막 조직에 사는 아주 작은 조류 수백만 마리가 햇빛 에너지를 이용하여 만드는 먹이에서 얻는다.

많은 **두껍질조개들**처럼 대왕조개도 껍데기에서 **진주**가 생길 수 있다.

100년 대왕조개의 최대 수명.

60억 개 대왕조개 성체가 **평생** 산란할 수 있는 알의 수.

여과 섭식
물은 입수관을 통해서 몸속으로 들어온다. 물이 하얀 깃털 같은 아가미를 지날 때 산소가 흡수된다. 아가미는 물에서 작은 동물성 플랑크톤과 먹이 알갱이도 거른다. 이런 먹이로부터 필수 단백질을 얻는다. 소화된 단백질 중 일부는 조개에 탄수화물을 제공하는 조류가 살아가는 데 쓰인다.

먹이 검출기
입수관에 있는 화학 수용기는 물의 '맛'을 통해 플랑크톤이 있는지 알아낼 수 있다.

껍데기 틈
완전히 자란 대왕조개는 껍데기를 꽉 닫을 수 없다.

부드러운 외투막
외투막은 탄산칼슘을 분비하여 껍데기를 만든다. 또 아가미를 비롯한 주요 기관들이 들어 있는 안쪽의 물로 채워진 공간인 외투강을 감싼다.

무지갯빛
조개의 부드러운 조직에 사는 조류 덕분에 외투막은 화려한 색깔을 띤다. 조개마다 색깔이 다르다.

껍데기 벌리기
두 개의 껍데기는 '조개관자'라는 근육으로 연결되어 있다. 이 근육을 수축하면 껍데기가 닫힌다. 근육이 느슨해지면 껍데기는 열린다.

거대한 껍데기
무거운 껍데기에는 수직으로 네다섯 개의 주름이 있으며, 수평으로 나이테가 층층이 나 있다. 나이테가 많을수록 더 나이가 많다.

지금까지 발견된 가장 큰 대왕조개는 무게가 **300킬로그램**이나 나간다.

무척추동물 ○ 연체동물

대왕오징어의 눈은 지름이 최대 27센티미터다. **축구공보다 크다.**

힘센 부리
문어는 앵무의 부리처럼 생긴 단단한 각질의 부리를 가진다. 이 부리는 게의 껍데기도 부술 수 있다. 소화액을 주입하여 살을 물컹하게 만든 뒤, 까칠까칠한 혀로 떠먹고 빈 껍데기는 버린다.

문어
이 가장 큰 문어는 바위 틈새의 굴에 숨어 있다가 가까이 다가오는 동물은 모두 잡는 영리한 사냥꾼이다. 탄력 있는 몸으로 아무리 좁은 틈새도 미끄러져 들어갈 수 있고, 물속을 미사일처럼 쏘아지듯 나아갈 수 있다.

무척추동물
문어
- **학명:** *Enteroctopus dofleini*
- **사는 곳:** 북태평양
- **길이:** 최대 3m
- **먹이:** 갑각류, 연체동물, 어류

빨판
문어의 긴 근육질 다리 하나에는 먹이를 꽉 붙잡을 수 있도록 250개가 넘는 빨판이 나 있다. 빨판은 아주 강해서, 문어는 게와 조개를 뜯어서 부드러운 살을 먹을 수 있다.

잡힌 곱상어

두족류

연체동물은 대부분 조개나 달팽이처럼 생겼다. 하지만 전혀 다르게 생긴 종류도 있다. 빨판으로 뒤덮인 긴 다리와 촉수, 고도로 발달한 눈과 뇌, 놀라운 학습 능력을 지닌 종도 있다. 바로 문어와 그 친척들, 즉 두족류다.

두족류는 '머리-발'이라는 뜻이다. 문어, 오징어, 갑오징어의 부속지가 머리에 직접 붙어 있는 것처럼 보여서 그런 이름이 붙었다. 부속지는 부리가 달린 입을 에워싸고, 마비시키는 독액까지 갖춘 종류도 있다. 두족류는 물을 몸속으로 빨아들여서 산소를 얻는다. 남은 물은 출수관을 통해 내뿜으면서, 그 반동으로 빠르게 움직여 위험을 피할 수도 있다. 이때 먹물을 섞어 뿜어서 적을 더 혼란에 빠뜨리기도 한다.

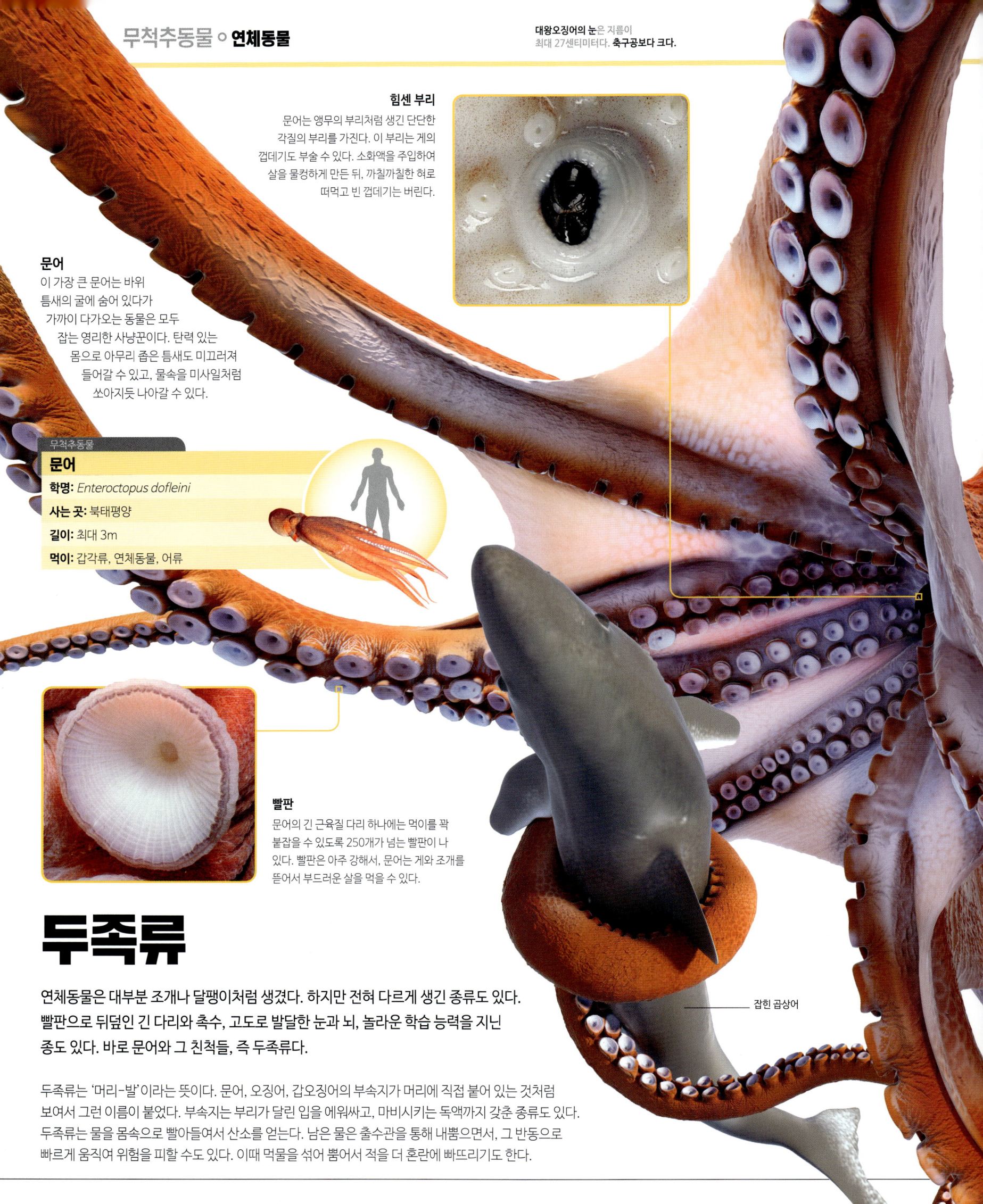

흡혈오징어는 몸이 어둠 속에서 빛을 내는 발광 기관으로 덮여 있다.

파란고리문어의 독액에는 청산가리보다 1,200배나 강한 신경독소가 들어 있다.

황제앵무조개
학명: Nautilus pompilius
사는 곳: 서태평양
길이: 껍데기 지름 최대 20cm

여러 방으로 나뉜 말려 있는 껍데기가 특징이다. 방에 든 공기의 양을 바꾸어 부력을 조절하여 물속에서 떠다닌다. 작은 촉수가 90개이며, 수정체가 없는 바늘구멍 눈을 지닌다.

갑오징어
학명: Sepia officinalis
사는 곳: 동대서양
길이: 최대 45cm

갑오징어는 얕은 바다 밑에서 느릿느릿 헤엄치면서 긴 촉수 두 개로 먹이를 잡는다. 피부에는 색깔 세포들이 들어 있다. 색깔 세포는 신경의 조절을 받아 늘어나거나 수축하면서 피부 무늬를 바꿀 수 있다. 이 무늬로 기분을 나타내거나, 숨거나, 포식자를 놀라게 할 수 있다.

캘리포니아화살꼴뚜기
학명: Doryteuthis opalescens
사는 곳: 동태평양
길이: 최대 30cm

먹이를 잡는 기술이나 몸 색깔을 바꾸는 능력이 갑오징어와 비슷하다. 하지만 제트 추진을 써서 물속에서 빠르게 움직일 수 있다. 이 태평양 종은 어류와 게뿐 아니라 다른 두족류도 먹는다.

대왕오징어
학명: Architeuthis dux
사는 곳: 대서양 심해
길이: 최대 13m

이 거대한 심해 두족류는 살아 있는 모습을 보인 적이 거의 없다. 때때로 죽어서 해안에 떠밀려온 개체가 발견되곤 한다. 동물 중에서 눈이 가장 크다. 주로 대양의 어두컴컴한 약광층에서 먹이를 찾는다.

포유류 눈
이 큰 눈은 포유류의 눈만큼 정교하다.

흡혈오징어
학명: Vampyroteuthis infernalis
사는 곳: 전 세계 심해
길이: 최대 28cm

우산처럼 생겼다. 피를 빨아서가 아니라, 색깔이 새빨개서 '흡혈오징어'라는 이름이 붙었다. 심해의 어둠 속을 떠다니면서 빨판이 달린 다리 끝으로 무척추동물이나 먹이 알갱이를 붙잡는다.

출수관
이 구멍으로 물을 세차게 뿜어내어 반동으로 움직인다.

먹물 출구
출수관 아래쪽에 먹물 주머니 출구가 있다. 문어는 먹물 구름을 뿜어내어 포식자의 눈을 가린다.

파란고리문어
학명: Hapalochlaena lunulata
사는 곳: 인도-태평양 산호초
길이: 최대 10cm

이 작고 화려한 종도 물어서 독을 주입하여 먹이를 마비시킨다. 다른 문어들처럼 작은 게, 물고기 등을 먹는다. 아주 강한 독을 지니고 있어서, 지구에서 가장 치명적인 동물 중 하나다.

탄력 있는 다리
아주 잘 구부러지는 다리가 여덟 개 있다.

무척추동물 · 연체동물

80% 연체동물 중 **복족류**가 차지하는 비중. 달팽이, 민달팽이와 그 친척들이다.

딱지조개
학명: Tonicella lineata
사는 곳: 북태평양 연안
길이: 최대 5cm

딱지조개는 무리를 지어서 달팽이처럼 끈적거리는 발로 바위 위를 돌아다닌다. 껍데기는 서로 맞물린 여덟 개의 판으로 되어 있다. 눈도 촉수도 없지만, 껍데기에 빛에 반응하는 세포가 들어 있다. 이 종은 해조류를 먹는다.

정원달팽이
학명: Helix aspersa
사는 곳: 전 세계
껍데기 길이: 최대 4.5cm

유럽 전역과 세계 많은 지역의 정원에서 흔히 볼 수 있다. 끈적거리는 점액 흔적을 남기면서 근육질 발로 바닥이나 식물 위를 기어간다. 건조한 날씨에는 몸을 움츠려 껍데기 안으로 들어간다.

붉은또아리물달팽이
학명: Planorbis rubrum
사는 곳: 유럽, 북아프리카
껍데기 길이: 최대 2cm

많은 달팽이는 연못, 호수, 강에 산다. 이 종은 색이 가장 화려한 물달팽이에 속한다. 먹이는 물속에서 구하지만, 공기 호흡을 하므로 숨을 쉬려면 수면으로 올라와야 한다.

분홍거미고둥
학명: Lobatus gigas
사는 곳: 카리브해
껍데기 길이: 최대 35cm

열대 바다에서 물풀과 해조류를 먹는 커다란 고둥이다. 분홍빛이 감도는 커다란 껍데기로 잘 알려져 있다.

스페인숄갯민숭달팽이
학명: Flabellina iodinea
사는 곳: 태평양
길이: 최대 7cm

갯민숭이는 바다에 사는 민달팽이다. 즉 껍데기가 없는 복족류다. 이 태평양 종을 비롯한 많은 갯민숭이는 자신을 지키기 위해서 자포동물을 먹어 자세포를 자신의 촉수에 모은다.

파란갯민숭달팽이
학명: Glaucus atlanticus
사는 곳: 태평양, 대서양, 인도양
길이: 최대 3cm

이 갯민숭이는 수면에서 몸을 뒤집은 채 떠서 독이 있는 해파리 등 떠다니는 동물들을 잡아먹는다.

옷감청자고둥
학명: Conus textile
사는 곳: 인도-태평양
껍데기 길이: 최대 15cm

호흡관 — 이 관으로 물을 아가미로 빨아들인다.

아주 크게 늘어나는 입

먹이인 물고기 — 마비된 먹이를 통째로 삼킨다.

열대 바다에 사는 이 아름다운 무늬의 고둥은 치명적인 무기를 숨기고 있다. 강력한 신경독을 주입하는 작은 작살을 품고 있다. 독으로 먹이를 마비시키는데, 아주 강해서 사람도 죽을 수 있다.

507세 2006년 북대서양에서 발견된 한 식용 조개의 나이. 현생 생물 중에서 가장 나이가 많았다.

110,000종 과학적으로 연구되어 **이름이 붙여진** 현생 연체동물의 수.

연체동물

주로 바다에 산다. 무척추동물 중에서 가장 화려하면서 다양한 집단에 속한다. 물렁한 몸을 보호하는 정교한 껍데기가 있어서, 공기에 노출되는 조간대에서 살아갈 수 있는 종류도 많다.

연체동물은 세 종류의 주요 집단이 있다. 두족류(24~25쪽 참조)는 문어와 그 친척들로 이루어진다. 복족류는 근육질 발로 기어 다니는 달팽이와 민달팽이가 속한 집단이다. 먹이를 추적하여 잡는 사냥꾼이 많다. 두껍질조개류는 주로 굴을 파거나 바위에 붙어살면서 물에서 먹이를 걸러 먹는다.

뿔조개
학명: *Antalis vulgaris*
사는 곳: 북대서양
길이: 최대 5cm

뿔조개류는 복족류나 쌍각조개류와 가깝지 않은 별개의 연체동물 집단이다. 바다 밑 모래나 개펄에 굴을 파고 살면서, 작은 촉수로 먹이 알갱이나 작은 동물을 잡아먹는다.

작은 머리
머리와 촉수로 퇴적물에 굴을 깊이 파고 들어간다.

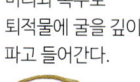

먹이를 잡는 촉수
긴 촉수로 먹이 알갱이를 잡는다.

전기조개
학명: *Limaria hians*
사는 곳: 북대서양 해안
껍데기 길이: 최대 4cm

이 조개는 아주 선명한 진홍색의 촉수를 무수히 뻗는다. 촉수에서는 포식자를 내쫓는 신맛이 나는 끈적거리는 물질이 분비된다.

스코틀랜드 서해안의 얕은 바다에 형성된 산호초에는 **최대 1억 마리의 전기조개**가 산다.

진주담치
학명: *Mytilus edulis*
사는 곳: 대서양과 태평양
껍데기 길이: 최대 10cm

식량으로 쓰여서 대량 양식하는 이 두껍질조개는 홍합과에 속한다. 실 같은 질긴 물질로 조간대의 바위에 달라붙어 산다. 물에서 먹이 알갱이를 걸러 먹는다.

가시새조개
학명: *Acanthocardia aculeata*
사는 곳: 지중해
껍데기 길이: 최대 10.2cm

많은 두껍질조개류처럼, 이 작은 조개도 부드러운 모래 속에서 살아간다. 물을 몸속으로 빨아들여서 산소와 먹이 알갱이를 걸러 먹는다. 두 개의 조개관자로 껍데기를 단단히 닫을 수 있다.

여왕가리비
학명: *Aequipecten opercularis*
사는 곳: 북대서양
껍데기 길이: 최대 11cm

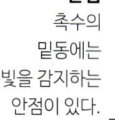

가리비는 두껍질조개류 중에서 헤엄을 칠 수 있는 독특한 종류다. 위험이 닥치면 두 껍데기를 세차게 여닫아서 물을 밀어내어 반대 방향으로 휙 달아난다.

안점
촉수의 밑동에는 빛을 감지하는 안점이 있다.

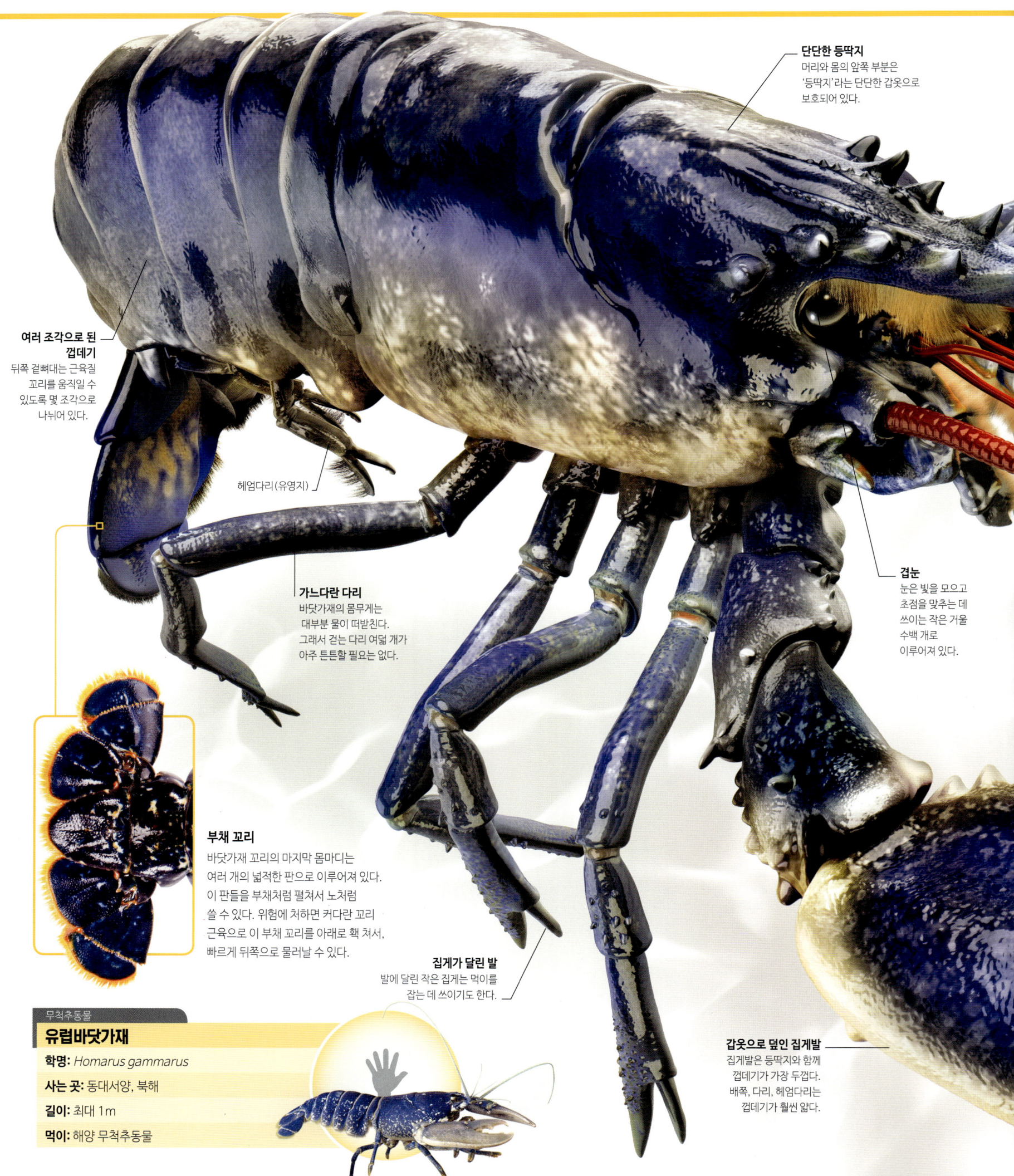

9.3kg 지금까지 잡힌 유럽바닷가재 중 가장 큰 것의 무게.

가장 큰 바닷가재는 **70년 넘게 산다.**

자르는 집게발
바닷가재류는 한쪽 집게발이 더 크다. 작은 쪽 집게발은 가장자리가 날카로워서 먹이를 찢는 데 유용하다.

먹이인 불가사리

긴 더듬이
한 쌍의 긴 더듬이는 어둠 속에서 돌아 다니는 데 유용하다.

작은 더듬이
작은 더듬이 한 쌍은 물에서 냄새를 맡는다.

대부분의 바닷가재는 **집게발, 다리, 더듬이**가 끊어지더라도 다시 자란다.

유럽바닷가재

이 두꺼운 갑옷을 입은 바닷가재는 바위 틈새에 숨어서 먹이가 가까이 다가올 때까지 기다린다. 무거운 몸이지만 날쌔게 움직여서 아주 강력한 집게발로 먹이를 잡는다.

바닷가재는 갑각류에 속한다. 즉 관절로 연결된 단단한 껍데기인 겉뼈대로 연약한 몸을 감싼 동물이다. 많은 갑각류는 껍데기가 무르다. 바닷가재와 게 같은 동물들은 탄산칼슘이 더해져서 껍데기가 더 두껍고 단단한 갑옷이 된다. 그래서 어류 같은 적들로부터 몸을 보호하는 데 도움이 된다.

으깨는 집게발
바닷가재의 한쪽 집게발은 먹이를 잡고 으깨기 좋게 아주 크다.

떠다니는 유생
바닷가재 암컷은 물에 수천 개의 알을 낳는다. 알에서 나온 작은 유생은 약 한 달 동안 작은 동물을 잡아먹으면서 물에 떠다닌다. 그 뒤에 바다 밑에 가라앉아서 아주 작은 바닷가재 모양으로 변한다.

무척추동물 ○ 갑각류

450km² 남극크릴 무리가 뒤덮은 가장 넓은 면적.

물벼룩
학명: *Daphnia magna*
사는 곳: 북아메리카
길이: 최대 5mm

물벼룩은 연못과 강에서 헤엄치면서 살며, 어류의 중요한 먹이다. 물벼룩을 감싸고 있는 등딱지는 대개 투명해서, 내장이 다 보인다.

따개비
학명: *Balanus glandula*
사는 곳: 북대서양 해안
길이: 최대 2.2cm

연체동물처럼 보이지만, 새우의 친척이다. 따개비는 성체가 되면 바위에 달라붙어 살아간다. 몸이 껍데기로 덮이고, 깃털처럼 생긴 만각으로 먹이를 잡아먹는다.

각판
탄산칼슘 껍데기로 몸을 보호한다.

물이
학명: *Argulus foliaceus*
사는 곳: 유럽, 아시아, 아메리카
길이: 최대 7mm

물이는 다른 동물에 빌붙어 살아가는 기생 생물이다. 두 개의 빨판으로 물고기에 달라붙어 입에 달린 침으로 비늘 덮인 피부를 뚫고서 피를 빤다. 필요하다면 헤엄쳐서 새 숙주를 찾아 나선다.

북극요각
학명: *Calanus glacialis*
사는 곳: 북극해
길이: 최대 5.2mm

요각류는 아주 작아 '동물 플랑크톤'이라고도 불린다. 바다에 수십억 마리가 있으며, 떠다니는 아주 작은 조류를 먹고 산다. 이 종은 추위를 막기 위해 몸에 지방을 두껍게 쌓는다. 그래서 북극 지방의 어류, 바닷새, 심지어 고래의 중요한 먹이 자원이 된다.

휘어진 더듬이
더듬이를 노로 삼아서 물속을 돌아다닌다.

공작갯가재
학명: *Odontodactylus scyllarus*
사는 곳: 인도-태평양
길이: 최대 18cm

공작갯가재는 무시무시한 포식자다. 미늘이 달린 날카로운 집게발 끝으로 지나가는 물고기를 쑥 찌르는 종도 있다. 이 종은 몽둥이 같은 집게발로 먹이를 때린다. 때리는 힘이 아주 세서 먹이가 바로 죽기도 한다.

입체시
자루가 달린 눈으로 먹이를 아주 잘 찾는다.

힘센 집게발
동물 중에서 가장 빠르게 거대한 집게발을 휘둘러 먹이를 때린다.

공벌레
학명: *Armadillidium vulgare*
사는 곳: 유라시아, 북아메리카
길이: 최대 18mm

공벌레는 육지에 사는 몇 안 되는 갑각류 중 하나다. 여러 개로 나뉜 갑옷은 수분이 날아가는 것을 막아준다. 그러나 아주 건조한 곳에서는 뜨거운 낮에는 축축한 틈새에 몸을 숨긴다. 썩어가는 식물을 먹고 산다.

몸을 말아서 방어하기
공격을 받으면 몸을 공처럼 말아서 보호한다.

심해긴팔옆새우
학명: *Eurythenes gryllus*
사는 곳: 남극해
길이: 최대 15cm

단각류는 새우의 친척이며, 모든 바다와 민물에 산다. 이 단각류는 영원히 어둠에 잠긴 차가운 심해에 살며, 해저에 가라앉은 죽은 동물의 잔해를 먹고 산다.

70,000종 과학자들이 추정하는 갑각류의 수.

알려진 갑각류 중 가장 큰 것은 키다리게다. 양쪽 집게발을 쫙 펴면 최대 **4미터**에 달한다.

청소새우
학명: *Stenopus hispidus*
사는 곳: 인도-태평양
길이: 최대 6cm

이 별난 청소새우는 물고기의 몸에 붙은 기생충과 죽은 피부 조각을 떼어먹는다. 물고기는 이 새우를 잡아먹을 수도 있지만, 청소를 받는 편이 훨씬 낫기에 아무 해를 끼치지 않는다.

남극크릴
학명: *Euphausia superba*
사는 곳: 남극해
길이: 최대 6cm

새우처럼 생긴 크릴은 엄청난 무리를 지어서 해류를 타고 떠다니면서 미세한 플랑크톤을 먹는다. 남극크릴은 개체수가 가장 많은 종이며, 남극의 대다수 펭귄, 물범, 고래의 주요 먹이가 된다. 동물 중에서 가장 큰 대왕고래의 주식도 크릴이다.

시그널가재
학명: *Pacifastacus leniusculus*
사는 곳: 북아메리카
길이: 최대 18cm

이 바닷가재처럼 생긴 갑각류는 강과 호수에 살며, 눈에 보이는 동식물은 무엇이든 먹어 치운다. 본래 북아메리카에 살지만, 유럽으로 건너와서 널리 퍼졌다. 현재 유럽에서는 해로운 동물로 취급되고 있다.

갑각류

게, 새우, 바닷가재는 가장 친숙한 갑각류에 속한다. 갑각류는 갑옷으로 몸을 감싸고 관절로 된 부속지를 지닌 무척추동물이다. 대부분 바다에 살지만, 몇몇 종은 육상 생활에 적응했다.

갑각류는 '절지동물'이라는 큰 동물 집단에 속한다. 겉뼈대 역할을 하는 단단한 피부가 뼈 없는 몸을 보호하고 지탱한다. 딱딱한 부위들이 유연한 관절로 연결되어 몸을 움직일 수 있다.

소라게
학명: *Pagurus bernhardus*
사는 곳: 유럽 북서부
크기: 이용할 수 있는 껍데기 지름 최대 35cm

소라게는 몸을 보호하기 위해 단단한 갑옷을 만드는 대신에, 고동 같은 연체동물의 빈 껍데기를 이용한다. 몸이 자라면 점점 더 큰 껍데기로 옮겨 간다.

뿔달랑게
학명: *Ocypode ceratophthalma*
사는 곳: 인도-태평양
크기: 등딱지 지름 최대 8cm

게는 어류처럼 아가미를 계속 바닷물에 젖은 상태로 유지해야 한다. 하지만 달랑게는 공기 호흡을 하고 썰물 때 해변에서 먹이를 주워 먹는다. 아주 빨리 달릴 수 있고, 색깔이 모래와 잘 어울려서 움직이는 걸 멈추면 유령처럼 사라진 것 같아 보인다.

자루에 달린 눈
게는 활동하지 않을 때는 뿔 달린 커다란 눈을 껍데기의 홈에 접어 넣는다.

여덟 개의 다리
게는 이 다리로 옆으로 달린다.

안전한 피신처
게는 공격을 받으면 껍데기 안으로 몸을 숨긴다.

강한 집게발
커다란 집게발로 먹이를 찢는다.

사막메뚜기

엄청난 무리를 지어 다니면서 먹을 수 있는 모든 식물을 닥치는 대로 먹어 치우는 것으로 악명이 높다. 하지만 혼자 사는 사막메뚜기는 다른 생물에 전혀 해를 끼치지 않는다.

사막메뚜기는 메뚜기의 일종이다. 정상적일 때는 다른 메뚜기들처럼 조용히 풀 같은 식물을 뜯어 먹는다. 그러나 먹이가 드물어져 어쩔 수 없이 무리를 짓게 되면, 행동과 색깔이 변한다. 사막메뚜기는 게걸스러운 군대로 변해서 닥치는 대로 먹이를 찾아 돌아다닌다.

1,200km² 메뚜기 떼가 뒤덮을 수 있는 면적.

엄청난 식욕
날카로운 구기로 나뭇잎, 풀, 씨뿐 아니라 식물의 질긴 부위까지 먹을 수 있다. 매일 자기 몸무게만큼 먹이를 먹는다. 큰 무리를 지으면 밭에 있는 작물을 모조리 먹어 치울 수 있다.

성장
메뚜기는 곤충으로, 겉뼈대 역할을 하는 단단한 피부를 가진다. 자라면서 허물을 다섯 번 벗으며, 허물을 벗을 때마다 더 커진다. 다섯 번째 허물을 벗기 전까지는 날지 못하고 '뛰는' 곤충이지만, 마지막 허물을 벗고 나면 날개 달린 성체가 된다. 홀로 지낼 때 메뚜기는 녹색이다.

발달 중인 날개
호퍼 메뚜기

큰 겹눈

관절 다리
튼튼한 다리는 단단한 부위들이 구부러지는 관절로 연결되어 있다.

굽은 발톱 달린 발

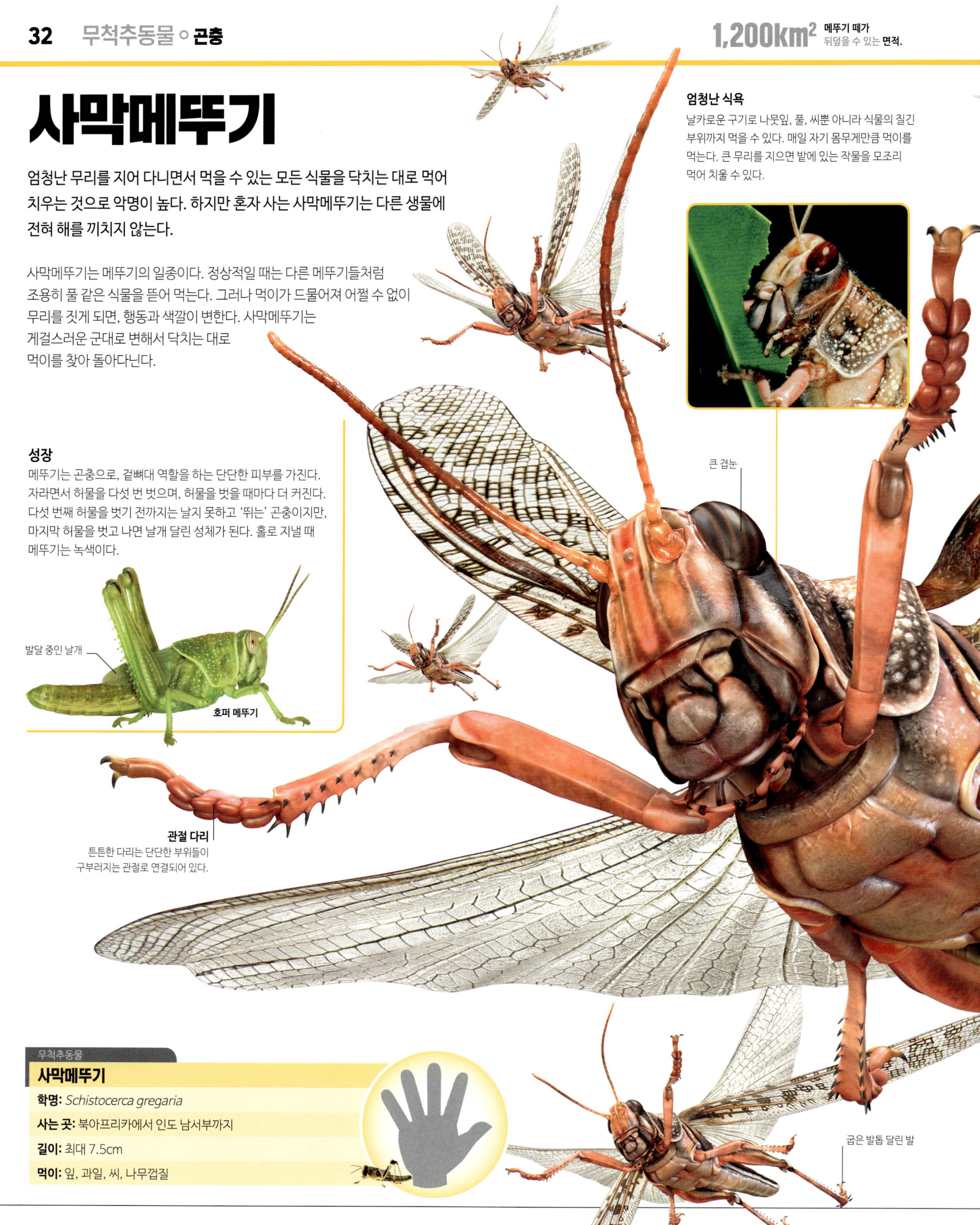

무척추동물
사막메뚜기
- **학명:** *Schistocerca gregaria*
- **사는 곳:** 북아프리카에서 인도 남서부까지
- **길이:** 최대 7.5cm
- **먹이:** 잎, 과일, 씨, 나무껍질

높이 나는 곤충
성체는 두 쌍의 긴 날개로 아주 잘 난다.

사막메뚜기 한 무리는 그 수가 **400억 마리**를 넘기도 한다.

무해한 메뚜기
메뚜기는 홀로 지낼 때는 식물을 먹긴 하지만, 그다지 파괴적이지 않다. 혼자 지낼 때, 성체는 황갈색을 띤다. 굶주린 새를 피하기 위한 위장색이다. 먹이가 풍족하면, 계속 혼자 살아간다. 그러나 메뚜기가 너무 많아서 적은 먹이를 놓고 경쟁하게 되면, 사막메뚜기는 무리를 짓기 시작한다.

혼자 지내는 성체

현란한 색깔
무리를 지은 메뚜기는 선명한 색깔을 띤다. 젊은 성체는 생생한 분홍색이고, 더 나이 먹은 성체는 밝은 노란색이다.

뛰어오르는 데 알맞은 강한 뒷다리

무리 짓기
메뚜기들이 같은 먹이에 몰려들 때면, 변화가 촉발된다. 색깔이 바뀌고 무리를 짓기 시작한다. 검은색과 노란색 얼룩을 띤 날지 못하는 메뚜기가 땅을 뒤덮고, 날개 달린 성체는 하늘을 뒤덮는다. 사막메뚜기들은 식물이 잘 자랄 수 있도록 비가 내렸을 법한 장소에 내려앉는다.

왕잠자리

화려한 색깔을 띠고, 놀라울 만치 날래고, 공중에서 대단히 민첩한 왕잠자리는 가장 매혹적인 곤충에 속한다. 모기 같은 작은 곤충에게는 치명적인 적이다. 공중에서 먹이를 낚아채며, 심지어 날면서 먹어 치우기도 한다.

잠자리와 모습이 비슷한 친척인 실잠자리는 길쭉한 몸에 커다란 눈을 갖고 있다. 실잠자리는 홰에 앉아서 기척을 숨기고 있다가 먹이가 근처에 오면 갑자기 공격한다. 그러나 왕잠자리는 크고 강력한 곤충으로, 공중에서 순찰하여 먹이를 잡는 쪽으로 분화했다. 주로 연못, 호수, 느리게 흐르는 강 위에서 사냥을 한다. 수면 위를 날면서 특수하게 적응된 다리로 날고 있는 먹이를 낚아챈다.

커다란 눈
잠자리는 커다란 겹눈을 지니며, 각 눈은 수천 개의 아주 작은 수정체로 이루어져 있다. 두 눈은 머리를 마치 헬멧처럼 뒤덮고 있어서, 거의 360도를 다 볼 수 있다. 그래서 먹이가 어디에 있든 알아차릴 수 있고, 포식자가 몰래 접근하기도 어렵다.

비행 중
다른 곤충과 달리, 잠자리는 두 쌍의 날개를 따로따로 움직일 수 있다. 이는 최초의 비행 곤충 중 일부가 지녔던 특징이다. 덕분에 왕잠자리는 공중에서 대단히 유연하다. 매우 빠른 속도로 앞으로 날고, 정지 비행을 하고, 심지어 뒤나 옆으로도 날 수 있다.

움켜쥐기
각 다리 끝에는 먹이를 잡기 쉽게 날카롭게 굽은 발톱이 한 쌍 달려 있다.

무척추동물

왕잠자리

학명: *Anax imperator*
사는 곳: 유럽, 중앙아시아, 북아프리카
길이: 최대 7.8cm
먹이: 하늘을 나는 곤충

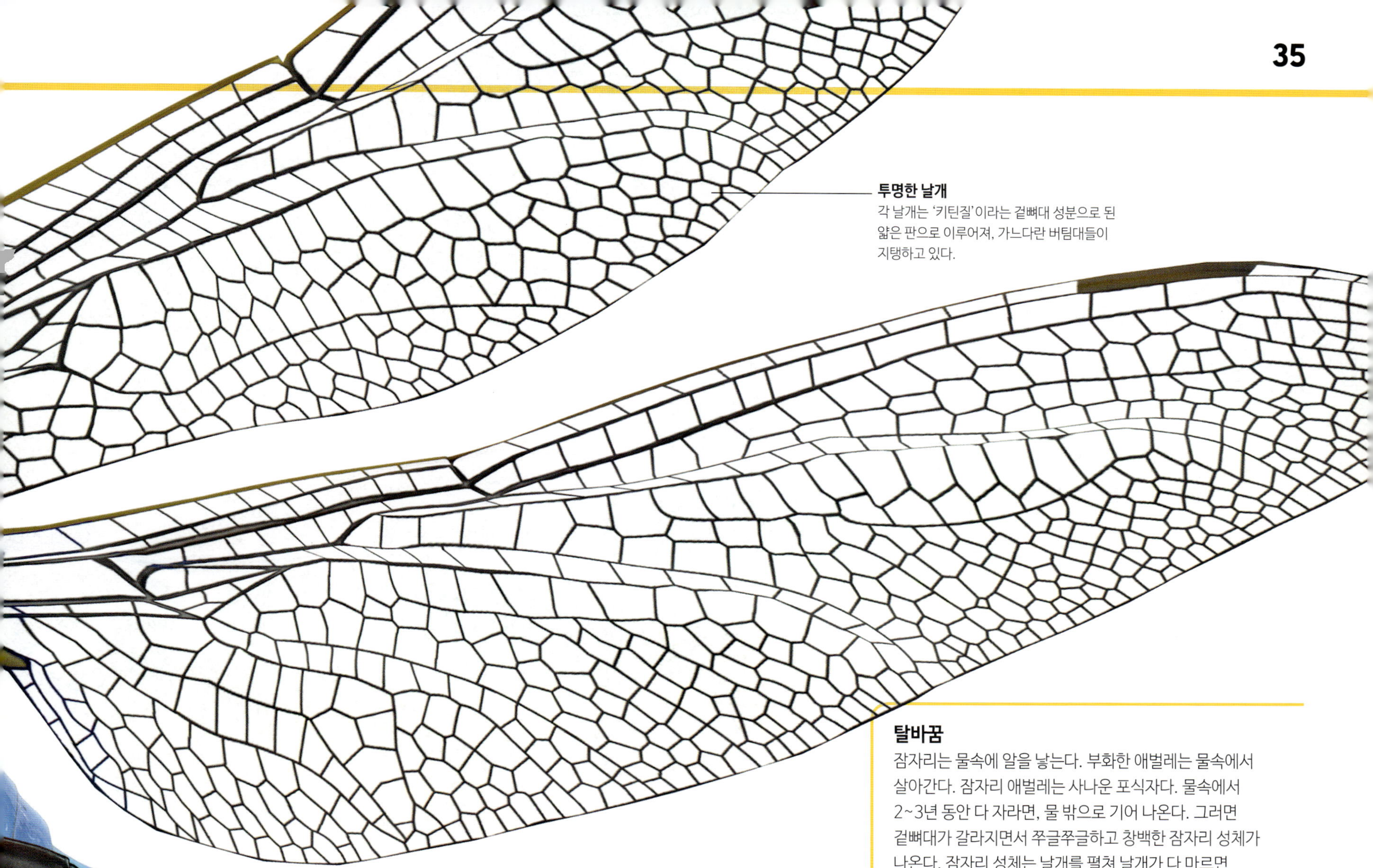

투명한 날개
각 날개는 '키틴질'이라는 겉뼈대 성분으로 된
얇은 판으로 이루어져, 가느다란 버팀대들이
지탱하고 있다.

탈바꿈
잠자리는 물속에 알을 낳는다. 부화한 애벌레는 물속에서
살아간다. 잠자리 애벌레는 사나운 포식자다. 물속에서
2~3년 동안 다 자라면, 물 밖으로 기어 나온다. 그러면
겉뼈대가 갈라지면서 쭈글쭈글하고 창백한 잠자리 성체가
나온다. 잠자리 성체는 날개를 펼쳐 날개가 다 마르면
날아오른다.

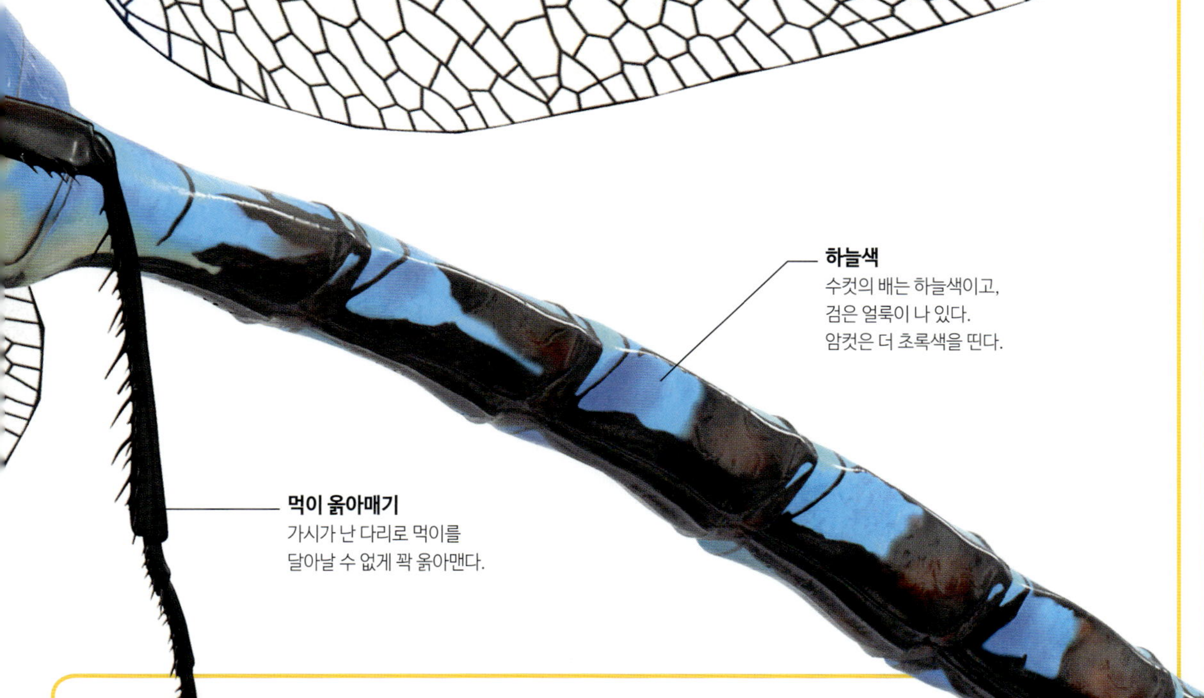

하늘색
수컷의 배는 하늘색이고,
검은 얼룩이 나 있다.
암컷은 더 초록색을 띤다.

먹이 옭아매기
가시가 난 다리로 먹이를
달아날 수 없게 꽉 옭아맨다.

공중 공격
물 위를 빠르게 날면서 비행하는 먹이가 있으면
즉시 알아차린다. 날쌔게 덮치면서 가시 덮인
다리를 내밀어서 공중에서 먹이를 낚아챈다.
먹이가 작으면 날면서 먹어 치우지만, 큰 먹이는
적당한 곳에 내려앉은 뒤에 톱니가 가득한 강력한
이빨로 짓이겨 먹는다.

꽉 움켜쥐기
수컷은 배의 끝에 달린 파악기로
암컷을 꽉 움켜잡는다.

무척추동물 ○ 곤충

딱정벌레

알려진 동물 종의 약 4분의 1은 딱정벌레다.
지구에서 가장 성공적으로 살아남은 동물이다.
대부분은 윤기 나는 딱딱한 겉날개가 있어서 금방 알아볼 수 있다.

겉날개는 '딱지날개'라고도 하며, 앞날개가 변형되어 굳어졌다. 섬세한 뒷날개는 필요하지 않을 때는 접어서 숨기는데, 앞날개로 덮어서 보호한다. 덕분에 딱정벌레들은 빽빽한 잎 사이로 기어가거나, 굴을 파거나, 심지어 헤엄을 쳐도 날개가 상해 비행 능력을 잃을 위험이 없다. 그 결과 딱정벌레는 꽃꿀부터 죽은 동물의 잔해에 이르기까지 다양한 먹이를 먹으면서, 놀라울 만치 다양한 서식지에서 살아간다.

반사 출혈
무당벌레는 공격을 받으면, 관절에서 나쁜 냄새가 나는 노란 체액을 내뿜는다. '반사 출혈'이라는 전술이다. 딱지날개의 화려한 무늬는 새를 비롯한 적에게 나는 맛이 없다고 경고를 보내는 것이다.

날카로운 발톱
각 발에는 구부러진 발톱이 달려 매끈한 식물 줄기에도 잘 달라붙을 수 있다.

넓게 벌어지는 날개
딱지날개는 비행할 때면 넓게 벌어지며, 양력을 더 받아서 나는 데 도움을 준다.

검은 반점
이 무당벌레는 검은 반점이 일곱 개다. 반점이 21개나 그 이상인 종도 있다.

무당벌레 성체는 하루에 진드기를 **75마리**까지 먹을 수 있다.

접힌 날개
섬세한 긴 날개는 비행할 때 빠르게 펼쳐진다.

무척추동물
칠성무당벌레

- 학명: *Coccinella septempunctata*
- 사는 곳: 유라시아, 북아메리카
- 길이: 최대 1cm
- 먹이: 진드기

실제 크기

딱정벌레 화석은 3억 년 전부터 나타난다.

세계에서 가장 무거운 딱정벌레는 골리앗딱정벌레다. 무게가 100그램까지 나가기도 한다.

370,000종 알려진 딱정벌레의 수.

칠성무당벌레
이 작고 화려한 딱정벌레는 풀밭과 숲에 산다. 성체와 날개가 없는 애벌레 모두 게걸스러운 포식자로, 작고 부드러운 곤충을 사냥한다. 수액을 빨아먹는 진드기를 특히 좋아한다.

더듬이
짧은 더듬이는 냄새와 공기의 움직임을 감지한다.

개암바구미
학명: *Curculio nucum*
사는 곳: 유럽
길이: 최대 9mm

놀라울 만치 긴 주둥이 끝에 작은 턱이 달려 있다. 암컷은 이 턱으로 개암에 구멍을 뚫고 알을 낳는다. 부화한 애벌레는 개암을 먹으며 자란다.

육점박이길앞잡이
학명: *Cicindela sexguttata*
사는 곳: 북아메리카
길이: 최대 1.4cm

이 사나운 사냥꾼은 몸집에 비례해 속도를 따지면, 세상에서 가장 빨리 달린다. 활엽수림에서 먹이인 곤충을 뒤쫓을 때, 1초에 자기 몸길이의 125배까지 달릴 수 있다.

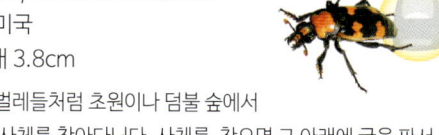

중미보석풍뎅이
학명: *Chrysina resplendens*
사는 곳: 중앙아메리카
길이: 최대 2cm

이 열대 아메리카 풍뎅이의 갑옷은 빛을 반사하여 마치 금속처럼 보인다. 황금 빛을 내는 이 풍뎅이는 열대 우림에 산다.

아메리카송장벌레
학명: *Nicrophorus americanus*
사는 곳: 미국
길이: 최대 3.8cm

다른 송장벌레들처럼 초원이나 덤불 숲에서 큰 동물의 사체를 찾아다닌다. 사체를 찾으면 그 아래에 굴을 파서 땅속에 묻는다. 그런 뒤 암컷은 사체에 알을 낳는다. 부화한 애벌레는 사체를 먹고 자란다.

유럽사슴벌레
학명: *Lucanus cervus*
사는 곳: 유럽
길이: 최대 7.5cm

과시용
수컷의 턱은 아주 크지만, 사실 무는 힘은 약하다.

움켜쥐는 갈고리
발에 달린 굽은 발톱은 숲에서 나무줄기를 기어오르는 데 도움을 준다.

숨겨진 날개
딱지날개 안에는 날 때 쓰이는 긴 날개가 숨겨져 있다. 주로 암컷을 찾아 날아다닌다.

수컷의 거대한 턱은 사냥용이 아니라, 경쟁하는 수컷끼리 싸우는 용도다. 또 구애할 때 과시하는 용도로도 쓰인다. 암컷의 턱은 작다.

배물방개붙이
학명: *Dytiscus marginalis*
사는 곳: 유럽, 북아시아
길이: 최대 3.5cm

연못, 호수, 강에 사는 이 물속 사냥꾼은 털이 수북한 다리를 휘저어 헤엄치면서 작은 물고기 같은 먹이를 뒤쫓는다. 딱지날개 아래쪽에 공기 방울을 품고 다녀서, 물속에서도 숨을 쉴 수 있다.

감비아학질모기

지구에서 가장 치명적인 동물은 무시무시한 상어도 독이 있는 뱀도 아니다. 피를 빠는 작은 곤충, 바로 말라리아를 옮기는 모기다. 이 모기의 몸속에 든 기생 생물은 해마다 적어도 100만 명의 목숨을 앗아간다.

모기는 날개가 한 쌍인 가느다란 곤충인데, 사람들을 짜증 나게 하는 습성을 갖고 있다. 암컷은 알을 낳는 데 필요한 영양분을 얻기 위해서 동물의 피를 빤다. 모기는 전 세계에 살며, 대개는 사람들을 그저 성가시게 할 뿐이다. 그러나 학질모기속의 몇몇 열대 종은 심각한 질병을 옮길 수 있다. 그중 가장 치명적인 질병은 말라리아다. 말라리아원충은 사람의 적혈구에 들어가서 열병을 일으키며, 때로는 죽음을 가져올 수도 있다.

흡혈 동물
암컷은 주로 밤에 날며, 호흡과 체열을 통해 먹잇감을 찾는다. 보통 들키지 않고 먹잇감에 내려앉아서, 주둥이를 꽂아 피를 배불리 마신다. 피를 배불리 빨고 나면 2~3일 뒤 배에 알이 가득 찬다. 그러면 물속에 알을 낳는다.

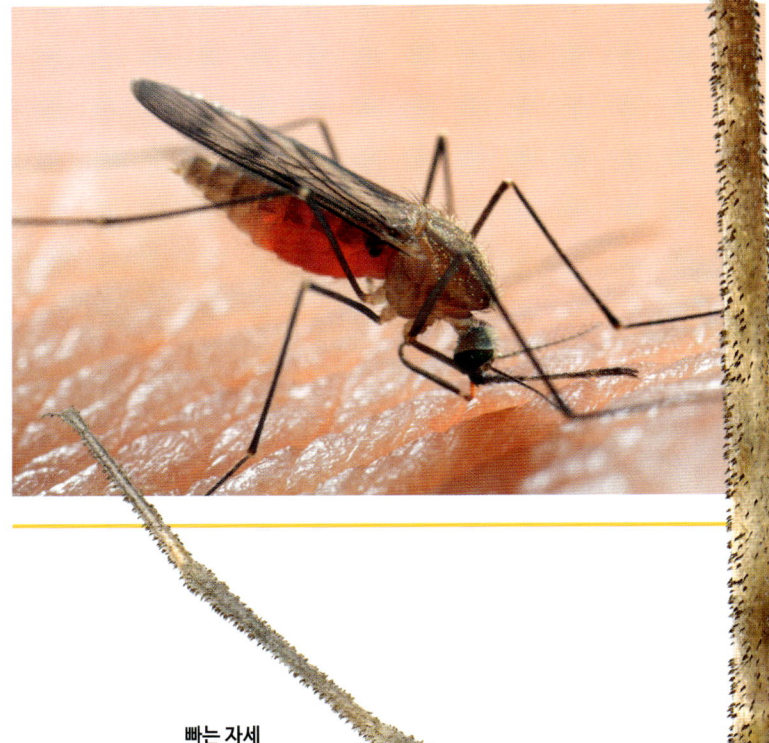

빠는 자세
피를 빨 때는 뒷다리를 들어 올린다.

등판
'등판'이라는 단단한 갑옷이 가슴을 덮고 있다.

날개

부푼 배
몸은 부풀어서 자기 몸무게의 세 배까지 피를 담을 수 있다.

감각털
몸에는 공기의 움직임을 감지하여 위험을 알아차리는 가는 털이 나 있다. 털이 움직일 때 털 밑동에 있는 신경 말단이 자극을 받는다.

무척추동물
감비아학질모기
- **학명:** Anopheles gambiae
- **사는 곳:** 아프리카
- **길이:** 최대 8mm
- **먹이:** 꽃꿀과 피

실제 크기

2억 명 해마다 전 세계에서 말라리아에 감염되는 사람의 수.

모기 암컷 성체는 기껏해야 2주밖에 못 산다.

모기는 3,500종이 알려져 있는데, 그중 약 30종만 말라리아를 옮긴다.

가느다란 더듬이
암컷은 실 같은 더듬이를 지닌다. 수컷은 깃털 모양의 더 예민한 더듬이로 암컷을 찾는다. 수컷은 피를 빨지 않는다.

민감한 촉수
긴 촉수에는 가까이 있는 먹이의 호흡을 알아차리는 감각기가 있다.

몇몇 열대 모기 종은 **웨스트나일바이러스, 황열병, 뎅기열** 같은 여러 심각한 질병을 옮긴다.

변형된 눈
과학자들은 모기가 말라리아를 퍼뜨리지 못하도록, 특정한 유전자를 변형시키려 시도해 왔다. 유전자가 변형된 모기는 눈도 녹색으로 바꾸어, 과학자들이 알아볼 수 있도록 했다.

가느다란 다리
모든 곤충 성체처럼, 모기도 다리가 여섯 개다.

보호 덮개
모기가 숙주의 피부를 찌를 때, 덮개는 구부러지면서 뒤로 밀려난다.

긴 주둥이
모기는 빨대처럼 생긴 구기로 피나 꽃꿀을 빤다.

정밀한 도구
이 적외선 사진에는 보호 덮개가 벗겨진 모기의 긴 주둥이 끝에 있는 날카로운 탐침들이 보인다. 모기는 덮개의 민감한 끝부분으로 피부 밑에 있는 정맥을 찾을 수 있다.

무척추동물 ○ 곤충

가장 큰 나비인 알렉산드라비단제비나비는 날개폭이 최대 27.3센티미터이다.

유리날개나비
학명: *Greta oto*
사는 곳: 중앙아메리카
날개폭: 최대 6.1cm

나비는 대개 날개가 색깔을 띤 비늘로 뒤덮여 있다. 그러나 중앙아메리카 열대 우림에 사는 이 나비는 날개 가장자리에만 비늘이 있고, 다른 부위는 유리처럼 투명하다. 그래서 포식자의 눈에 잘 띄지 않는다.

제왕나비
학명: *Danaus plexippus*
사는 곳: 유럽, 아메리카, 오스트랄라시아
날개폭: 최대 11cm

크고 강한 제왕나비는 먼 거리를 날아 이주하는 것으로 잘 알려져 있다. 이 나비는 여름에는 북아메리카 대륙 북동쪽으로 올라가서 지낸다. 그런 뒤 다시 캘리포니아와 멕시코로 내려와서 겨울을 난다.

경고색 — 선명한 오렌지색은 독이 있다고 새에게 경고하는 것이다.

북미긴꼬리산누에나방
학명: *Actias luna*
사는 곳: 북아메리카
날개폭: 최대 11.5cm

다른 몇몇 나비와 나방처럼, 이 나방도 성체의 수명이 아주 짧다. 생애 대부분을 애벌레로 지낸 뒤, 아름다운 날개를 지닌 성체가 되면 일주일밖에 못 산다. 짝짓기를 하고 알을 낳기만 할 수 있는 기간이다. 먹지도 않고, 애벌레일 때 저장한 영양분으로 산다.

나비와 나방

크고 화려한 색깔을 띤 날개로 나풀나풀 춤추듯 나는 나비는 가장 매혹적인 곤충에 속한다. 하지만 나방 중에도 나비 못지않게 화려한 종들이 있다. 이 종들은 대부분 나비처럼 꽃의 꿀을 빨아 먹고 산다.

서로 모습이 비슷하지만 나비는 낮에 돌아다니는 반면, 일반적으로 나방은 밤에 날아다니고 낮에는 굶주린 새를 피해서 위장술을 발휘하여 숨어 있다. 나비와 나방은 둘 다 초기에는 몸이 말랑한 애벌레 상태로 종일 먹어대면서 지낸다. 그러다 날개를 지닌 성체가 되면 짧게 살다가 죽는다.

꼬리박각시
학명: *Macroglossum stellatarum*
사는 곳: 유라시아, 북아메리카
날개폭: 최대 4.5cm

꼬리박각시는 숲과 초원에 살며, 특이하게도 낮에 돌아다닌다. 열대의 벌새처럼 날개를 빠르게 치면서 공중에서 정지한 상태로 꿀을 빨아 먹는다. 비행 능력이 아주 뛰어나서, 먹이를 찾아 멀리까지 돌아다닌다.

꿀 탐지 — 아주 긴 혀(주둥이)를 꽃 깊숙이 넣어서 꿀을 찾아낸다.

분홍뒷날개나방
학명: *Catocala nupta*
사는 곳: 유럽
날개폭: 최대 8cm

나방은 대부분 밤에 날고, 낮에는 위장술로 몸을 숨긴다. 이 나방도 마찬가지이지만, 날 때 붉은 뒷날개가 드러난다. 그래서 새를 혼란에 빠뜨린다. 나방의 붉은 날개가 보였다가 사라졌다 하기 때문이다.

긴 더듬이

80회 박각시나방이 1초에 날개를 치는 횟수.

나비와 나방은 16만 5,000종이 알려져 있다.

케언즈비단제비나비
학명: *Ornithoptera euphorion*
사는 곳: 오스트랄라시아
날개폭: 최대 15cm

열대 비단제비나비류는 날개가 아주 길어서 나비 중에서 가장 크다. 심지어 새와 비슷하게 난다. 오스트레일리아 북동부 열대에 조성된 정원에 종종 찾아와서, 무궁화류의 꽃에서 꿀을 빨아 먹곤 한다.

날개 비늘
작은멋쟁이나비의 날개 무늬는 색색의 아주 작은 비늘들이 기왓장처럼 서로 겹쳐져서 이루어진다. 시간이 흐르면서 비늘이 떨어져 나가므로, 나비는 오래 살수록 색깔이 흐릿진다. 나비와 나방은 모두 이런 날개 비늘을 지닌다.

뭉툭한 더듬이
대부분 나비처럼, 작은멋쟁이나비도 끝이 곤봉처럼 생긴 긴 더듬이를 지닌다.

꿀 빨기
나비는 속이 빈 긴 주둥이로 에너지가 풍부한 꽃꿀을 빤다. 주둥이는 쓰지 않을 때는 스프링처럼 돌돌 말려 있다.

날개치는 속도
나비는 날 때 천천히 일정하게 날개를 친다. 반면에 나방은 날개가 흐릿하게 보일 만큼 빨리 날개를 친다.

작은멋쟁이나비
많은 나비는 매우 한정된 범위의 서식지에서 산다. 그러나 작은멋쟁이나비는 건조하고 탁 트인 공간에 널리 퍼져 있다. 번식하기 좋은 곳을 찾아서 먼 거리를 무리를 이루어 이주한다. 이 나비는 다리가 여섯 개지만, 앞다리를 늘 접어서 몸에 찰싹 붙이고 있다.

무척추동물

작은멋쟁이나비
학명: *Vanessa cardui*
사는 곳: 유럽, 아시아, 북아메리카, 아프리카
날개폭: 최대 7.5cm
먹이: 성체는 꿀을 빤다.

꿀벌

달콤한 꽃꿀로 향긋한 꿀을 만드는 능력으로 유명하다. 꿀벌은 딴꽃가루받이가 이루어지도록 꽃가루를 다른 식물로 전달하는 중요한 일을 한다. 벌이 없다면, 많은 식물이 살아남기 힘들 것이다.

벌은 채식주의자다. 다른 곤충을 사냥하는 대신에, 달콤한 꽃꿀과 단백질이 풍부한 꽃가루를 모아서 집으로 가져가 저장한다. 많은 벌은 홀로 지내지만, 꿀벌은 여왕벌 한 마리를 중심으로 군체를 이룬다. 여왕벌은 수많은 일벌을 낳는다. 일벌은 집을 짓고, 꽃꿀과 꽃가루를 모으고, 꽃꿀을 게워내어 꿀을 만들어서 겨울 동안 군체를 먹이는 일을 한다.

꽃가루 주머니
벌은 뒷다리에 난 센털에 꽃가루를 모아 붙여서 운반한다.

발톱 달린 발
발에는 꽃잎에 달라붙기 좋은 날카로운 발톱이 있다.

미늘 달린 침
일벌은 군체를 지키기 위해 침으로 무장하고 있다. 침은 미늘이 달린 날카로운 칼날처럼 생겼으며, 고통을 주는 독을 생산하는 샘과 연결되어 있다. 벌이 포유동물을 쏘면, 미늘 때문에 침이 피부에 박혀서 빠지지 않는다. 그래서 벌이 날아가려 하면 몸이 찢기면서 죽는다.

여왕벌   수벌   일벌

벌 군체
여왕벌은 다른 벌들보다 조금 더 크고, 하루에 알을 수천 개씩 낳을 수 있다. 알은 벌집의 각 방에 하나씩 들어가며, 그곳에서 부화하여 다리 없는 애벌레 상태로 지낸다. 이 애벌레 중 일부는 새 여왕벌이나 '수벌'로 발달하지만, 대부분은 알을 낳을 수 없는 암컷인 일벌이 된다. 수벌의 기능은 오로지 다른 군체를 이룰 새 여왕벌과 짝짓기를 하는 것이다.

250회 벌이 1초에 날개를 치는 횟수. 그래서 **붕붕** 소리가 난다.

2,000개 봄에 **여왕벌이** 하루에 낳는 알의 개수.

무척추동물

꿀벌

학명: *Apis mellifera*
사는 곳: 전 세계
길이: 최대 1.5cm (일벌)
먹이: 꽃꿀과 꽃가루

실제 크기

겹눈
벌은 작은 수정체가 많이 모여 이루어진 겹눈을 가진다. 색깔을 잘 볼 수 있어서, 꽃꿀이 풍부한 꽃을 찾는 데 유용하다.

민감한 더듬이
더듬이에는 향긋한 꽃을 찾는 냄새 감각기가 수천 개씩 들어 있다.

털 덫
꿀벌이 꽃에 들르면, 온몸에 난 털에 꽃가루가 잔뜩 묻는다.

주둥이
꿀벌은 꽃에 앉으면 긴 관 모양의 주둥이를 펼친다. 빨대처럼 주둥이로 당분이 풍부한 꽃꿀을 빨아서 소화계의 꿀주머니에 저장한다. 꿀주머니가 꽉 차면 집으로 돌아가서 꿀을 다른 벌에게 전달한다. 이 꽃꿀이 벌꿀이 된다.

날개
날 때는 작은 갈고리로 두 날개를 서로 결합시켜서, 한 날개처럼 움직인다.

털 많은 다리
다리에는 뻣뻣한 빗 같은 털들이 나 있다. 이 털로 몸에 묻은 꽃가루를 떨어서 꽃가루 주머니에 집어넣는다.

큰나뭇잎벌레
학명: *Phyllium giganteum*
사는 곳: 동남아시아
길이: 최대 11cm

대벌레의 가까운 친척이다. 너무나 완벽하게 위장을 하여 새 같은 포식자에게 들키지 않은 채 나뭇잎을 먹을 수 있다. 심지어 나뭇잎이 산들바람에 흔들리는 모습까지 흉내낸다.

이질바퀴
학명: *Periplaneta americana*
사는 곳: 전 세계
길이: 최대 5cm

이질바퀴는 아마 아프리카에서 미국으로 건너왔을 것이다. 많은 곤충이 사람이 제공하는 서식지와 먹이를 활용하는 법을 배웠다. 바퀴벌레도 그중 하나로, 사람에 적응하면서 집안의 악명 높은 해충이 되었다.

몸은 잎맥을 흉내 낸다.

위장
다리는 뜯기다가 남은 잎처럼 보인다.

곤충

곤충에는 우리에게 친숙한 딱정벌레, 나비, 나방뿐 아니라 온갖 놀라운 다양한 동물들이 속해 있다. 아주 다양한 생활 방식과 서식지에 적응하고, 꽃을 피우는 많은 식물에게 도움을 주는 꽃가루 매개자다.

모든 곤충 성체는 기본적으로 머리, 가슴, 배 세 부분으로 나뉜 몸 구조와 세 쌍의 다리, 대개 두 쌍의 날개를 지닌다. 또 많은 곤충은 여러 단계로 이루어진 한살이를 보낸다. 부화해서 날개가 없는 애벌레 상태로 지내다가 번식하는 성체가 된다. 물론 성체와 같은 모습으로 태어나 그냥 몇 차례 허물을 계속 벗으면서 크기만 자라는 종류도 있다.

알려진 현생 생물 종의
절반 이상은 곤충이다.

홍개미
학명: *Formica rufa*
사는 곳: 유럽
길이: 최대 1cm

홍개미는 숲에 커다란 둔덕 같은 집을 짓는다. 그 안에 많으면 40만 마리의 개미가 산다. 어느 동물이든 군체를 위협하면, 일개미는 꼬리 끝에서 폼산을 뿜는다.

송곳벌레살이납작맵시벌
학명: *Rhyssa persuasoria*
사는 곳: 북반구
길이: 최대 4cm

맵시벌 중 가장 크다. 맵시벌은 다른 곤충의 애벌레에 알을 낳는 기생벌이다. 암컷은 날카로운 산란관으로 나무에 구멍을 뚫고서 그 안에 숨어 있는 애벌레의 몸에 알을 낳는다. 부화한 맵시벌 애벌레는 살아 있는 숙주 애벌레를 뜯어 먹으면서 자란다.

민감한 더듬이
더듬이로 나무 속에 든 애벌레를 찾아낸다.

나무 뚫기
긴 산란관의 끝은 금속 성분이 모여서 아주 단단하다. 나무를 뚫기 좋다.

곤충은 하늘을 난 최초의 동물이다.
비행하는 곤충은 적어도 3억 년 전부터 있었다.

곤충은 육지와 민물 서식지에 어디에나 살지만,
바다에 사는 곤충은 거의 없다.

토끼벼룩
학명: *Spilopsyllus cuniculi*
사는 곳: 북반구
길이: 최대 1mm

벼룩은 다른 동물의 피를 빠는 기생 생물이다. 일부 종은 특정한 숙주만을 공격하는 쪽으로 적응했는데, 이 종은 주로 토끼에 달라붙는다. 힘센 뒷다리로 뛰어 숙주에게 달라붙어서 날카로운 구기로 피부를 뚫는다.

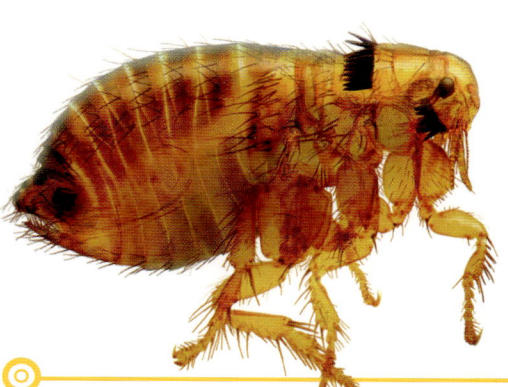

좀넓적꽃등에
학명: *Syrphus ribesii*
사는 곳: 유럽
길이: 최대 1.3cm

이 꽃등에는 비행 능력이 아주 뛰어나다. 허공에서 앞뒤로 휙 움직이거나 옆으로도 날고, 정지 비행도 할 수 있다. 꽃꿀을 빠는 곤충으로 다른 생물에 무해하지만, 새 같은 포식자를 막기 위해서 말벌의 띠무늬를 흉내 낸다.

— 커다란 겹눈

유럽하루살이
학명: *Ephemera danica*
사는 곳: 유럽
길이: 최대 2.5cm

하루살이는 성체의 수명이 짧은 것으로 유명하다. 이 종은 성체의 수명이 며칠에 불과하다. 그 사이에 짝짓기를 하고 알을 낳아야 한다. 그러나 애벌레 때에는 훨씬 더 오래 산다. 물속에서 3년까지 살다가 물 밖으로 나와서 성체가 된다.

얼룩실베짱이
학명: *Leptophyes punctatissima*
사는 곳: 유럽
길이: 최대 3cm

실베짱이는 여치의 일종이며, 메뚜기의 친척이다. 뒷다리가 길어서 뛰는 데 알맞지만, 뛰는 일이 거의 없이 풀숲을 느릿느릿 기어 다니면서 먹이를 찾는다. 이 종은 날지 못한다. 암컷은 굽은 낫 모양의 산란관을 지닌다.

초록풀잠자리
학명: *Chrysopa perla*
사는 곳: 유럽
길이: 최대 1.3cm

공들여 짠 듯한 날개맥을 지닌다. 작은 곤충을 잡아먹는 사나운 포식자다. 애벌레도 게걸스럽게 먹어대며, 진드기 같은 식물 해충을 줄이는 중요한 역할을 한다.

양안시
머리 양 끝에 달린 눈으로 거리를 정확히 재어서 치명적인 공격을 가할 수 있다.

죽음의 덫
가시 달린 앞다리로 꽉 쥐면 먹이는 달아나는 게 거의 불가능하다.

아프리카흰개미
학명: *Macrotermes bellicosus*
사는 곳: 아프리카
길이: 병정개미 최대 2.5cm

여왕개미 한 마리를 중심으로 엄청난 군체를 이루어 산다. 진흙으로 탑처럼 높이 솟은 집을 짓는다. 커다란 턱을 지닌 병정개미가 집을 지킨다. 더 작은 일개미는 풀을 뜯어 집 안으로 가져와서 퇴비로 만들어 식용 균류를 재배한다.

주기매미
학명: *Magicicada septendecim*
사는 곳: 미국
길이: 최대 4cm

매미는 생애 대부분을 땅속에서 애벌레로 지내다가, 날개를 단 성충이 된 뒤에는 짧게 살다가 죽는다. 일반적으로 매미는 일 년 내에 한살이를 마치지만, 주기매미는 13년이나 17년마다 성체가 된다. 그해에만 주기매미가 대규모로 출현한다.

황라사마귀
학명: *Mantis religiosa*
사는 곳: 유라시아
길이: 최대 7.4cm

사마귀 중 가장 잘 알려진 종에 속한다. 이 무시무시한 포식자는 가시가 박힌 힘센 앞다리로 다른 곤충을 꽉 움켜쥐고서 머리부터 뜯어 먹는다. 한곳에 꼼짝하지 않고 숨어서 기다리다가 먹이가 다가오면 순식간에 덮친다.

무척추동물 • 다지류

왕지네는 동굴 천장에 매달려 있다가 지나가는 **박쥐를 낚아챌 수 있**다.

어미 지네는 **몸을 말아 알을 감싸서** 포식자로부터 **보호**한다.

노래기

관절 다리

더듬이

지네

몸마디

다리가 많은 다지류
지네는 다지류라는 무척추동물 집단에 속한다. 노래기도 마찬가지다. 다지류는 많은 몸마디가 죽 이어져서 유연한 긴 사슬처럼 되어 있다. 지네의 각 몸마디에는 한 쌍의 관절 다리가 달려 있다. 반면에 노래기는 몸마디마다 다리가 두 쌍씩 달려 있다. 노래기는 다리가 최대 750개인 종도 있지만, 왕지네는 대개 46개에 불과하다.

중요한 호흡
지네의 몸 옆구리에는 '숨구멍(기문)'이라는 길쭉한 삼각형 구멍이 나 있다. 기관계로 공기가 들어가는 구멍이다. 공기가 기관계를 통과할 때 산소가 흡수되어서 근육을 비롯한 주요 기관으로 전달되고, 노폐물인 이산화탄소가 배출된다. 곤충도 같은 방식으로 호흡을 한다.

얇은 피부
지네의 피부는 얇아서 수분이 쉽게 빠져나간다. 그래서 지네는 우림의 축축한 바위나 썩어 가는 나무 밑에서 산다.

날카로운 발톱
이 발톱으로 나무를 꽉 움켜쥐고서 빠르게 움직이거나 먹이를 잡는다.

물결치듯 움직이는 다리
다리들은 머리에서 꼬리까지 몸을 따라서 물결치듯이 움직인다.

무척추동물

아마존왕지네
- **학명:** *Scolopendra gigantea*
- **사는 곳:** 남아메리카
- **길이:** 최대 30cm
- **먹이:** 작은 동물들

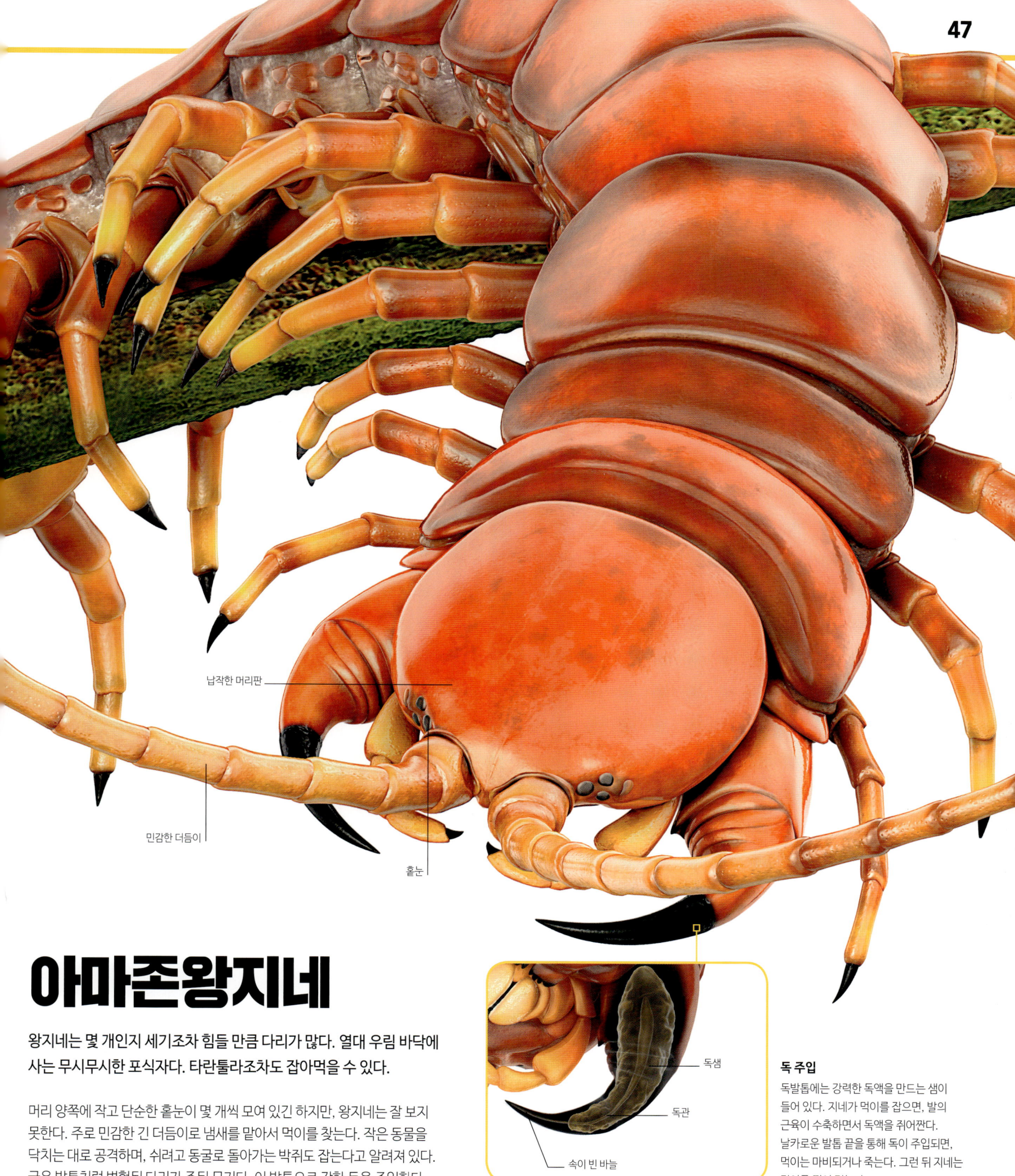

아마존왕지네

왕지네는 몇 개인지 세기조차 힘들 만큼 다리가 많다. 열대 우림 바닥에 사는 무시무시한 포식자다. 타란툴라조차도 잡아먹을 수 있다.

머리 양쪽에 작고 단순한 홑눈이 몇 개씩 모여 있긴 하지만, 왕지네는 잘 보지 못한다. 주로 민감한 긴 더듬이로 냄새를 맡아서 먹이를 찾는다. 작은 동물을 닥치는 대로 공격하며, 쉬려고 동굴로 돌아가는 박쥐도 잡는다고 알려져 있다. 굽은 발톱처럼 변형된 다리가 주된 무기다. 이 발톱으로 강한 독을 주입한다.

독 주입

독발톱에는 강력한 독액을 만드는 샘이 들어 있다. 지네가 먹이를 잡으면, 발의 근육이 수축하면서 독액을 쥐어짠다. 날카로운 발톱 끝을 통해 독이 주입되면, 먹이는 마비되거나 죽는다. 그런 뒤 지네는 먹이를 찢어 먹는다.

멕시코붉은무릎 타란툴라

세상에서 가장 큰 거미 중 하나이다. 굴속에 숨어 있다가 밤에 가까이 오는 작은 동물을 덮치는 매복 포식자다. 날쌔게 덮쳐서 독니로 독을 주입하여 마비시킨다.

타란툴라는 털북숭이 커다란 거미로, 대개 큰 곤충을 잡아먹는다. 다른 거미처럼, 타란툴라도 몸 앞쪽에 여덟 개의 다리가 달려 있고, 구기에는 한 쌍의 날카로운 독니가 나 있다. 하지만 대다수 거미가 양쪽 독니로 꽉 집어서 무는 것과 달리, 타란툴라는 독니를 아래로 눌러서 찌른다.

무척추동물

멕시코붉은무릎타란툴라

학명: *Brachypelma smithi*

사는 곳: 멕시코 남서부

길이: 몸길이 최대 10cm

먹이: 작은 동물

타란툴라는 굴 입구에 거미줄을 한 가닥 가로로 걸쳐놓곤 한다. 이 줄은 먹이가 다가오면 알리는 역할을 한다.

위협 과시
앞다리를 치켜들고 뒷다리로 일어서서 독니를 드러냄으로써 적을 위협한다.

관절 다리
긴 다리는 일곱 개의 단단한 마디가 유연한 주홍색 관절로 연결되어 있다.

민감한 발
거미의 주된 감각 기관은 발에 있다. 각 다리의 마지막 마디에 있는 발바닥은 냄새와 맛에 민감하며, 공기의 움직임과 땅의 진동을 감지하는 미세한 털들이 나 있다. 각 다리 끝에 있는 두 개의 날카로운 발톱은 걸을 때 미끄러지지 않게 해 준다.

감각털

날카로운 발톱

볼록한 몸
몸은 크게 두 부분으로 나뉘며, 가느다란 허리로 연결되어 있다. 볼록한 뒤쪽을 배, 앞쪽을 머리가슴이라고 한다.

멕시코붉은무릎타란툴라는 부화한 뒤 4개월 동안 **2주마다 허물을 벗는다.**

30년 멕시코붉은무릎타란툴라 암컷의 최대 수명. 수컷은 수명이 훨씬 짧다.

타란툴라는 물 때 독을 주입한다. 하지만 사람은 물리면 꿀벌에 쏘인 정도밖에 아프지 않다.

더듬이다리
입 양쪽에 달린 이 다리처럼 생긴 감각기는 냄새와 맛을 감지하며, 먹을 때 먹이를 붙잡고 있는 팔 역할도 한다.

여덟 개의 눈
거미는 몸 위쪽에 작은 눈이 여덟 개 있다. 곤충의 겹눈과 달리 눈마다 수정체가 하나씩 들어 있다. 시력이 아주 좋은 거미도 있지만, 이 타란툴라는 앞을 잘 못 본다. 그래서 주로 다른 감각을 써서 곤충, 도마뱀, 쥐를 찾아낸다.

독니
턱처럼 생긴 협각의 끝에는 날카로운 독니가 나 있다. 독니로 먹이를 마비시키는 독을 주입한다.

근육질 구기
타란툴라는 '협각'이라는 턱처럼 생긴 구조를 한 쌍 지닌다. 협각으로 먹이를 짓이겨서 걸쭉하게 만든 뒤 먹는다.

거미줄
모든 거미는 거미줄을 만든다. 거미줄로는 먹이를 잡는 거미집도 만든다. 멕시코붉은무릎타란툴라는 거미줄로 굴 벽을 둘러싼다. 암컷은 거미줄로 깔개를 만들고, 그 위에 알을 낳는다. 그런 뒤 깔개를 공처럼 말아서 알과 깨어나는 새끼를 보호한다.

미늘을 이용한 방어
대부분 거미는 적을 물어서 자신을 지키지만, 타란툴라는 더 나은 방법을 쓴다. 이 거미의 배는 미늘이 붙은 아주 가느다란 털로 덮여 있다. 타란툴라는 이 털을 적의 얼굴을 향해 발로 찬다. 털이 눈과 코에 박히면 적을 몹시 고통스럽게 만든다.

무척추동물 · 거미류

8년 황제전갈이 포획된 상태에서 살 수 있는 최대 수명.

업혀 다니기
전갈은 알이 아니라 새끼를 낳는다. 갓 태어난 새끼는 부모의 축소판이다. 아주 작고 희멀건 색깔이지만, 침까지 갖추고 있다. 태어난 새끼들은 어미의 집게발과 다리를 타고서 등으로 기어오른다. 어미는 새끼들이 혼자서 살아갈 수 있을 때까지 새끼들을 업고 다닌다.

기이한 빛
딱딱한 큐티클로 된 전갈의 겉뼈대에는 자외선을 비추면 녹청색으로 빛나는 형광 물질이 들어 있다. 이 형광 물질이 왜 있는지는 아무도 모르지만, 과학자들은 이 형광을 이용하여 전갈을 찾아낸다.

황제전갈의 독은 꿀벌의 독과 큰 차이가 없다. 그러나 **사람에게 치명적인 독**을 지닌 전갈도 있다.

- 유연한 꼬리
- **독샘** — 꼬리의 끝마디에는 커다란 독샘이 들어 있다.
- **날카로운 침** — 침은 상대의 피부를 뚫고서 독샘에서 나오는 독액을 주입한다.
- **원격 감지기** — 집게발과 다리의 감각털은 먹이가 일으키는 공기의 움직임을 감지한다.
- 발톱 달린 발

28g 임신한 전갈의 최대 몸무게.

어미 황제전갈은 등에 30마리까지 새끼를 업고 다닌다.

무거운 무기
강한 근육을 지닌 커다란 집게발은 먹이를 잡고 짓이긴다.

날카로운 턱
집게처럼 생긴 턱인 협각은 먹이를 입으로 가져간다. 먹이를 죽처럼 녹여 입으로 먹는다.

갑옷
전갈은 단단한 겉뼈대로 몸을 보호한다. 모든 전갈처럼, 황제전갈도 자라면서 몇 번 허물을 벗는다.

홑눈
전갈의 눈은 뚜렷하게 보지는 못하지만, 빛과 어둠을 감지한다.

관절의 피부가 유연해서 몸을 움직일 수 있다.

무척추동물
황제전갈
학명: *Pandinus imperator*
사는 곳: 서아프리카
길이: 최대 20cm
먹이: 작은 동물

진동 검출기
전갈은 몸 밑쪽에 빗 모양의 '펙틴'이라는 감각 기관이 한 쌍 있다. 땅에 이 기관을 대고 누르면, 어둠 속에서도 근처에서 작은 동물이 움직이며 일으키는 진동을 느낄 수 있다.

황제전갈

가장 큰 전갈에 속하며, 커다란 한 쌍의 집게발과 꼬리의 침으로 무장했다. 이 전갈은 밤에 먹이를 찾아서 숲 바닥을 돌아다닌다. 먹이가 움직일 때 땅에 생기는 진동을 느껴서, 거의 촉각만 이용해 사냥을 한다.

전갈은 바닷가재와 비슷해 보이지만, 사실은 거미류다. 즉 거미의 친척이다. 독니 대신에 꼬리에 침이 있어서, 집게발로 먹이를 잡은 뒤 머리 위로 꼬리를 구부려서 침을 꽂는다. 그러나 황제전갈은 먹이를 그냥 찢어버릴 정도로 힘이 세므로, 침을 쓸 일이 거의 없다.

무척추동물 ○ 거미류

가장 빠른 거미는 왕집거미로, 초속 50센티미터로 달릴 수 있다.

오스트레일리아투망거미
학명: *Deinopis subrufa*
사는 곳: 오스트레일리아
몸길이: 최대 2.5cm

이 거미는 앞다리로 탄력 있는 작은 거미집을 든 채로 밤에 먹이가 지나가기를 기다린다. 곤충이 가까이 다가오면 늘렸던 거미집을 탁 오므림으로써 덫에 가두듯이 곤충을 잡는다.

거미류

거미와 전갈을 포함하여 다리가 여덟 개인 동물들로 이루어졌다. 먹이를 마비시키는 강한 독으로 무장한 가장 고도로 분화한 사냥꾼에 속한다.

거미류는 대부분 사냥을 하거나 덫을 놓아, 다른 동물을 잡아먹거나 피를 빤다. 오로지 자신의 힘만으로 먹이를 잡는 종도 일부 있지만, 거미류는 대개 독니를 지니며, 모든 전갈은 꼬리에 침이 있다. 대개는 고형 먹이를 먹지 못하므로, 먼저 소화액을 주입하여 부드러운 조직을 녹여야 한다. 죽처럼 녹은 먹이를 빨아 먹으면, 빈 껍데기만 남는다.

치명적인 거미집
원래 길이의 열 배까지 늘어날 수 있는 탄력 있는 거미줄로 올가미를 만든다.

긴호랑거미
학명: *Argiope bruennichi*
사는 곳: 유럽
몸길이: 최대 1.8cm

많은 거미는 나선형 거미집을 지어서 곤충을 잡는다. 이 거미는 풀밭에 낮게 거미집을 짓는다. 뛰어다니는 메뚜기를 잡기에 딱 좋은 위치이다.

민꽃게거미
학명: *Misumena vatia*
사는 곳: 북아메리카, 유럽
몸길이: 최대 1.1cm

실제 크기

이 거미는 거미집을 짓는 대신에, 꽃잎 사이에 숨어서 꽃을 찾는 곤충을 기다린다. 몸에 분홍 띠가 있으며, 꽃의 색깔에 맞추어서 흰색에서 노란색까지 몸 색깔을 바꿀 수 있다.

뗏목거미
학명: *Dolomedes fimbriatus*
사는 곳: 유럽
몸길이: 최대 2.2cm

뗏목거미는 물 위에서 사냥을 한다. 무게가 가벼워서 수면에 떠 있을 수 있다. 먹이가 수면에 일으키는 잔물결을 감지하면, 미끄러지듯이 쭉 나아가서 잡는다.

3,250명 전 세계에서 보고된 한 해에 전갈에 쏘여 죽는 사람의 수.

30cm 왕통거미의 다리 폭. 거미 중에서 다리 폭이 가장 크다.

53

물거미
학명: *Argyroneta aquatica*
사는 곳: 유럽, 중앙아시아
몸길이: 최대 1.5cm

물속에 사는 유일한 거미다. 하지만 공기 호흡을 하므로, 수면에서 공기 방울을 몸에 두른 뒤 잠수한다. 물속에 종 모양의 거미집을 만들어 그 안에 공기를 채워서 새끼를 키운다.

초록스라소니거미
학명: *Peucetia viridans*
사는 곳: 북아메리카
몸길이: 최대 2.2cm

많은 거미는 거미집을 자아 놓고 먹이가 걸리기를 기다리는 대신에, 먹이를 찾아 돌아다닌다. 북아메리카의 이 거미는 고양이처럼 곤충을 덮치는 날쌘 사냥꾼이다.

마디로 이루어진 다리
모든 거미류는 다리가 여덟 개다.

제왕깡충거미
학명: *Phidippus regius*
사는 곳: 북아메리카 남서부
몸길이: 최대 2.2cm

깡충거미는 커다란 눈으로 먹이를 지켜보다가 기회가 오면 팔짝 뛰어서 꽉 문다. 대부분 다리가 짧고 몸집도 작다. 이 종은 가장 큰 편에 속한다.

시드니깔때기거미
학명: *Atrax robustus*
사는 곳: 오스트레일리아
몸길이: 최대 5cm

이 통통한 오스트레일리아 거미는 강력한 독을 지닌다. 사람 어른도 죽일 수 있어서 위험하기로 악명이 높다. 위협을 받으면, 앞다리를 들어서 치명적인 커다란 독니를 드러내면서 적을 위협한다.

나미비아낙타거미
학명: *Metasolpuga picta*
사는 곳: 아프리카 남서부
몸길이: 최대 5cm

이름도 거미고 모습도 거미처럼 생겼지만, 진짜 거미가 아니다. 독니도 없다. 나미브사막의 모래언덕에서 곤충을 사냥하며, 강한 턱으로 먹이를 잡아서 게걸스럽게 잘라먹는다.

장님거미
학명: *Phalangium opilio*
사는 곳: 북반구
몸길이: 최대 9mm

거미처럼 생겼지만, 장님거미는 몸통이 콩처럼 보이는 한 덩어리로 이루어져 있다. 아주 길고 가느다란 다리가 여덟 개 있다. 작은 집게처럼 생긴 턱으로 아주 다양한 먹이를 먹는다. 감각기가 들어 있는 유달리 긴 두 번째 다리 쌍으로 먹이를 찾는다.

채찍전갈
학명: *Mastigoproctus giganteus*
사는 곳: 북아메리카 남부
몸길이: 최대 6cm

이 종은 채찍 같은 꼬리를 휘둘러 식초를 뿌려서 방어하기 때문에 대왕식초전갈이라고도 한다. 꼬리에 침이 없다.

노랑전갈
학명: *Leiurus quinquestriatus*
사는 곳: 널리 퍼져 있음
길이: 꼬리 포함 최대 11cm

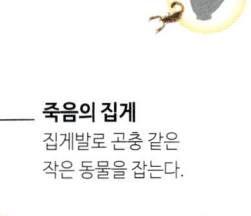

죽음의 집게
집게발로 곤충 같은 작은 동물을 잡는다.

굽은 침
먹이를 집게발로 잡은 상태에서 침을 머리 위로 뻗어서 먹이를 찌른다.

북아프리카에서 인도까지 퍼져 있는 이 종은 가장 위험한 전갈에 속한다. 침에 쏘이면 죽을 수도 있다. 강한 집게발로 먹이를 쥔 채로 침을 찔러서 마비시키거나 죽인다.

붉은불가사리

붉은불가사리는 유연한 수백 개의 발로 바다 밑에서 미끄러지듯이 움직인다. 조개를 발견하면, 위로 기어올라서 공격을 시작한다. 조개의 껍데기를 벌린 뒤 부드러운 속살을 먹는다.

불가사리는 사냥꾼처럼 보이지 않지만, 해양 동물에게는 닥치는 대로 먹어 치우는 게걸스러운 포식자다. 다른 불가사리도 먹어 치우며, 일단 잡히면 달아날 수가 없다. 먹이에서 흘러나오는 화학 물질을 단서로, 냄새를 추적하여 사냥한다. 먹이를 발견하면 작은 관족에 달린 빨판으로 먹이에 달라붙는다. 입을 통해 위장의 일부를 밖으로 내밀어서, 먹이의 부드러운 부위를 소화액으로 뒤덮는다. 소화액이 먹이의 부드러운 조직을 분해하면, 빨아들여 먹는다.

10년 불가사리의 최대 수명.

산란할 때 암컷은 최대 **250만 개의 알**을 낳는다.

가시로 덮인 피부
피부의 혹 가장자리에는 짧은 흰 가시들이 줄줄이 나 있다. 이 그림에서 오렌지색으로 보이는 이 원시적인 아가미는 피부의 틈새에 붙어 있는 얇은 돌기처럼 생겼다. 불가사리는 이 원시적인 아가미로 물에서 산소를 흡수하고 이산화탄소를 내보낸다.

냄새 감지기
가시로 덮인 피부에는 먹이의 가장 희미한 냄새까지 검출하는 민감한 화학 물질 감지기가 있다.

단순한 눈
각 팔의 끝에는 빛과 어둠을 감지할 수 있는 안점이 있다.

다섯 갈래의 별
이 불가사리는 팔이 다섯 개다. 피부는 대개 오렌지색이지만, 자주색이나 갈색을 띨 수도 있다.

관족
각 팔 밑에는 유연한 관족이 줄줄이 늘어서 있다. 관족은 작은 근육과 수압으로 움직인다. 팔에 있는 액체 주머니를 눌러서 관족으로 물을 집어넣었다 뺐다 함으로써 움직인다. 각 관족 끝에는 바다 밑에 달라붙을 수 있는 빨판이 있다. 그래서 불가사리는 바다 밑을 기어 다닐 수 있다.

불가사리의 표면에는 아주 작은 가시가 수백 개 나 있다.
피부에 먼지가 쌓이는 것을 막고, 다른 동물들이 달라붙지 못하게 한다.

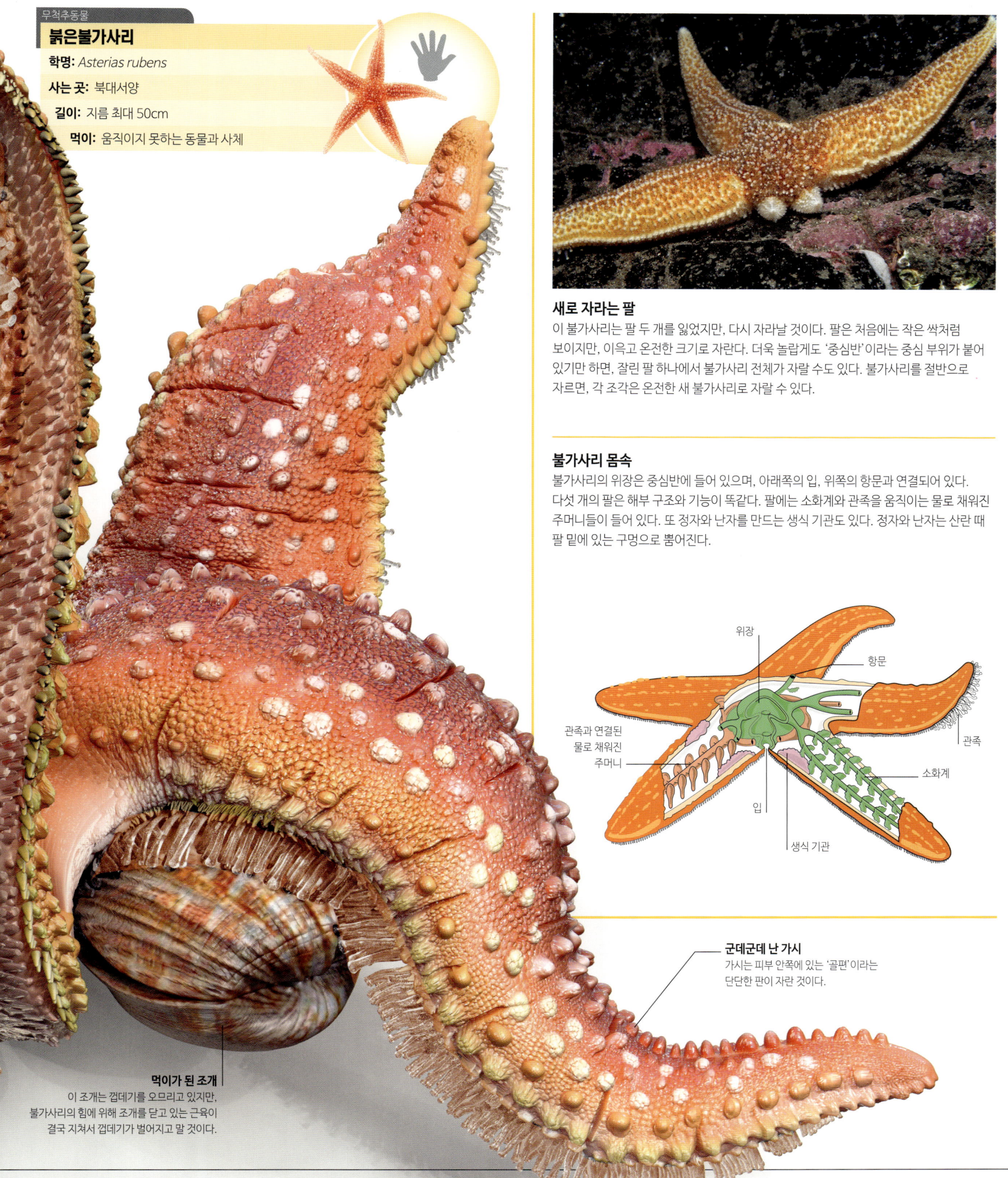

무척추동물

붉은불가사리

학명: *Asterias rubens*
사는 곳: 북대서양
길이: 지름 최대 50cm
먹이: 움직이지 못하는 동물과 사체

새로 자라는 팔
이 불가사리는 팔 두 개를 잃었지만, 다시 자라날 것이다. 팔은 처음에는 작은 싹처럼 보이지만, 이윽고 온전한 크기로 자란다. 더욱 놀랍게도 '중심반'이라는 중심 부위가 붙어 있기만 하면, 잘린 팔 하나에서 불가사리 전체가 자랄 수도 있다. 불가사리를 절반으로 자르면, 각 조각은 온전한 새 불가사리로 자랄 수 있다.

불가사리 몸속
불가사리의 위장은 중심반에 들어 있으며, 아래쪽의 입, 위쪽의 항문과 연결되어 있다. 다섯 개의 팔은 해부 구조와 기능이 똑같다. 팔에는 소화계와 관족을 움직이는 물로 채워진 주머니들이 들어 있다. 또 정자와 난자를 만드는 생식 기관도 있다. 정자와 난자는 산란 때 팔 밑에 있는 구멍으로 뿜어진다.

군데군데 난 가시
가시는 피부 안쪽에 있는 '골편'이라는 단단한 판이 자란 것이다.

먹이가 된 조개
이 조개는 껍데기를 오므리고 있지만, 불가사리의 힘에 의해 조개를 닫고 있는 근육이 결국 지쳐서 껍데기가 벌어지고 말 것이다.

극피동물

불가사리, 성게, 그 친척들은 극피동물에 속한다. '가시 피부'를 지닌 동물이라는 뜻이다. 성게처럼 가시가 아주 뚜렷한 종도 있다. 성게는 가장 많은 가시로 뒤덮인 동물이다.

한편 군데군데 단단한 판으로 덮여서 유연하지만 튼튼한 피부를 지닌 종류도 있다. 극피동물은 모두 바다에 살며, 몸이 방사 대칭이고, 입과 위장이 중앙에 있고, 팔이 꽃잎처럼 밖으로 뻗어나간 모습이다.

가시관불가사리
학명: *Acanthaster planci*
사는 곳: 인도-태평양
지름: 최대 35cm

가장 크고 가장 가시가 많은 불가사리다. 산호초를 만드는 산호충을 먹어 치우는 포식자로 유명하다. 산호초에 무리 지어 다니면서 산호충을 소화액으로 뒤덮어 녹여서 게걸스럽게 빨아 먹는다. 결국 산호초가 헐벗은 뼈대만 남아서 황폐해진다.

독 있는 가시 — 뻣뻣한 가시에는 찔리면 몹시 아픈 독소가 발라져 있다.

팔 — 넓은 중심반에서 가시투성이 팔이 최대 21개까지 자란다.

푸른불가사리
학명: *Linckia laevigata*
사는 곳: 인도-태평양
지름: 최대 30cm

가장 화려한 극피동물 중 하나다. 이 열대 불가사리는 조류나, 바위와 산호초에 달라붙은 동물을 뜯어 먹는다. 팔은 다섯 개이며, 다른 불가사리들처럼 끊기면 다시 자란다.

과자불가사리
학명: *Tosia australis*
사는 곳: 오스트레일리아 남부 해안
지름: 최대 10cm

불가사리는 크기와 모양이 다양하다. 이 과자불가사리는 팔이 다섯 개이지만 아주 짧다. 다른 불가사리들처럼 끝에 빨판이 달린 많은 관족으로 바다 밑을 기어 다닌다.

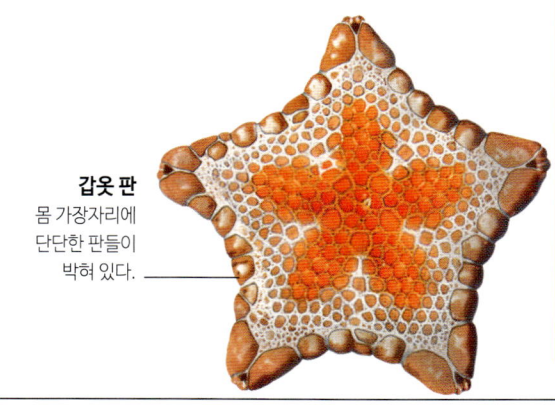

갑옷 판 — 몸 가장자리에 단단한 판들이 박혀 있다.

켈트갯고사리
학명: *Leptometra celtica*
사는 곳: 유럽 북서부 해안
지름: 최대 30cm

갯고사리는 불가사리처럼 생겼지만, 뒤집힌 채 바위에 붙어 있다. 깃털 같은 팔로 물에서 먹이를 걸러 먹는다. 몸은 주로 단단한 탄산칼슘으로 된 판과 가시로 이루어진다.

7,000종 극피동물의 종수.

해삼은 내장의 일부를 밖으로 **내뱉어서** 자신을 지킨다. 길고 끈적거리는 **내장**은 포식자에게 달라붙어서 **옭아맨다**.

보라성게
학명: Strongylocentrotus purpuratus
사는 곳: 북아메리카 해안
지름: 최대 10cm, 가시 제외

성게의 몸은 다섯 개의 '방사형 몸마디'로 이루어져 있다. 가시 뼈대 안에 담긴 오렌지와 좀 비슷하다. 이 종은 태평양 해안에서 거대한 바닷말인 켈프를 먹고 산다.

가시연필성게
학명: Goniocidaris tubaria
사는 곳: 오스트레일리아 해안
지름: 최대 4.5cm, 가시 제외

전형적인 성게는 가늘고 끝이 날카로운 가시를 지니지만, 이 오스트레일리아 남부 해안의 종은 아주 굵은 가시에 잔가시가 달린 모습이다. 다른 성게들처럼 중앙에 있는 턱으로 다양한 먹이를 먹는다.

긴가시성게
학명: Diadema antillarum
사는 곳: 서대서양
지름: 최대 10cm, 가시 제외

이 열대 성게는 가시가 아주 길다. 포식자가 덮치면 가시가 입을 찌르지만, 그럼에도 일부 어류는 성게를 잡아먹는다. 밤에 조류와 산호를 먹고, 낮에는 컴컴한 틈새로 숨는다.

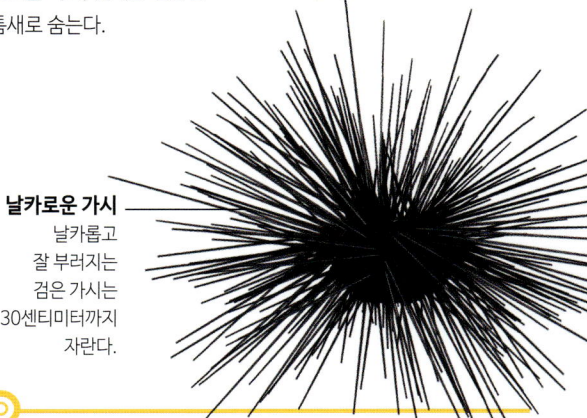

날카로운 가시
날카롭고 잘 부러지는 검은 가시는 30센티미터까지 자란다.

미국성게
학명: Dendraster excentricus
사는 곳: 북아메리카 태평양 해안
지름: 최대 7.5cm

몇몇 성게는 모래에 굴을 파는 데 적응해 있다. 이 종들은 작고 뻣뻣한 가시로 덮여 있으며, 때로 앞뒤가 구별되기도 한다. 이 아메리카 종은 몸이 유달리 납작하다.

삼천발이불가사리
학명: Astroboa nuda
사는 곳: 인도-태평양
지름: 최대 1m

갯고사리와 비슷하게 생긴 삼천발이불가사리는 물살이 센 곳에서 바위나 산호에 달라붙어서, 여러 갈래로 갈라진 팔로 물에서 먹이를 걸러 모은다. 거미불가사리류에 속하며, 구조가 더 유연하다.

그물거미불가사리
학명: Ophionereis reticulata
사는 곳: 아메리카 북부와 남부 해안
지름: 최대 25cm

거미불가사리는 작은 중심반에 아주 잘 움직이는 가늘고 긴 팔이 다섯 개 달려 있다. 팔로 산호와 바위에 달라붙거나, 먹을 수 있는 잔해를 찾아서 바다 밑을 기어 다니기도 한다.

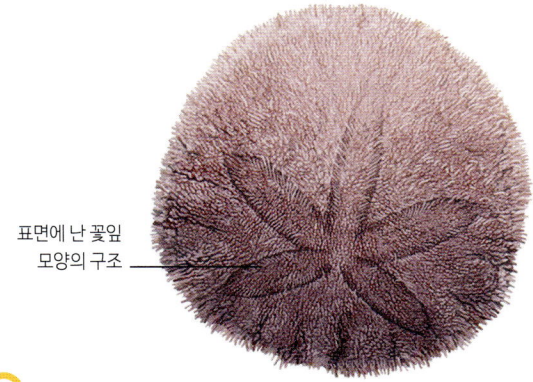

표면에 난 꽃잎 모양의 구조

가시로 덮인 팔
유연한 팔에는 가장자리를 따라 가시들이 줄줄이 나 있다.

플로리다해삼
학명: Holothuria floridana
사는 곳: 카리브해, 멕시코만, 플로리다 해안
길이: 최대 20cm

해삼의 몸은 전형적인 성게처럼 다섯 개의 방사형 몸마디로 되어 있지만, 길쭉해져 있다. 입은 한쪽 끝에 있고, 먹이 알갱이를 모으는 데 쓰이는 촉수들이 고리처럼 입 주위에 달려 있다.

바다사과
학명: Pseudocolochirus violaceus
사는 곳: 열대 인도-태평양
길이: 최대 18cm

대다수 해삼은 먹이를 찾아서 바다 밑을 돌아다닌다. 그러나 바다사과는 한곳에 있으면서 촉수를 써서 물에서 플랑크톤을 걸러 먹는다. 산호초에 사는 이 종은 매우 화려한 색깔을 띤다.

혹 많은 피부
가죽질 피부에는 원뿔 모양의 혹이 점점이 나 있다.

관족
끝에 빨판이 달린 수압식 관족으로 바위에 달라붙을 수 있다.

어류

어류는 뼈로 된 속뼈대를 지닌 최초의 동물이다. 즉 최초의 척추동물이다.
5억여 년 전에 바다에서 출현한 이래로, 어류는 섬세하고 독특한 해마부터
거대하고 강력한 포식자인 상어에 이르기까지 아주 다양한 형태로 진화했다.

어류란 무엇일까?

어류는 쉽게 알아볼 수 있지만, 정의하려면 어렵다. 어류는 세 집단으로 이루어진다. 대부분 아가미로 호흡을 하지만, 전혀 다른 방식으로 호흡을 하는 종류도 있다. 그러나 전형적인 어류는 몸이 유선형이며 유연한 등뼈에 붙은 강한 근육을 써서 날쌔게 물속을 나아가는 수영 선수다.

가시 달린 지느러미
제1등지느러미는 가느다란 뼈 가시가 지탱한다.

비늘
비늘은 얇은 판이다. 기와처럼 서로 겹쳐 있다.

눈
물속에서 보기 알맞게 수정체가 두껍다.

어류의 종류

최초로 진화한 어류는 턱이 없는 물고기인 무악어류였다. 무악어류는 먼 과거에 번성했지만, 지금은 몇 종밖에 남지 않았다. 연골어류인 상어와 가오리는 무악어류보다는 더 많지만, 대부분 어류는 경골어류라는 큰 집단에 속한다.

무악어류
이름에서 알 수 있듯이, 무악어류는 여닫는 턱이 없다. 약 40종의 뱀장어처럼 생긴 칠성장어가 무악어류에 속한다. 미끈거리는 먹장어류를 무악어류로 구분하기도 한다.

바다칠성장어

경골어류
어류 대부분을 차지하며, 약 3만 2,000종이 있다. 경골어류는 대부분 지느러미에 뼈로 된 지느러미살이나 가시가 들어 있는 조기어류지만, 모든 육상 척추동물의 조상과 친척인 총기어류도 있다.

안초비

연골어류
상어와 가오리, 그 친척들은 뼈대가 물렁한 연골로 이루어져 있다. 약 1,200종이 있으며, 바다에서 가장 강하면서 큰 포식자도 속해 있다.

홍살귀상어

뇌

심장

배지느러미

아가미
아가미에는 벽이 얇은 아주 가느다란 혈관들이 줄줄이 늘어서 있다. 이 혈관에는 피가 흐른다. 온몸을 돌아 아가미로 들어오는 피에는 근육과 기관에서 나온 노폐물인 이산화탄소가 들어 있다. 물이 입으로 들어와서 아가미를 지나갈 때 이산화탄소는 물로 빠져나가고, 대신 물에 들어 있던 산소는 피로 흡수된다. 어류는 이 산소를 이용하여 영양소를 에너지로 바꾼다.

주요 특징

모든 어류는 많은 공통점을 지닌다. 하지만 공통된 특징이라고 해도 종에 따라서 다양하게 변해 있곤 한다. 어류는 모두 등뼈를 중심으로 한 속뼈대를 지닌 척추동물이다. 피부는 대개 비늘로 보호되고, 대다수는 물에서 산소를 흡수하는 아가미를 지닌다. 어류는 대부분 변온동물이며, 주로 바다, 호수, 강의 물에서 산다.

척추동물
어류의 뼈대는 등뼈, 머리뼈, 턱, 갈비뼈, 지느러미살로 이루어진다.

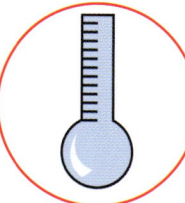

변온
어류는 체온이 살고 있는 물의 온도와 같다.

아가미 호흡
물에 든 산소가 아가미에서 피로 흡수된다. 하지만 공기 호흡을 할 수 있는 종류도 있다.

물속 생활
모든 어류는 민물이나 바닷물 한쪽에 산다. 하지만 양쪽을 오갈 수 있는 종도 있다.

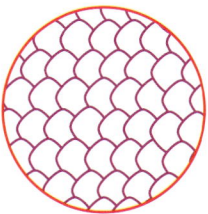

비늘 피부
대부분 어류는 피부가 단단한 비늘로 덮여 있다. 하지만 비늘이 없는 종류도 있다.

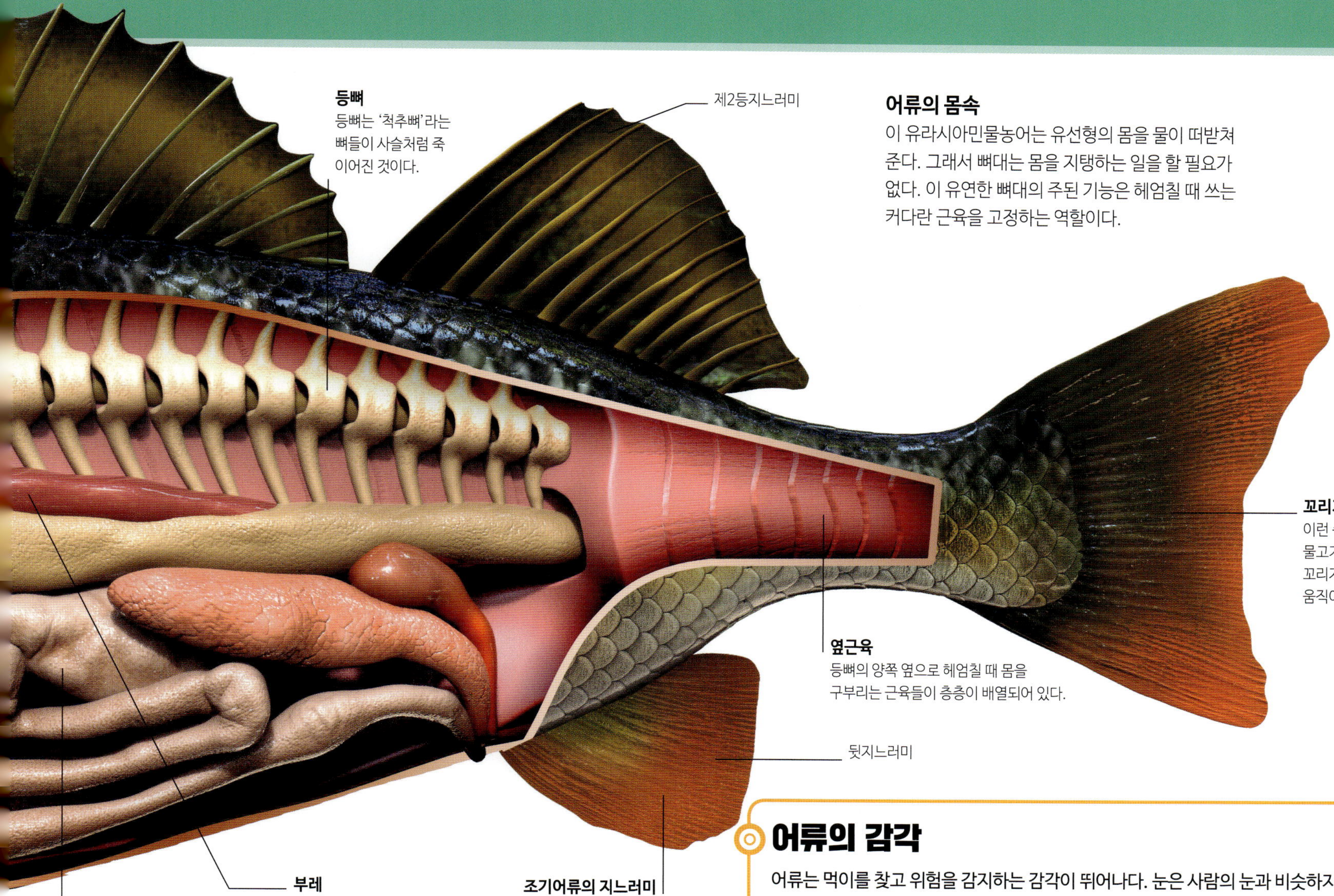

어류의 몸속

이 유라시아민물농어는 유선형의 몸을 물이 떠받쳐 준다. 그래서 뼈대는 몸을 지탱하는 일을 할 필요가 없다. 이 유연한 뼈대의 주된 기능은 헤엄칠 때 쓰는 커다란 근육을 고정하는 역할이다.

등뼈 — 등뼈는 '척추뼈'라는 뼈들이 사슬처럼 죽 이어진 것이다.

제2등지느러미

꼬리지느러미 — 이런 종류의 물고기는 넓적한 꼬리지느러미를 움직여서 나아간다.

옆근육 — 등뼈의 양쪽 옆으로 헤엄칠 때 몸을 구부리는 근육들이 층층이 배열되어 있다.

뒷지느러미

부레 — 공기가 든 주머니로 부력을 조절한다.

조기어류의 지느러미 — 어류는 대부분 유연한 지느러미살로 지느러미를 지탱한다.

위장

물고기처럼 헤엄치기

뱀장어는 뱀처럼 몸을 좌우로 구부려서 헤엄친다. 잔물결을 일으키면서 물속을 나아간다. 다른 많은 어류는 뱀장어와 비슷한 방식으로 몸도 움직이고, 등뼈 양쪽에 붙어 있는 거대한 옆근육을 써서 꼬리를 더 많이 움직여 헤엄친다. 다른 어류들보다 몸을 더 많이 움직이는 종류도 있다. 다랑어, 몇몇 상어, 돛새치 등 가장 빠른 물고기들은 몸은 일자로 곧게 유지하며, 옆근육으로 꼬리지느러미를 좌우로 쳐서 나아간다.

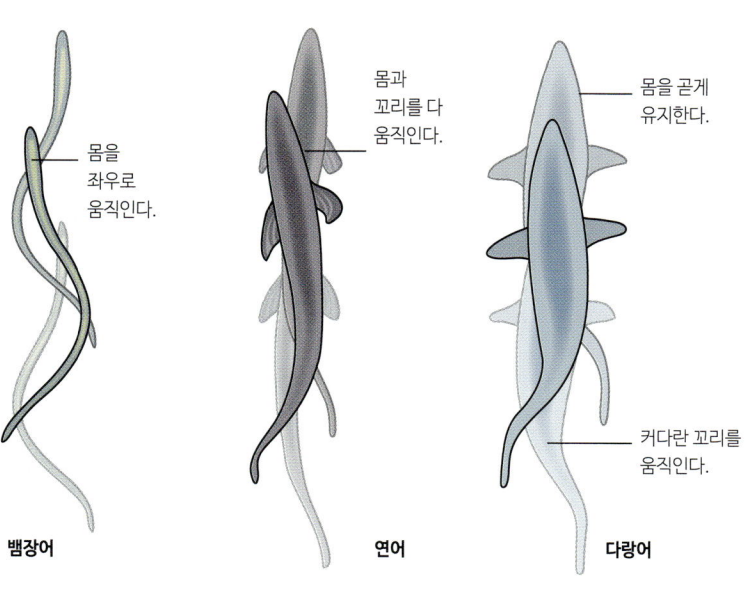

몸을 좌우로 움직인다. — **뱀장어**

몸과 꼬리를 다 움직인다. — **연어**

몸을 곧게 유지한다. 커다란 꼬리를 움직인다. — **다랑어**

어류의 감각

어류는 먹이를 찾고 위험을 감지하는 감각이 뛰어나다. 눈은 사람의 눈과 비슷하지만, 빛이 물속을 지나는 방식에 맞추어져 있다. 후각과 미각이 뛰어나며, 대개 음파도 들을 수 있다. 가장 중요한 점은 옆줄이라는 감각기 연결망을 써서 압력 변화를 감지한다는 것이다. 이 감각기들은 물고기에게 가까이에 있는 움직임을 알려 주어, 물고기 떼가 서로 완벽하게 조화를 이루어서 움직일 수 있게 해 준다.

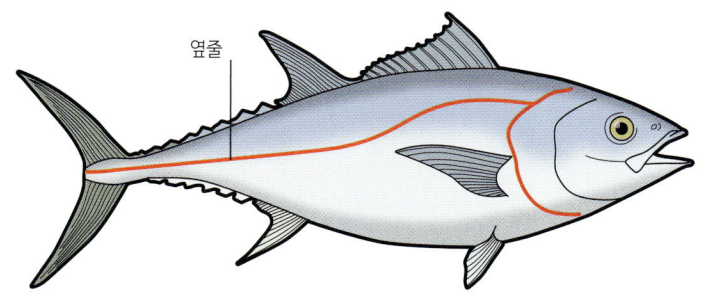

옆줄

알과 새끼

많은 상어는 몸속에서 알을 수정하고 부화시켜 새끼를 낳는다. 그러나 대다수 어류는 암컷이 물속에 많은 알을 낳으면 수컷이 수정시킨다. 알은 대개 물에 떠다니다가 대부분 다른 동물에게 먹힌다. 그러나 입에 알을 품어서 보호하는 종들도 있다.

어류 ○ 무악어류

바다칠성장어 성체는 **수명이 약 20개월이다.**

100,000개 바다칠성장어 암컷이 낳을 수 있는 알의 수.

흡혈 공격
바다칠성장어의 공격에 물고기에게는 대응할 수단이 거의 없다. 칠성장어는 빨판으로 꽉 달라붙는데, 떼어내기가 쉽지 않다. 칠성장어는 먹이의 살을 도려낸 뒤 피를 빤다. 칠성장어의 침에는 피가 엉기지 않게 막는 성분이 있어서 배가 부를 때까지 피를 빨 수 있다. 먹이가 살아남는다면 행운일 것이다.

몸속
칠성장어의 머리뼈와 뼈대는 상어의 뼈대처럼 물렁한 연골로 되어 있지만, 상어와 달리 칠성장어는 여닫는 턱이 없다. 입은 케라틴으로 된 이빨이 가득 박힌, 질기면서 유연한 조직으로 된 원반 안에 있다. 케라틴은 사람의 손톱을 만드는 물질이기도 하다. 입과 호흡관이 분리되어 있어서, 칠성장어는 입으로 먹이를 꽉 문 채로 물을 빨아들여서 아가미로 보낼 수 있다.

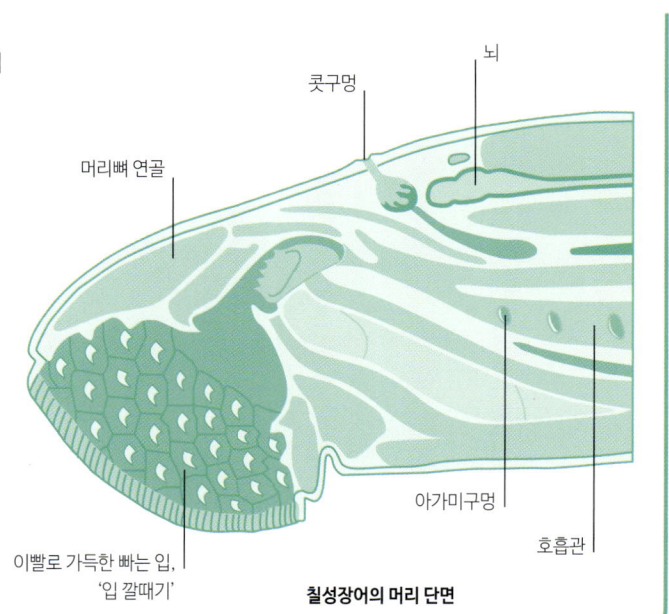

칠성장어의 머리 단면
- 콧구멍
- 뇌
- 머리뼈 연골
- 이빨로 가득한 빠는 입, '입 깔때기'
- 아가미구멍
- 호흡관

등지느러미
꼬리지느러미와 등지느러미만 있으며, 빳빳한 지느러미살로 지탱된다. 가슴지느러미는 없다.

어류
바다칠성장어
학명: *Petromyzon marinus*
사는 곳: 북대서양, 북아메리카, 유럽
길이: 최대 1.2m
먹이: 어류 피

강이나 호수의 바닥에 몸을 묻은 채, 지렁이처럼 생긴 유생 단계로 **최대 17년** 동안 지낸다.

꼬리지느러미
꼬리지느러미는 물속을 나아가는 데 한몫을 한다.

바다칠성장어

바다칠성장어는 뱀장어처럼 보이지만, 전혀 다른 동물이다. 먼 옛날 바다에 살았던 무악어류의 후손이다. 턱 대신에 날카로운 이빨이 가득한 빨판이 있으며, 이 빨판으로 다른 동물을 공격한다.

칠성장어류는 4억 년 전 데본기에 살았던 어류의 많은 특징들을 간직하고 있기에 원시적으로 보이곤 한다. 그러나 바다칠성장어는 진화한 존재로, 고도로 분화한 기생 생물이다. 바다칠성장어는 이빨 가득한 빨판으로 달라붙어서, 이빨과 날카로운 혀로 먹이의 피부에 구멍을 낸 뒤, 피를 빨아먹는다. 바다칠성장어 성체는 바다에서 먹이를 구하지만, 번식할 때에는 강으로 올라온다. 새끼들도 민물에서 지낸다.

길쭉한 몸
바다칠성장어는 원통형의 긴 몸을 뱀과 같이 구불구불 움직이면서 헤엄친다.

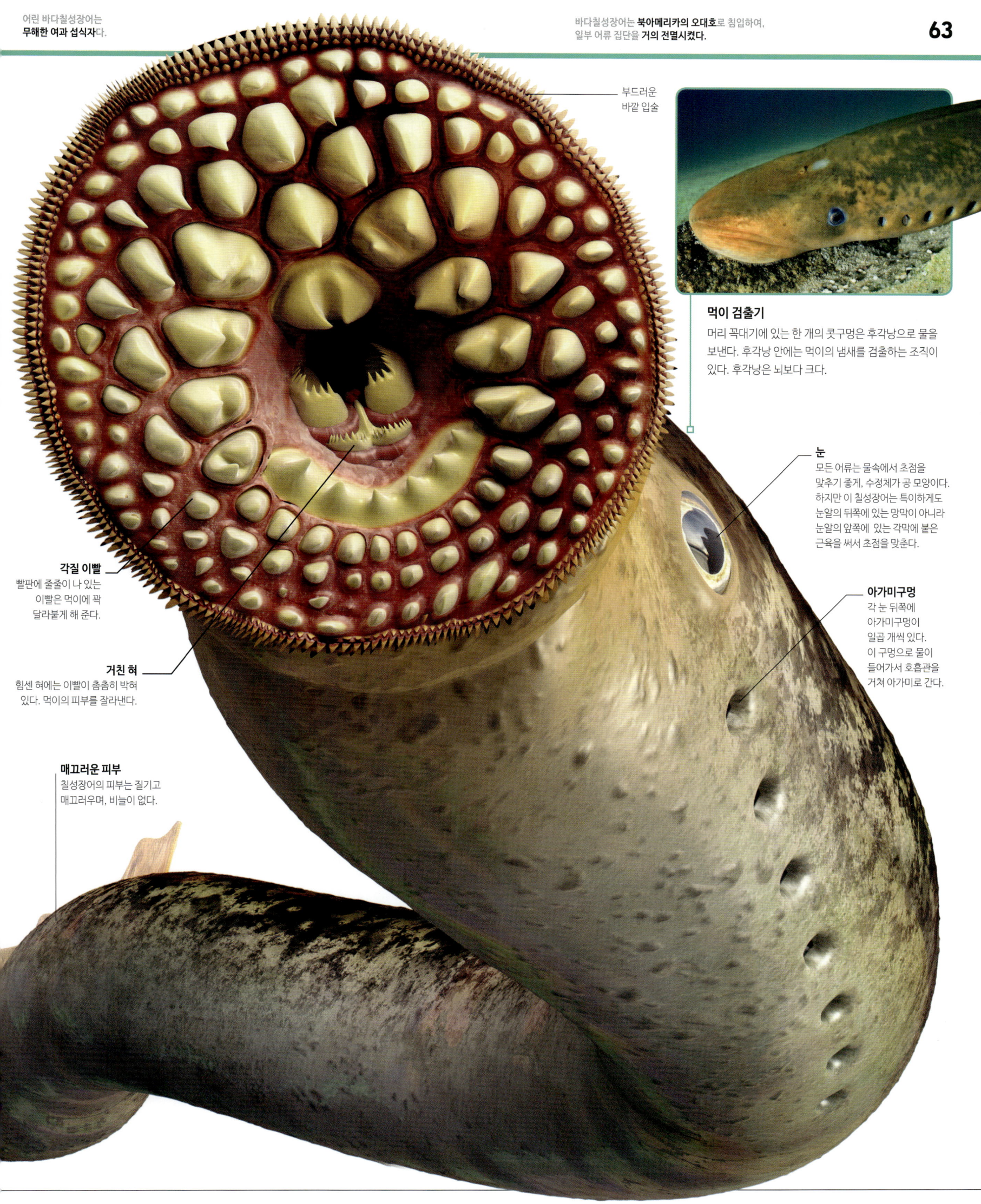

56km/h 백상아리가 헤엄칠 수 있는 최고 속도.

굶주린 백상아리는 먹이 냄새를 맡기 위해 물 밖으로 머리를 내밀기도 한다.

70년 야생에서 백상아리의 최대 수명.

백상아리

백상아리는 상어 중에서 가장 무시무시하다고 알려졌다. 물범, 돌고래, 고래 같은 대형 정온동물을 사냥하는 전문가다.

백상아리는 이름만 들어도 오싹해지는 동물이다. 아주 힘세고 빠르며, 먹이를 감지하는 대단히 효율적인 감각들을 지니고 있으며, 톱 같은 이빨이 잔뜩 나 있어서 한입에 먹이를 두 동강 낼 수 있다. 사람도 가리지 않고 닥치는 대로 잡아먹는다. 이 동물의 적은 범고래와 인간 사냥꾼뿐이다.

꽉 찬 근육
상어의 몸에는 힘센 굵은 근육이 꽉 차 있다.

제2등지느러미

더 빠르게
초승달 모양의 꼬리는 추진력을 제공한다. 빠르게 헤엄치는 다랑어처럼, 몸과 꼬리는 좁은 관절로 연결되어 있다. 그래서 몸은 상대적으로 움직이지 않은 채, 꼬리를 좌우로 빠르게 칠 수 있다.

백상아리의 콧구멍은 **1킬로미터 떨어진** 물에 퍼진 피 냄새도 맡을 수 있다.

날개 지느러미
긴 가슴지느러미는 상어가 헤엄칠 때 날개 역할을 한다.

계속 자라는 이빨
백상아리는 아무리 나이를 먹어도 이빨이 없어질 걱정을 할 필요가 없다. 모든 상어가 그렇듯이, 이빨이 빠지면 뒤에서 밀려 나오는 새 이빨로 계속 대체되기 때문이다. 새 이빨은 마치 컨베이어벨트처럼 턱 안에서 계속 자라서 앞으로 밀려 나오고, 오래되어 뭉툭해진 이빨은 밖으로 빠진다.

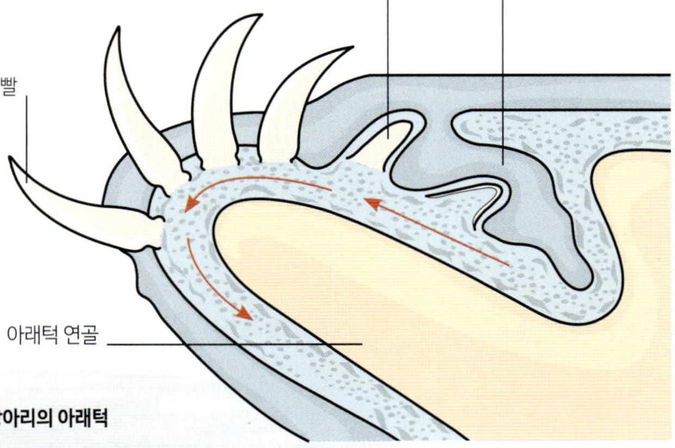

빠지기 직전인 이빨 / 새 이빨 / 이빨이 자라는 홈
아래턱 연골
백상아리의 아래턱

어류
백상아리
- **학명:** *Carcharodon carcharias*
- **사는 곳:** 전 세계의 따뜻한 바다
- **길이:** 최대 7.2m
- **먹이:** 어류, 물범, 고래

어류 · 상어와 가오리

노랑가오리의 **침**은 찔리면 아주 고통스럽지만, 방어용으로만 쓰인다.

입에는 15~24개의 **이빨**이 줄지어 늘어서서 두 개의 판을 이루고 있으며, 이 판으로 **조개껍데기**도 부술 수 있다.

어류
꽁지가오리
- **학명:** *Taeniura lymma*
- **사는 곳:** 인도-태평양 산호초
- **길이:** 최대 90cm
- **먹이:** 연체동물, 게, 환형동물, 작은 어류

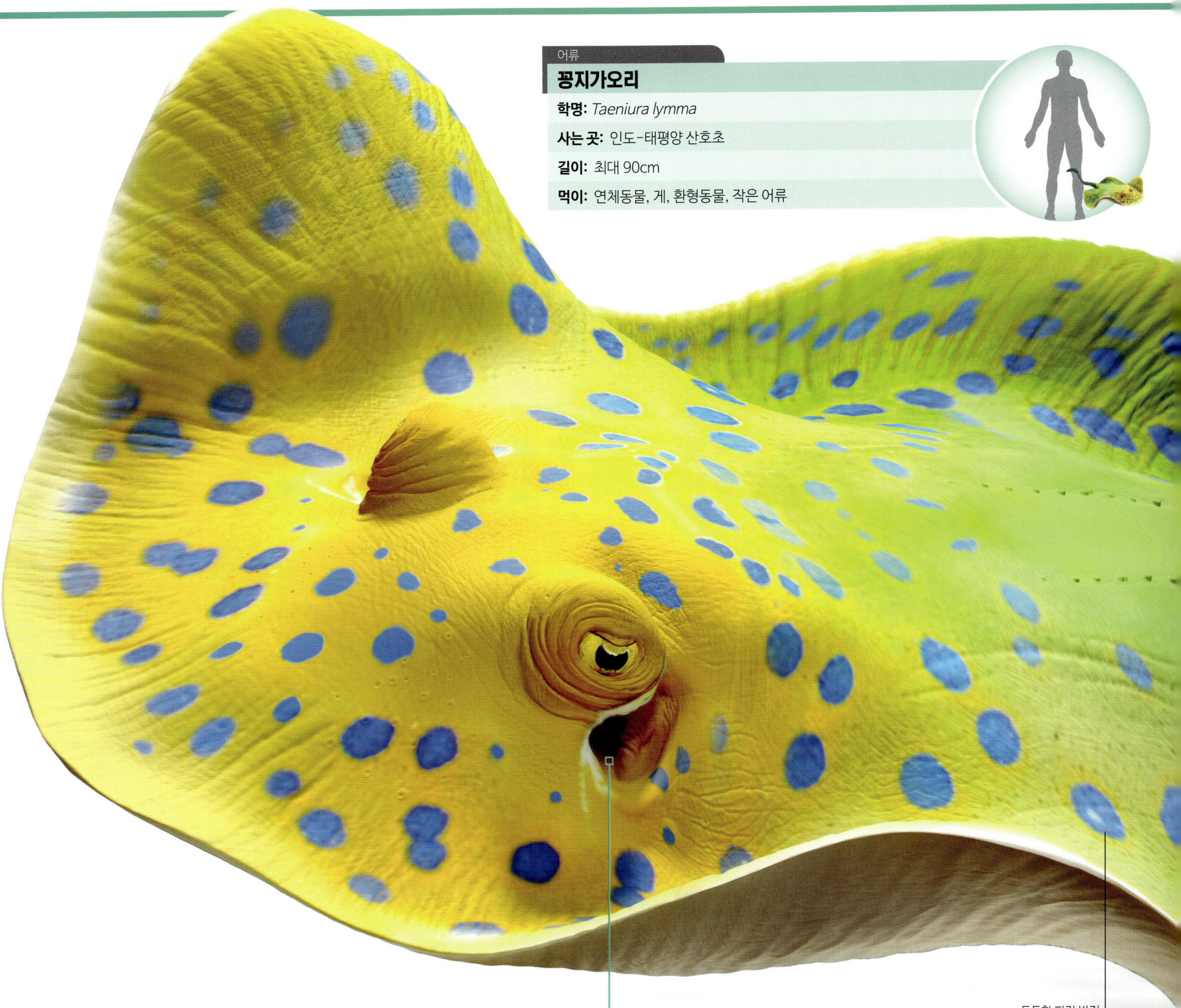

독특한 파란 반점

꽁지가오리

이 화려한 색깔의 노랑가오리 종은 미늘 달린 침으로 적에게 몹시 고통스러운 독액을 주입할 수 있다. 상어 같은 포식자를 전혀 두려워하지 않으며, 열대 산호초에서 먹이를 찾아서 모래 바닥을 뒤진다.

상어의 친척인 홍어류와 가오리류는 대부분 바다 밑에서 생활하는 쪽으로 적응했다. 몸은 납작하며, 바닥에 있을 때 들키지 않도록 잘 위장되어 있다. 하지만 산호초에 사는 이 노랑가오리는 유달리 화려하다. 다른 가오리처럼, 다양한 환형동물, 조개와 게를 비롯한 껍데기를 지닌 동물들을 먹는다. 넓고 납작한 이빨로 껍데기를 깬다. 이빨은 다 닳기 전에 계속 새것으로 교체된다.

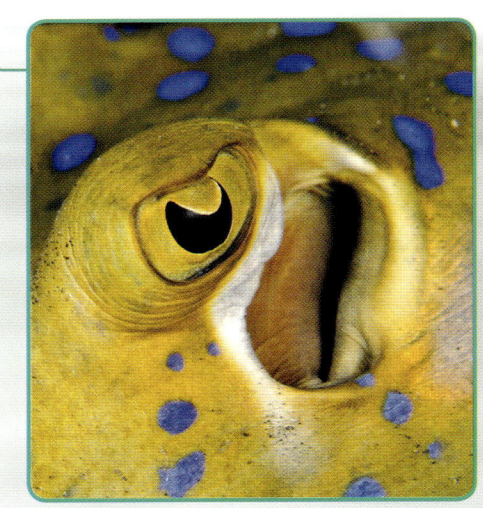

숨구멍
양쪽 눈 뒤에는 숨구멍이라는 커다란 구멍이 있다. 입을 닫고 바다 밑에 엎드려 있을 때, 위쪽에서 산소를 함유한 물을 빨아들이는 곳이다. 물은 아가미를 지난 뒤, 몸 아래쪽에 있는 아가미구멍으로 빠져나간다.

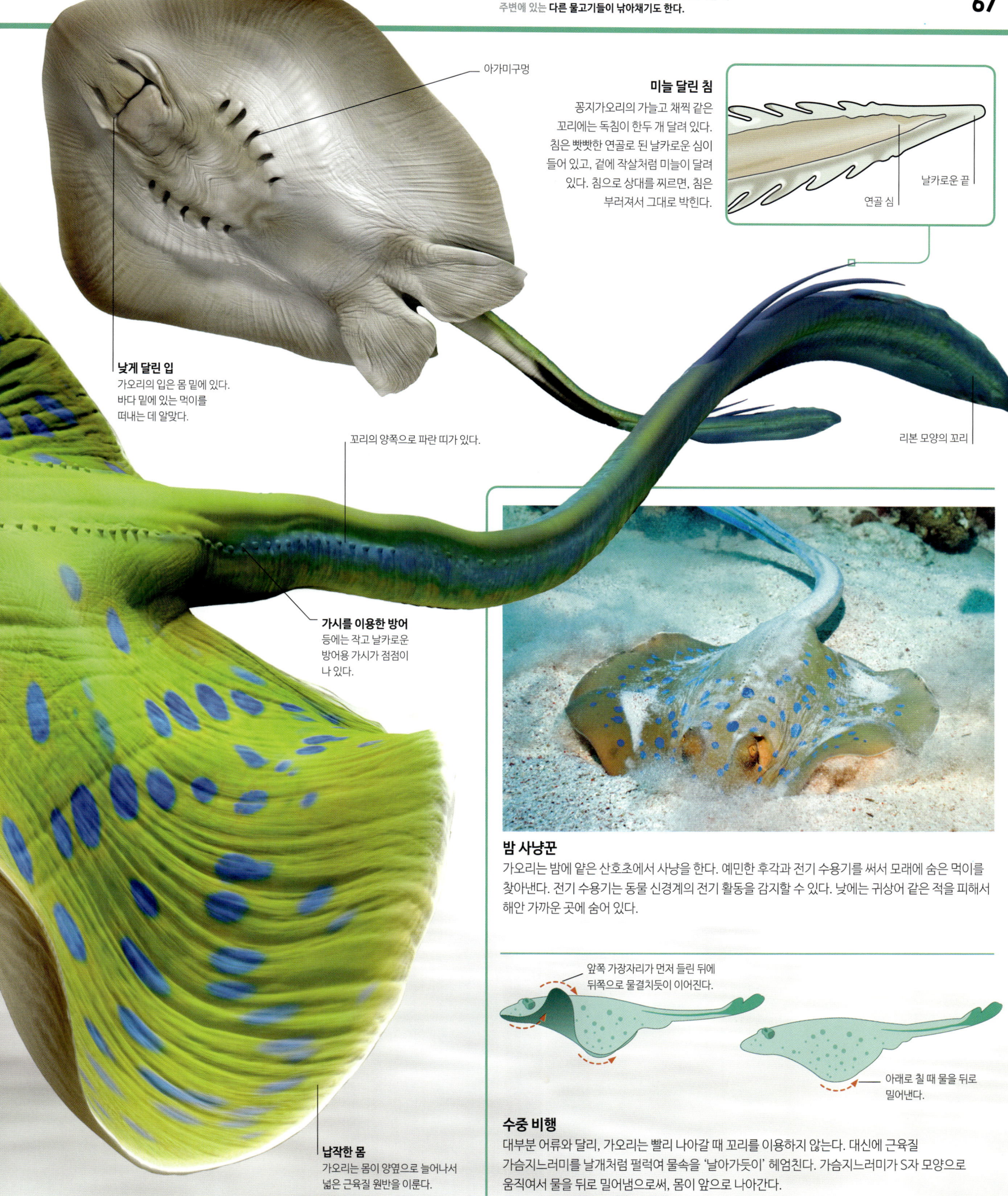

상어와 가오리

상어는 무시무시한 존재로 알려졌지만, 모두가 백상아리 같은 사나운 포식자는 아니다. 많은 상어는 어류를 먹지만, 가장 큰 상어들은 플랑크톤만을 먹는다. 가오리는 바다 밑에서 조개류를 잡아먹는다.

상어와 가오리는 연골어류다. 즉 뼈대가 경골이 아니라 연골로 되어 있다. 연골은 물렁하며, 대개 대형동물의 몸을 지탱할 만큼 튼튼하지 않다. 그러나 상어나 가오리는 몸을 물이 떠받치기 때문에 별문제가 안 된다. 그래서 일부 종은 아주 거대하게 자랄 수 있다.

꼬리지느러미
상어는 힘센 꼬리를 흔들어서 물속을 나아간다.

돌묵상어
학명: *Cetorhinus maximus*
사는 곳: 전 세계
길이: 최대 10m

이 거대한 상어는 주로 입을 쩍 벌린 채 플랑크톤 무리 속으로 지나가며 이 작은 동물들을 먹는다. 먹이는 아가미를 보호하는 그물 같은 아가미갈퀴에 걸러진다.

여과 섭식자
아가미로 물을 보내면서 먹이를 걸러 먹는다.

주름상어
학명: *Chlamydoselachus anguineus*
사는 곳: 전 세계
길이: 최대 2m

이 뱀장어처럼 생긴 상어는 머리 뒤 아가미구멍에 주름이 진 것처럼 보인다. 멸종한 많은 원시 상어들과 생김새가 비슷하며, 주로 오징어를 먹는다.

목 주름
여섯 쌍의 아가미구멍은 독특하게 주름이 져 있다.

점수염상어
학명: *Orectolobus maculatus*
사는 곳: 사우스오스트레일리아
길이: 최대 3m

많은 상어는 바다 밑에 사는 쪽으로 적응해 있다. 이 상어는 뛰어난 위장술을 지닌 매복 포식자다. 피부 무늬와 주둥이 주위의 술 때문에 산호처럼 보여, 먹이는 이 상어를 알아차리지 못한다. 더 작은 상어도 잡아먹을 만큼 힘이 세다.

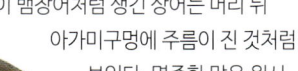

흰배환도상어
학명: *Alopias vulpinus*
사는 곳: 전 세계
길이: 최대 5.7m

흰배환도상어는 꼬리지느러미의 위쪽이 아주 길다. 이 긴 지느러미를 채찍처럼 휘둘러서 물고기 떼와 오징어를 몰고 공격한다. 동물들이 얻어맞아서 기절하면 바늘처럼 날카로운 이빨로 쉽게 잡을 수 있다.

12.5m 가장 큰 상어인 고래상어의 몸길이. 그러나 물에서 먹이를 걸러 먹는 여과 섭식자이다.   **17cm** 가장 작은 상어인 심해 드워프랜턴상어의 몸길이.

모래뱀상어
학명: Carcharias taurus
사는 곳: 전 세계 해안
길이: 최대 3.2m

이 사나워 보이는 상어는 물고기를 잡는 전문가다. 삐쭉빼쭉 자란 이빨은 미끄럽고 몸부림치는 먹이를 잡는 데 이상적이다. 잡은 물고기는 통째로 삼키거나, 큼지막하게 뜯어먹는다. 대개 밤에 바다 밑 가까이에서 사냥한다.

청새리상어
학명: Prionace glauca
사는 곳: 전 세계
길이: 최대 3.8m

날씬하고 우아한 모습의 이 상어는 등이 푸르스름한 금속 색깔이다. 홀쭉한 몸통과 뾰족한 주둥이는 먹이를 찾아서 빠르게 돌진하기에 알맞은 유선형을 이룬다. 먹이는 주로 작은 물고기와 오징어다. 때로 무리를 지어 사냥하기도 한다.

홍살귀상어
학명: Sphyrna lewini
사는 곳: 전 세계
길이: 최대 4.2m

머리가 기이한 판자처럼 생겨서, 눈과 콧구멍이 머리 양쪽 끝에 달려 있다. 이 모습은 물에서 방향을 빨리 돌릴 수도 있고, 숨은 먹이를 감지하는 전기 수용기를 넣을 공간을 많이 마련하기 위한 것일 수도 있다.

전자리상어
학명: Squatina squatina
사는 곳: 북대서양, 지중해, 흑해
길이: 최대 2.4m

몸이 납작하고 넓적해서 전형적인 상어보다 가오리에 더 가깝다. 바다 밑에 가만히 엎드려 있다가, 다가오는 먹이를 덮친다.

대왕쥐가오리
학명: Manta birostris
사는 곳: 전 세계
길이: 최대 7.6m

가오리 중에서 가장 크며, 돌묵상어처럼 여과 섭식자다. 동물성 플랑크톤 무리를 찾아서 열대 바다를 돌아다닌다. 물을 아가미로 보내 먹이를 걸러 먹는다.

얼룩매가오리
학명: Aetobatus narinari
사는 곳: 전 세계
길이: 최대 5m

이 우아한 가오리는 먼 바다에서 열 마리 이상 무리를 지어서 헤엄치곤 한다. 하지만 주로 삽처럼 생긴 주둥이로 바다 밑 모래를 파헤쳐서 조개, 게 같은 패류를 먹는다. 아주 튼튼하고 납작한 이빨로 껍데기를 으깬다.

가시대서양홍어
학명: Raja clavata
사는 곳: 동대서양, 지중해
길이: 최대 1m

많은 가오리처럼 전형적인 가오리연 모양을 하고 있지만, 등부터 긴 꼬리까지 날카롭고 뾰족한 가시가 나 있다. 입은 머리 밑에 있어서, 바닥에 숨어 있는 먹이를 떠낼 수 있다.

긴빗톱가오리
학명: Pristis zijsron
사는 곳: 인도-태평양
길이: 최대 4.3m

이 톱가오리의 별난 주둥이는 가장자리에 삼각형 이빨들이 줄줄이 박혀 있는 길고 가느다란 톱날 같다. 이 주둥이로 먹이를 때려서 기절시키고, 바닥에 굴을 파고 숨어 있는 먹이를 긁어낸다.

톱날
톱니 박힌 주둥이는 길이가 1.5미터 이상 자랄 수 있다.

6mm 복해마가 태어날 때 몸길이.

복해마는 **평생 같은 짝과** 지내며, 매일 아침 **구애의 춤**을 추어서 관계를 새롭게 다진다.

복해마

말처럼 생긴 머리로 유명한 해마는 독특한 헤엄 기술을 지니고 있다. 또한 동물계에서 가장 특이한 번식 체계 중 하나를 지닌 고도로 분화한 동물이다.

인도-태평양에 널리 퍼져 있는 복해마는 얕은 해안에서 떠다니는 작은 동물을 먹으며 산다. 곧추선 자세로 등지느러미를 치면서 느리게 헤엄칠 수 있지만, 감을 수 있는 꼬리로 산호, 해초, 바닷말에 매달린 채 먹이가 오기를 지켜본다. 모든 해마 암컷은 알을 수컷에게 전달한다. 수컷은 배에 있는 주머니에서 알을 수정시킨 뒤, 부화하여 새끼가 될 때까지 품는다.

카멜레온 색깔
복해마는 대개 노란색 바탕에 더 짙은 반점과 얼룩이 있다. 그러나 대부분의 해마처럼, 피부에 있는 색깔 세포를 넓히거나 수축시킴으로써 피부색을 바꿀 수 있다. 피부색을 바꿔 주변 환경과 같게 위장할 수 있다. 때로는 몸 색깔을 아주 짙은 색으로 바꿔, 적과 먹이로부터 자신을 숨기기도 한다. 또 구애 행동을 할 때는 짙은 빨간색을 띨 수도 있다.

플랑크톤 먹이
해마의 먹이는 물에 떠다니는 작은 새우처럼 생긴 동물성 플랑크톤이다. 자유롭게 움직이는 커다란 눈으로 유심히 지켜보다가 표적을 정하면, 주둥이를 그쪽으로 돌린다. 그리고 유연한 목을 이용하여 주둥이를 획 내밀어서 이빨 없는 입으로 빨아들인 뒤, 통째로 삼킨다.

어류

복해마

학명: *Hippocampus kuda*

사는 곳: 인도양과 태평양

길이: 최대 35cm

먹이: 작은 동물성 플랑크톤

뼈 고리
고리 모양으로 튀어나온 뼈판 위로 얇은 피부가 덮여 있다.

감을 수 있는 꼬리
해류에 떠내려가지 않도록 꼬리를 바닷말에 감고 있다.

복해마 수컷은 대개 보름달이 뜬 **밤에 새끼를 낳는다.** 다 낳는 데 몇 시간이 걸린다.

200마리 수컷 해마가 낳을 수 있는 새끼의 수.

새끼를 낳자마자, **수컷은** 다시 **알을 품기 시작한다.**

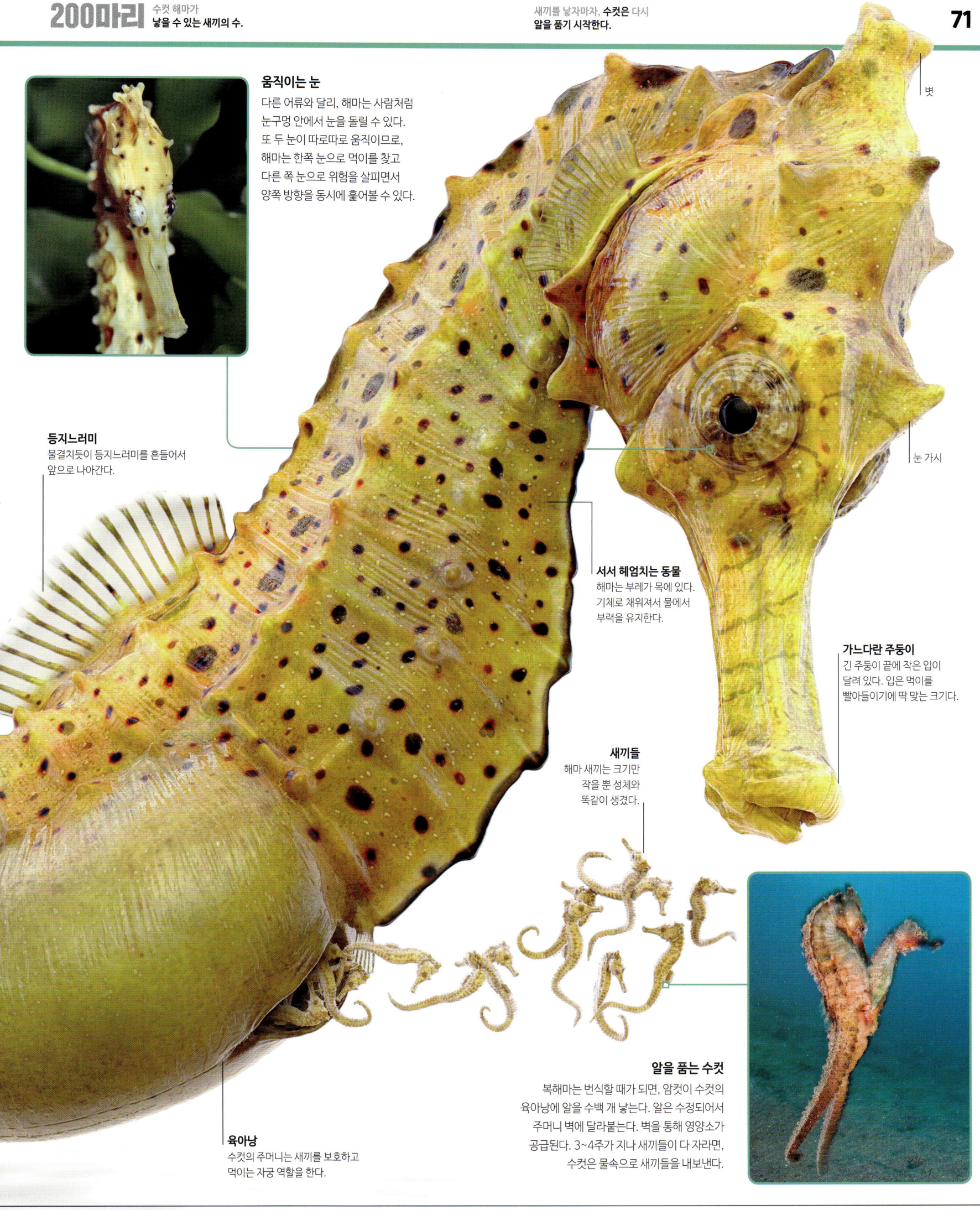

움직이는 눈
다른 어류와 달리, 해마는 사람처럼 눈구멍 안에서 눈을 돌릴 수 있다. 또 두 눈이 따로따로 움직이므로, 해마는 한쪽 눈으로 먹이를 찾고 다른 쪽 눈으로 위험을 살피면서 양쪽 방향을 동시에 훑어볼 수 있다.

등지느러미
물결치듯이 등지느러미를 흔들어서 앞으로 나아간다.

서서 헤엄치는 동물
해마는 부레가 목에 있다. 기체로 채워져서 물에서 부력을 유지한다.

가느다란 주둥이
긴 주둥이 끝에 작은 입이 달려 있다. 입은 먹이를 빨아들이기에 딱 맞는 크기다.

벼슬

눈 가시

새끼들
해마 새끼는 크기만 작을 뿐 성체와 똑같이 생겼다.

육아낭
수컷의 주머니는 새끼를 보호하고 먹이는 자궁 역할을 한다.

알을 품는 수컷
복해마는 번식할 때가 되면, 암컷이 수컷의 육아낭에 알을 수백 개 낳는다. 알은 수정되어서 주머니 벽에 달라붙는다. 벽을 통해 영양소가 공급된다. 3~4주가 지나 새끼들이 다 자라면, 수컷은 물속으로 새끼들을 내보낸다.

점쏠배감펭

이 화려한 물고기는 열대 산호초에 산다. 자신보다 몸집이 작은 물고기에게 살그머니 다가가서 통째로 삼킨다. 독가시를 지니고 있어서 더 큰 물고기에게 잡아먹힐 위험이 적다.

화려한 줄무늬와 깃털 부채처럼 펼쳐진 가시 같은 작은 지느러미들은 놀라운 인상을 심어 준다. 큰 물고기에게 나를 먹으면 위험하다고 경고하는 특징들이다. 화려한 지느러미 때문에 움직임이 느리지만, 주변에 먹이가 풍부한 산호초에서 살기에 별문제가 안 된다. 먹이를 하나 표적으로 삼으면 공격 자세를 잡은 뒤 번개처럼 빠르게 덮쳐서 잡는다.

인도-태평양이 원산지인 점쏠배감펭이 서대서양에 들어왔는데, 현재 서대서양에서는 **심각한 유해 동물**로 여겨지고 있다.

머리 촉수
점쏠배감펭의 한 가지 별난 특징은 머리에서 튀어나온 촉수 한 쌍이다. 촉수의 모양은 집단마다 다르다. 뾰족한 것(아래)도 있고, 깃털 같은 것(왼쪽)도 있다. 짝을 얻는 데 도움을 주는 것일 수도 있고, 호기심 많은 먹이를 꾀는 미끼 역할을 하는 것일 수도 있다.

커다란 눈
빛을 최대한 많이 모으기 위해 눈이 아주 크다. 시력도 아주 좋다.

— 먹이를 머리부터 통째로 삼킨다.

독가시가 있어서 쏠배감펭을 감히 잡아먹으려는 **포식자는 거의 없다.** 하지만 몇몇 상어는 쏠배감펭을 잡아먹는다.

— 넓적한 입은 앞으로 쭉 내밀어서 먹이를 빨아들이는 흡입관처럼 만들 수 있다.

방어용 가시
쏠배감펭의 긴 가시 중에는 독이 있는 것이 많으며, 위협을 받으면 독가시로 방어를 한다. 가시가 적의 피부를 찌를 때, 헐겁게 가시를 감싸고 있던 덮개가 뒤로 밀린다. 그러면 가시를 따라 나 있는 세 개의 홈이 드러난다. 이 홈에는 독액을 품은 조직이 있다. 이 조직이 눌리면 독액이 스며 나와서 상대의 몸으로 들어간다. 이 독액은 상대를 엄청나게 아프고 숨도 제대로 못 쉬게 만든다.

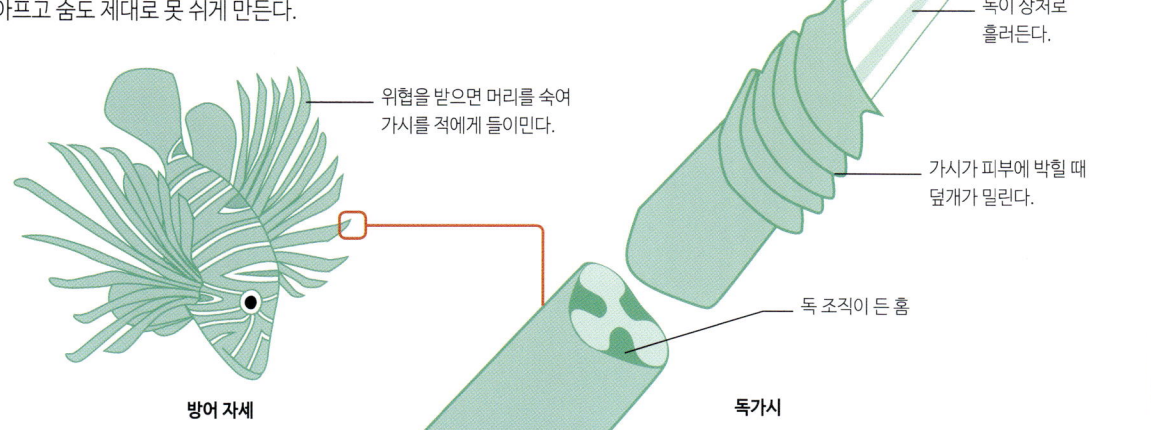

드러난 가시

독이 상처로 흘러든다.

위협을 받으면 머리를 숙여 가시를 적에게 들이민다.

가시가 피부에 박힐 때 덮개가 밀린다.

독 조직이 든 홈

방어 자세

독가시

쏠배감펭은 긴 가슴지느러미를 써서 먹이를 잡기 쉽도록 **구석으로 몰곤** 한다.

200만 개
쏠배감펭 암컷이 1년에 낳을 수 있는 알의 수.

뼈 가시
점쏠배감펭의 가시는 뼈대와 똑같은 물질로 이루어져 있다. 이 엑스선 사진에 뚜렷이 드러난다. 가시는 지느러미를 지탱하는 구조인 지느러미살이 변형된 것이다. 대부분 어류는 지느러미살이 가늘고 유연하지만, 쏠배감펭의 지느러미살은 더 단단하고 강한 독을 지닌 것도 있다.

등지느러미에는 독가시가 13개 달려 있다.

깃털 같은 작은 지느러미
가슴지느러미는 길고 좁은 작은 지느러미들이 부채처럼 펼쳐진 모습이다.

가슴지느러미
가시 사이에 얇고 투명한 막이 펼쳐져 있다.

어류
점쏠배감펭
학명: *Pterois volitans*
사는 곳: 인도-태평양
길이: 최대 38cm
먹이: 작은 물고기

돛새치

어린 돛새치는 **30마리**까지 무리를 지어 돌아다닌다. 성체는 더 작은 무리를 짓거나 홀로 다닌다.

뛰어난 시력
시력이 아주 좋아서 멀리 있는 먹이도 알아볼 수 있다.

근력
돛새치는 붉은 근육이 많이 들어 있다. 이 빽빽한 근섬유에는 산소가 잘 공급되어서, 빨리 헤엄치는 데 필요한 힘을 낼 수 있다.

이 유선형 포식자는 고속 모터보트보다 빨리 헤엄칠 수 있는 바다에서 가장 빠른 동물이다. 물고기 떼를 찾아서 먼 바다를 돌아다니며, 먹이 떼와 마주치면 공격하여 게걸스럽게 먹어 치운다.

돛처럼 솟아 있는 매우 선명한 색깔의 등지느러미를 지녔기에 '돛새치'라고 한다. 돛새치는 청새치와 황새치의 친척이며, 모두 똑같이 멋진 유선형 몸에 빠른 속도를 자랑하는 종들이다. 대부분 어류가 몸을 좌우로 구부리면서 헤엄치는 반면, 돛새치는 몸통은 곧게 편 채 거대한 옆근육으로 커다란 초승달 모양의 꼬리지느러미를 좌우로 빠르게 쳐서 나아간다. 근육에서 생기는 열은 뇌로 전달되므로, 수온이 더 차가운 깊은 물속까지 먹이를 추적하여 들어갈 수 있다.

은빛을 띠는 배
배 쪽은 옅은 색을 띠므로, 밑에서 올려다보면 햇빛과 섞여서 돛새치가 있는지 알아차리기 어렵다.

꼬리지느러미
좁은 꼬리를 좌우로 빠르게 쳐서 나아간다.

돛새치는 무려 **시속 110킬로미터**의 속도로 물 위로 튀어나와서 날아가기도 한다.

몸에 착 붙는 지느러미
전속력으로 헤엄칠 때는 이 긴 가슴지느러미를 몸에 찰싹 붙인다.

베이트 볼 사냥
배고픈 돛새치의 주된 표적은 정어리와 멸치처럼 떼 지어 다니는 작은 어류다. 이 물고기 떼들은 위협을 받으면 촘촘하게 공처럼 모여서 '베이트 볼(baitball)'을 이룬다. 돛새치는 서너 마리가 협력하여 물고기 떼를 몰아서 베이트 볼로 만든 뒤, 그 안으로 돌진하여 더 작은 집단으로 쪼갠다. 긴 부리를 좌우로 마구 휘둘러서 물고기들을 기절시키거나 조각낸 뒤, 통째로 삼킨다.

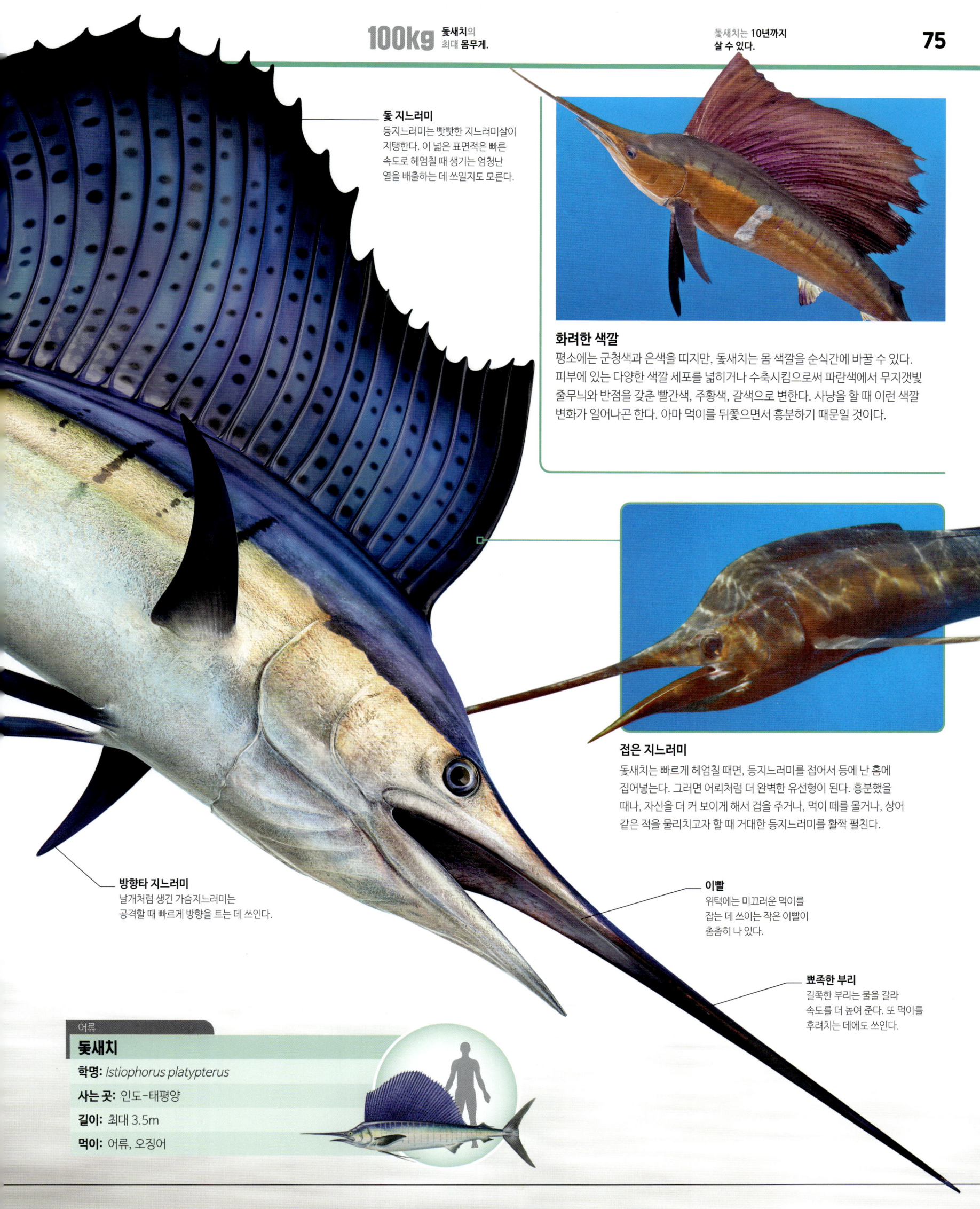

100kg 돛새치의 최대 몸무게.   돛새치는 10년까지 살 수 있다.

돛 지느러미
등지느러미는 뻣뻣한 지느러미살이 지탱한다. 이 넓은 표면적은 빠른 속도로 헤엄칠 때 생기는 엄청난 열을 배출하는 데 쓰일지도 모른다.

화려한 색깔
평소에는 군청색과 은색을 띠지만, 돛새치는 몸 색깔을 순식간에 바꿀 수 있다. 피부에 있는 다양한 색깔 세포를 넓히거나 수축시킴으로써 파란색에서 무지갯빛 줄무늬와 반점을 갖춘 빨간색, 주황색, 갈색으로 변한다. 사냥을 할 때 이런 색깔 변화가 일어나곤 한다. 아마 먹이를 뒤쫓으면서 흥분하기 때문일 것이다.

접은 지느러미
돛새치는 빠르게 헤엄칠 때면, 등지느러미를 접어서 등에 난 홈에 집어넣는다. 그러면 어뢰처럼 더 완벽한 유선형이 된다. 흥분했을 때나, 자신을 더 커 보이게 해서 겁을 주거나, 먹이 떼를 몰거나, 상어 같은 적을 물리치고자 할 때 거대한 등지느러미를 활짝 펼친다.

방향타 지느러미
날개처럼 생긴 가슴지느러미는 공격할 때 빠르게 방향을 트는 데 쓰인다.

이빨
위턱에는 미끄러운 먹이를 잡는 데 쓰이는 작은 이빨이 촘촘히 나 있다.

뾰족한 부리
길쭉한 부리는 물을 갈라 속도를 더 높여 준다. 또 먹이를 후려치는 데에도 쓰인다.

어류

돛새치

학명: *Istiophorus platypterus*
사는 곳: 인도-태평양
길이: 최대 3.5m
먹이: 어류, 오징어

피라냐는 **약 30종이** 있으며, 모두 **남아메리카의 강에** 산다.

피라냐 중에는 **초식을 하는 종도** 있다. 고기를 전혀 먹지 않고 식물만 먹고 산다.

마구 뜯어 먹기

피라냐가 먹이를 공격하기 시작하면, 피가 마구 퍼지면서 그 냄새에 더 많은 피라냐가 몰려들어서 미친 듯이 뜯어 먹는다. 서로 뜯어 먹기 위해서 난리를 피우며, 너무 흥분해서 서로를 잡아먹기도 한다.

붉은배피라냐

피라냐는 면도날처럼 날카로운 이빨로 몇 분 사이에 먹이를 뼈만 남기고 다 먹어 치운다. 피라냐는 민물 어류 중 가장 무시무시해 보인다. 사실은 주로 죽거나 죽어가는 동물, 작은 물고기, 무척추동물을 먹는 청소동물이다. 그러나 피라냐의 먹는 습성이 무시무시할 만큼 효율적이라는 것은 분명하다.

붉은배피라냐는 남아메리카 열대의 저지대 강에 살며, 떼 지어 돌아다니곤 한다. 먹이를 발견하면 모두 즉시 달려들어서 살점을 마구 뜯어 먹으며, 먹이는 금세 뼈만 남는다. 아주 드물게 사람도 피라냐에게 공격 당하기도 한다.

옆줄
옆구리의 압력 감지기로 먹이의 움직임을 감지한다.

피라냐 떼가 40킬로그램짜리 카피바라를 **1분도 안 되는 시간에 먹어 치워서** 뼈만 남기는 광경이 목격되기도 했다.

피라냐는 **사냥하기 위해서가 아니라, 적으로부터 자신을 보호하기 위해서** 떼 지어 다닌다.

피라냐는 물 200리터에 **피 한 방울만** 섞여도 냄새를 맡을 수 있다.

면도날 이빨
이빨들은 가장자리가 면도날처럼 날카롭고 뾰족하다. 이런 이빨들이 고기를 자르기 알맞도록 서로 완벽하게 맞물려 있다. 턱 근육이 엄청나게 강해서 경이로운 속도로 뼈에서 살을 발라 먹을 수 있다.

붉은 배
이 종은 아래쪽 배가 새빨간 색을 띠어서 이런 이름이 붙었다. 대개 수컷이 암컷보다 더 빨갛다.

커다란 눈
커다란 눈은 열대림의 탁한 강에서 먹이를 찾고 뒤얽힌 나무뿌리를 피하는 데 도움을 준다. 하지만 물이 진흙탕이 될 때면 수압 변화를 감지하는 능력과 예리한 후각을 써서 돌아다닌다.

콧구멍
유달리 큰 콧구멍으로 물에 섞인 아주 적은 피도 감지한다.

어류
붉은배피라냐
학명: *Pygocentrus nattereri*
사는 곳: 남아메리카
길이: 최대 33cm
먹이: 주로 작은 동식물

튀어나온 아래턱

경골어류

바다, 호수, 강에는 다양한 수생 서식지와 생활에 적응한 경골어류가 산다.

경골어류는 대부분 조기어류로, 가느다란 뼈로 된 지느러미살과 가시로 지느러미를 지탱한다. 그러나 실러캔스와 폐어 같은 몇몇 어류는 튼튼한 뼈가 들어 있는 살집 있는 지느러미 두 쌍이 몸 아래쪽에 달려 있다. 이 총기어류의 친척은 육지에 사는 모든 척추동물의 조상이 되었다.

경골어류는 적어도 4억 2000만 년 전부터 살았다.

초록곰치
학명: *Gymnothorax funebris*
사는 곳: 서대서양
길이: 최대 2.5m

뱀장어의 일종인 곰치는 산호초의 바위 틈새에 숨어 있는 사나운 포식자다. 주로 냄새로 먹이를 찾으며, 쏜살같이 달려들어서 갈고리처럼 휘어진 날카로운 이빨로 물고기들을 꽉 문다. 이 곰치의 선명한 색깔은 피부를 덮은 두꺼운 점액 보호층에서 나온다.

이중 턱
곰치의 목에는 또 다른 이빨이 숨겨져 있다. 이 '두 번째 턱'은 곰치가 먹이를 물 때 앞으로 튀어나와서 몸부림치는 먹이를 꽉 물어서 목 안으로 당긴다.

전력날치
학명: *Cheilopogon heterurus*
사는 곳: 대서양 북서부
길이: 최대 40cm

이 날렵한 어류는 해수면 근처에서 헤엄치면서 작은 동물을 잡아먹는다. 더 큰 물고기의 공격을 받으면 물 밖으로 뛰어올라서 날개 같은 긴 가슴지느러미로 활공하여 달아난다.

강도다리
학명: *Platichthys stellatus*
사는 곳: 북태평양
길이: 최대 91cm

강도다리 같은 넙치류는 처음 부화했을 때에는 전형적인 어류의 모습을 하고 있다. 자라면서 한쪽 눈이 머리 옆으로 돌아가서 두 눈이 같은 쪽에 놓이게 된다. 그리고 여생을 바다 밑에 납작 엎드린 채 지낸다.

홍연어
학명: *Oncorhynchus nerka*
사는 곳: 북대서양
길이: 최대 84cm

다른 연어들처럼, 이 종도 성체 때에는 주로 바다에서 지내다가, 번식할 때가 되면 강을 거슬러 올라온다. 수컷은 번식기에 몸통이 빨간색을 띠고 머리와 꼬리는 초록색을 띤다.

8mm 가장 작은 경골어류인 피라미의 일종인 패도키프리스 프로게네티카 (*Paedocypris progenetica*)의 몸 길이.

개복치는 경골어류 중 가장 크며, 몸무게가 2톤이 넘는다.

안초비
학명: *Engraulis encrasicolus*
사는 곳: 동대서양
길이: 최대 20cm

큰 무리를 지어 돌아다니면서 아가미로 흘러가는 물에서 작은 해양 동물을 걸러 먹는다. 청어처럼 떼를 지어 다니는 어류들도 같은 방식으로 먹이를 얻는다. 안초비 떼는 다랑어, 상어, 바닷새, 심지어 거대한 혹등고래까지 다양한 해양 사냥꾼의 먹이가 된다.

옹달샘돔
학명: *Pomacanthus imperator*
사는 곳: 인도-태평양
길이: 최대 40cm

열대 산호초에는 형형색색의 다양한 종류의 물고기가 우글거린다. 각자 살아가는 방식이 다르다. 옹달샘돔은 산호초 틈새에 살며, 수컷은 자신의 영역을 지킨다.

유럽철갑상어
학명: *Acipenser sturio*
사는 곳: 동대서양
길이: 최대 6m

철갑상어 중에는 민물에 사는 어류 중 가장 큰 종도 있고, 가장 오래 사는 종도 있다. 이 종은 100년까지도 산다. 생애 대부분을 해안에서 지내면서 바다 밑에 사는 연체동물, 게 같은 동물들을 잡아먹는다. 산란할 때가 되면 연어처럼 강을 거슬러 올라간다.

실러캔스
학명: *Latimeria chalumnae*
사는 곳: 인도양
길이: 최대 2m

과학자들은 이 종이 속한 총기어류 집단이 6,500만 년 전에 멸종했다고 생각했다. 그러다가 1938년 인도양에서 살아 있는 실러캔스가 발견되었다. 수심이 깊은 열대 해안에 살면서 어류와 연체동물을 잡아먹는다.

살집 있는 지느러미

슬로언바이퍼피시
학명: *Chauliodus sloani*
사는 곳: 모든 온대 바다
길이: 최대 35cm

어두운 심해를 돌아다니는 무시무시한 포식자 중 하나다. 거대한 이빨에 갇히면 먹이는 거의 달아날 수 없다.

대서양대구
학명: *Gadus morhua*
사는 곳: 북대서양, 북극해
길이: 최대 2m

식탁에 오르는 친숙한 생선인 이 거대한 종은 바다 밑에서 작은 어류와 오징어를 사냥하는 포식자다. 남획으로 수가 크게 줄었고, 개체수가 95퍼센트 넘게 줄어든 해역도 있다.

검은얼룩가시복
학명: *Diodon liturosus*
사는 곳: 인도-태평양, 대서양 남서부
길이: 최대 65cm

이 열대 산호초에 사는 동물은 강한 독을 지닌 복어의 가까운 친척이다. 포식자를 만나면 물을 삼켜서 몸을 가시투성이 공처럼 부풀린다. 그러면 포식자가 삼키기 거의 불가능하다.

북방강꼬치고기
학명: *Esox lucius*
사는 곳: 북아메리카, 유럽, 아시아
길이: 최대 1.5m

사납기로 유명한 이 민물고기는 물풀 사이에 가만히 숨어 있다가 와락 덮쳐서 어류, 개구리, 물새를 잡아먹는 매복 포식자다. 먹이가 적어지면 동족도 잡아먹는다.

양서류

물과 육지 양쪽에 살아서 양서류라고 한다. 양서류는 척추동물 중에서 가장 수수께끼에 속한다.
밤에만 돌아다니고 낮에는 축축하고 컴컴한 곳에 숨어 있는 아주 은밀한 종이 많다.
독특한 한살이를 지니며, 일부 종은 지구에서 가장 강한 독을 지닌다.

양서류란 무엇일까?

최초의 양서류는 공기 호흡을 할 수 있고, 네 개의 다리처럼 생긴 지느러미로 물 밖으로 기어 나와서 먹이를 찾아다니던 어류로부터 진화했다. 그러나 이 어류는 알을 물속에 낳아야 했고, 그 후손인 양서류도 여전히 물웅덩이나 축축한 곳에서 번식을 해야 한다. 또 양서류는 피부가 얇아서 몸의 수분을 쉽게 잃으므로, 몸이 마르지 않도록 애써야 한다.

양서류의 몸속
이 산개구리는 모든 육상 척추동물이 물려받은 사지류 체제를 지닌다. 몇몇 양서류와 파충류는 진화 과정에서 다리가 없어졌다.

폐
개구리는 목을 움직여 공기를 허파로 밀어 넣는 방식으로 호흡을 한다.

긴 다리
대다수 개구리처럼, 이 종도 뛰기 알맞게 뒷다리가 길다.

양서류의 종류

가장 친숙한 양서류는 머리가 크고 꼬리가 없는 개구리와 두꺼비다. 긴 꼬리를 지닌 도롱뇽과 영원도 생활 습성이 비슷하지만, 지렁이처럼 생긴 열대의 무족영원은 굴을 파고 은밀하게 살아간다.

개구리와 두꺼비
6,641종이 속한 가장 큰 양서류 집단이다. 개구리와 두꺼비는 과학적으로는 아무런 차이가 없다. 기본 체형이 똑같지만, 대개 개구리의 피부가 더 매끄럽다.

무당개구리

도롱뇽과 영원
개구리와 두꺼비처럼, 도롱뇽과 영원도 동일한 유형의 동물에게 서로 다른 이름을 붙인 것이다. 이들은 683종이 있다. 평생을 물에서 사는 종도 있고, 생애 대부분을 땅 위에서 사는 종도 있다.

불도롱뇽

무족영원
무족영원 205종은 다리가 아예 없고, 거의 다 앞을 못 본다. 땅속에 살며, 튼튼한 머리로 굴을 파면서 벌레와 곤충을 잡아먹는다.

콩고무족영원

물갈퀴 달린 발가락
물갈퀴가 달린 긴 발가락 덕분에 이 반수생 개구리는 헤엄을 잘 친다.

주요 특징

양서류는 세 종류밖에 안 되지만, 생활 습성과 번식 방식이 놀라울 만치 다양한 종들이 있다. 그렇긴 해도 대부분은 공통된 주요 특징들을 지닌다. 모든 양서류는 공기 호흡을 하는 변온 척추동물이며, 방수가 안 되는 얇은 피부를 지닌다. 대부분은 계속 젖은 상태로 있어야 하는 알을 낳으며, 많은 종은 생애의 일부를 물에서 보낸다.

 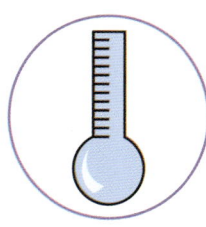 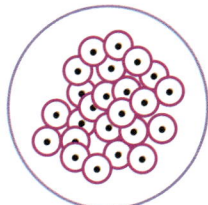  

척추동물
조상인 경골어류처럼, 모든 양서류는 뼈로 된 속뼈대가 있다.

변온동물
양서류의 체온은 주변의 공기나 물의 온도와 같다.

대개 알을 낳음
무족영원은 새끼를 낳지만, 대다수는 단단한 껍데기가 없는 알을 낳는다.

새끼 때는 물에서 생활
대개 올챙이로 부화하여 물에서 지내다가 성체가 된다.

젖은 피부
얇고 축축한 피부로 산소를 흡수할 수 있지만, 물기를 쉽게 잃는다.

커다란 눈
개구리는 시력이 뛰어나서, 눈으로 보고 작은 동물을 사냥한다.

넓은 입
개구리는 입이 아주 커서, 먹이를 통째로 삼킨다.

축축한 피부
피부를 축축하게 유지해야 공기에서 산소를 흡수할 수 있다.

심장
중요한 기관들에까지 갈 수 있도록 온몸으로 피를 보낸다.

위장
위장은 잘 늘어나서 먹이를 통째로 삼킬 수 있다.

뼈대
몸무게가 짧고 뒷다리가 길고 튼튼하며, 뛰어오르는 데 알맞은 뼈대를 지닌다.

바뀌는 모습

양서류는 성체가 될 때 형태가 바뀌는 유일한 척추동물이다. 이를 '탈바꿈'이라고 한다. 개구리알이 부화하면 긴 꼬리가 달린 올챙이가 나온다. 올챙이는 물에서 몇 주 동안 물고기처럼 살아간다. 시간이 흐르면 다리가 생겨나고, 이윽고 공기 호흡을 하는 작은 새끼 개구리로 변한다. 마지막으로 꼬리가 사라지고, 물 밖으로 나와서 육상 생활을 시작한다.

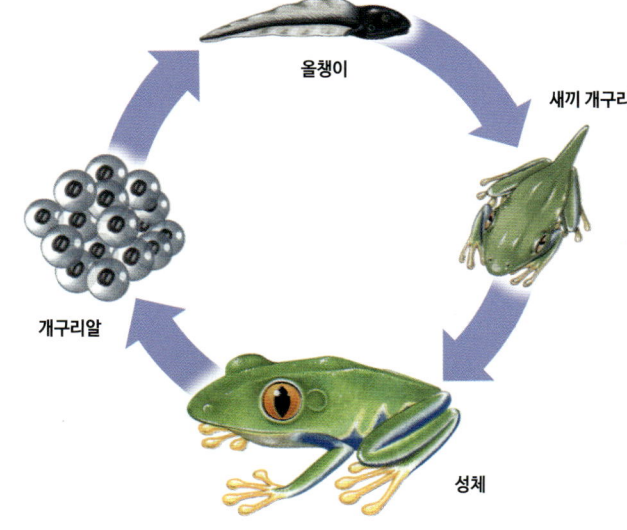

올챙이 / 새끼 개구리 / 성체 / 개구리알

숨 쉬는 피부

많은 양서류는 수생 올챙이로 삶을 시작한다. 올챙이는 아가미로 물에서 산소를 흡수한다. 성체가 될 무렵에는 폐가 발달하여 공기 호흡을 할 수 있다. 또 축축한 상태를 유지하면 얇은 피부로도 물이나 공기에서 산소를 흡수할 수 있다. 그래서 이끼도롱뇽 집단은 폐도 아가미도 없지만 살아갈 수 있다.

치명적인 방어 수단

열대 아메리카에 사는 이 작은 청개구리는 선명한 무늬로 새 같은 천적들에게 나를 잡아먹으면 매우 위험하다고 경고한다. 먹이인 곤충에게서 얻은 화학 물질로 이루어진 독을 피부로 분비한다. 이 개구리가 분비하는 독은 아주 강해서, 독화살을 만드는 데 쓰여 왔다. 다른 많은 양서류도 독으로 자신을 지킨다.

경고색
이 선명한 색깔은 포식자에게 독이 있다고 경고한다.

84 양서류 ○ 개구리와 두꺼비

5년 야생에서 **빨간눈청개구리**의 평균 수명.

예리한 눈
넓게 벌어진 두 눈으로 먹이의 거리를 정확히 알아낸다.

놀라운 방어 수단
이 개구리는 금색 줄이 나 있는 투명한 아래 눈꺼풀로 커다란 눈을 가릴 수 있다. 새빨간 눈을 가리면서도 위험이 닥치는지 주위를 지켜볼 수 있다. 포식자에게 발각되면, 개구리는 갑자기 눈을 번쩍 뜬다. 상대가 깜짝 놀라서 멈칫할 때, 개구리는 재빨리 달아난다.

끈적거리는 피부
이 개구리는 피부에서 지독한 맛이 나는 점액이 분비된다.

수컷들은 잔가지를 차지하고서 자신의 번식 영역임을 주장하며, 긴 뒷다리로 **나뭇잎을 흔들면서 시끄럽게 울어대어** 암컷을 꾄다.

빨간눈 청개구리

축축한 곳에서 살고 번식해야 하는 양서류지만, 이 홀쭉하고 날랜 개구리는 생애 대부분을 높은 나무 위에서 보낸다. 기후가 언제나 덥고 축축한 중앙아메리카의 열대 우림에서 살기 때문이다.

모든 청개구리처럼 빨간눈청개구리도 먹이인 곤충을 찾아서 긴 뒷다리로 나뭇가지 사이를 뛰어넘을 수 있다. 밤에 사냥을 한다. 커다란 눈으로 어둑어둑한 빛에도 곤충을 볼 수 있으며, 끈적거리는 긴 혀로 곤충을 잡는다.

다재다능한 발
발가락은 오목해져서 빨판처럼 나뭇잎에 달라붙을 수 있다. 또, 발에는 헤엄칠 때 쓸 수 있는 물갈퀴도 달려 있다.

40개 암컷이 평균적으로 낳는 알의 수.

알 무더기
나뭇잎에 알을 낳는다. 약 5일 뒤 올챙이가 부화하면, 아래 물웅덩이로 떨어진다.

화려한 색깔
뛰어오를 때면 옆구리와 다리의 선명한 색깔이 드러난다.

긴 다리
긴 뒷다리로 아주 잘 뛴다. 나무 위 생활에 잘 적응해 있다.

발가락 패드
발가락에는 매끄러운 젖은 잎에도 빨판처럼 달라붙는 축축하고 탄력 있는 패드가 있다.

양서류
빨간눈청개구리
학명: *Agalychnis callidryas*
사는 곳: 중앙아메리카
길이: 최대 7.7cm
먹이: 주로 곤충

잎 육아
개구리는 대부분 물에 알을 낳지만, 빨간눈청개구리는 물웅덩이 위로 드리운 나뭇잎에 알을 붙인다. 알에서 깨어난 올챙이는 물로 떨어져서 새끼 개구리가 될 때까지 물에서 지낸다. 배고픈 뱀이 다가와서 알이 흔들리면, 올챙이들은 더 일찍 알에서 나와 서둘러 아래로 떨어져서 달아난다.

달아나는 올챙이

위장술
빨간눈청개구리는 낮에는 나뭇잎 밑면에 달라붙어서 새 같은 포식자를 피한다. 선명한 주황 발과 파란 다리를 초록 몸통 밑에 감추고, 빨간 눈도 감아서 숨긴 채 꼼짝도 하지 않는다. 그러면 열대의 초록 잎들 사이에서 거의 눈에 띄지 않는다. 날이 어둑해져서 사냥하는 새들이 대부분 둥지로 돌아가기 전까지는 거의 움직이지 않는다.

양서류 ○ 개구리와 두꺼비

50년 포획 상태에서 두꺼비의 수명.

스며 나오는 독
양쪽 눈 뒤에 불룩 튀어나온 귀밑샘에서는 '부포톡신'이라는 불쾌한 맛이 나는 독을 포함한 체액이 분비된다. 이 독만으로도 많은 포식자는 두꺼비를 먹으려 시도하지 않는다. 그러나 같은 몇몇 포식자는 이 독에도 상관없이 두꺼비를 잡아먹는다.

양서류

두꺼비
- **학명:** *Bufo bufo*
- **사는 곳:** 유럽, 북아프리카
- **길이:** 최대 15cm
- **먹이:** 작은 동물들

두꺼비

피부가 우둘투둘한 두꺼비는 움직임도 느리고, 뒷다리가 긴 개구리처럼 뛰지도 못하여 사냥꾼처럼 보이지 않는다. 그러나 곤충 같은 작은 동물에게는 무시무시한 포식자다. 번개 같은 속도로 먹이를 잡아먹는다.

많은 두꺼비 종처럼, 이 두꺼비도 번식지인 물웅덩이에서 산란할 때를 빼고는 오로지 육지에서 산다. 대개 낮에는 숨어 있다가, 어둠이 깔리면 나와서 곤충, 벌레, 민달팽이 등 작은 동물들을 눈에 띄는 대로 잡아먹는다. 먹이를 유심히 지켜보다가 긴 혀를 쑥 내밀어서 끈적거리는 혀끝에 먹이를 붙인 뒤 통째로 삼킨다.

빠른 공격
혀를 빠르게 내쏘아서 먹이를 잡는다.

끈적거리는 혀끝
두꺼비의 혀는 끝이 끈적거리고, 더 멀리까지 뻗도록 입 앞쪽에 붙어 있다.

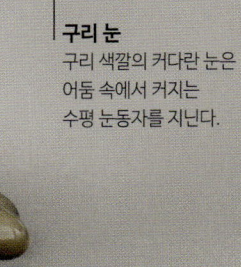

구리 눈
구리 색깔의 커다란 눈은 어둠 속에서 커지는 수평 눈동자를 지닌다.

혼인 패드
봄 번식기가 시작될 때, 수컷은 앞쪽 세 손가락에 검은색 패드가 발달한다. 이 거친 표면은 암컷이 물웅덩이에서 알을 낳을 때 암컷의 미끈거리는 젖은 피부를 꽉 붙잡는 데 쓰인다.

표면이 거칠어서 잘 잡을 수 있다.

두꺼비 올챙이는 6~12주가 지나면 새끼 두꺼비로 발달하여 물을 떠난다.

커다란 두꺼비는 생쥐와 심지어 작은 뱀까지 먹을 수 있다.

두꺼비는 번식하기 위해 최대 **3킬로미터를** 걸어서 자신이 태어난 연못으로 돌아간다.

짧은 다리
개구리보다 뒷다리가 짧아서, 잘 뛰지 못한다.

짙은 녹회색 피부
땅딸막한 몸은 우둘투둘한 피부로 덮여 있다. 물속에 있을 때에는 이 피부로 산소를 흡수한다.

물갈퀴가 약간 달린 긴 발가락

몸 부풀려서 방어하기
유혈목이 같은 포식자에게 위협을 받으면, 두꺼비는 공기를 한껏 들이켜고는 머리를 낮추고 발가락 끝으로 선다. 이 방어 자세를 취하면 두꺼비는 훨씬 더 크고 무시무시해 보이고, 삼키기가 더 어려워진다. 그럴 때 뱀은 더 쉬운 먹이를 찾아서 떠날 수도 있다.

짝짓기 하는 암수

막 수정된 알

짝짓기와 산란
봄에 수컷 두꺼비들은 번식 장소로 쓰이는 물웅덩이로 돌아가서, 암컷과 짝을 짓기 위해 서로 경쟁한다. 암컷은 며칠 뒤에 물웅덩이에 도착한다. 암컷은 수컷보다 크기가 더 크다. 수컷은 암컷의 등에 달라붙어서 암컷이 줄줄이 낳는 알을 수정시킨다. 알은 부화하여 수생 올챙이가 되고, 올챙이는 자라서 새끼 두꺼비가 된다.

양서류 ○ 개구리와 두꺼비

오스트레일리아줄무늬로켓개구리는 자기 몸길이의 **50배**를 뛸 수 있다.

개구리와 두꺼비

커다란 머리와 입, 꼬리 없는 짤막한 몸, 긴 뒷다리가 특징인 개구리와 두꺼비는 한눈에 알아볼 수 있다. 양서류 중에 가장 다양하고 가장 성공한 집단이다.

개구리와 두꺼비는 과학적으로 뚜렷이 구별되는 것이 아니다. 대개 더 홀쭉하고 물 가까이에 사는 종류는 개구리, 더 오톨도톨하고 육지에 사는 종류는 두꺼비라고 부른다. 하지만 일부 두꺼비는 민물에 살며, 몇몇 개구리는 나무 위에서 산다. 많은 종은 특수하게 적응한 번식 방법을 갖고 있다.

아프리카황소개구리
학명: *Pyxicephalus adspersus*
사는 곳: 아프리카
길이: 최대 24.5cm

이 무거운 모습의 개구리는 메마른 지역에 산다. 그래서 피부를 축축하게 유지하기 위해서 생애 대부분을 땅속에서 보낸다. 우기에는 밖으로 나와서 작은 포유류, 조류, 파충류, 다른 개구리 등 사실상 닥치는 대로 다 잡아먹는다. 거대한 입으로 먹이를 통째로 삼킬 수 있다.

> 아프리카황소개구리는 같은 개구리도 먹어 치운다고 알려져 있으며, **자기 새끼까지 먹기도 한다.**

이빨 — 아래턱에 몸부림치는 먹이를 꽉 잡는 데 쓰이는 커다란 이빨 같은 구조가 세 개 나 있다.

무거운 몸 — 암컷보다 수컷이 더 크며, 몸무게가 1.4킬로그램까지 나가기도 한다.

억세고 뭉툭한 발가락

유리개구리
학명: *Hyalinobatrachium valerioi*
사는 곳: 중앙아메리카와 남아메리카
길이: 최대 2.6cm

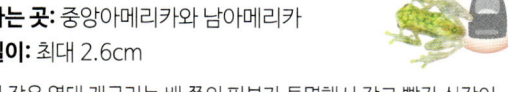

이 작은 열대 개구리는 배 쪽의 피부가 투명해서 작고 빨간 심장이 뛰는 모습이 고스란히 보인다. 수컷은 암컷 몇 마리를 꾀어서 한 나뭇잎 밑에 알을 낳도록 한 뒤, 부화할 때까지 지킨다.

산개구리
학명: *Rana temporaria* 
사는 곳: 유럽, 아시아
길이: 최대 9cm

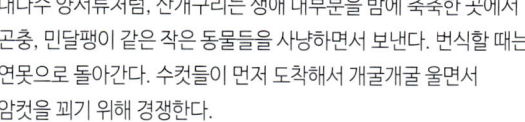

대다수 양서류처럼, 산개구리는 생애 대부분을 밤에 축축한 곳에서 곤충, 민달팽이 같은 작은 동물들을 사냥하면서 보낸다. 번식할 때는 연못으로 돌아간다. 수컷들이 먼저 도착해서 개굴개굴 울면서 암컷을 꾀기 위해 경쟁한다.

윌리스날개구리
학명: *Rhacophorus nigropalmatus*
사는 곳: 동남아시아
길이: 최대 10cm

이 말레이시아 청개구리는 나무 사이를 건널 때 물갈퀴가 달린 크고 넓적한 발을 낙하산처럼 이용한다. 땅에 내려오지 않은 채 15미터 이상을 활공하여 다른 나뭇가지에 내려앉을 수 있다. 각 발가락에 끈적거리는 패드가 있어서 미끄러운 잎에도 달라붙을 수 있다.

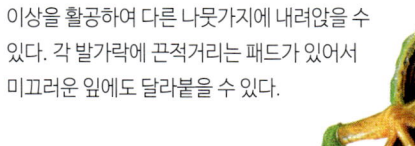

50~70일 다윈개구리가 울음주머니에 새끼를 품는 기간.

7.7mm 가장 작은 성체 개구리의 몸길이. 뉴기니에 사는 페도프라이네 아마우엔시스(Paedophryne amauensis)이다.

89

무당개구리
학명: *Bombina orientalis*
사는 곳: 아시아 동부와 남서부
길이: 최대 8cm

많은 개구리와 두꺼비는 독성이 있는 피부 분비물로 자신을 지킨다. 이 무당개구리도 독성을 지니며 빨간색과 검은색 얼룩무늬의 배로 경고를 한다. 심지어 적 앞에서 배를 드러내고 눕기까지 한다. 빨간색은 먹이에 든 색소로부터 얻는다.

긴코뿔개구리
학명: *Megophrys nasuta*
사는 곳: 동남아시아
길이: 최대 12cm

위장술이 놀라울 만치 뛰어나다. 뾰족하고 모난 모습과 색깔로 낙엽을 흉내 낸다. 열대 숲의 바닥에서 거의 눈에 띄지 않은 채 돌아다닐 수 있다. 이렇게 위장한 채 숨어서 기다리다가 먹이를 잡는다.

대평원두꺼비
학명: *Anaxyrus cognatus*
사는 곳: 북아메리카와 중앙아메리카
길이: 최대 11cm

번식기에 수컷들은 시끄럽게 울면서 암컷을 얻기 위해 경쟁한다. 이 북아메리카 두꺼비는 커다란 울음주머니를 한껏 부풀렸다가 금속이 떨리는 것 같은 소리를 낸다. 한 번에 몇 분 동안 계속 소리를 낼 수도 있다.

청독화살개구리
학명: *Dendrobates tincturius*
사는 곳: 남아메리카
길이: 최대 4.5cm

남아메리카 열대에 사는 이 작은 독화살개구리의 선명한 색깔은 자신이 세상에서 가장 강한 독을 지닌 종에 속한다고 경고한다. 지역 사냥꾼들은 이 독으로 독화살을 만든다.

다윈개구리
학명: *Rhinoderma darwinii*
사는 곳: 남아메리카
길이: 최대 3cm

몇몇 개구리와 두꺼비는 물에서 번식할 필요가 없도록 참신한 방법들을 개발했다. 다윈개구리 수컷은 부화하는 알들을 입에 넣어서 울음주머니에서 올챙이들이 새끼 개구리가 될 때까지 키운다.

줄무늬굴청개구리
학명: *Cyclorana alboguttata*
사는 곳: 오스트레일리아
길이: 최대 7cm

이 오스트레일리아 개구리는 땅속에 굴을 파서 가뭄에 대처하는 동물 중 하나다. 몸에 물을 잔뜩 머금은 뒤, 방수가 되는 점액으로 고치를 만들어서 그 안에 숨는다. 비가 내릴 때까지 몇 년 동안 고치 안에서 버틸 수도 있다. 비가 내리면 고치에서 나온다.

토마토개구리
학명: *Dyscophus antongilii*
사는 곳: 마다가스카르
길이: 최대 10.5cm

마다가스카르에만 사는 이 종은 새빨개서 '토마토개구리'라는 이름이 붙었다. 피부에서 끈적거리는 독소가 스며 나온다고 적에게 경고하는 색깔이다. 대개 꼼짝하지 않은 채 곤충 같은 먹이가 가까이 다가올 때까지 기다렸다가 잡는다.

피파두꺼비
학명: *Pipa pipa*
사는 곳: 남아메리카
길이: 최대 18cm

납작한 몸
이 두꺼비의 몸은 거의 나뭇잎처럼 납작하다.

소중한 짐
알은 암컷 등의 부드러운 피부를 파고든다.

피파두꺼비 암컷은 독특한 방식으로 새끼를 돌본다. 수정란은 등의 피부에 난 홈에 들어간 뒤, 그곳에서 부화한다. 올챙이는 새끼 두꺼비가 될 때까지 어미의 등에서 머물다가 밖으로 나온다.

양서류 ○ 도롱뇽과 영원

빗영원은 영국에서 우크라이나에 이르는 유럽 북부에만 산다.

양서류
빗영원
- 학명: *Triturus cristatus*
- 사는 곳: 북유럽
- Size: 최대 16cm
- 먹이: 작은 동물

들쭉날쭉한 볏
번식기에 수컷의 등에 있는 볏은 높이 자란다.

우아한 꼬리
수컷의 꼬리에는 위쪽과 아래쪽에 볏이 나고, 은색 줄무늬가 있다.

얼룩덜룩한 배
암수 모두 배는 노란색이나 주황색 바탕에 검은 얼룩이 나 있다.

긴 발가락
개구리의 발과 달리, 뒷발의 다섯 개의 긴 발가락 사이에는 물갈퀴가 없다.

빗영원

봄밤에 빗영원 수컷은 암컷 앞에서 정교한 구애 행동을 한다. 꼬리를 써서 유혹하는 냄새를 내보내며 물에서 춤을 춘다.

대다수 양서류처럼, 빗영원도 생애 대부분을 땅 위에서 작은 동물을 사냥하면서 보낸다. 하지만 봄에는 자신이 부화한 연못으로 돌아가서, 수컷은 매일 밤 구애 행동을 펼친다. 영원들은 몸을 숨기기 좋고 암컷이 알을 낳을 수 있는 물풀이 많은 큰 연못을 선호한다.

꼼꼼하게 감싸기

짝짓기 때 암컷은 수컷이 연못 바닥에 둔 정자 꾸러미를 줍는다. 이 정자로 자신의 알을 수정시킨 뒤, 알을 낳기 시작한다. 알을 하나씩, 또는 두세 개씩 나뭇잎에 낳은 뒤, 뒷발로 잎을 꼼꼼하게 잘 감싼다. 접힌 잎은 알을 감싸고 있는 끈적거리는 물질에 붙어서 풀리지 않는다.

수중 생활 단계

약 한 달 뒤 알에서 올챙이처럼 생긴 유생이 나온다. 노란 피부에 물에서 산소를 흡수하는 깃털 같은 아가미가 달려 있다. 앞다리가 먼저 나오고 이어서 뒷다리가 생긴다. 이윽고 피부가 까매지고 아가미도 사라지면, 연못 밖으로 기어 나와서 공기 호흡을 하며 살아가는 성체가 된다.

빗영원은 약 8년까지 살 수 있다.

600개 한 번식기에 암컷이 낳을 수 있는 최대 알의 수.

밤눈
영원은 밤눈이 밝아서 밤에 사냥할 수 있다.

볏이 없는 암컷
암컷은 등과 꼬리 아래쪽에 볏이 없다.

검은 피부
피부는 주로 검고, 작은 혹들로 덮여 있다.

서식지가 점점 사라져
빗영원은 멸종 위기종 목록에 올라 있다. 여러 나라에서 엄격하게 **보호받고 있다**.

앞발
앞발에는 발가락이 네 개다.

꼬리 띠무늬
암컷은 꼬리 밑면에 샛노란 줄이 나 있다. 덜 자란 영원은 볏도 줄무늬도 없어서, 암수를 구별하기 어렵다.

양서류 · 도롱뇽과 영원

> 옛날 사람들은 도롱뇽이 불에 타지 않으며, 불 속에서 멀쩡히 기어 나온다고 생각했다.

일본장수도롱뇽
학명: *Andrias japonicus*
사는 곳: 일본
길이: 최대 1.4m

이 거대한 도롱뇽은 산속의 차가운 하천에 살며, 절대 뭍으로 올라오지 않는다. 대다수 도롱뇽처럼, 얇고 주름진 회색 피부로 산소를 흡수한다.

힘센 꼬리 — 납작한 꼬리를 움직여서 물을 가르며 나아간다.

안 좋은 시력 — 눈은 작으며 앞을 잘 보지 못한다.

네발가락도롱뇽
학명: *Salamandrella keyserlingii*
사는 곳: 북동아시아
길이: 최대 15cm

이 변온동물은 놀랍게도 기온이 영하 35도까지 떨어지는 지역에서도 살 수 있다. 몇 년 동안 얼어붙은 상태로 있다가, 몸이 녹으면 다시 정상적으로 살아간다.

도롱뇽과 영원

꼬리가 길고 다리가 짧아서 도마뱀처럼 보이지만, 이 동물들은 개구리와 두꺼비의 친척인 양서류다. 몸의 수분을 잃기 쉬우므로, 메마른 곳에서는 살아갈 수 없다. 그럼에도 많은 종은 평생을 땅 위에서 살아간다.

영원은 도롱뇽과 같은 집단에 속하지만, 봄에 번식을 하러 물로 돌아가는 등 더 물 가까이에서 머문다. 도롱뇽은 대부분 육지의 축축한 곳에 알을 낳는다. 그러나 영원보다 더 수생 생활을 하는 종도 있다. 이 종들은 아예 물을 떠나지 않는다.

뱀장어처럼 헤엄치기 — 사이렌은 긴 몸을 구불구불 움직이면서 뱀장어처럼 헤엄친다.

큰사이렌
학명: *Siren lacertina*
사는 곳: 미국 남동부
길이: 최대 90cm

많은 도롱뇽이 다리가 아주 짧지만, 사이렌은 아예 뒷다리가 없다. 큰사이렌은 사이렌 중에서 가장 크며, 다른 사이렌들처럼 물에 산다. 목 양쪽에 난 깃털 모양 아가미로 수중 호흡을 한다. 밤에 곤충 같은 작은 동물을 사냥한다.

불도롱뇽
학명: *Salamandra salamandra*
사는 곳: 유럽 중부와 남부
길이: 최대 28cm

불도롱뇽의 선명한 색깔은 피부샘에서 위험한 독이 스며 나온다고 포식자에게 경고한다. 등에 있는 구멍으로 우윳빛 독액을 뿜을 수 있다.

캘리포니아큰도롱뇽
학명: *Dicamptodon ensatus*
사는 곳: 북아메리카 서부
길이: 최대 30cm

일본장수도롱뇽보다는 작지만, 대다수 종보다는 훨씬 크다. 어릴 때에는 깃털 모양 아가미로 호흡하면서 물속에 살지만, 성체는 대개 땅 위에서 산다. 하지만 평생을 물에 살면서, 성체 때에도 아가미를 지닌 종도 있다.

두발가락엠피우마도롱뇽
학명: *Amphiuma means*
사는 곳: 미국 남동부
길이: 최대 1.1m

수생 집단인 엠피우마도롱뇽 세 종 중에서 가장 크다. 습지와 도랑 같은 고인 물을 좋아한다. 많은 도롱뇽처럼, 네 다리는 아무런 기능도 없는 흔적 기관이다.

흔적 기관인 다리

585종 도롱뇽과 영원의 대략적인 종 수. 이 종들 중 절반 이상은 허파가 없다.

1.7cm 가장 작은 도롱뇽인 멕시코꼬마도롱뇽(Thorius arboreus)의 몸길이.

올름
학명: *Proteus anguinus*
사는 곳: 남유럽
길이: 최대 30cm

물을 떠나지 않는 이 종은 평생을 어둠 속에서 지낸다. 석회석 동굴의 흐르는 물에 산다. 앞을 보지 못하며, 냄새, 촉감, 소리로 먹이를 사냥한다. 피부도 색깔을 잃었으며, 깃털 모양 아가미만 혈관 속을 흐르는 적혈구 때문에 빨갛게 보인다.

핏빛 아가미 아가미의 얇은 막을 통해 물에서 산소를 흡수한다.

사마귀영원
학명: *Echinotriton andersoni*
사는 곳: 일본 길이: 최대 16cm

이 영원은 일본의 몇몇 섬에만 사는 찾기 힘든 종으로서, 멸종 위기에 처해 있다. 독특한 방식으로 자신을 지킨다. 포식자가 물면, 갈비뼈의 날카로운 끝이 피부에 있는 사마귀처럼 생긴 독샘을 뚫고 튀어나오면서 상대의 입을 찌른다. 극심한 통증을 느낀 포식자는 놓아줄 수밖에 없다.

가시처럼 튀어나온 갈비뼈 끝에는 고통을 주는 독소가 발라져 있다.

아홀로틀
학명: *Ambystoma mexicanum*
사는 곳: 멕시코
길이: 최대 30cm

유생 형태 성체가 되어도 올챙이 때처럼 아가미와 꼬리가 남아 있다.

양서류는 대부분 어릴 때에는 겉아가미로 호흡하면서 물속에서 살다가, 성숙하면 아가미가 사라진다. 그러나 아홀로틀은 아가미가 달린 유생 형태를 유지한 채로 성숙한다. 물속에서 번식을 한다. 서식지가 파괴되면서 지금은 수가 크게 줄었다.

살빈도롱뇽
학명: *Bolitoglossa salvinii*
사는 곳: 중앙아메리카
길이: 최대 12.5cm

전형적인 도롱뇽은 땅이나 물에서 산다. 그런데 이 열대림의 종은 나무를 오르는 데 적응해 있다. 감을 수 있는 꼬리로 나뭇가지에 매달린다. 혀가 아주 길며, 끈적거리는 혀끝을 쑥 내밀어서 곤충을 잡는다.

남부급류도롱뇽
학명: *Rhyacotriton variegatus*
사는 곳: 미국 서부
길이: 최대 11.5cm

해안 침엽수림을 빠르게 흐르는 물가에서 사는 급류도롱뇽 네 종 중 하나다. 몸이 금방 마르기에, 폭우가 내릴 때 숲 바닥에서 곤충을 사냥하다가 비가 그치자마자 급류 옆으로 돌아간다.

붉은도롱뇽
학명: *Pseudotriton ruber*
사는 곳: 미국 동부
길이: 최대 18cm

모든 양서류는 축축한 얇은 피부뿐 아니라, 아가미나 허파로도 산소를 흡수한다. 그러나 이 도롱뇽은 허파가 없다. 여름에는 땅 위에서 지내다가, 겨울에는 물속으로 들어간다.

숨 쉬는 피부 축축한 피부로 호흡을 한다.

파충류

파충류는 몸이 비늘로 덮이고 어떤 종은 독까지 지닌 변온동물로, 아마 사람들에게 감탄보다는 두려움을 더 불러일으킬 것이다. 그러나 파충류는 흥미로운 생물이고, 생존에 유용하며 독특한 적응 형질을 많이 지니고 있다. 굼뜬 땅거북부터 별난 날뱀에 이르기까지, 세계에서 가장 별난 동물에 속하는 종들도 파충류에 속한다.

파충류란 무엇일까?

파충류는 평생을 땅 위에서 살아갈 수 있는 최초의 척추동물이었다. 비늘로 덮인 방수가 되는 피부는 뜨겁고 메마른 기후에서도 중요한 체내 수분을 잃지 않도록 막아 준다. 같은 이유로 파충류는 대부분 튼튼한 껍데기로 덮인 알을 낳는다. 그 결과 파충류는 아주 추운 곳을 제외하고 세계의 모든 육상 서식지에서 번성하고 있다.

보호 껍데기
땅거북은 아주 튼튼한 껍데기로 몸을 보호한다.

소화
주식인 잎을 분해하는 커다란 소화계를 지닌다.

파충류의 종류

파충류는 크게 네 가지 목으로 나뉘는데, 그중 한 목에는 단 한 종만 남아 있다. 바로 투아타라다. 그리고 바다거북과 땅거북 같은 거북류, 크로커다일과 앨리게이터 같은 악어류가 각각 목을 이룬다. 도마뱀, 뱀, 굴을 파고 사는 지렁이처럼 생긴 지렁이도마뱀이 모두 나머지 한 목에 속한다.

바다거북과 땅거북
등뼈 및 갈비뼈와 융합된 둥근 등딱지를 지니고 있어서 가장 쉽게 알아볼 수 있는 파충류다. 땅거북은 육지에 살고, 바다거북은 바다에 산다. 민물에 사는 종도 있다. 340종이 있다.

다이아몬드백테라핀

투아타라
거대한 공룡들이 살던 시대에 번성했던 파충류 집단은 1억 년 전에 대부분 사라졌다. 투아타라는 유일한 생존자로, 뉴질랜드에 산다.

투아타라

도마뱀과 뱀
뱀과 도마뱀은 가장 큰 파충류 목에 속한다. 이 목에는 9,905종이 있다. 굴을 파고 사는 다리 없는 지렁이도마뱀류도 이 목에 속하는데, 몇 종에 불과하다.

산호뱀

악어
크로커다일과 앨리게이터, 그 친척들은 겨우 25종에 불과하지만, 가장 몸집이 크고 무시무시한 파충류들이 속해 있다. 모든 악어는 주로 물에 살지만, 몇몇 종은 때때로 땅 위에서 사냥을 한다.

나일악어

주요 특징

파충류는 바다에서 사막에 이르기까지 아주 다양한 서식지에 적응한 놀라울 만치 다양한 동물들로 이루어져 있지만, 공통적으로 지닌 주요 특징들이 있다. 모든 현생 파충류는 지구의 가장 메마른 곳에서도 살아갈 수 있는 방수가 되는 질긴 피부를 지닌 변온 척추동물이다. 파충류는 대부분 방수가 되는 가죽질 껍데기가 있는 알을 낳지만, 몇몇 종은 알이 아니라 새끼를 낳는다.

척추동물
경골 속뼈대가 몸을 지탱한다.

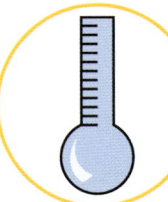
변온동물
주변 환경에 따라 체온이 달라진다.

알 낳기
파충류 알은 방수가 되는 껍데기로 감싸여 있다.

파충류의 몸속
이 알다브라코끼리거북은 메마른 땅에서 살기 알맞게 방수가 되는 질긴 비늘 피부를 지녔을 뿐 아니라, 배고픈 포식자들을 막아줄 뼈로 된 튼튼한 껍데기도 갖추고 있다.

집어넣을 수 있는 머리
위험할 때면 머리와 다리를 껍데기 안으로 집어넣을 수 있다.

초식 동물
파충류는 대부분 다른 동물을 먹지만, 땅거북은 식물을 먹는다.

커다란 허파
모든 파충류처럼 땅거북도 공기 호흡을 한다.

비늘 피부
튼튼한 비늘이 피부를 덮고 있다.

방수 피부
양서류와 달리, 파충류는 몸에서 수분이 빠져나가지 못하게 막는 튼튼한 피부층이 있다. 게다가 때로 단단한 비늘이 겹쳐진 유연한 갑옷으로 이 피부층을 보호한다.

방울뱀 비늘
각 비늘의 뿌리는 바깥 피부층에 붙어 있다. 뱀은 평생 동안 몇 번이 피부층을 벗곤 하는데, 그때 비늘도 떨어지면서 그 밑에 생긴 새 비늘이 드러난다.

알과 새끼
파충류의 알은 조류의 알처럼 단단한 껍데기나 유연하면서 질긴 껍질로 감싸여 있다. 알은 따뜻하게 유지해야 부화가 된다. 그래서 파충류는 따뜻한 곳에 알을 낳는다. 추운 기후에 사는 몇몇 파충류는 알을 따뜻하게 유지하는 데 신경 쓸 필요가 없도록 아예 새끼를 낳는다.

완벽한 축소판
파충류는 완전히 발달한 상태로 알에서 나온다. 성체보다 크기만 작을 뿐이다. 새끼 독뱀은 심지어 독니까지 갖추고 나온다.

옥수수뱀

표범무늬땅거북

> 지금까지 살았던 육상 동물 중 **가장 몸집이 큰 거대한 공룡도** 파충류였다.

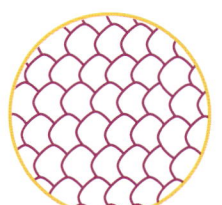

비늘 피부
비늘은 피부를 보호하고 수분 손실을 막는다.

새끼 낳기
몇몇 뱀과 도마뱀은 온전히 형태를 갖춘 새끼를 낳는다.

에너지 절약
파충류는 변온동물이긴 하지만, 제대로 움직이려면 먼저 몸을 덥혀야 한다. 파충류는 주변 환경에서 이 온기를 얻는다. 그래서 겨울이 추운 지역에는 파충류가 거의 살지 않으며, 추운 지역에 사는 종들도 여름에만 활동한다. 열대에서는 몸을 덥힐 필요가 없다. 파충류는 스스로 체열을 만들지 않기에 에너지를 훨씬 덜 쓴다. 그래서 몸집이 비슷한 정온동물에 비해 먹이를 훨씬 덜 먹고도 살아갈 수 있다.

일광욕
이구아나는 햇볕에 몸을 데워야 움직일 수 있다.

녹색이구아나

체온 조절
녹색이구아나 같은 파충류는 행동으로 체온을 조절한다. 몸을 데울 필요가 있으면, 따뜻한 햇볕을 쬐고, 너무 더워지면 그늘로 들어가서 몸을 식힌다.

파충류 ○ 바다거북과 땅거북

150cm 갈라파고스땅거북의 등딱지의 최대 길이.

갈라파고스땅거북

사람에게 키워지는 한 갈라파고스땅거북은 무려 **170년째 살고 있다고** 추정된다.

갈라파고스땅거북은 세상에서 가장 큰 거북이다. 크기도 엄청나며, 수명도 아주 길다. 예전에는 에콰도르 갈라파고스 제도의 화산섬 중 적어도 일곱 곳에서 수천 마리가 살았다. 본토와 멀리 떨어져 있는, 포식자도 먹이 경쟁자도 없는 섬에서 살았기에 번성했다.

제도의 각 섬에 고립된 상태에서 땅거북은 15가지 아종으로 진화했다. 아종마다 나름의 특징이 있었다. 현재 갈라파고스땅거북은 어린 거북을 잡아먹는 쥐와 먹이 경쟁을 하는 염소 등 사람이 들여온 여러 종들 때문에 사라질 위험에 처해 있다. 아종의 수는 10가지로 줄었고, 그중 몇 아종은 멸종 위기에 처해 있다.

나이테
알에서 나온 새끼 갈라파고스땅거북은 생쥐만 하지만, 등딱지에 이미 평생 지니게 될 인갑(단단한 비늘) 무늬가 나 있다. 거북이 자랄수록 인갑도 해마다 새 나이테가 형성되면서 점점 커진다. 하지만 가장 오래된 부위는 닳아서 사라지므로, 나이테로 거북의 진짜 나이를 알기 어렵다.

비늘로 덮인 다리
다리의 피부는 튼튼한 보호 비늘로 덮여 있다.

400kg 갈라파고스땅거북의 최대 몸무게.

갈라파고스땅거북 암컷은 알을 2~16개 낳는다. 새끼는 4.5개월 뒤에 부화한다.

방어 전술
다리와 머리를 껍데기 안으로 집어넣어서 보호한다.

예민한 콧구멍

각질 부리
땅거북은 이빨이 없다. 대신에 가장자리가 날카로운 각질의 부리로 먹이를 먹는다. 풀밭과 숲에서 풀과 가시투성이 선인장의 즙이 많은 줄기도 포함하여 다양한 식물을 먹는다. 몇몇 아종은 덤불 위쪽의 잎을 따먹을 수 있도록 등딱지의 모양이 특이하다. 더 높이 목을 뻗을 수 있도록 목 위쪽의 껍데기가 아치처럼 솟아 있다.

뼈로 된 등딱지와 배딱지
모든 거북처럼 갈라파고스땅거북도 갈비뼈와 융합된 둥근 위쪽 껍데기인 등딱지와 마찬가지로 뼈로 된 납작한 배딱지를 지닌다. 이 뼈를 케라틴으로 된 단단한 인갑(비늘)이 덮고 있다.

뼈로 된 등딱지 · 인갑 · 갈비뼈 · 머리뼈 · 배딱지

경쟁하는 수컷들
번식기에 성숙한 수컷들은 서로 마주치면, 우위를 겨루기 위해 과시 행동을 한다. 목을 쭉 빼고 입을 넓게 벌린 채 최대한 키가 커 보이도록 몸을 치켜든다. 싸움이 벌어질 때도 있지만, 대개는 목이 더 짧은 쪽이 물러난다.

갑옷 판
배는 납작한 껍데기인 배딱지로 보호되어 있다.

억센 발톱
앞발에는 다섯 개의 넓적한 발톱이 있다. 뒷발에는 발톱이 네 개뿐이다.

파충류
갈라파고스땅거북

학명: Chelonoidis nigra
사는 곳: 갈라파고스 제도
길이: 최대 1.2m
먹이: 잎, 선인장, 열매, 지의류

파충류 · 바다거북과 땅거북

188년 어떤 방사거북의 추정 나이. 육상 동물 중 가장 오래 사는 셈이다.

악어거북
학명: *Macrochelys temminckii*
사는 곳: 북아메리카
길이: 최대 80cm

이 민물 거북은 무는 힘이 아주 강하다. 악어거북은 입을 벌려 지렁이처럼 생긴 분홍색 혀를 드러낸 채 가만히 있다. 이 미끼에 끌려서 동물이 가까이 다가오면 덥석 문다.

돼지코거북
학명: *Carettochelys insculpta*
사는 곳: 뉴기니, 오스트레일리아
길이: 최대 75cm

다른 민물 거북과 달리, 돼지코거북은 발톱이 달린 발 대신에 바다거북의 발과 같은 지느러미발을 지닌다. 돼지처럼 콧구멍이 앞으로 향해 있는 살집 있는 주둥이를 지녔다.

아시아가는머리연갑자라
학명: *Chitra chitra*
사는 곳: 남아시아, 인도네시아
길이: 최대 1.6m

자라는 다른 거북들처럼 껍데기가 딱딱하지만, 껍데기가 단단한 인갑이 아니라 가죽질 피부로 덮여 있다. 이 종은 자라 중에서 가장 큰 축에 속한다. 수컷이 암컷보다 꼬리가 더 길고 더 두껍다.

유혹하는 미끼
이 거북의 꿈틀거리는 지렁이처럼 생긴 혀를 보고도 다가오지 않을 물고기는 거의 없다.

바다거북과 땅거북

거북은 돔 모양의 등딱지를 보고 바로 알아볼 수 있다. 모습과 크기는 제각각이며, 서식지도 다양하다. 거북은 341종이 있으며, 대부분 물에 산다. 육지에 사는 거북은 58종뿐이며, 모두 한 과에 속한다.

이 파충류는 오래전 지구에 나타났다. 그 역사는 2억 2000만여 년 전 공룡이 처음 진화할 때로 거슬러 올라간다. 뼈 갑옷 덕분에 거북은 그 후로도 잘 살아왔다. 특히 물에서는 갑옷이 얼마나 무겁든 상관없다. 하지만 육지에서는 무거운 딱지 때문에 움직임이 매우 느리다.

등딱지
유선형의 가죽질 등딱지에는 일곱 개의 줄이 나 있다.

각질 부리
가장자리가 날카로운 부리는 해초를 잘라내는 데 알맞다.

푸른바다거북
학명: *Chelonia mydas*
사는 곳: 전 세계
길이: 최대 1.5m

우아하게 헤엄치는 이 거북은 전 세계의 열대 바다에 산다. 다른 바다거북들처럼 알을 낳기 위해 번식지인 해안까지 장거리 이주를 한다. 해마다 같은 해안으로 돌아가곤 한다. 대다수 바다거북은 육식성이지만, 이 거북은 주로 해초와 바닷말을 먹는 초식 동물이다.

장수거북
학명: *Dermochelys coriacea*
사는 곳: 전 세계
길이: 최대 2.7m

몸집이 다른 거북들보다 월등하게 큰 거북이다. 이 종은 딱지가 가죽질의 기름진 피부로 덮여 있다. 해파리를 비롯하여 물에 떠다니는 부드러운 동물들을 먹는다.

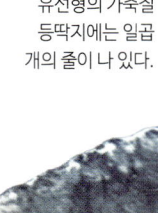

먹이인 해파리

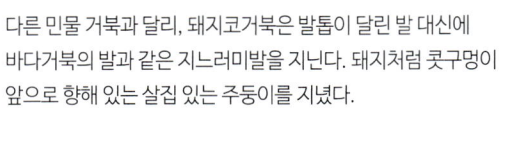

2,600km 푸른바다거북이 알을 낳는 해변까지 가기 위해 헤엄쳐 가는 거리.

650kg 지금까지 기록된 장수거북의 최고 몸무게.

다이아몬드백테라핀
학명: *Malaclemys terrapin*
사는 곳: 북아메리카
길이: 최대 23cm

북아메리카의 대서양 해안에 널리 퍼져 있는 이 작은 거북은 바닷물이 드나드는 염습지와 맹그로브 습지에서 주로 산다. 고둥, 조개 같은 연체동물을 주로 먹는다.

사향거북
학명: *Sternotherus odoratus*
사는 곳: 북아메리카
길이: 최대 14cm

위협을 느끼면 이 목이 긴 작은 거북은 등딱지 안쪽 샘에서 악취를 풍기는 액체를 분비한다. 헤엄치는 대신에 하천 바닥을 걸어 다니면서 다양한 먹이를 찾아 먹는다.

방사거북
학명: *Astrochelys radiata*
사는 곳: 마다가스카르 남부
길이: 최대 40cm

땅거북은 본질적으로 육지 생활에 적응한 바다거북이다. 이 마다가스카르 종은 딱지에 놀라운 무늬가 있다. 건조한 숲에 살며 주로 풀을 먹지만, 열매와 즙이 많은 선인장도 먹는다.

무늬 있는 인갑

껍데기도 부수는 턱
강한 턱은 껍데기를 으깨는 데 알맞다.

큰머리거북
학명: *Platysternon megacephalum*
사는 곳: 동아시아
길이: 최대 40cm

이 민물 거북은 머리가 아주 커서 껍데기 안으로 집어넣을 수 없다. 대신에 머리에 뼈로 된 자체 보호 방패가 있다. 또 이 거북은 무는 힘이 아주 세다.

팬케이크거북
학명: *Malacochersus tornieri*
사는 곳: 동아프리카
길이: 최대 20cm

바위 언덕에 사는 이 종은 이름처럼 아주 납작하면서 유연한 딱지를 지닌다. 그래서 좁은 틈새로 미끄러져 들어갈 수 있다. 거북치고는 아주 빨리 움직일 수 있으며, 위험을 감지하면 재빨리 가장 가까운 은신처로 달아난다.

비늘로 덮인 꼬리
아주 긴 꼬리는 커다란 비늘로 덮여 있다.

뱀목거북
학명: *Chelodina longicollis*
사는 곳: 오스트레일리아
길이: 최대 28cm

전형적인 거북과 달리, 뱀목거북은 긴 목을 옆으로 구부려서 머리를 껍데기 안으로 숨긴다. 이 종은 작은 수생 동물들을 먹는다.

마타마타거북
학명: *Chelus fimbriatus*
사는 곳: 남아메리카
길이: 최대 70cm

뛰어난 위장술로 얕은 하천이나 연못의 바닥에 숨어 있다. 먹이가 가까이 다가오면, 갑자기 입을 쩍 벌려서 물과 먹이를 한꺼번에 빨아들인다.

위장
울퉁불퉁한 등딱지는 조류로 덮여 있곤 한다.

피부판
들쭉날쭉한 가장자리는 거북의 윤곽을 알아보지 못하게 위장시킨다.

파충류 ○ 도마뱀

200종 지금까지 알려진 카멜레온의 종 수. 아직 발견되지 않은 종이 더 많이 있을 것이다.

파슨카멜레온
가장 큰 카멜레온에 속한다. 이 종은 마다가스카르 열대 우림의 나뭇가지에서 곤충을 사냥한다. 대체로 홀로 생활하지만, 수컷들은 영역을 지키기 위해 서로 머리를 부딪치며 싸우기도 한다.

비늘 피부

감을 수 있는 꼬리
카멜레온은 근육질 꼬리로 나뭇가지를 감아서 몸을 고정시킨다. 먹이를 겨냥하여 혀를 쏠 때 특히 유용하다. 이 꼬리는 평소에는 스프링처럼 감겨 있다.

합쳐진 발가락

카멜레온

카멜레온은 몸 색깔을 바꾸는 것으로 유명하다. 또 자연에서 가장 압도적인 효력을 지닌 무기도 가진다. 바로 끝이 끈적거리는 긴 혀다. 카멜레온은 이 혀를 엄청나게 멀리까지 쏠 수 있다.

카멜레온의 모든 특징은 사냥하는 생활 습성에 맞추어져 있다. 튀어나온 눈은 비늘로 덮여 있고 동공만 보인다. 양쪽이 따로따로 360도로 움직일 수 있어서 한꺼번에 두 방향을 볼 수 있다. 발가락은 합쳐져서 가느다란 가지를 움켜쥐기 좋다. 먹이가 경계하지 않도록 아주 느릿느릿 움직이다가 사람의 눈에는 보이지 않을 만치 빠르게 혀를 내쏘아서 잡는다.

파충류	
파슨카멜레온	
학명:	*Calumma parsonii*
사는 곳:	마다가스카르
길이:	최대 68cm
먹이:	곤충

카멜레온의 **혀**는 0.1초 안에 먹이를 낚아챌 수 있다.

몇몇 카멜레온은 먹이를 잡을 때 **혀**가 몸길이의 두 배까지 늘어날 수 있다.

색깔 바꾸기
많은 카멜레온처럼, 이 종도 몸 색깔을 바꿀 수 있다. 색깔 무늬는 대개 기분에 따라 달라지지만, 몸을 위장하는 역할도 할 수 있다. 위의 카멜레온은 경쟁자에게 과시하고 있다.

마다가스카르꼬마카멜레온
학명: *Brookesia micra*
사는 곳: 마다가스카르
길이: 최대 2.8cm

2012년에 발견된 이 종은 가장 작은 카멜레온이자, 모든 척추동물 중 가장 작은 편에 속한다. 밤에 나무 위에서 잠을 자고, 낮에 땅으로 내려가서 곤충을 사냥한다. 대다수 카멜레온과 달리 체색을 바꿀 수 없고, 늘 갈색을 띤다.

나마쿠아카멜레온
학명: *Chamaeleo namaquensis*
사는 곳: 아프리카 남서부
길이: 최대 25cm

대다수 카멜레온과 달리, 이 사막 종은 땅에 산다. 추운 아침에는 열을 더 잘 흡수하기 위해 검은색을 띤다.

피셔카멜레온
학명: *Kinyongia fischeri*
사는 곳: 동아프리카
길이: 최대 30cm

많은 카멜레온은 외딴 지역에 살며, 나무 위에서 먹이를 찾는다. 이 종은 탄자니아의 숲에만 살며, 사람에게 목격된 적이 거의 없기에 습성도 알려진 것이 거의 없다.

지중해카멜레온
학명: *Chamaeleo chamaeleon*
사는 곳: 남스페인, 북아프리카, 중동, 지중해 여러 섬
길이: 최대 40cm

크레타섬과 키프로스 등 지중해의 여러 섬에서 흔히 볼 수 있다. 홀로 은밀하게 돌아다니면서 긴 혀를 쏘아서 곤충을 사냥한다.

팬서카멜레온
학명: *Furcifer pardalis*
사는 곳: 마다가스카르
길이: 최대 50cm

생김새가 파슨카멜레온과 비슷하며, 건조한 숲에 산다. 수컷들은 영역을 지키고자 사납게 싸운다. 서로 마주치면 선명한 색깔을 드러내면서 경쟁하며, 진 쪽은 곧바로 칙칙한 갈색으로 변한다.

잭슨카멜레온
학명: *Trioceros jacksonii*
사는 곳: 동아프리카
길이: 최대 38cm

많은 카멜레온처럼, 이 종도 수컷이 암컷보다 더 화려하다. 수컷은 주둥이에 긴 뿔이 세 개 나 있으며, 영역을 지키는 데 쓰인다.

목 주름장식

혹투성이 코뿔

파충류 · 도마뱀

코모도왕도마뱀은 10킬로미터 떨어진 곳에서도 죽은 동물의 냄새를 맡을 수 있다.

30년 코모도왕도마뱀의 최대 수명.

코모도왕도마뱀

도마뱀 중 가장 크며, 무시무시한 포식자. 숨어서 기다리다 커다란 물소를 덮쳐서 잡아먹을 만큼 힘이 세다. 같은 코모도왕도마뱀까지 잡아먹기도 한다.

코모도왕도마뱀은 인도네시아 남부의 자바섬 해안, 코모도섬과 그 주변 섬들에 산다. 어느 동물이든 가리지 않고 닥치는 대로 잡아먹는다. 성체는 사슴도 꼬리를 휘둘러 한 방에 쓰러뜨릴 수 있다. 그런 뒤 긴 발톱으로 꽉 붙잡고서 가장자리에 톱니가 난 날카로운 이빨로 찢어 먹는다. 수컷들은 암컷이나 영역을 놓고 싸우는데, 뒷발로 일어서서 서로 맞붙어서 힘을 겨룬다. 한쪽을 땅에 쓰러뜨릴 때까지 싸움은 계속된다.

갑옷을 입은 피부
코모도왕도마뱀의 피부는 '뼈판'이라는 작은 뼈가 박힌 비늘로 덮여 있다. 이 비늘들은 중세 귀족이 입은 강철 고리로 연결된 사슬 갑옷처럼 단단하지만 유연하다. 다른 도마뱀들은 비슷한 갑옷으로 포식자를 방어를 하지만, 코모도왕도마뱀의 갑옷은 다른 코모도왕도마뱀을 막는 데 쓰인다.

안전한 피신처
코모도왕도마뱀이 두려워하는 대상은 오로지 더 큰 코모도왕도마뱀뿐이다. 코모도왕도마뱀은 기회가 생기면 같은 코모도왕도마뱀도 잡아먹는다. 새끼는 부화하자마자 나무 위로 기어 올라간다. 그리고 몸길이가 약 1.2미터 정도 자랄 때까지는 땅으로 내려오지 않는다. 땅에 내려온 뒤에도 몸집이 작은 도마뱀은 먹이를 먹다가도 큰 도마뱀이 오면 물러나야 한다. 심지어 잡아먹히지 않기 위해서, 먹던 먹이의 창자에 대고 몸을 굴려서 역겨운 냄새를 묻히기도 한다.

거대한 몸집
거대한 몸에 한 달 동안 먹지 않고도 지낼 수 있을 만큼 많은 먹이를 담을 수 있다.

성체는 한 번에 몸무게의 **80퍼센트까지** 먹을 수 있다.

근육질 꼬리
길고 무거운 꼬리는 수컷들이 뒷다리로 서서 맞붙어 싸울 때 버팀대 역할을 한다.

비늘로 덮인 다리
튼튼한 다리는 몸 양옆으로 튀어나와 있다. 그래서 전형적인 도마뱀처럼 어기적거리면서 걷는다.

12회 코모도왕도마뱀 성체가 식사 한 번에 **양껏** 먹는다고 할 때, 살아가기 위해 1년 동안 필요한 식사 횟수.

코모도왕도마뱀은 1912년에야 서양 과학계에 알려졌다.

갈라진 혀
긴 혀는 뱀의 혀처럼 갈라져 있다. 혀를 날름거려 사체에서 나오는 냄새를 맡아서 추적한다.

시력
코모도왕도마뱀은 색깔을 볼 수 있지만, 밤에는 잘 볼 수 없어서 후각에 의지한다.

날카로운 이빨
고기 칼처럼 톱니가 난 굽은 이빨이 최대 60개까지 나 있다. 이 이빨로 먹이의 질긴 가죽과 살을 가른다.

물어서 독 주입하기
코모도왕도마뱀이 흘리는 침에는 아래턱의 샘에서 분비하는 독액이 섞여 있다. 날카로운 이빨로 물면 독이 침에 섞여서 몸속으로 스며든다. 이 독은 피를 굳지 못하게 만들고, 내부 출혈까지 일으킬 수 있다. 그래서 먹이는 물렸다가 달아난다고 해도, 곧 피를 너무 많이 흘려서 쓰러지게 된다. 코모도왕도마뱀은 뒤따라가서 먹이를 쉽게 잡을 수 있다.

파충류
코모도왕도마뱀
학명: *Varanus komodoensis*
사는 곳: 인도네시아
길이: 최대 3.1m
먹이: 살아 있는 동물과 죽은 동물

긴 발톱
발에는 먹이를 움켜쥐는 데 쓰는 아주 크고 강한 발톱이 달려 있다. 새끼는 이 발톱으로 나무를 기어오를 수 있다.

바다이구아나

이 별난 파충류는 외딴 섬에서 가장자리가 날카로운 이빨로 해안의 바위에 붙어 있는 바닷말을 뜯어 먹으며 산다. 몇몇 개체는 바닷물에 들어가 헤엄치면서 수면 아래로 잠수하여 바닷말을 뜯어 먹기도 한다.

바다이구아나는 동태평양 갈라파고스 제도의 바위 해안에 산다. 화산으로 생긴 바위가 가득하고 식물이 거의 없는 곳이다. 하지만 바닷말은 풍부하기에, 수백만 년에 걸쳐서 바다이구아나는 이 색다른 먹이를 주식으로 삼는 쪽으로 진화했다.

300,000마리 갈라파고스 제도에 사는 바다이구아나의 수. 바다이구아나는 **이 제도에만 산다**.

파충류
바다이구아나
학명: *Amblyrhynchus cristatus*
사는 곳: 갈라파고스 제도
길이: 최대 1.5m
먹이: 바닷말

뾰족뾰족한 볏
머리에서 꼬리까지 등줄기를 따라서 길고 뾰족한 비늘로 된 들쭉날쭉한 볏이 나 있다.

뭉툭한 주둥이
바닷말을 뜯어 먹기 좋도록 주둥이가 뭉툭하다.

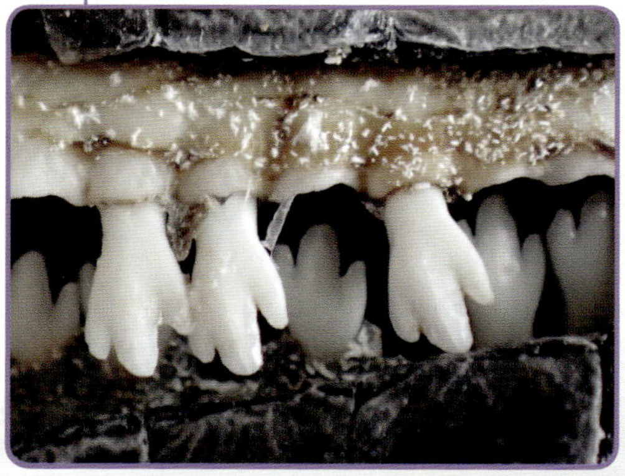

끌 같은 이빨
이구아나의 이빨은 작고 납작하며, 세 갈래로 갈라져 있다. 갈라진 끝은 끌처럼 날카로워서 단단한 바위에 붙은 바닷말을 긁어내기에 알맞다. 오래된 이빨은 빠지고 날카로운 새 이빨이 계속 난다. 뭉툭한 이빨로 살아가는 일은 없다.

45분 바다이구아나가 물속에서 숨을 참을 수 있는 시간.

암컷은 알을 많아야 **여섯 개** 낳으며, **모래나 부드러운 흙 속에** 묻는다.

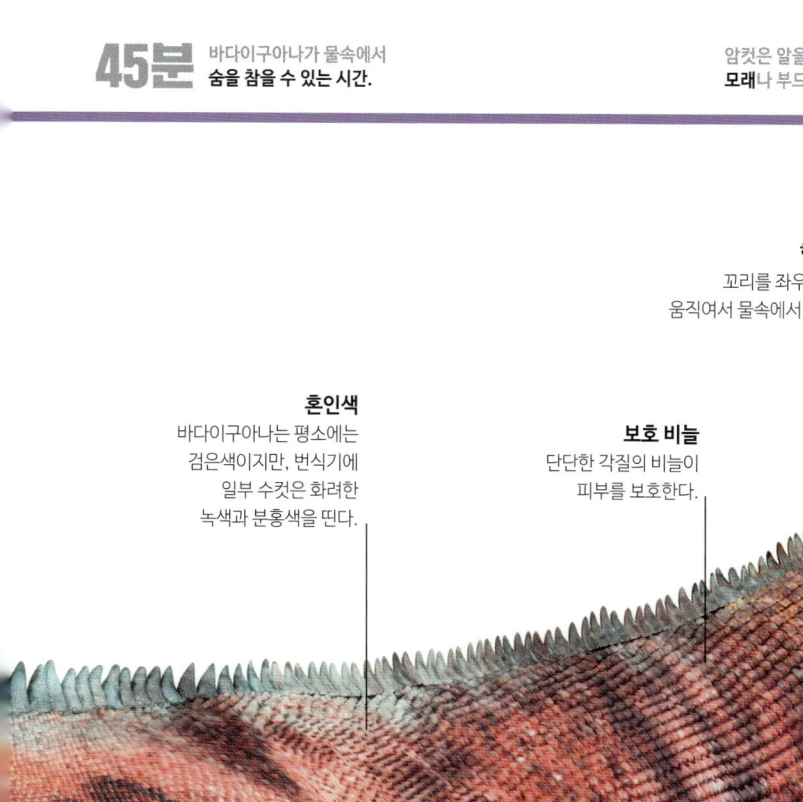

힘센 꼬리
꼬리를 좌우로 세차게 움직여서 물속에서 나아간다.

혼인색
바다이구아나는 평소에는 검은색이지만, 번식기에 일부 수컷은 화려한 녹색과 분홍색을 띤다.

보호 비늘
단단한 각질의 비늘이 피부를 보호한다.

긴 발톱
도마뱀답지 않게 다리가 유달리 튼튼하며, 긴 발가락에 아주 길고 날카로운 발톱이 달려 있다. 바닷말로 덮인 바위에 달라붙는 데 쓰인다. 그래서 파도가 치는 해안에서도 바위에 꽉 달라붙을 수 있고, 물속에서 먹을 때에도 해류에 휩쓸려가지 않는다.

물속에서 뜯어먹기
바다이구아나는 대부분 썰물 때 드러난 바위에서 바닷말을 뜯어먹는다. 주로 큰 수컷들 몇몇만 물속까지 들어가서 바닷말을 뜯어먹는다. 바다이구아나는 길면 30분까지도 잠수하지만, 대부분은 더 일찍 나온다. 갈라파고스 제도로 흐르는 훔볼트 해류가 아주 차서 체온이 금방 떨어지기 때문이다.

가장 큰 바다이구아나는 맛 좋은 먹이를 찾으러 **10미터 이상** 잠수하기도 한다.

재채기로 소금 뿜어내기
물속에서 나온 바다이구아나는 먼저 몸을 덥혀야 먹이를 소화할 수 있다. 그래서 열대 태양 아래 뜨거워진 바위에 엎드려서 햇빛을 쬔다. 그럴 때 재채기를 해서 바닷말을 먹어서 지나치게 많아진 염분을 배출한다. 콧구멍에 있는 특수한 소금샘을 통해 염분이 많은 액체를 내보낸다.

파충류 ○ 도마뱀

6,145종 지금까지 알려진 도마뱀의 종 수.

60% 파충류 중 도마뱀이 차지하는 비율.

녹색이구아나
학명: Iguana iguana
사는 곳: 중앙아메리카와 남아메리카
길이: 최대 1.5m

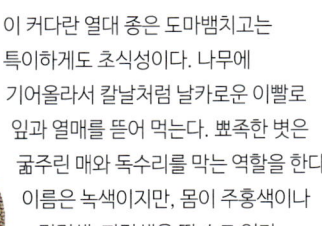

이 커다란 열대 종은 도마뱀치고는 특이하게도 초식성이다. 나무에 기어올라서 칼날처럼 날카로운 이빨로 잎과 열매를 뜯어 먹는다. 뾰족한 볏은 굶주린 매와 독수리를 막는 역할을 한다. 이름은 녹색이지만, 몸이 주홍색이나 검정색, 파란색을 띨 수도 있다.

도깨비도마뱀
학명: Moloch horridus
사는 곳: 오스트레일리아
길이: 최대 20cm

뜨거운 사막에 사는 이 도마뱀은 포식자를 막기 위해 원뿔 모양의 가시가 가득 나 있다. 공기의 수분을 가시 사이에 난 통로로 모아서 마신다. 오로지 개미만 먹는다.

녹색바실리스크
학명: Basiliscus plumifrons
사는 곳: 중앙아메리카
길이: 최대 61cm

화려한 볏을 지닌 이 종은 뒷발의 길고 납작한 발가락으로 깊은 물의 수면을 밟고 달리는 모습으로 유명하다. 대개 적에게서 달아날 때 물 위를 달린다.

아르마딜로갑옷도마뱀
학명: Ouroborus cataphractus
사는 곳: 남아프리카
길이: 최대 10cm

이 도마뱀은 등이 단단한 가시가 달린 비늘로 덮여 있다. 위험이 닥치면 입으로 꼬리를 물고서 몸을 둥글게 만다. 이렇게 공 모양이 되면 포식자가 물었다가는 입이 온통 가시에 찔리게 된다. 낮에 바위 사막에서 곤충, 거미 같은 작은 동물을 사냥한다.

파란혀도마뱀
학명: Tiliqua scincoides
사는 곳: 동오스트레일리아
길이: 최대 61cm

작달막하고 다리가 짧은 도마뱀과에 속한 동물 중에서 가장 큰 편에 속한다. 새파란 혀를 갖고 있으며, 포식자와 마주쳤을 때 이 혀를 날름거린다. 불쑥 튀어나오는 새파란 색깔에 상대가 놀라서 멈칫할 때, 재빨리 달아난다.

방어 행동

도루묵도마뱀
학명: Scincus scincus
사는 곳: 북아프리카
길이: 최대 20cm

물고기가 헤엄치는 것 같은 움직임으로 곱고 메마른 모래 위를 빠르게 돌아다니는 데 적응해 있다. 모래 위를 미끄러지듯 돌아다니기 좋게 몸이 유선형이며, 머리가 쐐기 모양이고, 비늘은 매끄럽고 반질거린다. 모래의 움직임을 감지하여 곤충을 잡아먹는다.

쪽빛장갑판도마뱀
학명: Cordylosaurus subtessellatus
사는 곳: 남아프리카
길이: 최대 15cm

바위 많은 곳에 사는 이 홀쭉한 도마뱀은 눈에 잘 띄는 아주 긴 파란 꼬리를 달고 있다. 많은 도마뱀처럼 위험에 처하면 이 꼬리를 끊고 달아난다. 잘린 꼬리가 계속 꿈틀거리면서 적의 시선을 끌 때, 재빨리 달아난다. 꼬리는 서서히 다시 자라지만, 원래 꼬리보다는 짧다.

태생도마뱀
학명: Zootoca vivipara
사는 곳: 유럽, 아시아
길이: 최대 15cm

도마뱀은 대개 알을 낳으며, 따뜻한 날씨를 이용하여 알을 따뜻하게 한다. 하지만 유럽과 아시아에 널리 퍼진 이 종은 알 대신에 새끼를 낳는다. 그래서 다른 도마뱀들보다 더 추운 지역에서도 살 수 있다. 북극 지방까지 올라간 종도 있다. 주로 곤충을 먹는다.

도마뱀은 약 2억 5000만 년 전에 출현했다.
공룡보다 더 먼저 진화했다.

굼벵이무족도마뱀(뱀도마뱀)
학명: *Anguis fragilis*
사는 곳: 유라시아, 아프리카 북서부
길이: 최대 48cm

지렁이도 아니고 그리 느리지도 않은 이 동물은 몇 종으로 이루어진 무족도마뱀류 중 하나다. 작은 뱀처럼 생겼지만, 뱀과 달리 눈을 깜박일 수 있고, 커다란 먹이를 통째로 삼킬 수 없다. 곤충, 민달팽이, 지렁이를 먹는다.

납작꼬리도마뱀붙이
학명: *Uroplatus fimbriatus*
사는 곳: 마다가스카르
길이: 최대 33cm

도마뱀붙이(게코)는 기어오르는 능력이 탁월한 독특한 집단이다. 잘 달라붙는 발가락 끝으로 어느 표면에든 달라붙을 수 있다. 이 종은 위장술이 아주 뛰어나서, 나무껍질에 웅크리고 있으면 알아차리기 어렵다. 밤눈이 아주 좋아서, 밤에 곤충을 사냥한다.

도마뱀

도마뱀은 전 세계에 6,000여 종이 있다. 파충류 중에서 가장 수가 많고 가장 다양한 집단이다. 작은 카멜레온(102~103쪽 참조)에서 악어만 한 왕도마뱀에 이르기까지 모습과 크기가 아주 다양하다.

전형적인 도마뱀은 비늘 피부, 네 다리, 긴 꼬리가 있다. 다리는 몸에서 양옆으로 뻗어 있어서, 배를 바닥 가까이 대고서 어기적거리며 걷는다. 다리가 아주 짧거나 아예 없는 도마뱀도 있다. 몇몇 종은 독을 지니고 있다.

아메리카독도마뱀
학명: *Heloderma suspectum*
사는 곳: 북아메리카
길이: 최대 60cm

'힐라몬스터'라고도 불린다. 뱀과 아주 가까운 친척임에도, 도마뱀은 대부분 독이 없다. 하지만 이 통통한 도마뱀은 독이 있다. 독샘은 아래턱에 있고, 독을 방어용으로 쓴다. 포식자를 막기 위해 선명한 경고색도 띠고 있다.

넓게 펼친 주름

땅을 파는 데 알맞은 튼튼한 앞다리

목도리도마뱀
학명: *Chlamydosaurus kingii*
사는 곳: 뉴기니, 오스트레일리아
길이: 최대 90cm

오스트랄라시아에 사는 이 도마뱀의 멋진 목 주름장식은 평소에는 접혀서 몸에 붙어 있다. 하지만 포식자에게 내몰리면, 주름장식을 쫙 펴고 입을 쩍 벌려서 선명한 속살을 드러낸다. 이 행동은 구애할 때에도 쓰인다.

파충류 · 뱀

4개월 나무왕뱀이 아무것도 먹지 않고 지낼 수 있는 기간.

20년 에메랄드나무왕뱀의 추정 수명.

에메랄드나무왕뱀

이 왕뱀(보아)은 녹색 피부를 이용한 위장술로 열대의 나뭇잎 사이에 몸을 숨기고 있다. 낮은 가지에 몸을 축 늘어뜨리고 먹이가 다가오기를 기다린다.

거의 모든 뱀처럼, 에메랄드나무왕뱀도 사냥꾼이다. 주로 야행성이며, 남아메리카 저지대 열대림에서 작은 포유류와 조류를 잡아먹는다. 입술에 있는 열 감지 기관을 써서 어둠 속에서도 따뜻한 동물을 찾아낼 수 있다. 이 뱀은 독이 없다. 대신에 아주 긴 이빨로 먹이를 꽉 물고 몸을 칭칭 감아서 꽉 조여 죽인다.

파충류
에메랄드나무왕뱀
학명: *Corallus caninus*
사는 곳: 남아메리카
길이: 최대 1.8m
먹이: 주로 작은 포유류

하얀 얼룩
등에 난 하얀 얼룩 때문에 윤곽이 흐릿해져서 먹이나 포식자는 이 뱀이 있는 걸 알아차리기 어렵다.

감을 수 있는 꼬리
나무왕뱀은 꼬리로 나뭇가지를 감아서 몸을 고정시킨 뒤, 먹이를 덮친다.

에메랄드나무왕뱀은 작은 포유동물을 주로 먹지만, 날쌔게 움직여서 **날카로운 이빨로 공중에서 새를 낚아챌 수도 있다.**

수직 눈동자
눈동자는 세로로 길쭉하며, 주로 활동하는 밤에는 활짝 열린다.

열 감지 구멍
각 구멍에 있는 감각기는 정온동물의 따뜻한 체열을 감지한다.

이빨은 잇몸에 숨어 있다.

날카로운 이빨
나무왕뱀의 바늘처럼 날카로운 긴 이빨은 안쪽으로 굽어 있다. 그래서 물린 먹이는 빠져나갈 가능성이 거의 없다. 다른 모든 뱀처럼, 턱의 양쪽을 번갈아 움직여서 탄력 있는 목 안으로 잡아당겨 먹이를 통째로 삼킨다. 삼키는 데 오래 걸릴 수 있지만, 한번 먹으면 몇 주를 버틸 수도 있다.

힘센 몸
납작한 몸의 양쪽 면에는 강한 근육이 들어 있다. 그래서 꼬리로 가지를 감고서 몸을 허공으로 쭉 뻗을 수 있다.

죽음의 옥죄기
왕뱀은 나뭇가지에 매달린 상태로 먹이를 옥죄어 죽인다. 먹이를 칭칭 감은 뒤 점점 세게 옥죄면 먹이는 숨을 쉬지 못한다. 곧 호흡을 못 하고, 피도 심장과 뇌로 가지 못한다. 먹이가 죽으면, 머리부터 통째로 삼킨다.

어린 에메랄드나무왕뱀

체색 변화
에메랄드나무왕뱀은 부화할 때에는 부모처럼 녹색을 띨 수도 있지만 빨간색이나 주황색을 띨 수도 있고, 세 가지 색깔을 다 띨 수도 있다. 그러다가 6~12개월 뒤에 녹색이 된다. 새끼의 이런 색깔은 나무에 사는 독사의 색깔을 흉내 냄으로써 포식자를 피하는 수단일 수도 있다.

112 파충류 · 뱀

야생에서 방울뱀은 먹이를 먹지 않고도 2년까지 버틸 수 있다.

경고하는 방울
꼬리 방울은 흔들 때 차르르르 소리가 나는 헐거운 비늘 고리들로 이루어져 있다.

공격할 준비가 된 독니

입을 쩍
먹이일 가능성이 있는 무언가를 감지하면, 뱀은 가까이 다가가서 살펴본 뒤 기회를 노려 단숨에 덮친다. 머리를 앞으로 휙 내밀면서 입을 쩍 벌리고 독니로 먹이를 꽉 문다. 뱀은 독액의 효과가 나타날 때까지 기다렸다가, 날카로운 이빨이 난 아주 유연한 턱을 움직여서 먹이를 조금씩 목 안으로 당기면서 통째로 삼킨다.

등의 다이아몬드 무늬
피부의 얼룩이 다이아몬드 모양으로 옅은 색과 짙은 색의 선을 이룬다.

이 종은 북아메리카에서 **가장 위험한 방울뱀**이다. 뱀에 물려 죽는 사람은 대부분 이 뱀에 물린 것이다.

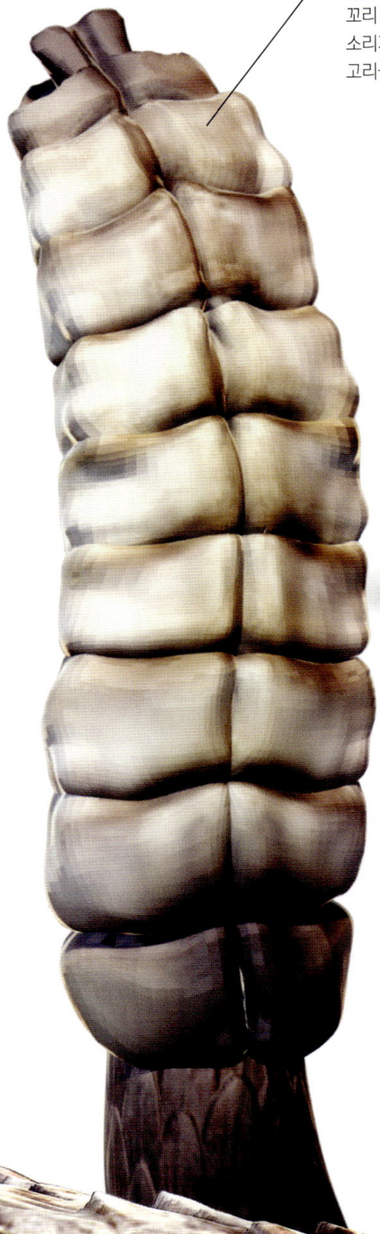

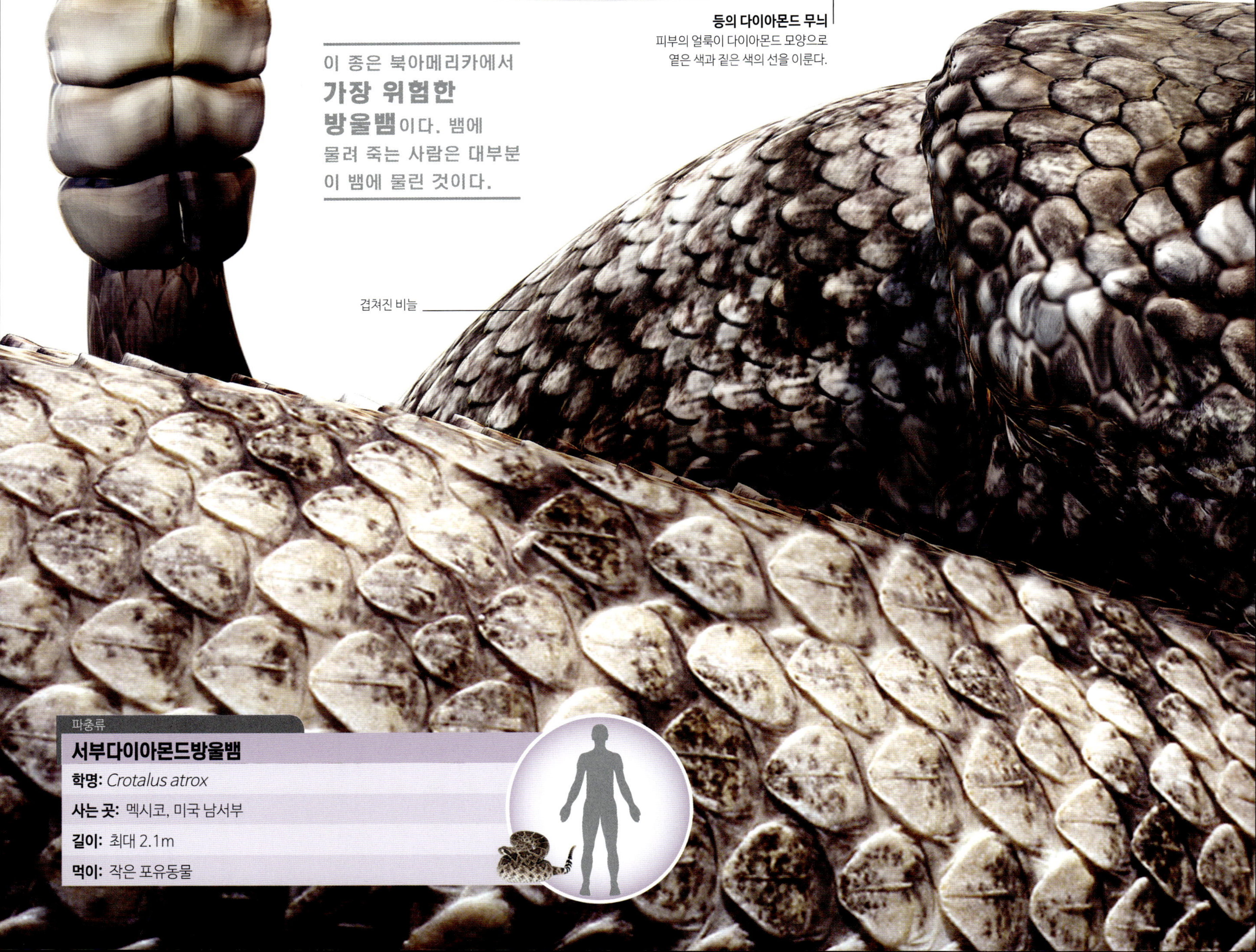

겹쳐진 비늘

파충류
서부다이아몬드방울뱀
학명: *Crotalus atrox*
사는 곳: 멕시코, 미국 남서부
길이: 최대 2.1m
먹이: 작은 포유동물

독액과 경고 방울로 무장을 해도,
여우, 독수리, 부엉이는 방울뱀을 잡아먹곤 한다.

암컷은 한 번에 **새끼를 25마리까지 낳는다.**
새끼는 태어날 때부터 **독을 품고** 있다.

서부다이아몬드방울뱀

커다란 독니와 어둠 속에서 먹이를 찾을 수 있는 감각을 지닌 이 뱀은 세계에서 가장 치명적인 포식자에 속한다.

방울뱀은 살무사과에 속한다. 긴 독니가 입 앞쪽에 달린 독사 집단이다. 긴 독니는 입을 다물 때는 안으로 집어넣을 수 있다. 독니는 혈관과 근육을 파괴하는 강한 독액을 주입하는데, 이 독은 사람 어른도 죽일 만큼 강력하다. 그러나 독은 사냥할 때 쓰기 위해 아끼고, 적이 다가오지 못하게 할 때는 경고 방울을 쓴다.

어둠 속에서 사냥하기
방울뱀은 살무사의 일종이다. 머리 양쪽에 '로레알 구멍'이라는 열 감지 기관이 있는 독사다. 이 구멍은 정온동물의 체열을 감지함으로써 어둠 속에서도 볼 수 있게 해 준다. 방울뱀에게 생쥐는 어둠 속에서도 밝게 빛나 보이므로, 놓칠 수가 없다.

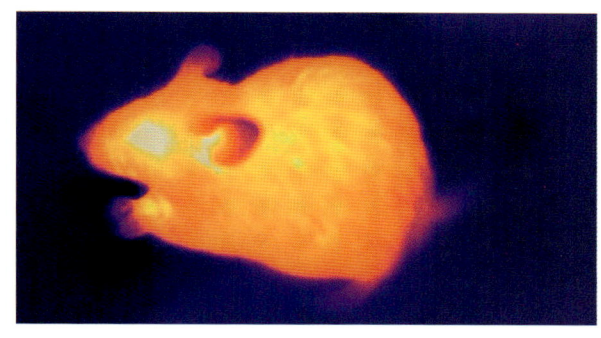

용골 있는 비늘
방울뱀 피부의 비늘에는 뚜렷하게 중심선, 즉 용골이 나 있다. 이런 모양은 빛을 산란시켜서, 햇빛이 닿을 때 비늘이 빛을 고스란히 반사하지 않게 된다. 그래서 먹이와 적에게 들키지 않도록 돕는다.

관절로 연결된 독니
방울뱀은 아래턱뼈가 움직이는 네모뼈(방골)에 붙어 있어서, 먹이를 삼킬 때 놀라울 만치 입을 쩍 벌릴 수 있다. 턱을 벌릴 때, 움직이는 위턱뼈가 앞으로 내밀어지면서 관절로 연결된 독니를 아래로 향하게 한다. 이로써 공격할 준비가 된다.

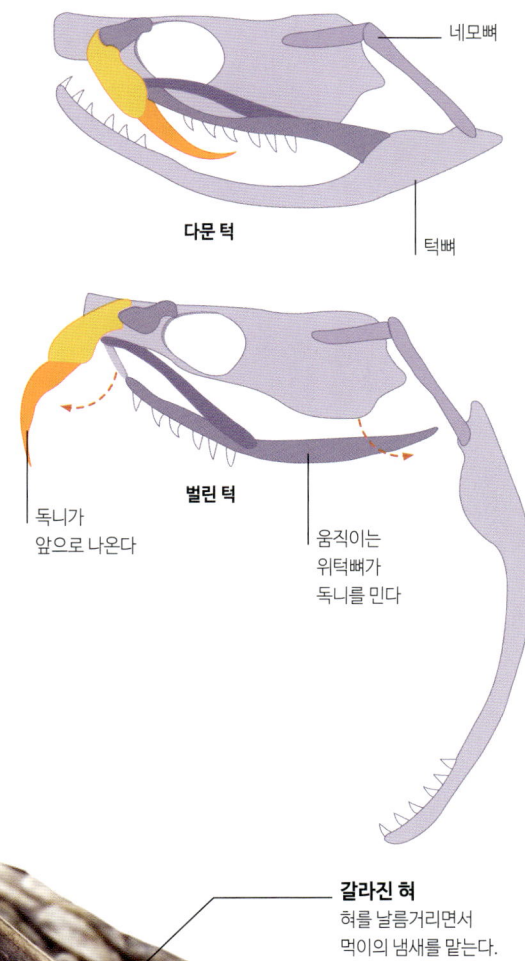

- 넓적한 큰 머리
- 로레알 구멍
- 콧구멍
- 네모뼈
- **다문 턱**
- 턱뼈
- **벌린 턱**
- 독니가 앞으로 나온다
- 움직이는 위턱뼈가 독니를 민다

갈라진 혀
혀를 날름거리면서 먹이의 냄새를 맡는다.

 **5cm** 가분살무사의 독니 길이.

황금날뱀은 100미터까지 활공할 수 있다.

그물무늬비단뱀
학명: *Malayopython reticulatus*
사는 곳: 동남아시아
길이: 최대 10m

가장 긴 뱀이자 가장 무거운 뱀 중 하나이다. 이 열대 아시아 종은 먹이를 칭칭 감아서 옥죄어 죽이는 왕뱀 중 하나다.

슐레겔자이언트장님뱀
학명: *Afrotyphlops schlegelii*
사는 곳: 아프리카 동부와 남부
길이: 최대 1m

이 아프리카 뱀은 굴을 파는 전문가이며, 땅 위로는 거의 나오지 않는다. 눈이 있긴 하지만 아주 작고 단단한 비늘로 덮여 있다. 삽 모양 주둥이로 굴을 파면서, 유일한 먹이인 흰개미를 찾아다닌다.

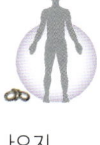

주둥이
날카로운 주둥이는 굴을 파는 데 알맞다.

눈
고양이처럼 눈동자가 세로로 열려 있다.

뱀

다른 동물을 잡아먹기 위해 고도로 적응했다. 뱀은 가장 효율적인 사냥꾼에 속한다. 그래서 지구에서 가장 위험한 동물 중 하나이기도 하다.

뱀은 사냥에 열중한다. 거의 예외 없이 살아 있는 먹이를 사냥하여 죽여서 통째로 삼킨다. 먹이를 감지하는 특수한 감각들을 지니며, 다리가 없어도 놀라울 만치 빠르게 움직일 수 있다. 턱과 머리뼈는 자기 머리보다 큰 동물도 삼킬 수 있도록 고도로 변형되어 있고, 일부 뱀은 치명적인 독액도 갖추고 있다.

갈라진 혀
비단뱀은 혀로 먹이의 냄새를 맡는다.

봄베이가시꼬리뱀
학명: *Uropeltis macrolepis*
사는 곳: 남아시아
길이: 최대 30cm

인도 남부 숲에서 굴을 파고 사는 이 작은 뱀은 신기한 쐐기 모양의 꼬리를 갖고 있다. 이 꼬리는 유달리 단단한 비늘로 덮여 있다. 굴을 파다가 굶주린 포식자가 잡아먹으려 들이닥치면, 이 꼬리로 굴을 막는다.

사막방울뱀
학명: *Crotalus cerastes*
사는 곳: 북아메리카
길이: 최대 80cm

아주 센 독을 지닌 방울뱀이다. 뜨겁고 메마르고 바람이 부는 사막의 모래 위를 옆으로 기어나가서 독특한 자국을 남기기 때문에 '사이드와인더'라고 부른다. '옆으로 구불구불 기어간다'는 뜻이다. 멕시코 북부와 미국 남서부에 산다.

위장
비늘 덮인 몸은 사막 모래와 잘 어울린다.

가분살무사
학명: *Bitis gabonica*
사는 곳: 아프리카 서부와 중부
길이: 2m

열대림에서 탁월한 위장술을 써서 매복 사냥을 하는 무거운 뱀이다. 뱀 중에서 독니가 가장 길다.

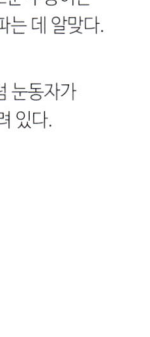

커다란 **그물무늬비단뱀은** 60킬로그램이 넘는 **돼지도 삼킬 수 있다.**

25,000명 매년 뱀에 물려서 죽는 사람 수.

인도코브라
학명: *Naja naja*
사는 곳: 남아시아
길이: 최대 2.4m

극독을 지닌 가장 위험한 뱀에 속한다. 후드를 쓴 듯한 자세로 위협 행동을 하는 것으로 유명하다. 살무사에 비해 독니가 짧지만, 신경을 마비시키는 강력한 독을 지닌다.

후드
넓게 부풀린 목을 늘어난 갈비뼈로 지탱한다.

비늘 피부
매끄러운 비늘이 몸을 보호한다.

산호뱀
학명: *Micrurus fulvius*
사는 곳: 북아메리카
길이: 최대 1.2m

자신을 공격하려는 모든 동물에게 선명한 띠무늬로 위험하다고 경고를 보낸다. 강한 독을 지니고 있다. 이 경고색이 아주 효과가 있다는 것을 아는지, 주홍왕뱀 같은 독이 없는 뱀은 이 무늬를 흉내 낸다.

끈띠바다뱀
학명: *Laticauda colubrina*
사는 곳: 인도-태평양
길이: 최대 1.5m

납작한 꼬리
노 모양의 꼬리는 헤엄치는 데 유용하다.

이 뱀은 해안의 얕은 물에서 주로 생활하지만, 알은 육지에 낳는다. 독니는 짧지만 강한 독으로 물고기를 잡는다.

아프리카알뱀
학명: *Dasypeltis scabra*
사는 곳: 아프리카, 서아시아
길이: 최대 1.2m

모든 뱀은 엄청나게 커다란 먹이를 먹을 수 있지만, 아프리카알뱀은 알을 통째로 삼킬 수 있다. 목뼈에 있는 가시 같은 돌기로 알을 깨서 먹으며, 부서진 껍데기는 내뱉는다.

가느다란 몸
아시아덩굴뱀의 홀쭉한 몸은 좌우로 납작하다.

양안시
주둥이 모양 덕분에 이 나무뱀은 두 눈의 시야가 겹친다. 그래서 거리를 쉽게 파악할 수 있다.

아시아덩굴뱀
학명: *Ahaetulla prasina*
사는 곳: 남아시아와 동남아시아
길이: 최대 1.8m

이 날씬한 뱀은 나무에서 사냥하기 좋게 나뭇잎 사이에 숨어서 완벽하게 위장한다. 매복해 있다가 먹이가 다가오면 독니로 찔러 잡는다. 아주 뛰어난 시력으로 도마뱀, 청개구리, 어린 새를 사냥한다.

황금날뱀
학명: *Chrysopelea ornata*
사는 곳: 남아시아와 동남아시아
길이: 최대 1.3m

홀쭉한 몸
이 뱀은 갈비뼈를 펼쳐서 몸을 납작하게 만든다.

남아시아의 이 별난 뱀은 나무 위에서 작은 동물을 사냥한다. 땅으로 내려오지 않은 채 공중으로 뛰어서 나무 사이를 활공하여 옮겨 다닌다. 허공에서는 몸을 납작하게 만든 뒤 S자 모양을 그리면서 원반던지기처럼 공중에 떠서 간다.

목도리뱀
학명: *Diadophis punctatus*
사는 곳: 북아메리카
길이: 최대 46cm

아메리카의 이 작은 뱀은 위협을 받으면, 꼬리를 말아서 뒤집는다. 그러면서 선명한 색깔을 띤 배 쪽이 드러난다. 물릴 수 있다고 적에게 경고하는 것이다. 그러나 사실 이 뱀은 독이 약하다.

악어류

가장 크고 가장 강력한 파충류이다. 악어류는 물에 사는 생활에 잘 적응해 있으며, 무시무시한 턱으로 거의 모든 것을 잡아먹는다.

악어류는 세 과로 이루어진다. 가리알, 앨리게이터와 카이만, 크로커다일이다. 모두 기본적으로 같은 체형을 가진 육식 동물이지만, 먹이에 따라서 턱의 모양이 다르다. 긴 근육질 꼬리를 쳐서 물속을 나아간다. 먹이가 다가오기를 기다리면서 오랫동안 숨도 쉬지 않은 채 물속에 숨어 있을 수 있다.

> 나일악어는 다 자란 **아프리카물소도** 잡을 수 있다.
>
> **100년** 악어의 추정 **수명**.

파충류
나일악어
- **학명:** *Crocodylus niloticus*
- **사는 곳:** 열대 아프리카
- **길이:** 최대 6.1m
- **먹이:** 어류, 포유류, 조류

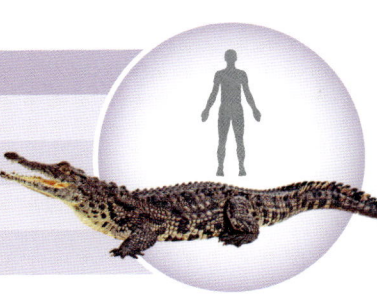

갑옷 인갑
악어의 등은 커다란 뼈판이 박혀 있는 '인갑'이라는 두껍고 커다란 비늘로 덮여 있다. 이 갑옷은 더 큰 악어의 공격도 막고, 몸부림치는 먹이의 날카로운 발굽과 뿔도 막아 준다.

옆으로 벌어진 다리
짧은 다리로 물속에서 방향을 잡는다.

납작한 꼬리

위장
위장에서는 강한 산성을 띤 위액이 나와 털, 뼈, 발굽, 뿔까지 다 소화시킨다.

다시 나는 이빨
악어는 이빨이 68개까지 있다. 이빨이 훨씬 더 큰 종도 있지만, 모든 악어는 입을 다물어도 많은 이빨이 밖으로 드러나 있다. 이빨은 닳으면 빠지고 새 이빨이 나기에, 악어는 언제나 모든 이빨을 갖추고 있다.

튼튼하고 뾰족한 이빨

물리면 죽음
강한 턱은 엄청난 힘으로 먹이를 꽉 물어서 뼈까지 부술 수 있다.

현생 동물 중 악어의 가장 가까운 친척은 조류다.

악어는 배불리 먹고 나면 6개월 이상 먹지 않고 지낼 수 있다.

나일악어

이 거대한 악어는 커다란 동물들이 물을 마시러 오는 호수와 강에 매복하고 있다가 공격한다. 물속에서 갑자기 와락 튀어나와서 먹이를 꽉 문 뒤, 물속으로 끌고 들어간다. 먹이가 익사하면, 찢어 먹는다.

강력한 꼬리

물갈퀴 달린 뒷발

바다악어

학명: Crocodylus porosus
사는 곳: 인도~오스트레일리아
길이: 최대 7m

해안 맹그로브 습지와 강어귀 조간대에 살지만, 종종 바다를 헤엄쳐서 다른 해안을 오가곤 한다. 가장 큰 악어는 자기 영역에 들어오는 거의 모든 동물을 죽일 수 있다.

안경카이만

학명: Caiman crocodilus
사는 곳: 중앙아메리카와 남아메리카
길이: 최대 2.5m

남아메리카 카이만류 중에서 가장 흔한 종이다. 카이만은 앨리게이터의 가까운 친척이다. 주로 어류를 먹지만, 멧돼지만 한 포유류까지 잡을 수 있다.

넓적한 주둥이

미시시피악어

학명: Alligator mississippiensis
사는 곳: 미국 남부
길이: 최대 5m

앨리게이터류는 주둥이가 넓적하고, 입을 다물면 아래턱 이빨이 숨겨진다. 가장 잘 알려진 것은 이 종이며, 텍사스에서 캐롤라이나에 이르는 넓은 지역의 습지와 강에 산다. 어류, 거북, 포유류, 조류를 잡아먹는다.

가리알

학명: Gavialis gangeticus
사는 곳: 인도, 파키스탄
길이: 최대 7m

가비알과로 멸종 위기에 처해 있다. 가리알은 물고기를 잡기 알맞게 주둥이가 아주 좁고 길게 적응했다. 미끄러운 먹이를 꿰뚫어 무는 데 적합한 날카로운 이빨이 110개까지 나 있다. 성숙한 수컷은 주둥이 끝에 '가라'라는 부푼 부위가 있다.

수컷의 장식
가라는 수컷이 짝을 얻는 데 도움을 주는 것일 수도 있다.

긴코악어

학명: Mecistops cataphractus
사는 곳: 아프리카 중부와 서부
길이: 최대 4m

가리알처럼, 이 종도 좁은 주둥이로 물속을 헤집으면서 물고기를 먹는 쪽으로 적응했다. 그러나 이 악어는 어류 이외의 먹이를 찾아서 주둥이로 강둑의 굴이나 드러난 나무뿌리도 헤집곤 한다.

난쟁이악어

학명: Osteolaemus tetraspis
사는 곳: 아프리카 중부와 서부
길이: 최대 2m

이 눈에 잘 안 띄는 야행성 파충류는 악어 중 가장 작다. 주둥이가 비교적 짧고 뭉툭하며, 무거운 갑옷을 입고 있다. 아마 더 큰 악어로부터 자신을 보호하기 위해서일 것이다. 물고기를 주로 먹는데, 특히 열대의 우기에 물이 불어났을 동안은 물고기를 많이 먹는다. 하지만 개구리와 갑각류도 먹는다.

갑옷을 입은 등

조류

화려한 깃털과 비행 능력을 갖춘 조류는 보는 순간 푹 빠지게 되는 동물이다. 많은 종은 노래도 한다. 봄의 번식기에 하늘을 음악으로 가득 채운다. 비행에 고도로 적응한 조류는 가장 분화한 척추동물에 속한다. 또 몇몇 종은 현대에 적응하여 살아남는 데에 가장 성공한 부류에 속한다.

조류란 무엇일까?

1990년대 이래로 기적처럼 잘 보존된 화석들이 많이 발견되면서, 조류가 깃털 달린 공룡이라는 것이 의심의 여지 없이 증명되었다. 즉 조류는 벨로키랍토르 같은 두 다리로 걸은 사냥꾼의 친척이다. 조류는 그런 공룡들로부터 정온성과 대단히 효율적인 허파와 더불어 깃털도 물려받았다. 그 덕분에 최초의 원시적인 조류는 1억 4000만여 년 전에 하늘을 날 수 있었고, 6600만 년 전까지 오늘날 우리 주변에 있는 새들과 아주 비슷한 조류로 진화해 있었다.

화려한 색깔
깃털은 화려한 색깔을 띠기도 하지만, 무지개색을 만드는 방식으로 빛을 반사하기도 한다.

날개의 해부 구조
날개는 팔이 변형된 것이다. 손뼈는 길어지고 손가락은 줄어들었다.

비행 제어
뇌에서 비행을 제어하는 영역이 가장 고도로 발달해 있다.

예리한 눈
모든 새는 먹이를 찾고 비행할 때 주로 눈에 의지한다.

● 새의 다양성

조류는 1만 종이 넘으며, 28가지 주요 집단, 즉 목으로 나뉜다. 조류의 절반 이상은 참새목에 속한다. 부엉이류, 앵무류, 맹금류도 각각 목을 이루고 있다.

꿀벌새

타조

가장 큰 새와 가장 작은 새
가장 큰 새는 날지 못하는 타조다. 타조는 나는 새 중 가장 무거운 종류보다 여덟 배나 더 무겁다. 가장 작은 새인 꿀벌새는 크기가 겨우 타조의 눈알만 하다.

이빨 없는 부리

비행 근육
용골돌기가 있는 가슴뼈에 붙어 있는 커다란 비행 근육은 날개를 아래로 치는 힘을 낸다.

● 부리 모양

새의 부리는 꽃의 달콤한 꿀을 빠는 것부터 먹이를 찢어 먹는 것에 이르기까지, 다양한 섭식 방법과 먹이에 따라 다양한 방식으로 진화했다.

꿀을 빠는 부리
벌새의 부리는 통 모양의 좁은 꽃에 집어넣어서 꿀을 빨도록 정밀하게 적응했다.

견과 깨는 부리
씨를 먹는 새는 부리가 아주 튼튼하다. 콩새의 튼튼한 부리는 체리의 씨도 깰 수 있다.

뼈 바르는 부리
흰꼬리수리의 굽은 부리는 어류, 조류, 포유류의 뼈에서 살을 바르는 데 쓰인다.

갯벌을 헤집는 부리
마도요 같은 많은 섭금류는 부드러운 갯벌을 깊숙이 헤집어서 먹이를 찾는 아주 길고 민감한 부리를 지닌다.

물을 거르는 부리
저어새는 얕은 물을 좌우로 휘저어서 작은 동물을 걸러 먹는 특수한 부리를 지닌다.

● 놀라운 허파

조류의 허파는 공기가 곧바로 통과하는 관들을 갖춘 비교적 딱딱한 구조물이다. 이 관들은 여러 개의 풍선 같은 공기주머니와 연결되어 있다. 공기주머니는 허파 조직으로 공기를 밀어 넣는다. 이 방식은 포유류의 허파보다 훨씬 더 효율적이다. 그래서 비행 근육을 움직이는 데 필요한 산소를 더 많이 흡수할 수 있다.

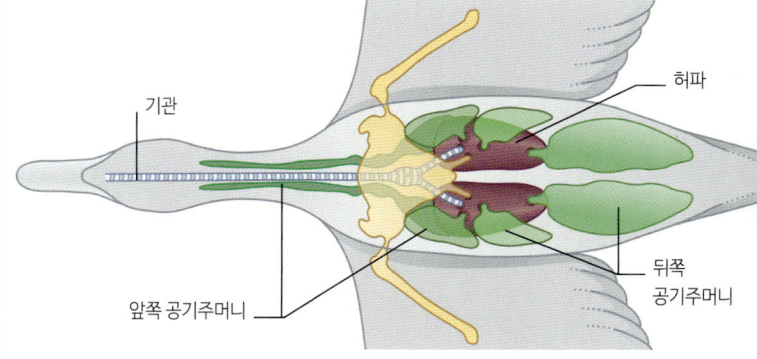

기관 · 허파 · 앞쪽 공기주머니 · 뒤쪽 공기주머니

새의 몸속
이 물총새는 비행하는 데 알맞은 튼튼하지만 가벼운 뼈대, 아주 힘센 근육, 가벼운 깃털을 지닌다. 이런 특징들 덕에 새는 하늘의 주인이 되었다.

둥지와 알

대부분 조류는 둥지를 짓고 거기에 알을 낳은 뒤, 부화할 때까지 따뜻하게 품고, 깨어난 새끼를 보살핀다. 둥지는 땅에서 이것저것 주워 모아 짓는 것부터, 다양한 재료로 짠 정교한 건축물에 이르기까지 다양하다. 구멍에 숨겨진 둥지도 있고, 나무 위나 낭떠러지 위에 지은 둥지도 있다.

검은머리쑥새 둥지

깃털 종류

조류 깃털은 기능이 다양하다. 복슬복슬한 솜 깃털과 몸통을 덮은 작은 깃털의 솜털 부분은 추위를 막는다. 날개와 꼬리의 더 큰 깃털은 빳빳하면서 가벼워서 비행하는 데 알맞다.

비행 깃털
날개는 대부분 서로 겹쳐진 긴 비행 깃털로 이루어져 있다.

솜 깃털

겉 깃털(몸 깃털)

비행 깃털

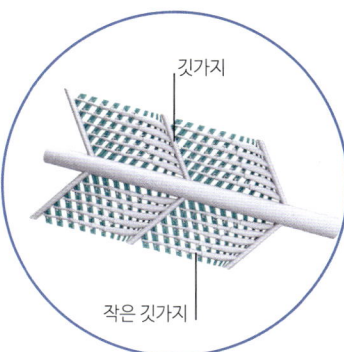

깃털 구조
비행 깃털의 깃가지에는 갈고리 모양의 작은 깃가지들이 가득 나 있다. 이 작은 깃가지들은 서로 얽혀서 편평한 깃판을 이룬다.

주요 특징

모든 새는 많은 주요 특징을 공통적으로 지닌다. 포유류처럼 조류도 정온 척추동물이지만, 몸이 털 대신 깃털로 덮여 있다. 조류는 알을 낳고, 대부분 날 수 있거나 예전에 날았던 조상의 후손이다. 이런 특징들이 모두 모여 조류가 되었다.

우리는 종종 **조류가 머리가 나쁘다고** 생각하지만, 사실 몇몇 까마귀와 앵무는 **유인원과 돌고래만큼 지능이 높다.**

비늘로 덮인 다리
다리는 비늘 피부로 덮여 있다. 발에는 움켜쥐고 홰에 앉는 데 쓰는 날카로운 발톱이 있다.

꼬리
날개처럼 꼬리도 주로 깃털로 되어 있다. 허공에서 방향을 틀고 속도를 늦추는 데 쓰인다.

척추동물
조류의 몸은 속뼈대가 지탱한다.

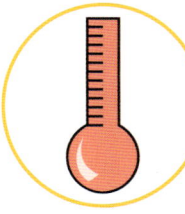
정온성
조류는 어떤 환경에서든 열을 내어 체온을 유지한다.

알 낳기
모든 조류는 단단한 껍데기를 지닌 알을 낳는다.

대부분 비행함
거의 평생을 날아다니는 종도 있다.

깃털
깃털은 체온 유지와 비행에 쓰인다.

조류 ○ 주금류

1.4kg 타조알의 무게. 달걀보다 적어도 20배 더 무겁다.

치명적인 적
타조를 따라잡을 수 있는 사냥꾼은 거의 없지만, 치타는 가능하다.

조류
타조
- **학명:** *Struthio camelus*
- **사는 곳:** 아프리카
- **Height:** 최대 2.8m
- **먹이:** 작은 동식물

햇빛 가리개
타조는 날개를 구애 춤을 출 때 쓰지만, 새끼의 햇빛을 막아 주는 데에도 쓴다.

주금류

덩치 크고 특이하게 생긴 타조는 주금류 중에서 가장 크다. 주금류는 날지 못하고 빠르게 달려서 포식자를 피하는 집단이다. 구석에 몰리면 몹시 사납게 반격하는 종도 있다.

주금류는 날개가 있긴 하지만, 뻣뻣한 비행 깃털 대신에 부드럽고 복슬복슬하거나 털 같은 깃털이 달려 있어서 날 수 없다. 날개 근육도 약하고, 용골돌기가 있는 가슴뼈 대신에 납작한 가슴뼈에 붙어 있다. 이들은 도요타조와 한 공통 조상에서 나왔다고 여겨진다. 도요타조는 짧은 거리만 날 수 있는 땅에 사는 새다.

복슬복슬한 깃털
타조의 깃털은 다른 새들의 솜 깃털과 비슷하게 복슬복슬하고 부드럽다. 줄줄이 서로 얽혀서 비행 깃털의 뻣뻣한 깃판을 형성하는 갈고리가 달린 작은 깃가지가 없다.

강한 다리
아주 긴 다리로 대부분의 적이 따라올 수 없을 만치 빨리 달린다.

두 개의 발가락
각 발에는 발톱이 두 개 있으며, 커다란 안쪽 발가락에는 발굽 같은 커다란 발톱이 달려 있다.

타조
조류 중에서 가장 크며, 열대 아프리카의 탁 트인 초원과 사막을 돌아다니면서 먹이를 찾는다. 수컷은 깃털이 검은색과 흰색이며, 암컷은 더 갈색을 띤다. 수컷은 최대 일곱 마리의 암컷과 짝을 짓는다. 암컷들은 공동 둥지에 알을 낳는다. 수컷도 알을 품는 일을 돕는다.

타조는 세계에서 **가장 무거운 새**다. 몸무게가 150킬로그램까지 나간다.

전속력으로 달릴 때, **타조는 경주마만큼** 빠르다. 시간당 70킬로미터까지 속도를 낸다.

커다란 눈
타조의 눈은 거대하다. 눈알의 지름이 최대 5센티미터에 달한다. 다른 새들처럼 뛰어난 시력으로 위험을 감지하고, 먹이와 짝을 찾아낸다.

레아
학명: *Rhea americana*
사는 곳: 남아메리카
키: 최대 1.5m

긴 목
타조는 목이 길어서 다가오는 위험을 일찍 알아차릴 수 있다.

타조는 씹을 수가 없으므로, **돌을 삼켜서** 근육질 모래주머니가 먹이를 짓이기도록 돕는다.

타조와 생활 습성이 비슷한 남아메리카에 사는 새다. 탁 트인 초원에 무리를 지어 살면서 다양한 동식물을 먹는다.

고운 깃털
수컷은 구애 때 날개를 펼치고 과시 행동을 한다.

남방화식조
학명: *Casuarius casuarius*
사는 곳: 인도네시아, 뉴기니, 북오스트레일리아
키: 최대 1.8m

열대 우림에 사는 크고 힘센 종이다. 창 같은 날카로운 발톱을 지니고 있어서 가까이 다가가면 위험할 수 있다. 암컷은 수컷보다 더 화려하며, 부리에 더 큰 볏이 달려 있다.

위장한 새끼
어린 화식조는 알아보기 어렵도록 몸에 윤곽을 흐트리는 줄무늬가 나 있다.

에뮤
학명: *Dromaius novaehollandiae*
사는 곳: 오스트레일리아
키: 최대 1.9m

타조의 오스트레일리아 모습이라고 할 수 있다. 대륙 대부분을 떠돌이처럼 돌아다닌다. 먹이가 많은 숲을 좋아하지만, 먹지 않고도 오래 버틸 수 있다.

세로무늬키위
학명: *Apteryx australis*
사는 곳: 뉴질랜드 남섬
키: 최대 65cm

뉴질랜드의 키위는 다른 주금류보다 훨씬 작으며, 깃털이 털 같다. 밤에 긴 부리로 땅을 헤집으면서 무척추동물을 찾아 먹는다.

민감한 수염

뿔도요타조
학명: *Eudromia elegans*
사는 곳: 칠레 남부에서 아르헨티나까지
키: 최대 41cm

남아메리카와 중앙아메리카의 도요타조는 날 수 있지만, 주금류에 속한다. 파타고니아의 춥고 건조한 덤불숲에서 무리 지어 산다.

얼룩덜룩한 깃털

황제펭귄

황제펭귄은 남극 대륙의 얼음 밑으로 잠수하여 어류와 오징어를 잡아먹는 맵시 있는 사냥꾼이다. 해빙 위에서 번식하며, 암컷은 알을 하나 낳은 뒤 먹이를 찾아서 바다로 향한다. 수컷은 알을 품은 채 짝이 돌아올 때까지 기다렸다가, 교대하여 먹이를 구하러 얼음 너머 멀리 바다로 향한다.

황제펭귄은 다른 펭귄들보다 일찍 알을 낳는다. 겨울이 다시 오기 전에, 새끼가 봄과 여름 동안 조금이라도 더 자랄 수 있도록 하기 위해서다. 더 작은 펭귄들은 더 빨리 자라므로, 봄에 얼음이 녹을 때까지 기다렸다가 바위 해안에 알을 낳는다.

50년 황제펭귄의 수명.

번식하는 황제펭귄은 먹이를 구하러 100킬로미터가 넘는 거리를 걸어서 바다까지 가야 한다.

황제펭귄은 **500미터**가 넘는 깊이까지 잠수할 수 있다.

우수한 단열
황제펭귄은 피부 밑에 아주 두꺼운 지방층이 있어서 극심한 추위를 견딜 수 있다. 깃털은 짧고 뻣뻣하며, 서로 겹쳐져서 추위를 막는 방수 덮개가 된다.

날지 못하는 날개
펭귄의 날개는 헤엄치는 데 적응해 있다. 펭귄은 물속에서 이 날개를 뻣뻣한 지느러미발처럼 써서 앞으로 나아간다.

미늘 있는 혀
황제펭귄은 작은 물고기, 오징어, 새우처럼 생긴 크릴 등 다양한 먹이를 먹는다. 빠르게 헤엄쳐서 표적을 뒤쫓아 잡는다. 혀에는 안쪽으로 굽어 있는 미늘 같은 돌기가 가득해서 물린 먹이는 빠져나가지 못한다. 먹이를 통째로 삼킨다.

날카로운 미늘

솜 깃털로 덮인 새끼
부화한 새끼는 은회색의 솜 깃털로 두텁게 덮여 있다.

첫 깃털
부화한 지 약 3개월 뒤 솜깃털이 빠지고 첫 깃털이 나기 시작한다.

조류

황제펭귄

- **학명:** Aptenodytes forsteri
- **사는 곳:** 남극 대륙
- **키:** 1.2m
- **먹이:** 어류, 오징어, 크릴

황제펭귄은 현생 펭귄 중에 가장 큰 종이다.

20% 황제펭귄 새끼들 중 첫돌까지 살아남는 비율.

직립 보행
육지에서 황제펭귄은 직립 보행으로 걷는다. 몸을 똑바로 세우고 걸음을 걸으면 에너지가 적게 든다.

화려한 부리
부리의 아래턱은 주홍색, 분홍색, 연보라색을 띨 수도 있다.

유선형 몸
몸은 길쭉하고 뒤쪽이 좁아져서 물속에서 헤엄치기 알맞은 유선형이다.

물갈퀴 달린 발
물갈퀴가 달린 비늘로 덮인 발로 헤엄칠 때 방향을 잡는다.

겨울 불침번 서기
겨울 내내 수컷은 알을 지킨다. 알이 얼어붙지 않도록 발 위에 올리고 피부 주름으로 감싼다. 알을 품고 있는 동안, 수컷은 아무것도 먹지 않아서, 두 달 사이에 몸무게가 절반까지 줄어든다.

능숙한 헤엄
다른 모든 펭귄처럼, 황제펭귄도 헤엄을 아주 잘 친다. 시간당 최대 24킬로미터까지 헤엄칠 수 있고, 물속에서 약 20분 동안 머물 수 있다.

추위 막기
남극 대륙의 몹시 추운 겨울에 살아남기 위해, 황제펭귄 수컷들은 많으면 5,000마리까지 빽빽하게 옹기종기 모인다. 교대로 바람을 맞는 더 추운 바깥쪽에 서도록 계속 자리를 바꾼다.

펭귄의 가장 가까운 친척은 앨버트로스와 슴새다.

22분 펭귄이 물속에서 숨을 참을 수 있는 시간.

임금펭귄
학명: *Aptenodytes patagonicus*
사는 곳: 남극 대륙 주변 섬
키: 95cm

황제펭귄과 매우 비슷하게 생겼지만, 좀 더 작다. 남극 대륙 주변의 섬에서 큰 무리를 지어 산다. 물고기와 오징어를 주로 먹는다.

턱끈펭귄
학명: *Pygoscelis antarcticus*
사는 곳: 남극 대륙 해안과 주변 섬
키: 68cm

남극 대륙의 해안과 주변 섬에서 수백만 마리가 산다. 몇몇 무리는 활화산의 비탈에 알을 낳고 따뜻한 돌로 알을 데운다.

지느러미발
물속에서 날개를 쳐서 '난다'.

펭귄

수중 사냥에 고도로 적응해 있는 펭귄은 가장 특수하게 분화한 바닷새다. 대부분 지구에서 가장 추운 곳인 먼 남쪽에 산다.

펭귄은 헤엄치기에 알맞은 모습이다. 유선형 몸, 뻣뻣한 지느러미발 같은 날개, 물속에서 효율적으로 움직이는 데 딱 맞게 몸 뒤쪽에 달린 물갈퀴 발이 그렇다. 그러나 이런 적응 형질들 때문에 물 위에서는 움직임이 어색하고 공격에 취약하다. 그래서 대부분 종은 육상 포식자가 전혀 없는 외딴 해안에서 무리를 지어 산다.

날렵한 윤곽
지방층이 몸을 유선형으로 만든다.

젠투 펭귄
학명: *Pygoscelis papua*
사는 곳: 남극 대륙 주변 섬
키: 81cm

펭귄 중 세 번째로 크며, 꼬리가 유달리 길다. 남극 대륙 주변의 섬에 작은 무리를 지어 살며, 훨씬 북쪽의 포클랜드 제도에도 산다.

먹이인 샛비늘치

하얀 모자
머리의 하얀 얼룩이 이 종의 특징이다.

아델리펭귄
학명: *Pygoscelis adeliae*
사는 곳: 남극 대륙
키: 70cm

이 작은 펭귄은 황제펭귄 다음으로 가장 남쪽에 산다. 봄과 여름에 눈이 녹아서 드러나는 남극 대륙의 바위 해안에 큰 무리를 지어 산다. 주로 크릴을 먹으며, 사냥하다가 떠다니는 유빙과 빙하에서 쉬곤 한다.

아델리펭귄은 **25만 쌍이** 한 무리를 이루기도 한다.

하얀색으로 위장
물속에서 올려다보면 배가 하얀 색깔이라서 눈에 잘 안 띈다.

'펭귄'이라는 이름은 처음에 북대서양에 사는 비슷한 새를 가리키는 데 쓰였다. 멸종한 큰바다쇠오리다.

갈라파고스펭귄
학명: *Spheniscus mendiculus*
사는 곳: 갈라파고스 제도
키: 50cm

적도 북쪽에 사는 유일한 펭귄이다. 바위 틈새에 둥지를 지으며, 열대의 작은 물고기를 먹는다. 하지만 멸종 위기에 처해 있으며, 현재 2,000마리밖에 남지 않았다.

훔볼트펭귄
학명: *Spheniscus humboldti*
사는 곳: 남아메리카
키: 68cm

분홍 반점 부리 밑동의 피부는 깃털이 없고 분홍색을 띤다.

갈라파고스펭귄처럼 이 종은 따뜻한 해안에서 번식을 하지만, 남극 대륙에서 흘러오는 차가운 해류에서 사냥을 한다. 열대의 태양을 피해서 굴이나 해안의 동굴에서 새끼를 키운다.

아프리카펭귄
학명: *Spheniscus demersus*
사는 곳: 남아프리카 키: 70cm

당나귀 소리 비슷한 시끄러운 소리를 내서 자카스펭귄((jackass, 당나귀)이라고도 한다. 아프리카 서해안을 따라 흐르는, 먹이가 풍부한 차가운 벵겔라 해류에서 사냥을 한다.

남부바위뛰기펭귄
학명: *Eudyptes chrysocome*
사는 곳: 남극해와 섬들
키: 55cm

바위 해안을 날쌔게 돌아다녀서 이런 이름이 붙었다. 때로 낭떠러지 위에 둥지를 짓곤 한다. 눈 위에 노란 깃털로 된 화려한 볏을 지닌 펭귄이다.

조약돌로 둥지를 짓는다.

노란눈펭귄
학명: *Megadyptes antipodes*
사는 곳: 뉴질랜드
키: 76cm

뉴질랜드의 남부 해안과 섬에만 산다. 이 종은 해안에 무리를 짓는 대신에, 덤불이나 숲에서 한 쌍씩 따로 둥지를 짓는다. 그러나 번식지가 많이 파괴되어 지금은 수가 아주 적다.

쇠푸른펭귄
학명: *Eudyptula minor*
사는 곳: 뉴질랜드, 오스트레일리아
키: 40cm

가장 작은 펭귄으로, 매일 밤 얕은 해안에서 사냥을 한다. 굴이나 동굴에 둥지를 짓는다. 둘씩 지내기도 하지만, 큰 무리를 이루기도 한다.

조류 ○ 닭류

닭의 조상은 5,000여 년 전에 처음 길들여졌다.

조류

인도공작
- **학명:** *Pavo cristatus*
- **사는 곳:** 인도
- **길이:** 최대 2.2m
- **먹이:** 씨, 열매, 곤충

화려한 깃털
'꼬리'는 사실 수컷의 등에서 자라는 길쭉한 깃털이다.

비행
매우 풍성한 꼬리 깃털이 나는 데 지장을 주긴 하지만, 공작은 밤을 보낼 안전한 나무 위로 얼마든지 날아오를 수 있다. 야생 서식지인 숲에서는 살아남기 위해 나는 능력이 매우 중요하다.

미묘한 색깔
공작 암컷은 깃털이 훨씬 더 칙칙하고, 꼬리 깃털도 더 짧다.

먹이를 찾는 도구
새는 튼튼한 발로 흙을 파헤쳐서 곤충과 씨를 찾는다.

인도공작
꿩의 일종인 공작은 가장 현란한 구애 행동을 하는 동물이다. 수컷은 반짝이는 커다란 '눈알 무늬'가 박혀 있는 무지갯빛의 화려한 깃털을 활짝 펼쳐서 구애를 한다. 암컷은 충분히 감명을 받으면 짝짓기를 허락한다.

25개 유럽자고새 암컷이 한 번에 낳을 수 있는 알의 수. 한 번에 가장 많은 알을 낳는 새다.

1.8m 공작 깃털의 최대 길이. 공작의 몸길이 중 60퍼센트 이상을 차지한다.

풀숲무덤새
학명: *Leipoa ocellata*
사는 곳: 오스트레일리아
길이: 최대 61cm

무덤새는 알을 덮은 흙 위에 썩어가는 식물을 둔덕처럼 쌓아서 알이 부화하는 것을 돕는다. 식물이 썩으면서 나오는 열로 알을 따뜻하게 유지한다. 수컷은 정기적으로 온도를 살펴서, 둔덕을 환기시키거나 흙을 더 덮어서 열을 보존한다.

큰보관조
학명: *Crax rubra*
사는 곳: 중앙아메리카
길이: 최대 92cm

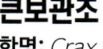

큰보관조는 잘 날지 못하며, 대개 숲 바닥을 돌아다니면서 열매와 작은 동물을 찾아 먹는다. 하지만 잠은 높은 나무 위에 올라가서 잔다. 열대림 서식지가 사라지면서 지금은 그 수가 드물어졌다.

들칠면조
학명: *Meleagris gallopavo*
사는 곳: 북아메리카
길이: 최대 1.2m

공작처럼, 들칠면조도 수컷과 암컷의 모습이 매우 다르다. 이 커다랗고 복잡한 장식을 지닌 새는 뽐내며 걸으면서 골골거리는 소리를 내는 구애 행동을 한다. 씨앗, 열매, 곤충을 먹는다.

닭류

땅에서 먹이를 찾는 이 통통한 새들 중 상당수는 수백 년 전부터 사람들이 먹기 위해 사냥을 했다. 그러나 공작 같은 몇몇 새는 놀라울 만치 아름다운 깃털도 지닌다.

꿩, 자고새, 칠면조, 뇌조를 비롯한 닭류는 주로 숲에 살며, 거의 날지 않은 채 바닥을 돌아다닌다. 화려한 장식을 지닌 수컷이 최대한 많은 암컷과 짝짓기를 하는 일부다처제인 종이 많다. 대다수 종은 암컷이 홀로 둥지를 짓고 새끼를 키운다. 아마 새끼가 부화하자마자 스스로 먹이를 찾아 먹을 수 있기 때문에 가능한 일일 것이다.

큰초원뇌조
학명: *Tympanuchus cupido*
사는 곳: 북아메리카
길이: 최대 47cm

초원에서 살아간다. 이 뇌조 종의 수컷은 화려한 깃털을 지니며, 가능한 한 많은 암컷과 짝짓기를 하기 위해 서로 경쟁한다. 수컷은 주홍색 목주머니를 부풀린 뒤, 발을 쿵쿵거리며 춤을 추면서 울음소리를 낸다.

유럽자고새
학명: *Perdix perdix*
사는 곳: 유럽
길이: 최대 31cm

많은 닭류와 달리, 유럽자고새는 번식기에 한 마리와 짝짓기를 하며, 암수는 모습이 비슷하다. 탁 트인 곳에 살며, 예전에는 농경지에 흔했다. 그러나 살충제로 새끼들이 먹는 곤충이 사라지면서 심한 타격을 입었다.

적색야계
학명: *Gallus gallus*
사는 곳: 동남아시아
길이: 최대 78cm

정글에 사는 이 별난 모습의 꿩은 기르는 닭의 조상이다. 대나무 숲, 벌목지, 덤불숲에서 씨앗과 곤충을 먹는다. 50마리까지 무리를 짓곤 한다. 수컷은 암컷 서너 마리에게 구애를 해서 짝짓기를 한다.

치명적인 무기
수컷의 다리에는 날카로운 며느리발톱이 달려 있다. 수컷끼리 싸울 때 쓴다.

조류 ○ **매와 수리**

검독수리는 야생에서 20년까지 살며, 사육되는 상태에서는 40년 넘게 산다.

독수리 눈
독수리는 머리에 비해 눈이 아주 크다. 사람보다 다섯 배까지 더 상세히 볼 수 있고, 색깔도 더 많이 본다. 3킬로미터 이상 떨어진 곳에 있는 먹이도 알아볼 수 있다.

황금 왕관
성숙한 검독수리는 목과 머리의 깃털이 황금색을 띤다.

치명적인 갈고리발톱
독수리의 주된 무기는 갈고리발톱이다. 크고 힘센 발에 달린 아주 길고 날카로운 발톱이다. 독수리는 공중에서 발을 앞으로 내밀어서 먹이를 꽉 치면서 양발로 꽉 움켜쥔다. 먹이는 발톱에 몸과 주요 기관을 꿰뚫려서 즉사하곤 한다.

펼쳐진 꼬리
먹이를 덮치기 직전, 검독수리는 긴 꼬리 깃털을 꽉 펼쳐서 하강 속도를 늦춘다.

검독수리는 비행할 때 **희미하게 휘파람 소리를 내는 것 말고는 거의 소리를 내지 않는다.**

암컷이 수컷보다 조금 더 크다.

조류
검독수리

학명: *Aquila chrysaetos*
사는 곳: 북아메리카, 유럽, 아시아, 북아프리카
길이: 최대 90cm
먹이: 작은 포유류와 사체

비행 깃털
검독수리는 날개 끝의 깃털을 쫙 펼쳐서, 느린 속도로 날다가 공중에서 정지할 수 있다.

검독수리

이 장엄한 새는 수리 중에서 가장 널리 퍼져 있고 가장 큰 편에 속한다. 넓은 날개로 탁 트인 지역의 하늘을 날면서 땅에 있는 먹잇감을 찾는다. 찾으면 내리꽂혀서 강한갈고리발톱으로 움켜쥔다.

수리류는 가장 큰 맹금류다. 더 작은 조류, 포유류, 기타 척추동물을 잡아먹는다. 발톱 달린 발로 먹이를 잡아 죽인 뒤, 굽은 부리로 뜯어 먹는다. 주로 물고기를 잡아먹는 수리도 있지만, 검독수리는 대개 토끼, 산토끼, 땅에서 돌아다니는 커다란 새를 사냥한다. 날개를 살짝 V자 모양으로 펴고서 상승 기류를 타고 몇 시간 동안 맴돌다가, 마음에 드는 먹이를 발견하면 내리꽂혀서 공격한다.

검독수리 쌍은 **평생 같이 살며,** 해마다 같은 둥지로 돌아온다.

움직이는 표적
산토끼와 토끼를 주로 잡지만, 새끼 사슴도 잡을 수 있다.

살육 본능
검독수리 쌍은 평생 같이 지내며, 절벽과 나무 위에 둥지를 짓는다. 암컷은 대개 알을 두 개 낳는다. 먼저 낳은 알이 먼저 부화하므로, 대개 첫째가 둘째보다 더 일찍부터 먹이를 먹어서 더 크고 더 힘이 세다. 먹이가 부족해지면, 더 강한 새끼가 다른 새끼를 죽인다. 적어도 한 마리라도 살아남기 위해서다.

안데스콘도르
학명: *Vultur gryphus*
사는 곳: 남아메리카
길이: 최대 1.1m

가장 큰 독수리이자 가장 큰 맹금류인 이 새는 산맥 위에서 거대한 날개를 넓게 펼치고 상승 기류를 타고 날면서 먹이를 찾는다. 날개를 한 번도 치지 않은 채 한 시간 넘게 떠 있을 수도 있다.

벌거벗은 머리
이 새는 머리 피부가 그대로 드러나 있다. 깃털이 나 있으면 살을 깊이 뜯어 먹을 때 피가 엉기기 때문이다.

물수리
학명: *Pandion haliaetus*
사는 곳: 남극 대륙을 제외한 전 세계
길이: 최대 58cm

물수리는 강, 호수, 얕은 바다로 잠수하여 갈고리발톱으로 물고기를 낚아채는 쪽으로 분화했다. 발바닥에는 몸부림치는 매끈거리는 물고기를 꽉 잡는 데 도움을 주는 가시가 나 있다. 잡은 먹이는 나무 위 같은 곳에 갖고 올라와서 먹는다.

우렁이솔개
학명: *Rostrhamus sociabilis*
사는 곳: 아메리카 전역
길이: 최대 43cm

이 느리게 나는 새는 오로지 민물 고동만 먹는다. 습지에서 고동을 잡아서 굽은 긴 부리로 껍데기에서 속살을 꺼내먹는다. 주로 중앙아메리카와 남아메리카의 습지에 살지만, 플로리다 에버글레이즈 습지에도 산다.

흰머리수리
학명: *Haliaeetus leucocephalus*
사는 곳: 북아메리카
길이: 최대 90cm

미국의 국조인 이 강한 사냥꾼은 주로 물고기를 먹지만, 다른 먹이도 잡는다. 남쪽으로 멕시코까지 퍼져 있지만, 훨씬 북쪽인 알래스카와 캐나다 서부에 많이 산다.

먹이인 고동

대머리수리는 **가장 큰 둥지를** 짓는 새다. 둥지 무게가 2,700킬로그램을 넘기도 한다. 코뿔소보다 무겁다.

대머리일까?
머리에 하얀 깃털이 나 있어서 대머리처럼 보인다.

힘센 갈고리발톱
커다란 발톱으로 어류, 조류, 토끼, 다람쥐를 잡는다.

매와 수리

맹금류는 조류 세계의 최상위 포식자다. 날카로운 발톱과 굽은 부리로 다른 동물을 공격해 잡아먹는다. 대부분은 적극적으로 사냥을 하지만, 몇몇 종은 죽은 동물의 사체를 뜯어먹는 쪽으로 진화했다.

참새만 한 매부터 거대한 콘도르에 이르기까지, 맹금류에는 가장 화려하고 감탄을 자아내는 종류도 있다. 나무 위에 있는 원숭이를 잡는 힘센 수리, 허공에서 다른 새를 뒤쫓아서 낚아채는 날랜 매, 숲속을 아주 민첩하게 날아다니는 매, 물고기를 잡는 사냥꾼, 올빼미처럼 생긴 개구리매, 높이 날면서 사체를 찾는 독수리도 있다.

매가 내리꽂는 속도는
시속 322킬로미터 이상이다.

뱀잡이수리는 때로 뱀의 등을 덮쳐서
목을 부러뜨려 잡곤 한다.

안데스콘도르는 날개폭이
3미터를 넘기도 한다.

야자민목독수리
학명: *Gypohierax angolensis*
사는 곳: 열대 아프리카
길이: 최대 60cm

이 흑백의 커다란 새는 맹금류에 속하며 사체를 먹는 독수리류의 가까운 친척이긴 하지만, 주로 기름야자의 열매를 먹는다. 굽은 부리로 영양가 많은 기름이 풍부한 중과피를 뜯어 먹는다.

수염수리
학명: *Gypaetus barbatus*
사는 곳: 유라시아, 아프리카
길이: 최대 1.1m

부리 가장자리에 수염처럼 검은색의 센털이 나 있다. 대개 바위가 많은 산악 지역에 산다. 커다란 뼈를 들고 날아 올라 바위에 떨어뜨려서 부순 뒤 뼛속을 먹는다고 잘 알려져 있다.

잿빛개구리매
학명: *Circus cyaneus*
사는 곳: 유라시아, 북아메리카와 중앙아메리카
길이: 최대 51cm

긴 날개로 탁 트인 땅 위를 날면서 작은 먹이를 찾는다. 잿빛개구리매 수컷은 멋진 비둘기색을 띠고 있다.

참매
학명: *Accipiter gentilis*
사는 곳: 북아메리카, 유라시아
길이: 최대 66cm

숲에 사는 매 중 가장 큰 편이다. 나무 사이를 빠르게 날기 알맞게 날개가 짧고 꼬리가 긴 사냥꾼이다. 솜씨 좋게 날면서 나무에 앉아 있는 다람쥐와 새, 땅에 있는 꿩 같은 먹이를 낚아챈다.

부채머리수리
학명: *Harpia harpyja*
사는 곳: 열대 아메리카
길이: 최대 1.1m

세계에서 가장 힘센 맹금류 중 하나이다. 이 커다란 새는 열대 우림 꼭대기에 앉아 있는 원숭이와 나무늘보를 무시무시한 발톱으로 찢어발긴다.

쐐기꼬리수리
학명: *Aquila audax*
사는 곳: 오스트레일리아, 뉴기니
길이: 최대 1m

오스트레일리아의 가장 큰 맹금류인 이 새는 뾰족한 꼬리로 알아볼 수 있다. 평원 위를 높이 날거나 높은 곳에 앉아 지켜보다가 먹이를 덮친다. 작은 캥거루까지 잡을 수 있다.

짧고 넓은 날개

뱀잡이수리
학명: *Sagittarius serpentarius*
사는 곳: 열대 아프리카
길이: 최대 1.5m

아주 긴 다리로 열대 사바나를 걸어 다니면서 발로 작은 포유류, 곤충, 뱀을 잡아 죽인다.

매
학명: *Falco peregrinus*
사는 곳: 거의 전 세계
길이: 최대 48cm

매는 대부분 공중에서 곤충과 박쥐 같은 먹이를 잡는다. 높은 곳에서 날개를 반쯤 접고 빠르게 내리꽂혀서 갈고리발톱으로 새를 잡기도 한다.

몇몇 아프리카 회색앵무는 사람의 말을 흉내 내어 자신이 원하는 것을 요구할 수 있다.

갈라코카투

학명: *Eolophus roseicapilla*
사는 곳: 오스트레일리아
길이: 최대 36cm

오스트레일리아의 초원과 숲에 널리 퍼져 있는 이 종은 볏이 달린 앵무새인 코카투의 일종이다. 밀 같은 곡물과 작은 씨앗을 먹는다. 무리를 지어 다니며 먹이를 찾지만, 나무 구멍에 둥지를 짓고 평생 같은 짝과 지낸다.

오색앵무

학명: *Trichoglossus moluccanus*
사는 곳: 오스트레일리아, 뉴기니
길이: 최대 30cm

오스트레일리아와 뉴기니의 숲에서 시끄럽게 무리 지어 다니면서 함께 먹이를 찾는다. 오색앵무의 혀는 꽃꿀을 핥기 알맞게 끝이 솔처럼 되어 있다. 하지만 열매와 곤충도 먹는다. 어둠이 깔리면 한곳에 모여서 함께 잠을 잔다.

카카포

학명: *Strigops habroptila*
사는 곳: 뉴질랜드
길이: 최대 60cm

카카포는 뉴질랜드에서 생존을 위협하는 포식자가 전혀 없던 시기에 진화한 날지 못하는 커다란 앵무다. 뉴질랜드에 담비, 쥐, 고양이가 들어오면서, 카카포는 거의 멸종 위기에 내몰렸다. 지금은 몇몇 외딴 섬의 숲과 덤불숲에만 살아남았다.

앵무

지능이 뛰어나고 사람의 말을 흉내 내는 능력으로 유명하다. 앵무는 씨앗과 견과를 깨는 튼튼한 굽은 부리를 지닌 화려한 새다. 앵무는 대부분 열대의 숲과 초원에서 큰 무리를 지어 살지만, 지금은 멸종 위기에 몰린 종류도 있다.

생쥐만 한 피그미앵무에서 히아신스금강앵무 같은 커다란 새에 이르기까지, 앵무류는 적도 남쪽의 모든 따뜻한 대륙, 중앙아메리카와 남아시아에 산다. 대부분은 씨앗을 먹지만, 장수앵무류와 오색앵무류는 꽃꿀을 먹는다. 곤충을 먹는 앵무도 있고, 심지어 사체를 뜯어먹는 앵무도 있다.

사랑앵무

학명: *Melopsittacus undulatus*
사는 곳: 오스트레일리아
길이: 최대 18cm

야생 사랑앵무는 오스트레일리아의 건조한 초원을 큰 무리를 지어서 떠돌며 산다. 씨앗이 많은 곳을 찾아서 여기저기 돌아다닌다. 먹이가 풍족한 시기나 장소를 마주칠 때마다 번식을 하며, 한 쌍이 한 해에 몇 차례 번식을 할 수도 있다.

80년 사육되는 몇몇 앵무새의 최대 수명.

움직이는 혀
히아신스금강앵무는 야자씨를 주로 먹는다. 튼튼한 부리로 단단한 껍데기를 깬 뒤, 자유롭게 움직이는 혀로 알맹이를 빼먹는다. 앵무의 혀는 튼튼하면서 아주 예민하여, 우리가 손가락을 쓰는 것처럼 혀를 써서 주변 환경을 탐사할 수 있다.

히아신스금강앵무
이 놀라운 종은 앵무 중에서 몸이 가장 길고 가장 크다. 하지만 몸무게는 날지 못하는 카카포보다 덜 나간다. 히아신스금강앵무는 브라질의 저지대 열대림과 그 주변 지역에 살며, 작은 무리를 지어 다닌다.

민첩한 발
발이 아주 날래다. 발가락 두 개는 앞을, 두 개는 뒤를 향해 있다.

조류

히아신스금강앵무
- **학명:** *Anodorhynchus hyacinthinus*
- **사는 곳:** 남아메리카
- **길이:** 최대 1m
- **먹이:** 견과, 씨, 열매

뉴기니앵무
- **학명:** *Eclectus roratus* 
- **사는 곳:** 오스트랄라시아
- **길이:** 최대 43cm

암수의 모습이 전혀 달라서, 예전에는 서로 다른 종이라고 생각했다. 수컷은 빨간색과 파란색 반점이 있는 에메랄드 색깔인 반면, 암컷은 새빨간 깃털에 배가 파란색이다. 뉴기니와 주변 지역의 열대림에 산다.

회색앵무
- **학명:** *Psittacus erithacus*
- **사는 곳:** 아프리카
- **길이:** 최대 33cm

이 종은 지능이 높고 사람 목소리를 흉내 내는 것으로 유명하다. 야생에서 회색앵무는 작은 무리로 나뉘어서 열매와 견과를 찾아 먹지만, 잠을 잘 때는 한데 모여서 큰 무리를 이룬다. 다른 앵무들처럼, 나무를 기어오를 때 부리도 이용한다. 나무 구멍에서 번식을 한다.

136 조류 › 바닷새

나그네앨버트로스는 **정말로 떠돌아다닌다.** 12일 동안 **6,000킬로미터**를 여행한 기록도 있다.

역동적인 비행
바다 위로 장거리 비행을 할 때, 앨버트로스는 날개를 펼쳐서 강풍을 타고 높이 날아오른 뒤에, 바람을 받아서 활공한다. 이 과정을 되풀이하면서, 여러 날 동안 하늘에 떠 있을 수 있다.

외로운 새끼
앨버트로스 쌍은 해안가 낭떠러지 위에 진흙과 식물로 둥지를 짓는다. 새끼가 부화하면 부모는 교대하면서 6주 동안 새끼를 돌본다. 그런 뒤 둘 다 사냥을 하러 바다로 나갔다가 이따금 찾아와서 새끼에게 먹이를 준다.

관 모양의 콧구멍
앨버트로스와 그 가까운 친척들은 독특한 관 모양의 콧구멍을 지닌다. 먹이 찾는 일을 돕도록 후각을 강화한 특징이다. 또 콧구멍은 하늘을 날 때 풍속계 역할을 함으로써, 기압 변화도 알아낸다.

눈처럼 새하얀 배

물갈퀴 달린 발
앨버트로스는 물갈퀴가 달린 넓적한 발로 오리처럼 헤엄칠 수 있다. 심지어 아주 마음에 드는 먹이가 보이면 수면 아래로 얕게 잠수하기도 한다.

튼튼한 다리
튼튼한 다리와 넓적한 발은 착륙하고 헤엄치는 데 유용하다.

조류
나그네앨버트로스
- 학명: *Diomedea exulans*
- 사는 곳: 남극해
- 길이: 최대 1.3m
- 먹이: 작은 해양 동물

앨버트로스는 새끼를 지키기 위해서 **토를 하거나** 위장에서 악취를 풍기는 기름을 만들어서 새끼에게 먹인다.

나그네앨버트로스의 날개폭은 최대 **3.7미터**에 달한다.

137

날개 고정
비행할 때 날개가 펼쳐진 상태로 유지되도록 팔꿈치 관절을 고정할 수 있다.

크고 굽은 분홍색 부리

날개 위쪽의 검은 얼룩무늬

구애 춤
앨버트로스 쌍은 대개 평생 함께하지만, 번식기마다 구애 춤을 추어서 유대 관계를 다진다.

하얀 깃털
수컷은 대개 깃털이 새하얗다. 암컷은 약간 갈색을 띤다.

나그네 앨버트로스

여름에 남극 대륙 주변의 바람이 센 황량한 섬들은 나그네앨버트로스들이 현란한 구애 춤을 추는 무대가 된다. 번식을 하러 섬으로 돌아오기 때문이다.

새 중에서 가장 긴 날개를 지닌 이 바닷새는 추운 남극해의 드넓은 상공을 하염없이 나는 생활에 적응해 있다. 낮게 날면서 수면에서 작은 어류, 오징어, 크릴을 낚아챈다. 앨버트로스는 먹이를 먹으려 수면에 내려앉을 수도 있지만, 긴 날개는 날아오르기가 쉽지 않기에 다시 떠오르려면 꽤 힘이 든다.

물새, 바닷새, 연안 새

물이나 물가에서 먹이를 찾아 먹는 쪽으로 진화한 조류는 아주 다양하다. 바다에서 사냥하는 종류도 있지만, 조간대 해안이나 민물 습지에서 먹이를 찾는 종이 훨씬 더 많다.

물갈퀴가 달린 발을 비롯하여 헤엄치는 데 알맞은 적응 형질들을 지닌 종류도 있다. 깊은 물을 걷는 데 적합한 긴 다리를 지닌 종류도 있다. 먹이를 먹는 방법에 따라 변형된 부리를 지닌 종류도 많다.

30마리 대서양퍼핀이 둥지로 돌아갈 때, 새끼에게 먹이기 위해 부리에 담아 갈 수 있는 물고기의 양.

뿔논병아리
학명: *Podiceps cristatus*
사는 곳: 유라시아, 아프리카, 오스트레일리아
길이: 최대 51cm

논병아리류는 잠수하여 먹이를 잡는 쪽으로 아주 잘 적응되어 있다. 대신에 발이 너무 몸 뒤쪽에 달려 있어서 땅에서는 잘 걷지 못한다. 이 종은 물에서 쉽게 오를 수 있도록 물에 떠 있는 둥지를 지으며, 정교한 구애 춤을 추는 것으로 유명하다.

갈색펠리컨
학명: *Pelecanus occidentalis*
사는 곳: 카리브해와 아메리카
길이: 최대 1.4m

펠리컨은 늘어나는 커다란 목주머니가 있다. 이 주머니에 물과 함께 작은 물고기들을 통째로 떠서 담는다. 다른 펠리컨들과 달리, 이 종은 공중에서 내리꽂혀서 물속으로 잠수하여 사냥한다.

늘어나는 목주머니

민물가마우지
학명: *Phalacrocorax carbo*
사는 곳: 남아메리카와 남극 대륙을 제외한 전 세계
길이: 최대 1m

해안과 민물에 널리 퍼져 있는 이 수중 사냥꾼은 물갈퀴 달린 커다란 발로 물속에서 헤엄쳐서 물고기를 뒤쫓는다. 잠수하면 깃털이 물을 흡수하여 부력이 줄어들어서 물속에 더 쉽게 머물 수 있다.

아메리카군함조
학명: *Fregata magnificens*
사는 곳: 열대 아메리카 해역
길이: 최대 1.1m

날개가 긴 이 군함조는 먹이를 찾아서 열대의 바다 위를 난다. 다른 새가 잡은 먹이를 공중에서 훔치기도 한다. 수컷은 빨간 목주머니가 있으며, 구애 행동 때 이 주머니를 부풀리곤 한다.

붉은왜가리
학명: *Ardea purpurea*
사는 곳: 유라시아 남부, 아프리카
길이: 최대 90cm

왜가리는 주로 민물에서 사냥한다. 얕은 물 위에 가만히 서서 먹이가 다가오기를 기다린다. 모든 왜가리처럼, 붉은왜가리도 목이 구부러져 있다. 이 부위는 관절 역할을 한다. 머리를 앞으로 홱 쏘아서 창 같은 부리로 먹이를 콱 찍어 잡는다.

몸무게 분산
아주 긴 발가락들이 몸무게를 분산시켜서 떠 있는 물풀 위도 걸을 수 있다.

큰홍학
학명: *Phoenicopterus roseus*
사는 곳: 유라시아 남부, 아프리카, 중앙아메리카
길이: 최대 1.5m

홍학은 작은 수생 생물을 걸러 먹는 쪽으로 분화한 별난 새다. 미세한 조류를 먹는 종도 있지만, 큰홍학은 곤충과 새우를 먹는다. 얕은 물에 머리를 거꾸로 집어넣고서, 특수하게 적응한 부리로 물을 보낸다. 그러면서 빗처럼 짧고 뻣뻣한 털이 죽 늘어선 부위로 먹이를 거른다.

홍학의 분홍색 깃털은 먹이에 든 색소 때문이다.

걸러 먹는 전문가
부리는 수면에서 먹이를 걸러 먹는 데 알맞은 모양이다.

극제비갈매기는 해마다 두 번 남북극을 오간다. 3만 2,000킬로미터가 넘는 거리를 왕복한다.

큰고니는 나는 새 중에서 가장 무거운 편에 속한다. 몸무게가 15.5킬로그램인 개체도 있었다.

139

큰고니
학명: *Cygnus cygnus*
사는 곳: 유라시아
길이: 최대 1.6m

순백색인 큰고니는 여름에 아한대에서 번식을 하고 가을에 남쪽으로 이주한다. 민물 습지와 강어귀에서 대규모 무리를 지어 다닌다. 시끄럽게 꺽꺽 울어댄다.

아메리카원앙
학명: *Aix sponsa*
사는 곳: 북아메리카
길이: 최대 51cm

수컷은 화려한 색깔을 띠고, 암컷은 정반대로 회갈색을 띤다. 수컷의 매혹적인 색깔은 구애 행동을 위해서이고, 암컷의 칙칙한 색깔은 알을 품을 때 몸을 숨기기에 좋다. 대다수 오리류와 달리, 원앙은 나무 구멍에 둥지를 튼다.

흰눈썹뜸부기
학명: *Rallus aquaticus*
사는 곳: 유라시아, 북아프리카
길이: 최대 28cm

뜸부기는 민물 습지에 사는 날개가 짧은 물새다. 흰눈썹뜸부기는 가장 눈에 안 띄는 새에 속한다. 좁은 몸으로 빽빽한 갈대 사이를 요리조리 빠져나간다. 모습보다 소리를 더 자주 접한다. 돼지처럼 툴툴거리고 꽥꽥거리는 다양한 소리를 낸다.

긴 발가락
긴 발가락은 부드러운 갯벌 위를 걸을 때 몸무게를 분산시킨다.

마도요
학명: *Numenius arquata*
사는 곳: 유라시아, 아프리카
길이: 최대 60cm

다리가 길고, 부리도 긴 이 새는 연안 새, 즉 섭금류 중에서 가장 큰 편에 속한다. 조간대와 습지에서 먹이를 구한다. 아주 길게 휘어진 부리는 부드러운 갯벌을 깊이 헤집어 지렁이, 조개, 게 같은 동물들을 찾는 데 알맞다.

위장술
얼룩덜룩한 깃털은 몸을 잘 숨겨 준다.

탐색하는 부리
부리 끝이 아주 민감해 숨어 있는 먹이를 감지한다.

대서양퍼핀
학명: *Fratercula arctica*
사는 곳: 북대서양, 북극해
길이: 최대 30cm

대서양퍼핀은 바다오리류다. 즉 펭귄처럼 물속에서 날개를 쳐서 나아가면서 사냥을 하는 북극 지방의 바닷새다. 화려한 커다란 부리가 달려 있다. 이 부리는 작은 물고기를 한꺼번에 많이 담기 위해 적응한 특징이다.

이중 목적 날개
짧은 날개는 물속에서 지느러미발로 쓰이고, 하늘을 나는 데에도 쓰인다.

계절색
주황색을 띤 부리와 발은 겨울에는 색깔이 옅어진다.

갈라진 꼬리

극제비갈매기
학명: *Sterna paradisaea*
사는 곳: 북극권과 남극권
길이: 최대 35cm

우아하면서 날씬한 극제비갈매기는 가장 멀리 이주를 하는 새다. 북극 지방에서 여름에 번식을 한 뒤, 겨울에는 남극 대륙 주변의 남극해까지 날아간다.

수리부엉이의 **사냥 영역**은 최대 80제곱킬로미터에 달한다.

수리부엉이 수컷이 **낮게 우짖는 소리**는 1킬로미터 이상 떨어진 곳에서도 **들린다**.

둥둥 뜨는 비행
긴 날개를 부드럽게 치기만 해도 날 수 있다. 소리도 거의 안 난다.

귀털
긴 깃털이 모여서 귀처럼 보이는 것인데, 왜 있는지는 불분명하다.

수리부엉이

이 장엄한 새는 부엉이 중 가장 큰 편에 속하며, 새끼 사슴까지 잡을 수 있는 강력한 사냥꾼이다. 커다란 눈은 흐릿한 불빛에서도 매우 효율적으로 볼 수 있어서, 어둠 속에서 날 수 있고 달빛만으로도 먹이를 찾을 수 있다.

수리부엉이는 주로 새벽이나 저녁에 사냥을 한다. 먹이가 가장 활발하게 돌아다니는 시간이다. 모든 부엉이들처럼 귀가 아주 좋지만, 다른 부엉이보다 시력이 더 뛰어나다. 서식 범위가 아주 넓으며, 유럽, 아시아, 북아프리카에 12종 이상의 아종이 있다.

밤의 독수리
부엉이는 대개 먹이를 한입에 통째로 꿀꺽할 수 있다. 수리부엉이도 그런 식으로 사냥을 하지만, 때로 더 큰 먹이도 공격하여 잡는다. 그런 뒤 수리처럼 굽은 부리로 먹이를 삼킬 만한 크기로 뜯어 먹는다.

정면을 향한 눈
사람의 눈은 공 모양이지만, 부엉이의 눈은 원뿔 모양으로 머리뼈에 고정되어 있다. 그래서 딴 곳을 볼 때 사람처럼 눈알을 굴릴 수가 없고, 대신 머리 전체를 움직여야 한다. 다행히도 부엉이는 목이 아주 유연해서 원의 4분의 3인 270도까지 돌릴 수 있다.

부엉이

부엉이는 매와 수리의 야행성 모습이라고 할 수 있다. 뛰어난 귀와 눈으로 밤에 생쥐 같은 작은 동물을 사냥한다. 그러나 낮에 사냥하는 종류도 있고, 몇몇 종은 물고기를 잡는 쪽으로 진화했다.

부엉이는 앞을 향해 있는 커다란 눈으로 먹이를 쉽게 알아볼 수 있다. 얼굴에 난 뻣뻣한 깃털들이 눈을 중심으로 원반을 이루고 있어서 눈은 실제보다 더 커 보인다. 이 원반은 소리를 모으는 역할을 한다. 대부분 부엉이는 느릿느릿 소리 없이 날면서 땅에 있는 먹이를 찾을 수 있는 커다란 날개를 지닌다.

40g 엘프올빼미 성체의 평균 무게.

원숭이올빼미
학명: *Tyto alba*
사는 곳: 남극 대륙을 제외한 전 세계
길이: 최대 35cm

이 창백한 색깔의 올빼미는 눈이 검고, 독특한 심장 모양의 하얀 얼굴 원반을 지닌다. 밤에 사냥할 수 있도록 아주 잘 적응했다. 완전한 어둠 속에서 소리만으로 사냥할 수 있는 몇 안 되는 종 중 하나이다. 하지만 낮에 사냥하러 나올 때도 있다. 특히 봄에 새끼를 먹일 때는 낮에도 사냥을 한다.

날카로운 발톱
긴 다리와 날카로운 발톱은 먹이를 움켜쥐기 알맞다.

아메리카수리부엉이
학명: *Bubo virginianus*
사는 곳: 아메리카
길이: 최대 53cm

이 크고 힘센 부엉이는 수리부엉이의 아메리카 형태이다. 뿔처럼 솟은 귀털도 비슷하다. 숲, 초원, 사막 등 다양한 서식지에 살며, 다양한 먹이를 먹는다. 부엉이 중에서는 특이하게도 통째로 삼킬 수 없는 토끼 같은 큰 먹이와 나뭇가지에 앉아 있는 새도 잡곤 한다.

위협 과시
침입자에게 경계심을 느끼면, 아메리카수리부엉이는 날개를 치켜들면서 위협한다.

흰올빼미
학명: *Bubo scandiacus*
사는 곳: 북극 지방
길이: 최대 66cm

추위를 막는 두꺼운 깃털로 덮여 있는 흰올빼미는 북극 지방의 사냥꾼이다. 눈 밑에서 움직이는 소리를 듣고서 들쥐, 레밍 같은 작은 동물을 잡는다. 암컷은 사진처럼 줄무늬가 있지만, 수컷은 거의 새하얗다.

고기잡이올빼미
학명: *Scotopelia peli*
사는 곳: 아프리카
길이: 최대 61cm

부엉이는 대부분 땅에 있는 동물을 사냥하지만, 열대림에 사는 이 아주 큰 올빼미는 물고기를 잡는 전문가다. 밤에 강이나 연못 위로 낮게 드리운 나뭇가지에 앉아서 먹이가 다가오기를 기다린다. 먹이가 일으키는 잔물결을 보면, 뛰어내려서 갈고리발톱으로 움켜쥔다.

고기잡이올빼미가 **나일악어 새끼를** 잡아먹는 모습이 목격된 적도 있다.

부엉이의 **부드러운 깃털은** 방수가 안 되며, 대다수 새들과 달리 **비가 오는 날에는 날 수 없다.**

가시올빼미 새끼는 **컴컴한 굴속에서 방울뱀의 방울 소리 같은 소리를 내어서 포식자를 내쫓는다.**

올빼미
학명: *Strix aluco*
사는 곳: 유럽, 아시아, 북아프리카
길이: 최대 38cm

유라시아 대부분 지역에서는 밤에 올빼미 수컷이 우는 소리를 들을 수 있다. 오로지 밤에만 돌아다니는 이 종은 숲에서 영역을 지키며 산다. 자기 영역에서 어느 들쥐가 어디에서 달리고 굴을 파는지 다 파악하고 있어서, 밤에 효율적으로 사냥을 할 수 있다.

큰회색올빼미
학명: *Strix nebulosa*
사는 곳: 북아메리카 북부, 유라시아
길이: 최대 69cm

가장 큰 올빼미 중 하나이며, 드넓은 숲에 살면서 들쥐와 생쥐를 사냥한다. 둥지를 지킬 때 매우 사나운 것으로 유명하다. 어느 침입자든 간에 마구 공격하여 심한 상처를 입히기도 한다.

볏부엉이
학명: *Lophostrix cristata*
사는 곳: 중앙아메리카와 남아메리카
길이: 최대 40cm

몇몇 부엉이는 머리에 깃털이 모여 자라서 뿔이나 귀처럼 보이지만, 이 열대 종만큼 화려한 귀털을 지닌 부엉이는 없다. 낮에는 무성한 나뭇잎 사이에 숨어 있다가 밤에 사냥한다.

안경올빼미
학명: *Pulsatrix perspicillata*
사는 곳: 중앙아메리카와 남아메리카
길이: 최대 46cm

부엉이류는 대개 위장을 잘해서 낮에 방해받지 않고 잘 수 있다. 그러나 숲에 사는 이 올빼미는 대담하게 짙은 갈색과 흰색의 무늬가 있고, 커다란 노란 눈 주위에 흰색 '안경' 같은 깃털도 나 있다. 새끼는 얼굴이 더 갈색을 띤다.

엘프올빼미
학명: *Micrathene whitneyi*
사는 곳: 북아메리카
길이: 최대 14cm

세계에서 가장 작은 올빼미로, 사막 지역에 산다. 밤에 곤충, 거미, 전갈을 사냥한다. 몸집에 비해 놀라울 만치 온갖 시끄러운 울음소리를 낸다. 딱따구리가 만든 구멍에 둥지를 튼다. 거대한 샤와로선인장의 줄기에도 둥지를 짓곤 한다.

덮칠 준비
엘프올빼미는 홰에 앉아 있다가 날아가는 곤충을 보고 뒤쫓아서 잡곤 한다.

가시올빼미
학명: *Athene cunicularia*
사는 곳: 아메리카와 카리브해
길이: 최대 25cm

나무가 없는 초원에서 굴속에 둥지를 짓는 특이한 올빼미다. 부리와 긴 다리로 굴을 팔 수 있지만, 다른 동물의 굴을 빼앗는 쪽을 더 좋아한다. 대다수 부엉이와 달리 야행성이 아니며, 낮에 굴 바깥에 서 있는 모습을 종종 볼 수 있다.

뉴질랜드솔부엉이
학명: *Ninox novaeseelandiae*
사는 곳: 뉴질랜드
길이: 최대 35cm

특이하게도 두 가지 울음소리를 낸다. 뉴질랜드 숲에서 종종 들을 수 있다. 주로 곤충을 먹으며, 도시에서 가로등 불빛에 끌린 나방을 잡아먹기도 한다.

쇠부엉이
학명: *Asio ammeus*
사는 곳: 북아메리카, 남아메리카, 유럽, 아시아, 아프리카
길이: 최대 39cm

세계에 아주 널리 퍼져 있다. 종은 낮에 습지와 초원 위를 날면서 작은 포유동물을 사냥하곤 하는 몇 안 되는 부엉이 중 하나다. 사람을 거의 겁내지 않으며, 가까이 다가와서 꿰뚫어 보는 듯한 노란 눈으로 살펴보곤 한다.

왕부리새는 많아야 50종이지만, 딱따구리는 200종이 넘는다.

토코투칸은 새 중에서 몸집에 비해 가장 큰 부리를 지닌다.

조류

토코투칸

- **학명:** Ramphastos toco
- **사는 곳:** 남아메리카
- **길이:** 최대 61cm
- **먹이:** 열매, 알, 작은 동물

토코투칸

토코투칸은 왕부리새 중에서 가장 크다. 이 큰 부리가 어떤 일을 하는지는 불분명하다. 길어서 열매를 따는 데 유용할 수 있고, 화려한 색깔로 다른 투칸들에게 과시하는 것일 수도 있다. 구애 행동에도 쓰이긴 한다. 투칸은 구애할 때 열매를 짝이 될 만한 상대에게 던져서 주고받기 놀이를 하려고 시도한다.

짧은 날개
날개는 짧고 둥글며, 나무 사이로 짧게 비행할 때에만 쓰인다.

눈가에 파란 테두리가 있다.

가벼운 구조
투칸의 부리는 크기에 비해 아주 가볍다. 속이 빈 가느다란 뼈대를 거품 같은 구조가 감싸고 있고, 그 겉에 케라틴으로 된 질긴 덮개가 있는 형태이기 때문이다. 덮개 밑에 그물처럼 퍼진 혈관들은 체열을 내보내는 역할을 하는 듯하다.

- 거품 같은 뼈대
- 빈 공간
- 케라틴으로 된 부리
- 아랫부리

유연한 꼬리
투칸의 꼬리뼈는 세 개가 하나로 합쳐져서 구부리면 머리까지 닿는다. 꼬리뼈를 머리에 댄 채 잠을 잔다.

움켜쥐는 발
앵무의 발처럼 발가락이 두 개씩 앞쪽과 뒤쪽으로 향해 있다.

많은 딱따구리는 **영역을 주장할 때 우짖는 대신에**, 부리로 나무를 빠르게 두드려댄다.

왕부리새는 몇몇 나무의 **씨를 퍼뜨리는 역할**을 한다. 열매를 먹었을 때 씨가 소화되지 않은 채 배설되기 때문이다.

붉은가슴수액빨이 딱따구리
학명: *Sphyrapicus ruber*
사는 곳: 북아메리카
길이: 최대 19cm

대다수 딱따구리는 곤충을 먹지만, 북아메리카의 이 작은 종은 주로 나무줄기에 작은 구멍을 뚫어서 달콤한 수액을 먹는다. 먼저 시험 삼아 몇 군데 구멍을 뚫은 뒤, 즙이 잘 나오는 곳을 찾으면 더 많이 뚫는다. 그런 뒤 수액을 핥아먹으며, 수액을 먹으러 오는 곤충도 잡아먹는다.

유럽청딱따구리
학명: *Picus viridis*
사는 곳: 유럽
길이: 최대 30cm

딱따구리는 혀가 아주 길다. 혀로 나무에 구멍을 뚫고 사는 곤충을 꺼내먹는다. 하지만 이 종은 주로 개미를 먹는다. 목초지나 초원을 총총 뛰어다니면서 개미집을 찾는다. 아주 크게 웃는 듯한 소리를 낸다.

길고 끈적거리는 혀

까막딱따구리
학명: *Dryocopus martius*
사는 곳: 유럽, 아시아
길이: 최대 45cm

숲에 사는 이 새는 튼튼한 부리와 강한 목 근육으로 나무를 두드려서 딱정벌레 애벌레를 잡고, 둥지를 지을 구멍을 만든다. 뻣뻣한 꼬리 깃털은 구멍을 뚫을 때 몸을 지탱한다.

기아나큰부리새
학명: *Selenidera piperivora*
사는 곳: 남아메리카
길이: 최대 35cm

왕부리새 중 특이하게도 기아나큰부리새는 암수의 깃털 색깔이 다르다. 하지만 둘 다 눈 뒤쪽에 독특한 노란 반점이 있다. 종종 짝끼리 나무 위에서 열매와 곤충을 찾아다니곤 한다.

수컷은 가슴이 검은색이다.

왕부리새와 딱따구리

이 새들은 가까운 친척이면서도 가장 두드러진 특징인 부리를 서로 전혀 다른 용도로 쓴다. 딱따구리의 부리는 도구이지만, 왕부리새의 부리는 대체로 과시용이다.

둘 다 주로 숲에 살지만, 왕부리새는 중앙아메리카와 남아메리카의 열대림에만 있는 반면, 딱따구리는 거의 전 세계에 퍼져 있다. 왕부리새는 주로 열매를 먹지만, 작은 동물도 잡고 다른 새의 둥지에서 알과 새끼도 훔쳐 먹는다. 딱따구리는 대개 나무에 구멍을 뚫어서 곤충을 잡고 둥지 구멍을 판다.

목도리중부리
학명: *Pteroglossus torquatus*
사는 곳: 중앙아메리카와 남아메리카
길이: 최대 40cm

중부리는 전형적인 왕부리새보다 더 작고 더 약한 모습이다. 이 종은 대개 숲에서 작은 무리를 지어 다니면서 열매, 알, 곤충 등 닥치는 대로 먹는다.

에메랄드쇠왕부리
학명: *Aulacorhynchus prasinus*
사는 곳: 중앙아메리카와 남아메리카
길이: 최대 33cm

이 종은 선명한 깃털을 지니고 있지만, 열대림의 무성한 나뭇잎 사이에 앉아 있으면 거의 눈에 띄지 않는다. 이 종은 쉭쉭거리고 달그락거리고 골골거리는 등 다양한 소리를 내는 시끄러운 새다. 모든 왕부리새가 그렇듯이, 기회가 생기면 가리지 않고 다양한 먹이를 먹는다.

20년 넘게 **같은 나무에서 구애** 행동을 하기도 한다.

지역 부족들은 **화려한 깃털**을 얻기 위해서 오랜 세월 극락조를 **사냥했다**.

경쟁하는 수컷들

붉은장식극락조 수컷은 여러 암컷과 짝짓기를 한다. 수컷들은 가능한 한 많은 암컷을 얻기 위해 경쟁한다. 전통적으로 과시 행동을 하는 나무에 모여서, 가장 인상적인 과시 행동을 펼치기 위해 경연을 벌인다. 수컷들이 승리자라고 판단한 수컷은 가장 눈에 잘 띄는 나뭇가지에 앉는다. 따라서 암컷은 가장 지위가 높은 수컷을 찾아가기만 하면 된다. 그러면 수컷은 가장 매혹적인 구애 행동을 펼친 뒤 짝짓기를 한다. 모든 일부다처형 종이 그렇듯이, 수컷은 육아에 전혀 참여하지 않는다.

극락조들은 같은 나무에서 과시 행동을 한다.

정중한 춤

수컷들은 가장 좋은 자리를 차지하기 위해 서로 경쟁한 뒤, 암컷에게 구애 춤을 춘다.

붉은장식극락조

많은 새는 멋진 깃털을 지니지만, 극락조 수컷만큼 아름다운 깃털을 지닌 새는 거의 없다. 극락조 수컷의 경이로운 색깔과 화려한 깃털은 번식 기회를 얻기 위해 극심한 경쟁을 벌인 결과다. 가장 눈을 사로잡는 수컷만이 경쟁에서 이길 수 있다.

뉴기니의 열대림에 널리 퍼져 있는 붉은장식극락조는 가장 화려한 새에 속한다. 암컷은 비교적 짙은 적갈색을 띠지만, 수컷은 적갈색이나 황갈색의 아주 화려한 깃털로 장식되어 있다. 암컷 앞에서 몸을 앞으로 숙이는 복잡한 춤을 추면서 이런 깃털을 과시한다.

다목적 부리

까마귀의 가까운 친척인 극락조는 다양한 동식물을 먹을 수 있는 부리를 지닌다.

움켜쥐는 발가락

모든 참새류처럼, 나뭇가지를 잘 잡기 위해서 발가락 하나가 뒤로 향해 있다.

위장술

칙칙한 적갈색 깃털은 암컷이 알을 품고 있을 때 눈에 잘 안 띄게 한다.

속이 빈 깃털
수컷은 몸 깃털들이 길게 자라서 폭포가 쏟아지는 듯한 화려한 깃털을 가진다. 이 화려한 깃털들을 분수처럼 펼쳐서 암컷을 유혹한다. 이 깃털은 속이 비어서 위로 붕 떠오를 수 있다.

절하기
수컷은 절하듯이 머리를 숙이고 날개를 부채처럼 펼친다. 그러면 깃털에 둘러싸인 듯하다.

튼튼한 다리

노란 왕관
수컷은 머리가 노랗고 목 앞쪽이 짙은 녹색이고, 가슴 위쪽이 검다.

조류
붉은장식극락조
학명: *Paradisaea raggiana*
사는 곳: 뉴기니
길이: 최대 34cm
먹이: 열매, 곤충, 거미

조류 ○ **참새류**

흰점찌르레기

참새류 중 가장 널리 퍼져 있으며 적응력이 뛰어나다. 이 시끄러우면서 아주 사교적인 새는 본래 살던 유라시아 바깥으로 널리 퍼졌다. 사람들이 들여오면서 더 멀리 퍼지기도 했다.

특정한 생활 습성을 갖추는 쪽으로 진화한 새들도 있지만, 흰점찌르레기는 날카롭고 튼튼한 부리로 거의 어디에서나 먹이를 찾아낼 수 있는 적응력이 아주 뛰어난 종이다. 주로 탁 트인 곳에서 무리를 지어 살면서 바닥에서 작은 동물을 찾아 먹지만, 공중에서 곤충을 낚아채기도 한다. 겨울에는 밤에 나무 위나 건물 위에 엄청난 떼를 이루어서 잠을 잔다.

조류
흰점찌르레기
학명: *Sturnus vulgaris*
사는 곳: 유럽, 서아시아, 다른 지역들에도 도입
길이: 최대 22cm
먹이: 곤충, 벌레, 씨, 열매

짧은 꼬리
짧고 끝이 뭉툭한 꼬리는 공중에서 놀라운 곡예비행을 하는 데 도움을 준다.

깃털 색깔 변화
겨울에 깃털은 담황색 반점이 있는 짙은 색을 띤다. 담황색은 깃털 끝부분에 나타나며, 봄이 되면 사라지고 깃털은 윤기 있는 검은색으로 변한다. 그러면 빛이 비칠 때 녹색과 자주색이 섞인 무지갯빛을 띤다. 번식기가 지나면 깃털은 다시 겨울 색깔로 돌아간다.

튼튼한 다리
많은 참새류는 총총 뛰어다니지만, 찌르레기는 아주 억센 다리로 걷는다.

계절색
겨울에는 깃털 끝에 얼룩이 생긴다.

북아메리카에는 흰점찌르레기가 약 1억 5000만 마리 산다고 추정된다. **모두 1890년에 뉴욕에서 풀어준 60마리의 후손이다.**

150만 마리 겨울에 한데 모일 수 있는 찌르레기의 수.

찌르레기는 전화벨 소리, 잔디 깎기 소리, 초인종 소리 등을 흉내 내기도 한다.

삼각형 날개
찌르레기의 날개는 삼각형이어서, 비행할 때 화살처럼 보인다.

짙은 갈색 비행 깃털

겨울 부리
겨울에는 암수 모두 부리가 검다. 여름에는 노란색을 띤다.

시끄러운 노래
많은 참새류는 아름다운 곡조로 노래를 부르지만, 이 찌르레기의 노래는 그렇지 않다. 휘이익, 꾸르륵, 딸깍딸깍, 끽끽 등 목을 쥐어짜는 듯한 소리들로 이루어진 노래다. 다른 새의 소리를 흉내 내는 소리도 섞이곤 한다. 개체마다 노래가 다르며, 사람의 목소리를 흉내 내기도 한다.

하늘 춤
여름에 번식기가 끝나면, 찌르레기들은 둥지를 버리고 밤에 엄청나게 많이 모여서 함께 잠을 청하곤 한다. 땅에 내려앉기 전에 수천 마리가 조화롭게 날면서 흘러가는 검은 구름처럼 멋진 군무를 펼친다.

구멍에 둥지 짓기
찌르레기는 나무, 바위 틈새, 건물 처마 등 찾을 수 있는 온갖 구멍에 둥지를 짓는다. 각 쌍은 마른 풀, 이끼, 깃털 등 부드러운 재료로 둥지 안쪽을 채워서 폭신하게 만든 뒤, 하늘색 알을 낳는다. 부모 모두 알을 품고 새끼를 돌본다.

땅 헤집기
찌르레기는 부드러운 땅에서 먹이를 찾을 때 특이한 기술을 쓴다. 앞으로 걸으면서 날카롭고 튼튼한 부리로 땅에 쑤신 뒤, 입을 벌려서 구멍을 넓힌다. 곤충 애벌레나 지렁이를 찾을 때까지 계속하며, 먹이를 찾아내면 끄집어내어 삼킨다.

땅 헤집기

성공!

진홍타이란새
학명: *Pyrocephalus rubinus*
사는 곳: 아메리카 전역
길이: 최대 15cm

진홍타이란새는 나뭇가지에서 날아올라 공중에서 곤충을 낚아챈다. 수컷은 선명한 빨간색 몸통에 검은 날개가 달려 있다. 암컷은 알을 품을 때 위장이 잘 되도록 회색과 하얀색을 띤다.

금조
학명: *Menura novaehollandiae*
사는 곳: 오스트레일리아 남동부
길이: 최대 96cm

금조는 낮에 숲 바닥을 돌아다니고 밤에 나무 위에서 잔다. 수컷은 아주 멋진 꼬리 깃털을 지니며, 이 꼬리로 복잡한 구애 행동을 한다. 가능한 한 많은 암컷을 꾀기 위해서다.

전형적인 참새류의 발가락

제비
학명: *Hirundo rustica*
사는 곳: 남극 대륙을 제외한 전 세계
길이: 최대 18cm

많은 참새류처럼 이 새도 뛰어난 비행 능력을 지닌다. 해마다 열대까지 장거리 이주를 한다. 공중에서 곤충을 낚아채는 우아한 사냥꾼이기도 하다. 건물에도 둥지를 지으므로, 다른 많은 조류와 달리 세계 인구 증가의 혜택을 본 종이다.

나이팅게일
학명: *Luscinia megarhynchos*
사는 곳: 유럽, 서아시아, 아프리카
길이: 최대 16.5cm

많은 참새류는 명금이라고도 한다. 수컷이 영역을 지키고 암컷을 꾀기 위해 노래를 하기 때문이다. 나이팅게일 수컷은 가장 음악적이면서 가장 창의적인 노래를 부른다. 굶주린 포식자를 피하기 위해 깃털은 칙칙한 색이다.

갈라진 꼬리
수컷은 바깥꽁지깃이 더 길다.

길고 굽은 뾰족한 날개

멋쟁이요정굴뚝새
학명: *Malurus cyaneus*
사는 곳: 오스트레일리아 남동부
길이: 최대 14cm

참새류는 대개 부부가 함께 새끼를 키우지만, 이 종은 육아 부담을 나눌 방법을 고안했다. 선명한 색깔을 띤 수컷과 그 짝은 친척들에게 도움을 요청한다. 대개 더 젊고 아직 색깔이 덜 선명한 수컷들이 먹이를 구해오는 일을 돕는다.

동고비
학명: *Sitta europea*
사는 곳: 유럽, 아시아
길이: 최대 14cm

참새류는 움켜쥐는 데 알맞은 발을 지닌 덕분에, 먹이를 구할 때 곡예를 부릴 수 있는 종이 많다. 동고비는 가장 날랜 종에 속한다. 거꾸로 나무를 타고 오르내릴 수 있고, 나무줄기에 거꾸로 매달린 채 곤충을 파먹기도 한다.

견과를 깨는 부리
긴 부리는 견과 껍데기를 깨는 데에도 쓰인다.

18일 바야베짜기새 수컷이 둥지를 짓는 데 걸리는 시간.

참새류

세계 조류 종의 절반 이상은 참새류다. 참새류는 가장 가느다란 잔가지에도 앉을 수 있다. 가장 아름다운 노래를 부르는 새들도 참새류에 속한다.

참새류는 발 구조가 모두 같다. 발가락 세 개는 앞쪽을, 한 개는 뒤쪽을 향해 있다. 그래서 잔가지와 가지를 꽉 잡을 수 있다. 발을 제외하면, 꿀을 먹는 섬세한 종부터 강인한 청소동물에 이르기까지 아주 다양하다.

남부두겹목깃태양새
학명: *Cinnyris chalybeus*
사는 곳: 남아프리카
길이: 최대 12cm

태양새는 벌새의 아프리카 형태이다. 꿀을 먹는 새이며, 수컷은 무지갯빛으로 반짝이는 현란한 깃털을 지닌다. 꽃꿀을 빨 수 있는 긴 부리를 지닌다.

붉은등때까치
학명: *Lanius collurio*
사는 곳: 유럽, 서아시아, 아프리카
길이: 최대 18cm

때까치는 매처럼 행동하는 사냥꾼이다. 도마뱀, 생쥐, 커다란 곤충을 잡아서 굽은 부리로 찢어 먹는다. 붉은등때까치는 먹이를 나무 가시에 꿰어두었다가 나중에 먹는 습성이 있다.

큰까마귀
학명: *Corvus corax*
사는 곳: 북아메리카, 유럽, 아시아
길이: 최대 69cm

큰까마귀는 까마귀 중 가장 크며, 참새류 중 가장 강하다. 씨앗부터 죽은 동물의 고기에 이르기까지 다양한 먹이를 먹는다. 많은 까마귀처럼 지능이 뛰어나다. 탁월한 문제 해결 능력을 보여 준다.

페인 먹이

바야베짜기새
학명: *Ploceus philippinus*
사는 곳: 인도에서 동남아시아까지
길이: 최대 15cm

많은 참새류는 꼼꼼하게 둥지를 짓고 알을 낳는다. 바야베짜기새의 병 모양의 둥지는 풀잎과 야자나무 잎으로 짠 가장 정교한 둥지에 속한다. 많은 쌍이 같은 나무의 가지들에 둥지를 짓는데, 많으면 30개까지도 둥지가 매달려 있다.

솔잣새
학명: *Loxia curvirostra*
사는 곳: 북아메리카, 유럽, 아시아
길이: 최대 16.5cm

참새류의 부리는 다양한 먹이를 먹는 데 적응해 있다. 솔잣새의 부리는 가장 특수하게 적응한 형태에 속한다. 솔방울을 비집어서 씨를 빼내는 데 알맞게 위아래 부리가 어긋나 있다. 수컷은 붉은색, 암컷은 녹색을 띤다.

흰멧새
학명: *Plectrophenax nivalis*
사는 곳: 북아메리카, 유럽, 아시아
길이: 최대 16.5cm

많은 참새류는 몸집은 작지만, 놀라울 만치 강인하다. 참새만 한 흰멧새는 모든 육상 조류보다 훨씬 더 북쪽에서 번식을 한다. 그린란드 북쪽 끝에서까지 둥지를 짓는다. 추운 북극 툰드라에서 모습을 숨기기 좋게 깃털이 검은색과 흰색이다.

포유류

털로 뒤덮인 포유류는 사람에게 가장 친숙한 동물이다. 사람도 포유류이며, 동일한 특징들과 욕구를 대부분 지니고 있기 때문이다. 포유류는 섬세한 박쥐에서 거대한 고래에 이르기까지 아주 다양한 생활 습성을 지닌 놀라울 만치 다양한 동물들로 이루어져 있다. 지구의 거의 모든 서식지에서 번성한다.

포유류란 무엇인가?

포유류는 2억 2000만 년 전, 최초의 거대한 공룡과 거의 같은 시기에 출현했다. 초기 포유류는 몸집이 아주 작았다. 중생대 말인 6600만 년 전 거대한 공룡들이 전멸하자, 포유류의 몸집이 점점 더 커지면서 공룡들의 자리를 대신 차지하기 시작했다. 포유류는 체온이 일정하고 털로 덮여 있어서 지구의 거의 모든 곳에서 살 수 있었다. 열대림에서 얼어붙은 극지 바다에 이르기까지 전 세계로 퍼졌다.

뼈로 된 뼈대
아주 튼튼한 뼈가 거대한 몸을 지탱한다.

태아
이 코끼리 암컷의 자궁에는 태아가 자라고 있다.

긴 다리
긴 다리가 밑에서 몸을 떠받친다.

넓적한 발

포유류의 종류

모든 포유류는 동일한 기본 특징을 지니지만, 다양한 서식지에 따라서 저마다 다르게 적응한 결과, 다양한 모습과 크기를 지니게 되었다. 포유류는 근본적인 번식 방법의 차이에 따라서 몇 종류로 나뉜다.

단공류
초기 포유류 중 상당수는 알을 낳았고, 지금도 알을 낳는 포유류가 몇 종 있다. 이들을 '단공류'라고 하며, 바늘두더지 4종과 오리너구리가 있다. 모두 오스트레일리아와 인근 뉴기니에 산다. 알에서 깨어난 새끼는 다른 포유동물과 똑같이 어미의 젖을 먹고 자란다.

오리너구리

유대류
캥거루 같은 유대류의 암컷은 아직 덜 자란 아주 작은 새끼를 낳으며, 새끼는 기어서 어미의 배에 있는 주머니로 들어간다. 주머니에서 영양소가 풍부한 젖을 먹으며 제 모습을 갖추어 간다. 유대류는 대부분 오스트레일리아, 뉴기니, 남아메리카에 산다.

붉은캥거루

태반류
포유류의 대다수는 어미의 몸속에서 오랜 시간 발달하여 꽤 모습을 갖춘 새끼를 낳는다. 어미의 배 속에서 새끼는 어미의 몸에 있는 '태반'이라는 기관에 연결된 탯줄을 통해서 영양소를 공급받는다. 그래서 '태반류'라고 한다.

어미의 젖
모든 포유 새끼는 어릴 때 어미의 젖을 먹는다.

쌍봉낙타

주요 특징

단공류든 유대류든 태반류든 간에, 모든 포유류는 많은 주요 특징을 공통적으로 지닌다. 정온 척추동물이며, 새끼의 소화계가 고형 먹이를 소화할 수 있을 때까지 젖을 먹는다. 포유류는 대부분 털로 덮여 있다. 가시나 비늘로 덮인 종류도 있긴 하다. 그리고 단공류를 제외한 모든 포유류는 새끼를 낳는다.

척추동물
모든 포유류는 뼈로 이루어진 속뼈대를 지닌다.

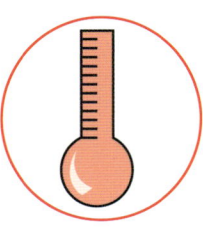

정온성
포유류는 먹이의 에너지를 열로 바꾸어서 체온을 유지한다.

대개 새끼를 낳음
알 대신에 새끼를 낳는다.

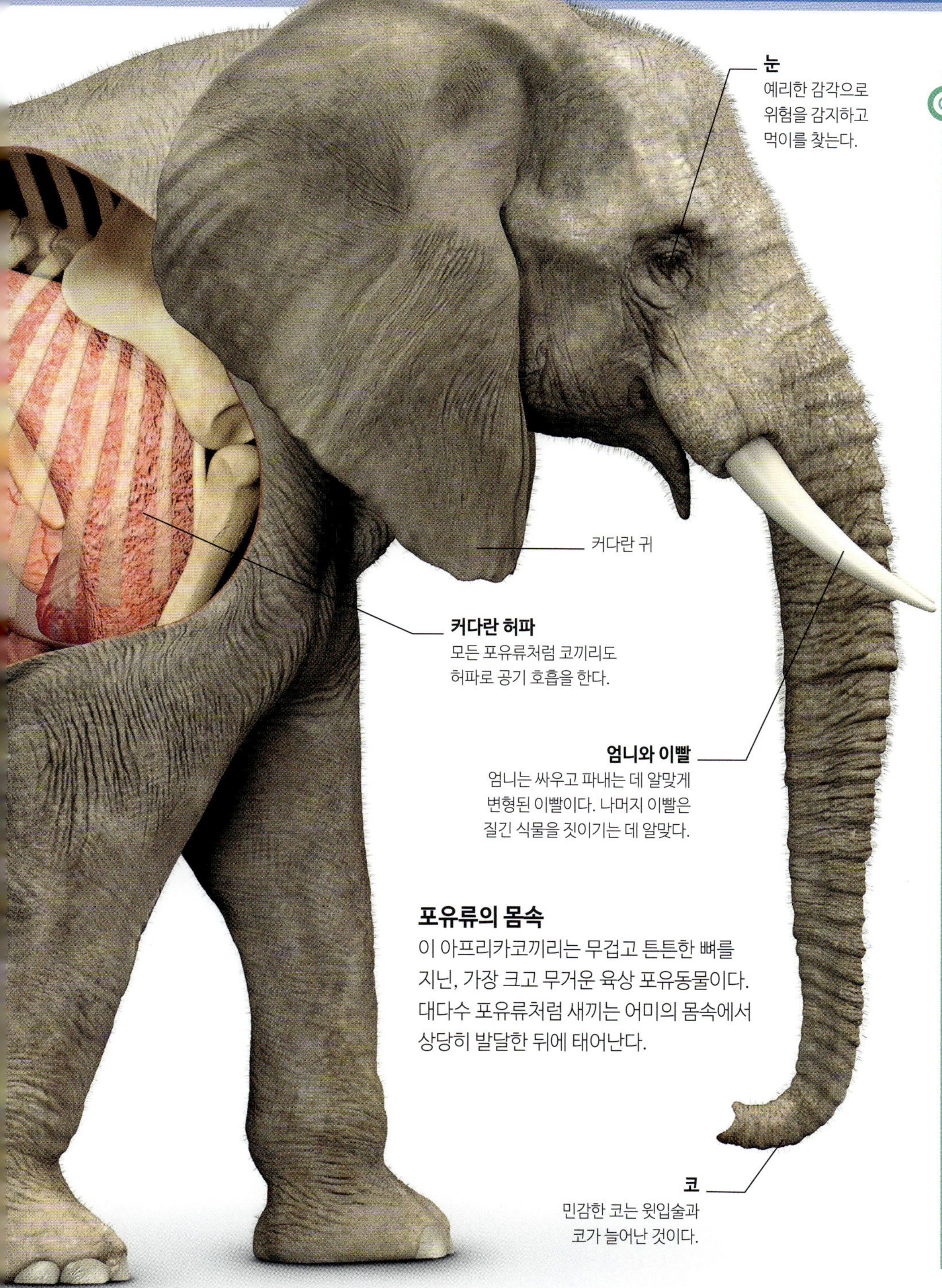

눈
예리한 감각으로 위험을 감지하고 먹이를 찾는다.

따뜻하고 안전하게

포유류가 먹이를 통해 얻은 에너지는 대부분 체열을 내는 데 쓰인다. 덕분에 포유류는 추운 기후에서도 살아갈 수 있지만, 대신 많이 먹어야 한다. 단열이 잘 되면 열 손실이 줄어들고 에너지가 절약된다. 이 때문에 많은 포유동물은 빽빽하게 털이 난 따뜻한 털가죽을 덮고 있다. 털과 가죽을 이루는 질긴 케라틴은 방어용 가시나 비늘도 만든다.

커다란 귀

커다란 허파
모든 포유류처럼 코끼리도 허파로 공기 호흡을 한다.

고래 지방
차가운 물은 체열을 빨리 앗아간다. 따라서 많은 해양 포유류는 단열을 많이 해야 한다. 돌고래는 피부 밑에 열을 차단하는 두꺼운 지방층이 있다. 바로 고래 지방이다.

돌고래 / 고래 지방

엄니와 이빨
엄니는 싸우고 파내는 데 알맞게 변형된 이빨이다. 나머지 이빨은 질긴 식물을 짓이기는 데 알맞다.

털
곰은 길고 뻣뻣한 겉털 안쪽에 덥수룩한 속털이 빽빽하게 나 있다. 겉털이 물이 스며들지 않게 막아서, 속털은 늘 마른 상태이다. 속털은 공기층을 품어서 단열을 돕는다.

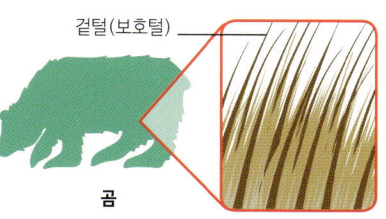
곰 / 겉털(보호털)

포유류의 몸속
이 아프리카코끼리는 무겁고 튼튼한 뼈를 지닌, 가장 크고 무거운 육상 포유동물이다. 대다수 포유류처럼 새끼는 어미의 몸속에서 상당히 발달한 뒤에 태어난다.

가시
호저의 가시는 털이 변한 것이다. 털과 같은 물질로 되어 있지만, 훨씬 두껍고 뻣뻣하고 날카롭다. 적으로부터 몸을 보호하는 일을 한다. 고슴도치와 바늘두더지도 같은 적응 형질을 지닌다.

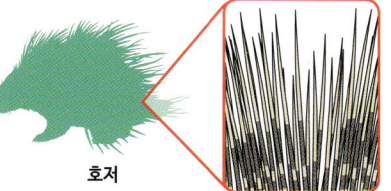
호저

비늘
천산갑의 겹쳐진 비늘도 변형된 털이다. 케라틴으로 이루어진 털들이 서로 합쳐진 것이다. 아르마딜로도 비늘 갑옷을 입고 있지만, 커다란 뼈판으로 보강되어 있다.

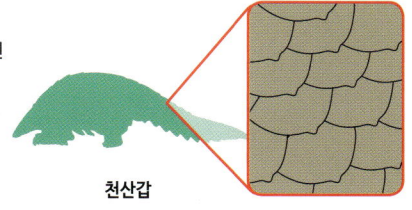
천산갑

코
민감한 코는 윗입술과 코가 늘어난 것이다.

체온을 유지할 에너지를 얻기 위해서, 일부 작은 포유동물은 하루에 자기 몸무게의 두 배가 넘는 먹이를 먹어야 한다.

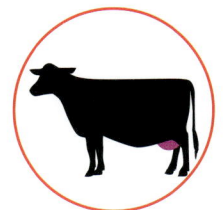
새끼에게 젖을 먹임
젖에는 새끼에게 필요한 영양소가 들어 있다.

대개 털이 남
털은 피부 바깥에 공기층을 형성하여 체온 유지를 돕는다.

젖을 먹는 동물

포유류 새끼는 태어난 뒤로 젖을 먹고 자란다. 영양소가 풍부한 액체인 젖은 어미의 몸에서 생산되어 젖샘을 통해 분비된다. 이 팀버늑대는 한 배에 서너 마리를 낳아서 젖을 먹이지만, 한 번에 한두 마리만 낳는 종도 많다. 오랑우탄 새끼는 8년까지도 어미 곁에 머물며, 첫 2~3년 동안 젖을 빤다.

단공류

단공류는 새끼를 낳지 않고, 파충류처럼 알을 낳는 특이한 포유류 집단이다. 지금은 겨우 다섯 종만 남아 있으며, 모두 오스트레일리아와 뉴기니에 산다.

단공류는 예전에는 널리 퍼져 있었고, 특히 남반구 대륙에 많이 퍼져 있었다. 1991년에 남아메리카에서 화석이 발견되기도 했다. 그러나 지금은 바늘두더지와 오리너구리만 남아 있다. 고무질 부리와 넓적한 꼬리를 지닌 오리너구리는 바늘두더지와 모습이 전혀 다르며, 아마 약 2000만 년 전부터 서로 다른 방향으로 진화한 듯하다.

민감한 표면
부드러운 고무질 부리에는 전기 수용기가 많이 들어 있다. 이 감각기는 하천 바닥의 진흙 속에 숨어 있는 지렁이와 곤충 애벌레 같은 동물들의 신경에서 일어나는 희미한 전기 활동을 감지한다. 부리는 촉감도 아주 뛰어나다.

오리 부리
오리너구리의 부리는 오리의 부리와 비슷하지만, 매끄러운 피부로 덮여 있다.

콧구멍
콧구멍은 부리 윗면에 나 있다. 물속에서는 닫힌다.

작은 눈
눈이 들어 있는 홈은 물속으로 잠수할 때면 닫힌다.

볼주머니
물속에서 잡은 먹이는 볼주머니에 넣어서 수면으로 올라온다.

짧은 다리
포유류보다 파충류와 비슷하게, 다리는 몸 양옆으로 뻗어 있다.

알 낳는 포유류
오리너구리는 대개 가죽질 껍데기로 감싼 작은 알을 두 개 낳으며, 굴속 둥지에서 새끼를 기른다. 바늘두더지는 알을 하나만 낳는다(아래). 바늘두더지 암컷은 배에 있는 주머니에 알을 보관한다. 알은 10일 뒤에 부화한다.

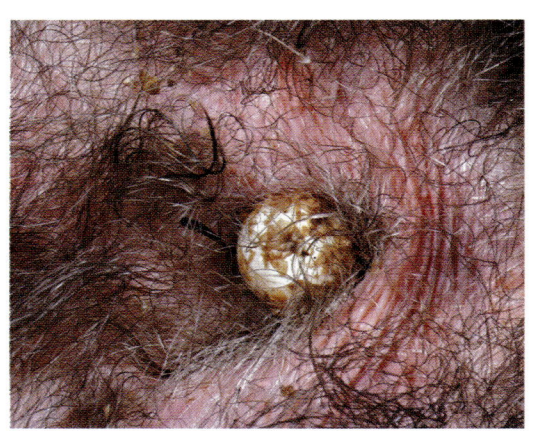

작은 새끼
알에서 갓 나온 단공류 새끼는 털도 가시도 없으며, 어미의 젖을 먹고 자란다. 바늘두더지 새끼는 어미의 주머니 안에서 지내다가, 가시가 자라기 시작하면 육아용 굴에서 지낸다.

40,000개 오리너구리의 부리에 있는 전기 수용기의 수.

단공류는 **이빨이 없으며**, 혀를 써서 작은 동물을 짓이긴 뒤에 삼킨다.

오리너구리 수컷의 독은 개를 죽일 만큼 강하다.

포유류

오리너구리

학명: *Ornithorhynchus anatinus*
사는 곳: 오스트레일리아 동부와 태즈메이니아
길이: 최대 60cm
먹이: 수생 무척추동물

방수 털
털 안쪽에 공기층이 형성되어 단열을 돕는다.

털 고르는 발톱
뒷발의 굽은 날카로운 발톱은 털을 고르는 데 쓰인다.

납작한 꼬리
넓적한 꼬리는 물속에서 방향을 바꿀 때 쓰이며, 에너지가 많은 지방을 저장한다.

독 있는 며느리발톱
오리너구리 수컷은 발목에 각질로 된 며느리발톱이 달려 있다. 이 발톱은 허벅지의 독샘에 연결되어 있다. 독은 주로 방어용이지만, 경쟁하는 수컷끼리 싸울 때 쓰기도 한다.

오리너구리
물갈퀴가 달린 넓적한 발과 커다란 꼬리를 지닌 오리너구리는 반수생 생활에 적응되어 있다. 낮에는 강둑에 판 굴속에서 머물다가 밤에 나와서 얕은 물웅덩이의 진흙 바닥에서 먹이를 찾는다.

물갈퀴 달린 발
오리너구리는 물속에서 물갈퀴 달린 커다란 앞발을 써서 나아간다.

서부긴코가시두더지
학명: *Zaglossus bruijnii*
사는 곳: 뉴기니
길이: 최대 77cm

긴코가시두더지는 세 종이 있으며, 모두 수가 아주 적다. 이 종은 뉴기니의 열대 산림에 산다. 긴 주둥이로 지렁이를 찾아 먹는다. 가시 박힌 유연한 긴 혀로 굴속의 지렁이를 낚아서 끄집어낸다.

짧은코가시두더지
학명: *Tachyglossus aculeatus*
사는 곳: 오스트레일리아와 뉴기니
길이: 최대 45cm

가시두더지 중에서 가장 널리 퍼진 종이다. 단단한 가시로 덮여 있고, 위험이 닥치면 공처럼 몸을 만다. 주로 개미와 흰개미를 먹어서 '가시개미핥기'라고 불리기도 하는데, 사실 다른 곤충과 거미도 먹는다.

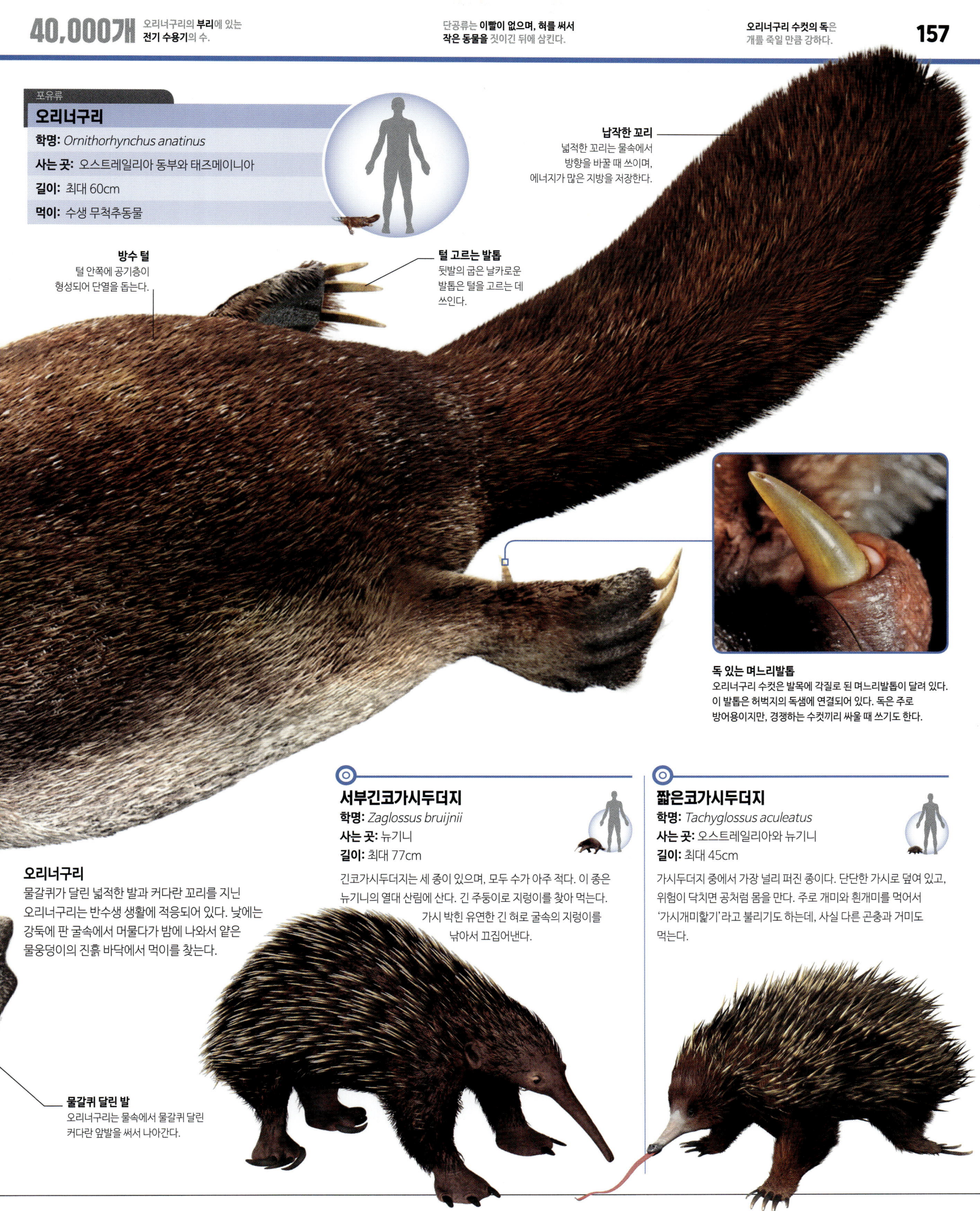

붉은캥거루

오스트레일리아에서 가장 큰 포유류이자, 유대류 중에서 가장 큰 동물이다. 붉은캥거루는 몸이 아주 날래며, 건조한 초원에서 살아가는 데 적응해 있다. 벌판을 힘센 뒷다리로 거의 힘들이지 않고 총총 뛰어다닌다.

캥거루는 가장 효율적인 방식으로 속도를 낸다. 달리는 대신에 총총 뛰는데, 착륙할 때마다 긴 뒷다리의 발목이 구부러지면서 다리 뒤쪽의 강한 탄력성을 지닌 힘줄이 쭉 펴진다. 이 힘줄이 수축하면서 캥거루를 다시 공중으로 띄운다. 이 방식은 아주 효율적이기에 붉은캥거루는 한 번에 9미터까지도 뛸 수 있다. 어떤 적도 따라오기 어렵다.

붉은캥거루는 1,500마리까지 모여서 큰 무리를 이루기도 한다.

권투하는 수컷들
다 자란 수컷은 영역을 지키는 행동을 하지 않지만, 암컷을 놓고 싸운다. 이 싸움은 으레 권투 경기 같은 형식을 취한다. 수컷들은 힘센 팔로 상대를 때려서 쓰러뜨리려고 애쓴다. 이 방법이 먹히지 않으면, 서로 붙잡고 엎치락뒤치락하거나 꼬리로 몸을 받치고 펄쩍 뛰어서 두 다리로 차기도 한다.

포유류
붉은캥거루
- 학명: *Osphranter rufus*
- 사는 곳: 오스트레일리아
- 키: 최대 1.4m
- 먹이: 주로 풀

삼각대 꼬리
붉은캥거루는 뒷다리로 뛸 때 길고 무거운 꼬리로 머리와 몸의 균형을 맞춘다. 서 있을 때에는 꼬리를 버팀대로 삼아서 몸을 받친다. 꼬리는 두 다리와 함께 안정적인 삼각대를 이룬다. 꼬리 덕에 캥거루는 서 있을 때 에너지를 아낄 수 있다.

탄력 있는 강한 힘줄

긴 뒷다리

긴 뒷발

오스트레일리아에는 붉은캥거루가 **1150만 마리** 넘게 산다.

포유류 · 유대류

유대하늘다람쥐는 **피부막을 펼쳐서** 50미터 이상 **활공할** 수 있다.

버지니아주머니쥐
학명: *Didelphis virginiana*
사는 곳: 북아메리카와 중앙아메리카
길이: 최대 50cm

적응력이 매우 뛰어나서 쓰레기통을 뒤져서 먹을 것을 찾아 먹으면서 번성하고 있다. 미국의 여러 도시에서 흔히 볼 수 있다. 위험이 닥치면 입을 벌리고 혀를 쭉 내민 채 죽은 척하는 것으로 유명하다.

남부주머니두더지
학명: *Notoryctes typhlops*
사는 곳: 오스트레일리아 사막
길이: 최대 14cm

남부주머니두더지는 굴을 파는 동물이다. 앞발에 땅을 파는 데 쓰는 커다란 발톱이 나 있고, 털이 짧고 몸이 원통형이며, 코에 각질의 보호판이 붙어 있다. 거의 앞을 못 보며, 냄새로 곤충 애벌레와 지렁이를 찾아 먹는다.

주머니개미핥기
학명: *Myrmecobius fasciatus*
사는 곳: 오스트레일리아 남서부와 남부
길이: 최대 29cm

줄무늬가 있는 이 종은 흰개미만 먹는다. 주로 냄새로 흰개미를 찾아서 길고 끈적거리는 혀로 잡아먹는다. 예전에는 널리 퍼져 있었지만, 지금은 멸종 위기에 있으며 몇몇 보호 구역에만 남아 있다.

태즈메이니아데빌
학명: *Sarcophilus harrisii*
사는 곳: 태즈메이니아
길이: 최대 65cm

육식성 유대류 중 가장 큰 종이다. 아주 강한 턱으로 먹이를 물어서 뼈까지 부수는 사냥꾼이자 청소동물이다. 홀로 사냥하며, 어린 캥거루만 한 크기의 동물도 잡을 수 있다.

노랑발안테키누스
학명: *Antechinus flavipes*
사는 곳: 오스트레일리아 동부와 남서부
길이: 최대 13cm

곤충, 거미, 벌레 같은 동물들을 먹는다. 이 작은 유대류는 수컷에게 번식기가 평생 딱 한 번 있다는 점에서 독특하다. 수컷은 여러 암컷과 짝짓기를 하면서 몸의 자원을 거의 다 소비하고는 죽는다.

큰빌비
학명: *Macrotis lagotis*
사는 곳: 오스트레일리아 사막
길이: 최대 55cm

귀가 길고 굴을 파는 습성이 토끼와 비슷하다. 하지만 토끼보다 훨씬 더 다양한 먹이를 먹으며, 사막에 산다. 밤에만 활동한다. 모든 수분은 먹이를 통해 얻고 물은 전혀 마시지 않는다.

코알라
학명: *Phascolarctos cinereus*
사는 곳: 동오스트레일리아
길이: 최대 82cm

가장 친숙한 유대류 중 하나다. 코알라는 오로지 유칼립투스 나무의 잎만 먹는다. 영양가가 거의 없고 소화하기도 어려운 먹이이다. 따라서 코알라는 에너지를 아주 적게 쓰기 위한 방법으로, 대부분의 시간에 잠을 잔다.

나무타기 선수
날카로운 튼튼한 발톱으로 나무껍질에 꽉 달라붙는다.

20,000마리 주머니개미핥기가 하루에 먹을 수 있는 흰개미 수.

태즈메이니아데빌의 **턱과 이빨**은 굵은 강철선까지 끊을 수 있을 만큼 강하다.

애기웜뱃
학명: *Vombatus ursinus*
사는 곳: 동오스트레일리아, 태즈메이니아
길이: 최대 1.15m

코알라의 친척으로 땅에 산다. 곰처럼 통통하다. 풀을 먹으며, 들판에서 양과 함께 풀을 뜯곤 한다. 긴 발톱으로 복잡하게 연결된 굴을 판다. 대개 낮에는 굴속에 있다가 밤에 나와서 먹이를 찾는다.

주머니여우
학명: *Trichosurus vulpecula*
사는 곳: 오스트레일리아, 뉴질랜드
길이: 최대 55cm

가장 널리 퍼진 오스트레일리아 유대류 중 하나다. 나무를 잘 타는 이 야행성 동물은 도시에도 잘 적응했다. 주로 나뭇잎을 먹지만, 작은 동물도 잡아먹고 음식물 쓰레기도 잘 먹는다.

유대하늘다람쥐
학명: *Petaurus breviceps*
사는 곳: 오스트레일리아, 뉴기니
길이: 최대 21cm

'슈가 글라이더'라고도 부른다. 글라이더라는 이름이 말해 주듯이, 이 작은 야행성 유대류는 앞뒤 다리 사이의 피부막을 펼쳐서 나무 사이를 활공할 수 있다. '슈가'는 달콤한 수액과 꽃꿀을 즐겨 먹어서 붙여진 이름이다. 하지만 여름에는 주로 곤충을 잡아먹는다.

밤에 잘 보는 커다란 눈

비행 중
앞뒤 발가락 사이에 연결된 비행막은 날개나 낙하산 역할을 한다.

유대류

모든 유대류는 아직 덜 발달한 새끼를 낳아서 주머니 속이나 피부 주름 안에서 키운다. 주머니 안에서 새끼는 어미의 젖을 먹으며 자란다.

유대류는 대부분 오스트레일리아에 산다. 적어도 5000만 년 동안 다른 육상 포유류들과 격리된 채 살아왔다. 느릿느릿 나뭇잎을 먹는 종부터 사나운 육식 동물에 이르기까지 생활 습성이 아주 다양하다. 주머니쥐처럼 남북아메리카에 사는 유대류도 있다. 그곳의 종들은 대부분 잡식성이라서 거의 모든 것을 먹어 치운다. 아메리카 유대류는 번성하고 있지만, 오스트레일리아의 많은 종은 현재 위기에 처해 있다.

꿀주머니쥐
학명: *Tarsipes rostratus*
사는 곳: 오스트레일리아 남서부
길이: 최대 9cm

아주 작은 이 종은 끝이 솔처럼 생긴 아주 긴 혀로 오로지 꽃꿀과 꽃가루만 먹는다. 일 년 내내 꽃이 피는 곳에서만 살아갈 수 있다는 뜻이다.

굿펠로나무타기캥거루
학명: *Dendrolagus goodfellowi*
사는 곳: 뉴기니
길이: 최대 84cm

나무 위에서 살아가는 쪽으로 적응한 캥거루 열 종 중 하나다. 다른 캥거루들보다 뒷다리가 더 짧으며, 튼튼한 앞다리에는 나뭇가지를 움켜쥐기 좋게 굽은 발톱이 달려 있다. 밤에 활동하며, 나뭇잎과 열매를 먹는다.

포유류 · 아르마딜로

갑옷 띠
갑옷 중앙의 세 띠는 유연한 피부를 통해 서로 연결되어 있다. 이 띠 앞뒤로 둥근 등딱지가 있다.

튼튼한 갑옷
뼈 갑옷은 단단한 비늘로 덮여 있다.

보호된 꼬리
꼬리도 방어용 뼈판으로 덮여 있다.

합쳐진 발가락
뒷발의 가운데 세 발가락은 합쳐져서 발굽 같은 발톱이 되었다.

털로 덮인 배
배에는 갑옷이 없고, 털로 덮인 부드러운 피부가 있다.

브라질 세띠아르마딜로

아르마딜로과에는 21종이 있다. 그중 몸을 갑옷 공처럼 말 수 있는 종은 브라질세띠아르마딜로와 다른 한 종뿐이다. 이 뼈로 된 튼튼한 등딱지는 대부분의 포식자를 막아 준다.

아르마딜로는 뼈 갑옷을 지닌다는 점에서 포유류 중 독특하다. 가시나 비늘을 지닌 포유류는 있지만, 몸을 움직일 수 있도록 좁은 띠 모양으로 서로 연결된 뼈판 형태의 방어용 갑옷을 입은 종류는 아르마딜로뿐이다. 이 종은 길고 끈적거리는 혀로 개미와 흰개미를 먹는다.

갑옷 안쪽에는 열을 차단하는 **공기층이 있어,** 뜨거운 사막 기후에 사는 아르마딜로를 시원하게 해 준다.

포유류
브라질세띠아르마딜로

- 학명: *Tolypeutes tricinctus*
- 사는 곳: 브라질
- 길이: 최대 28cm
- 먹이: 곤충

갓 태어난 새끼의 피부는 부드러운 가죽질이며, 4주 사이에 굳어져서 갑옷이 된다.

돔 모양의 등딱지

예민한 귀
커다란 귀는 아주 예민해서 위험을 일찍 알아차린다.

유연한 연결부

먹이 탐지기
아르마딜로는 눈이 아주 나쁘며, 건조한 초원과 숲에서 냄새로 먹이를 찾는다.

땅을 파는 발톱
코를 땅에 가까이 대고서 냄새로 개미와 흰개미를 찾는다. 찾아내면 앞발에 난 커다란 발톱으로 땅을 파기 시작한다. 빠르게 구멍을 판 뒤 머리를 집어넣고 혀로 개미를 훑어 먹는다. 몇 분 사이에 개미를 수백 마리 먹어 치우기도 한다.

갑옷 공
다른 종들과 달리, 세띠아르마딜로는 갑옷이 유연해서 몸을 공처럼 말 수 있다. 몸을 말았을 때 머리와 꼬리의 갑옷은 추가 보호판 역할을 한다. 이 갑옷은 아주 튼튼하며, 세띠아르마딜로를 해칠 수 있는 것은 재규어나 퓨마의 턱밖에 없다.

포유류 ○ 개미핥기

큰개미핥기의 **혀는** 길이가 **최대 60센티미터**다.

포유류
큰개미핥기
- **학명:** *Myrmecophaga tridactyla*
- **사는 곳:** 중앙아메리카와 남아메리카
- **길이:** 최대 1.2m
- **먹이:** 개미, 흰개미

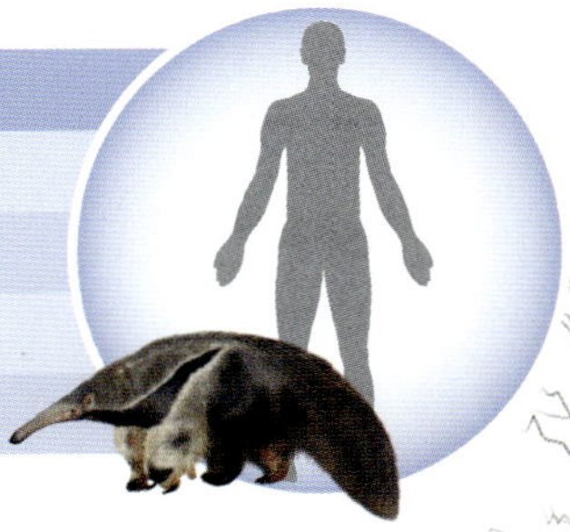

큰개미핥기

곤충을 먹는 쪽으로 고도로 분화한 이 종은 가장 독특한 포유동물 중 하나다. 커다란 앞발톱, 긴 주둥이, 유별나게 긴 혀로 개미와 흰개미의 집을 부순 뒤, 수천 마리를 게걸스럽게 먹어 치운다.

열대 아메리카에 널리 퍼져 있는 이 종은 나무늘보의 친척이다. 나무늘보는 나무 위에 살면서 나뭇잎만 먹는 반면, 큰개미핥기는 식충동물이다. 작은 곤충을 대량으로 먹는 쪽으로 적응했다. 야생 꿀벌의 집도 습격하곤 하지만, 대개는 개미집과 흰개미 둔덕을 공격한다. 아메리카의 다른 개미핥기들과 달리, 이 종은 땅에서 사냥하고 잠을 잔다. 위장술과 강력한 발톱으로 포식자에 맞서서 자신을 지킨다.

줄무늬 털
길고 거친 털에는 뚜렷한 줄무늬가 있다. 위장용일 수도 있다.

작은 눈

힘센 앞다리

커다란 발톱
앞발의 가운데 두 발가락에는 커다란 갈고리같이 길고 굵은 발톱이 달려 있다.

손등 보행
큰개미핥기는 걸을 때 발톱을 보호하기 위해서 발톱을 손바닥 안으로 향하고 손등으로 걷는다.

왕창 먹기
개미핥기는 발톱으로 개미집을 부순 뒤, 긴 주둥이를 집어넣어 먹기 시작한다. 긴 혀를 무려 1초에 약 세 번씩 놀라울 만치 빠르게 날름거린다. 한 번 날름거릴 때마다 끈끈한 혀에 수많은 개미가 들러붙어서 입속으로 들어간다.

30,000마리 큰개미핥기가 하루에 먹을 수 있는 곤충의 수.

큰개미핥기는 사람보다 후각이 40배 더 예민하다.

소중한 새끼
암컷은 새끼가 스스로 살아갈 수 있을 때까지 등에 업고 다닌다.

짧은 다리
뒷다리는 앞다리보다 짧다.

덥수룩한 꼬리
큰개미핥기는 아주 더운 날에는 몸을 동그랗게 말고 덥수룩한 꼬리로 몸을 가린 채, 낮 동안 거의 잠만 잔다. 꼬리는 몸을 숨겨 주기도 한다. 특히 덤불의 그늘에 자고 있으면 더욱 눈에 띄지 않는다. 꼬리는 추운 날씨와 밤에는 몸을 따뜻하게 해 준다.

발톱 달린 발
뒷발은 짧고 다섯 개의 발가락에 튼튼한 발톱이 달려 있다.

관 모양 주둥이
주둥이가 길쭉한 관 모양이고 끝에 작은 입이 달려 있다.

치명적인 방어
큰개미핥기는 위험을 감지하면 달리거나 헤엄까지 치면서 달아나려고 애쓴다. 하지만 구석에 몰리면, 뒷다리로 벌떡 일어서서 앞발을 치켜들고 날카롭고 커다란 발톱을 드러내며 상대를 위협한다. 이 위협은 과장이 아니다. 큰개미핥기의 발톱에 긁히면 심한 상처를 입을 수 있다. 큰개미핥기가 사람뿐 아니라, 가장 무시무시한 적인 재규어까지 죽인 기록도 있다.

두 발로 일어설 때 꼬리로 균형을 잡는다.

평소 자세

싸우는 자세

유럽두더지

두더지는 땅 위로는 나오는 일이 거의 없다. 유럽두더지는 초원 곳곳에 두더지 둔덕을 만든다고 잘 알려져 있다. 먹이를 찾아서 계속 굴을 파기 때문이다.

두더지는 굴 파기 전문가이며, 굴을 파는 데 알맞게 적응한 몸을 지닌다. 유럽두더지는 대개 몸이 원통 모양이고 짧은 벨벳 같은 털로 뒤덮여 있다. 눈이 작고 귓불도 아주 작은 반면, 앞발은 흙을 파기 알맞은 커다란 삽 모양이다. 주로 지렁이를 먹으며, 굴을 파서 잡는다.

두더지는 **매일 자기 몸무게의** 540배나 많은 흙을 거를 수 있다.

포유류
유럽두더지
- 학명: *Talpa europaea*
- 사는 곳: 유럽
- 길이: 최대 16cm
- 먹이: 지렁이, 곤충 애벌레

벨벳 털
부드러운 짧은 털로 덮여서 좁은 공간에서 쉽게 앞뒤로 오갈 수 있다.

20마리 두더지가 하루에 먹는 지렁이의 수.

200m 부산한 두더지가 하루에 굴을 파 나갈 수 있는 거리.

작은 눈은 털 사이에 숨겨져 있다.

뛰어난 감각
두더지는 민감한 코와 수염을 이용하여 어둠 속에서 먹이를 찾아낸다.

두더지 둔덕 만들기
두더지는 굴을 팔 때, 파낸 흙을 땅 위로 밀어낸다. 대개는 작은 흙무더기가 생기지만, 때로는 커다란 둔덕을 만들기도 한다. 두더지는 그 안에 집을 만든다. 특히 폭우가 내려서 굴이 물에 잠길 가능성이 높을 때 둔덕을 높이 쌓는다.

위험한 여행
새끼는 봄에 태어나서 4~5주 동안 어미의 젖을 빨면서 자란다. 그런 뒤 각자 지낼 곳을 찾아서 어미의 굴을 떠나 땅 위로 올라오는데, 이때 포식자에게 당할 위험이 가장 높다.

흙 파는 발톱
발톱이 달린 튼튼한 앞발을 바깥으로 향하면서 효율적으로 흙을 밀어낸다.

두더지의 침은 지렁이에게 **독이다.** 그래서 지렁이를 마비시켜서 보관했다가 나중에 먹을 수 있다.

흙 파는 힘
손목뼈에는 뼈가 길게 늘어난 부위가 있다. 이 부위는 앞발의 땅을 파는 능력을 더 강화한다. 구부러지는 못하지만, 엄지 옆을 지지하여 엄지가 두 개인 것처럼 굴 파는 데 도움을 준다. 포유류 중에서 대왕판다만이 이와 비슷한 적응 형질을 지니고 있다.

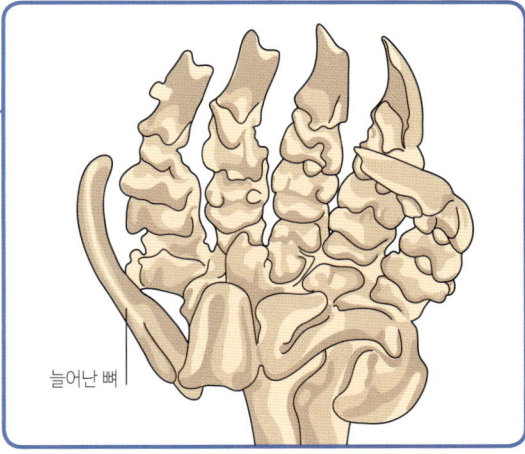

늘어난 뼈

포유류 ○ 코끼리

100kg 갓 태어난 아프리카코끼리의 몸무게. 헤비급 권투선수만 하다.

움직이는 끝
아프리카코끼리의 코끝에는 '손가락' 역할을 하는 움직이는 부위가 두 군데 있다. 이 손가락으로 먹이를 집는다.

공기가 든 머리
거대한 머리뼈는 공기주머니가 많이 있는 벌집 같은 구조로 되어 있다. 무게를 줄이기 위해서다.

구부러진 엄니
엄니는 이빨이 거대하게 자란 것으로, 평생 자란다.

다목적 도구
코끼리의 코는 코와 윗입술이 길어진 것이다. 이리저리 움직일 수 있고 튼튼하면서도 아주 예민하다. 코끼리코는 먹이를 살펴보고 집고, 물을 마시고, 다른 코끼리에게 신호를 보내고, 크게 나팔 소리를 내는 등 여러 가지 일을 한다.

코끼리

코끼리는 움직이는 긴 코와 거대한 몸집으로 금방 알아볼 수 있다. 코끼리는 가장 크고 가장 무거운 육상 동물이다. 지능과 장기 기억으로 유명하지만, 고기와 상아 때문에 밀렵되어 멸종 위험에 처해 있다.

코끼리는 질긴 풀, 나뭇잎, 나무껍질을 많은 양을 먹는 쪽으로 적응했다. 질긴 먹이를 짓이겨서 걸쭉하게 만드는 무거운 이빨과 먹이를 소화시킬 긴 소화계를 지닌다. 우두머리 암컷을 중심으로 무리를 지어 돌아다닌다. 하루의 적어도 4분의 3을 먹이를 찾고 먹는 데 쓴다.

포유류
아프리카코끼리
- **학명:** *Loxodonta africana*
- **사는 곳:** 아프리카 사하라 이남
- **길이:** 최대 7.5m
- **먹이:** 풀, 나뭇잎, 나무껍질

16시간 코끼리가 매일 먹으면서 보내는 시간. 하루에 식물을 250킬로그램까지 먹는다.

코끼리의 코에는 뼈가 없다.

아프리카코끼리는 하루에 물을 200리터까지 마신다.

아프리카코끼리

'사바나코끼리'라고도 한다. 코끼리 중 가장 크며, 암수 모두 긴 엄니가 있다. 나무가 드문드문 있는 초원에서 주로 산다. 커다란 귀는 열을 배출하여, 열대의 태양에 체온이 너무 올라가는 것을 막아 준다.

둥근귀코끼리

학명: *Loxodonta cyclotis*
사는 곳: 중앙아프리카
길이: 최대 4m

'아프리카숲코끼리'라고도 한다. 이름에서 알 수 있듯이, 이 코끼리는 아프리카 저지대의 울창한 열대 우림에 산다. 아프리카코끼리보다 작고 엄니가 곧으며, 풀보다 나뭇잎을 훨씬 더 많이 먹는다. 모든 코끼리처럼 울창한 숲에서 사람에게는 들리지 않는 아주 낮은 소리로 서로 대화를 한다.

아시아코끼리

학명: *Elephas maximus*
사는 곳: 남아시아와 동남아시아
길이: 최대 6.4m

아시아코끼리는 아프리카코끼리보다 귀가 작고, 머리가 더 높이 솟아 있다. 대개 수컷만 엄니가 난다. 울창한 숲에서 초원에 이르기까지 다양한 서식지에 살며, 세 아종이 있다. 인도코끼리, 스리랑카코끼리, 수마트라코끼리다.

커다란 새끼
암컷은 새끼를 한 마리씩 낳으며, 새끼는 태어난 지 며칠 지나지 않아서 어미를 따라다닐 수 있다.

헐거운 피부
주름이 많고 헐거운 피부는 몸을 식히는 데 도움을 준다.

넓적한 발
기둥 같은 굵은 다리에 반원형 발톱이 달린 넓적한 발을 가진다.

북아메리카비버

비버는 자연에서 가장 바쁜 건축가에 속한다. 나무를 쓰러뜨려 댐이나 호수, 적들로부터 안전한 요새를 만든다. 비버는 자연 숲의 풍경을 바꾼다.

비버는 덩치 큰 야행성 설치류다. 즉 물에 사는 다람쥐와 생쥐의 친척이다. 다른 설치류처럼 끌 모양의 커다란 앞니로 먹이를 쏠아대지만, 비버는 그 앞니로 나무도 쓰러뜨린다. 비버는 나무를 사용해서 집을 짓는다. 그리고 더 많은 목재와 진흙으로 숲의 하천에 댐을 쌓아서, 집 주위를 방어용 해자로 에워싼다. 겨울에 물이 얼면 비버는 물속의 나뭇가지 잎과 눈을 먹으면서 얼음 밑에서 활동한다.

물갈퀴 달린 발
빨리 헤엄칠 때면 비버는 물갈퀴 달린 커다란 뒷발로 물을 차고 노 모양의 꼬리로 방향을 잡는다. 꼬리만 써서 느릿느릿 헤엄칠 수도 있다.

납작한 꼬리
헤엄치는 데 아주 잘 적응된 꼬리는 노처럼 납작하고 비늘로 덮여 있어 털이 없다. 비버는 꼬리로 수면을 쳐서 다른 비버들에게 위험을 경고한다.

포유류
북아메리카비버
- 학명: *Castor canadensis*
- 사는 곳: 북아메리카, 멕시코
- 길이: 최대 88cm
- 먹이: 나무껍질, 나뭇잎, 잔가지

지금까지 알려진 가장 긴 비버 댐은 **길이가 850미터나 된다.**

설치류

포유류 종의 거의 절반은 설치류다. 생쥐와 다람쥐처럼 주로 작고 초식성인 동물들이다. 단단한 먹이를 갉아대기 알맞게, 닳으면 점점 날카로워지는 커다란 앞니를 지닌다.

설치류는 열대 우림에서 북극 툰드라와 타는 듯이 뜨겁고 메마른 사막에 이르기까지 거의 모든 서식지에 산다. 주로 씨, 견과, 열매, 즙이 많은 뿌리를 먹지만, 작은 동물을 사냥하는 종류도 있고, 거의 모든 것을 먹어 치우는 잡식성도 있다.

지금까지 발견된 **프레리도그 마을** 중 가장 큰 곳에는 **약 4억 마리**가 살고 있었다.

청설모
학명: *Sciurus vulgaris*
사는 곳: 유라시아
길이: 최대 22cm

날쌘 청설모는 주로 나무 위에 산다. 씨앗이 든 솔방울이 많은 침엽수림을 좋아한다. 이빨로 솔방울을 갉아 내어 안에 든 씨를 먹는다. 지금은 아메리카에서 들어온 동부회색다람쥐에게 밀려서 유럽의 일부 지역에서는 보기가 힘들다.

검은꼬리프레리도그
학명: *Cynomys ludovicianus*
사는 곳: 북아메리카
길이: 최대 38cm

검은꼬리프레리도그는 땅에 사는 다람쥐로, 나무가 거의 없는 아메리카 초원 지대에 산다. '프레리도그 마을'이라는 복잡하게 연결된 굴을 파고 산다. 예전에는 드넓은 면적에 걸쳐서 수백만 마리가 모여 살기도 했다.

유럽겨울잠쥐
학명: *Muscardinus avellanarius*
사는 곳: 유럽
길이: 최대 9cm

작은 다람쥐처럼 생긴 이 종은 숲에 살며, 11월에서 5월까지 한 해의 절반 이상을 잠을 자면서 보낸다. 깨어 있을 때는 주로 나무 위에서 열매와 씨, 꽃을 먹으며, 때로 곤충도 먹는다.

복슬복슬한 꼬리
겨울잠을 잘 때면 털이 수북한 꼬리로 몸을 감싼다.

큰귀뛰는쥐
학명: *Euchoreutes naso*
사는 곳: 아시아 동부와 중부
길이: 최대 9cm

사막의 여러 뛰는쥐 종 중 하나이며, 긴 다리와 균형을 잡는 긴 꼬리로 총총 뛰어다닌다. 부족한 먹이를 찾아 멀리 돌아다니고, 적을 피하기 위해 적응한 특징이다.

노르웨이레밍
학명: *Lemmus lemmus*
사는 곳: 스칸디나비아 북부
길이: 최대 13.5cm

북극 지방에 사는 이 종은 새끼를 많이 낳는다. 때로 새끼를 너무 많이 낳아서 먹이가 부족해지기도 한다. 그러면 노르웨이레밍은 새 서식지를 찾아서 대규모로 이주를 한다. 북극여우와 흰올빼미의 주된 먹이이다.

뜀토끼는 한 번에 2미터 이상 뛸 수 있다.

호저를 공격했다가 가시에 찔려서, 상처가 감염되어 죽는 사자들도 있다.

먹이인 전갈

북부메뚜기쥐
학명: *Onychomys leucogaster*
사는 곳: 북아메리카
길이: 최대 13cm

설치류는 대부분 초식성이지만, 이 종은 사냥꾼이다. 주로 곤충을 먹지만, 작은 생쥐와 심지어 작은 뱀과 도마뱀까지 잡아먹는다. 놀라울 만치 크고 날카로운 소리를 지른다고 알려져 있다.

곰쥐
학명: *Rattus rattus*
사는 곳: 유라시아, 아프리카, 오스트랄라시아, 북아메리카
길이: 최대 22.5cm

다른 몇몇 종들처럼, 배에 숨어들어서 전 세계로 퍼졌다. 14세기에 유럽 인구의 절반을 죽인 감염병인 가래톳페스트를 옮긴다.

남아프리카뜀토끼
학명: *Pedetes capensis*
사는 곳: 남아프리카
길이: 최대 43cm

'날쥐'라고도 부른다. 이름과 달리 실제로는 토끼가 아니라 설치류다. 그러나 덥수룩한 긴 꼬리로 균형을 잡으면서 긴 뒷다리로 캥거루처럼 폴짝폴짝 뛸 수 있다. 사막에 살며, 낮에는 굴에 숨어 있다가 밤에만 먹이를 찾아 돌아다닌다.

벌거숭이두더지쥐
학명: *Heterocephalus glaber*
사는 곳: 동아프리카
길이: 최대 9.2cm

이 별난 설치류는 꿀벌 집단과 좀 비슷하게, 새끼를 낳는 여왕을 중심으로 무리를 이루어 산다. 이빨로 굴을 파면서, 파낸 흙은 굴 밖으로 차 낸다.

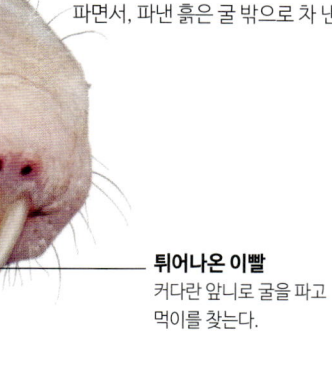

털 없는 피부

튀어나온 이빨
커다란 앞니로 굴을 파고 먹이를 찾는다.

긴꼬리친칠라
학명: *Chinchilla lanigera*
사는 곳: 칠레를 비롯한 남아메리카
길이: 최대 23cm

친칠라는 안데스산맥에 산다. 빽빽하게 나는 털 덕분에 혹독한 추위의 기후에서도 살아갈 수 있다. 기온이 가장 낮아지는 밤에 나와서 씨앗, 풀, 작은 동물을 먹는다.

호저
학명: *Hystrix cristata*
사는 곳: 아프리카, 이탈리아
길이: 최대 1m

공격을 받으면 놀라울 만치 긴 가시를 바짝 세우고, 꼬리를 흔들어댄다. 꼬리에는 넓적한 속이 빈 가시가 있는데, 흔들면 방울뱀처럼 쉿쉿 소리가 난다. 적이 무시하면, 몸을 돌려서 꼬리의 날카로운 가시를 적의 피부에 박을 수도 있다.

카피바라
학명: *Hydrochoerus hydrochaeris*
사는 곳: 열대 남아메리카
길이: 최대 1.3m

설치류 중 가장 크며, 돼지만 하다. 습지와 물에 잠긴 초원에서 반수생 생활을 한다. 주로 풀과 수생식물을 먹는다. 주둥이 위에 냄새샘이 있다. 수컷이 암컷보다 훨씬 크다.

토끼와 산토끼

긴 귀와 총총 뛰는 걸음 덕분에 토끼와 산토끼는 금방 알아볼 수 있다. 열대에서 북극권에 이르기까지 거의 전 세계에 살며, 개체수가 엄청나게 많은 곳도 있다.

설치류처럼 생긴 우는토끼와 함께 토끼목을 이룬다. 다람쥐나 생쥐 같은 설치류의 가까운 친척이지만, 이빨이 좀 다르며 초식만을 한다. 토끼류는 대개 굴을 파고 살며, 위험을 느끼면 재빨리 굴속으로 달아난다. 산토끼류는 대개 탁 트인 곳에 살며, 긴 다리로 빠르게 달려서 적을 피한다.

숲멧토끼는 시속 70킬로미터까지 속도를 낼 수 있다. 사냥개인 **그레이하운드만큼 빠르다.**

넓은 시야
머리 양쪽으로 불룩하게 튀어나온 큰 눈으로 거의 사방을 다 본다.

커다란 귀
아주 긴 귀는 포식자의 정체를 알려줄 수 있는 가장 희미한 소리까지 듣는다.

튼튼한 다리
숲멧토끼는 아주 긴 뒷다리로 빠르게 달릴 수 있다.

숲멧토끼
날쌘 행동으로 유명하다. 빠르게 달리다가 재빨리 방향을 바꾸어 대부분의 적을 쉽게 따돌린다. 봄에 번식기가 찾아오면, 수컷들은 권투선수처럼 앞발로 서로 싸우면서 별로 내키지 않아 하는 암컷들을 쫓아다닌다.

갈색 털은 때로 불그스름하게 변한다.

앞니

덧앞니

덧앞니
산토끼는 설치류처럼 커다란 앞니가 있다. 앞니는 닳아서 줄어들지 않도록 계속 자란다. 또 많은 먹이를 입에 담을 수 있게 앞니 뒤쪽의 공간이 넓다. 그러나 설치류와 달리, 산토끼는 거의 아무런 기능도 없는 작은 덧앞니도 한 쌍 지닌다.

포유류

숲멧토끼

학명:	*Lepus europaeus*
사는 곳:	유라시아, 다른 지역들에 도입
길이:	최대 70cm
먹이:	풀, 나무껍질

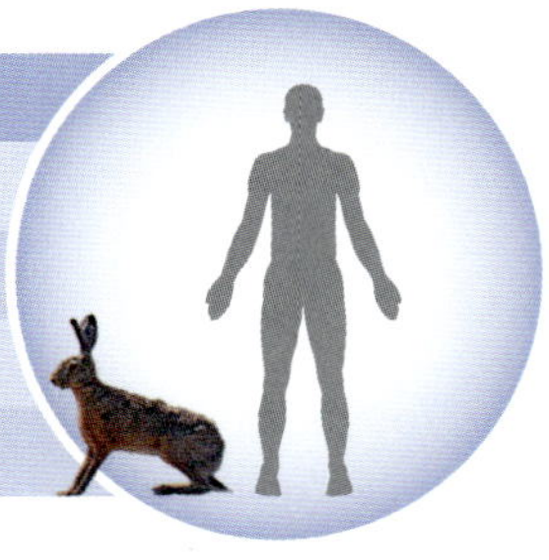

24마리 1859년 오스트레일리아에 풀어 놓은 굴토끼의 수. 빠르게 불어나서 지금은 **수십억** 마리가 있다.

북극토끼는 **평균 기온이 영하 27도 이하인** 곳에 산다.

캘리포니아멧토끼
학명: *Lepus californicus*
사는 곳: 멕시코, 미국 서부
길이: 최대 60.5cm

이 멧토끼의 커다란 귀는 뜨겁고 건조한 사막과 초원에서 살아남는 데 중요한 역할을 한다. 체열을 내보내 몸을 시원하게 유지하도록 돕는다. 캘리포니아멧토끼는 산토끼류에 속하며, 긴 다리로 빨리 달려서 코요테도 따돌릴 수 있다.

방열기 체열을 내보내기 쉽도록 귀에는 많은 혈관이 퍼져 있다.

북극토끼
학명: *Lepus arcticus*
사는 곳: 캐나다 북극권, 그린란드
길이: 최대 67cm

이 놀라울 만치 강인한 산토끼는 큰 무리를 지어 산다. 아주 두꺼운 하얀 털가죽 덕분에 추운 기후에서 살아갈 수 있다. 열 손실을 줄이기 위해서, 다른 산토끼보다 귀가 더 짧다.

아마미검은멧토끼
학명: *Pentalagus furnessi*
사는 곳: 일본 아마미섬
길이: 최대 51cm

울창한 숲에 사는데 야행성이라 직접 보기는 어렵다. 예전에 아시아에 널리 퍼져 있었지만, 지금은 거의 멸종 직전에 와 있다. 긴 발톱으로 굴을 파고 산다.

굴토끼
학명: *Oryctolagus cuniculus*
사는 곳: 서유럽, 다른 지역들에 도입
길이: 최대 55cm

예전에는 스페인, 프랑스, 북아프리카에만 살았지만, 지금은 전 세계의 많은 지역으로 퍼졌다. 오스트레일리아에서는 너무 많아져서 유해동물이 되었다. 복잡하게 연결된 드넓은 굴을 파며, 밤에 나와서 풀과 나뭇잎을 뜯어 먹는다.

힘센 다리 힘센 뒷다리로 단숨에 빠르게 달릴 수 있다.

멕시코토끼
학명: *Romerolagus diazi*
사는 곳: 멕시코
길이: 최대 36cm

짧은 몸에 짧은 귀를 지닌 이 종은 가장 작으면서 가장 희귀한 토끼에 속한다. 멕시코시티 남쪽의 있는 네 개의 화산 비탈에 있는 숲에만 산다. 농장과 도로의 건설로 멕시코토끼의 서식지와 미래가 위협받고 있다.

짧고 굵은 털

동부솜꼬리토끼
학명: *Sylvilagus floridanus*
사는 곳: 북아메리카와 중앙아메리카
길이: 최대 48.5cm

솜꼬리토끼류 중 가장 흔한 종으로, 굴토끼의 아메리카 형태다. 하지만 스스로 굴을 파는 대신에 땅다람쥐 같은 동물이 판 굴을 차지한다.

커다란 뒷다리

포유류 · 영장류

알락꼬리여우원숭이
학명: *Lemur catta*
사는 곳: 마다가스카르
길이: 최대 46cm

이 여우원숭이는 금방 알아볼 수 있는 독특한 꼬리를 지닌다. 큰 무리를 짓고 시끄럽게 떠들어대며, 숲의 나무 위에서 열매, 나뭇잎, 작은 동물을 찾아 먹는다. 특이하게 땅에서도 많은 시간을 보낸다.

흰발족제비여우원숭이
학명: *Lepilemur leucopus*
사는 곳: 마다가스카르
길이: 최대 26cm

자신을 지키고자 할 때 권투선수 같은 몸짓을 취한다. 족제비여우원숭이과에서 아마 가장 작을 것이다. 오로지 나뭇잎만 먹는다. 잎은 영양가가 아주 낮으므로, 대부분의 시간을 먹거나 쉬면서 보낸다.

빽빽한 털

꽉 움켜쥐기
발바닥은 나뭇가지에 착 달라붙는다.

균형 잡는 꼬리
균형을 잡기 위해 긴 꼬리를 치켜들고 있다.

여우원숭이

마다가스카르에만 사는 여우원숭이는 원숭이와 유인원의 친척인 다양한 영장류 집단이다. 숲의 나무 위에서 살아가는 쪽으로 적응되어 있고, 아주 놀라운 나무타기 묘기를 보여 주는 종이 많다.

적어도 4000만 년 전에 마다가스카르로 들어와서 다양한 종으로 진화했다. 생쥐만 한 종부터 고릴라만 한 거대한 종까지, 최대 120종에 달한다. 각 종은 독특한 생활 습성을 갖추는 쪽으로 진화했고, 서식지도 종에 따라 크게 다르다. 적응력이 뛰어난 잡식 동물도 있고, 특정한 먹이만 먹는 쪽으로 분화한 종도 있다. 그러나 거대한 종을 비롯하여 현재 17종이 멸종했고, 서식지 파괴로 더 많은 종이 멸종 위험에 처해 있다.

파란눈검은여우원숭이
학명: *Eulemur flavifrons*
사는 곳: 마다가스카르
길이: 최대 45cm

멸종 위기에 처해 있다. 여우원숭이는 대개 암수의 모습이 비슷하지만, 이 종은 수컷만 검은색이다. 암컷은 적갈색이며, 배 쪽은 색깔이 더 옅다. 사람 외에 파란 눈을 지닌 유일한 영장류다. 주로 열매와 꽃을 먹는다.

베르트부인쥐여우원숭이
학명: *Microcebus berthae*
사는 곳: 마다가스카르
길이: 최대 9.5cm

눈이 아주 큰 이 야행성 동물은 작은쥐여우원숭이류뿐 아니라 영장류 전체에서 가장 작다. 아주 날쌔게 나무를 오르내리면서 열매, 꽃, 꿀, 곤충, 도마뱀붙이와 카멜레온 같은 작은 척추동물을 먹는다.

여우원숭이는 **뛰어난 후각**으로 다른 여우원숭이들이 남긴 냄새를 찾아낸다.

건기에 이 쥐여우원숭이는 수액을 빠는 꽃노린재의 꽁무니에서 나오는 **달콤한 액체를 받아먹는다.**

긴 꼬리
꼬리가 몸보다 더 길다.

여우원숭이는 빗 같은 앞니로 털을 고른다.

10m 베록스시파카가 강한 뒷다리로 나뭇가지 사이를 뛸 수 있는 거리.

177

베록스시파카
나무를 잘 타는 이 커다란 여우원숭이는 평범한 방식으로 걷거나 달리지 못한다. 땅에서는 댄서처럼 두 팔을 벌려 균형을 잡으면서 뒷다리로 서서 옆으로 뛰어다닌다.

굵고 부드러운 털

긴 손
베록스시파카는 대부분의 시간을 나무 위에서 잎과 열매를 따 먹으면서 보낸다. 손과 발 모두 엄지가 길고 다른 손발가락과 마주 보게 되어 있어서 나뭇가지를 잘 움켜쥘 수 있다.

힘센 뒷다리
힘센 뒷다리로 아주 멀리 있는 나뭇가지로 뛰어넘는다.

포유류
베록스시파카
학명: *Propithecus verreauxi*
사는 곳: 마다가스카르
길이: 최대 48cm
먹이: 나뭇잎, 열매, 나무껍질

인드리
학명: *Indri indri*
사는 곳: 마다가스카르
길이: 최대 72cm

멋진 무늬를 지닌 인드리는 여우원숭이 중 가장 크며, 베록스시파카의 가까운 친척이다. 꼬리가 아주 짧다는 점도 특징이다. 다른 여우원숭이들처럼 나무 사이를 뛸 때는 몸을 곧추세우며, 커다란 손으로 가지에 매달린다.

아이아이
학명: *Daubentonia madagascariensis*
사는 곳: 마다가스카르
길이: 최대 37cm

이 색다른 동물은 가운뎃손가락이 아주 가늘다. 이 손가락을 넣어서 나무에 구멍을 뚫고 사는 곤충 애벌레를 꺼낸다. 딱따구리의 포유류 형태라고 할 수 있다. 이 손가락으로 잘 익은 열매의 과육도 떠먹는다.

덥수룩한 꼬리

178 포유류 · 영장류

고함원숭이는 **익은 열매의 냄새를** 2킬로미터 떨어진 곳에서도 맡을 수 있다.

77% 고함원숭이가 하루 중 쉬면서 보내는 시간의 비율.

후두
고함원숭이는 후두(소리 상자)가 아주 크며, 깊고 울리는 소리를 낸다. 커다란 아래턱뼈 뒤쪽에 있는 속이 빈 커다란 목뿔뼈도 소리를 내는 데 기여한다. 수컷(아래)은 암컷보다 턱과 목뿔뼈가 더 크다.

목뿔뼈 / 아래턱

꽉 매달리기
태어날 때 새끼의 털은 금색이다. 새끼는 어미의 등에 꽉 매달린 채 업혀 다닌다.

뒤따르기
고함원숭이 무리는 하루가 시작되고 끝날 때 서로에게 소리를 질러댄다. 경쟁자들이 어디 있는지도 소리로 알린다.

공동 육아
어미들은 서로의 새끼도 돌본다. 이를 '새끼 보호 행동'이라고 한다.

긴 꼬리
꼬리는 길이가 최대 65센티미터에 달하며, 몸길이와 비슷하다.

움직이는 발가락
긴 발가락으로 높은 곳의 나뭇가지를 꽉 움켜쥘 수 있어서 안전하다.

예민한 꼬리 밑면
꼬리 밑면은 털이 없다. 아주 민감하여 촉감으로 사물을 식별할 수 있다.

검은고함원숭이

열대 아메리카 고함원숭이의 으르렁대는 소리는 육상 동물이 내는 소리 중 가장 시끄럽다. 자신의 먹이 영역과 암컷을 지키기 위해 고함을 지른다. 각 무리는 함께 소리를 질러서 침입하려는 이웃 무리에게 경고한다.

수컷들은 새벽과 낮 동안 이웃 무리에 대응해 커다란 울음소리로 우림을 뒤흔든다. 암컷도 소리를 지른다. 대개 암컷은 수컷과 색깔이 다르다. 암컷은 올리브색을 띠는 반면, 수컷은 까맣다. 고함원숭이는 남아메리카 중남부의 열대림에서 작은 무리를 지어 산다. 대부분의 시간을 높은 나무 위에서 열매와 잎을 따 먹으면서 보낸다.

고함원숭이가 제 영역을 지키기 위해 짖는 소리는 아주 커서 **5킬로미터 떨어진 곳에서도 들릴 정도다.**

22마리 고함원숭이 무리의 **최대** 개체 수. 대개는 5~8마리다.

검은고함원숭이는 20년까지 살 수 있다.

색각
이 원숭이는 색깔을 잘 보기 때문에, 빨간색과 주황색의 익은 열매를 알아본다.

공기 냄새 맡기
뛰어난 후각으로 먹이 냄새를 추적할 수 있다.

감는 꼬리
꼬리는 아주 튼튼해서 나뭇가지를 감은 채 매달릴 수도 있다.

포유류
검은고함원숭이
- **학명:** *Alouatta caraya*
- **사는 곳:** 아메리카 중남부
- **길이:** 최대 65cm
- **먹이:** 나뭇잎, 열매

나뭇잎 먹이
이 종은 원숭이치고는 특이하게도 열매뿐 아니라 나뭇잎도 많이 먹는다. 잎은 찾기 쉽지만, 영양가가 훨씬 낮다. 검은고함원숭이는 가장 어린잎을 따 먹지만, 많이 먹어야 한다. 그래서 하루 중 많은 시간을 잠자면서 보내고 많이 움직이지 않음으로써 에너지를 절약한다.

포유류 · 영장류

일본원숭이는 겨울에 기온이 영하 15도까지 떨어지는 지역에 산다.

원숭이

얼굴이 개처럼 생긴 크고 힘센 개코원숭이부터 부드러운 털로 덮인 작은 명주원숭이에 이르기까지, 원숭이는 영장류 중 가장 다양하다. 원숭이는 민첩성, 사회성, 지능이 뛰어난 것으로 유명하다.

원숭이는 대부분 열대의 나무 위에 살면서 주로 열매를 먹는다. 열대 숲에서는 일 년 내내 열매가 열리지만, 먹을 수 있는 열매를 맺는 나무들은 여기저기 흩어져 있고 찾기 어려울 수도 있다. 그래서 원숭이는 나무 사이를 돌아다니는 능력을 갖추었고, 잎 사이에서 잘 익은 열매를 찾을 수 있게 색각도 발달했다. 뛰어난 기억력으로 좋은 먹이가 어디에 있는지 떠올릴 수도 있다. 원숭이는 두 부류로 나뉜다. 아프리카와 아시아의 구대륙 원숭이, 열대 아메리카의 신대륙 원숭이다.

일본원숭이
학명: *Macaca fuscata*
사는 곳: 일본
길이: 최대 65cm

눈 쌓인 추운 산에 살아서 '눈원숭이'라고도 한다. 이 원숭이는 열대에 살지 않는다는 점에서 특이하다. 열매를 먹지만, 열매가 드물 때에는 잎, 즙 많은 뿌리, 씨앗도 먹는다. 겨울에 온기를 유지하기 위해서 화산 온천에 몸을 담그는 것으로 유명하다.

따뜻한 털
두꺼운 털은 겨울 추위를 막는다.

브라자원숭이
학명: *Cercopithecus neglectus*
사는 곳: 중앙아프리카
길이: 최대 54cm

아프리카의 긴꼬리원숭이 중에서 가장 털이 화려하고 가장 널리 퍼진 종에 속한다. 주로 열대림에 산다. 습지가 있는 숲을 선호하며, 작은 무리를 지어 산다.

맨드릴
학명: *Mandrillus sphinx*
사는 곳: 중앙아프리카
길이: 최대 1.1m

원숭이 중 가장 크며, 개코원숭이의 가까운 친척이다. 수컷은 빨간색과 파란색의 화려한 얼굴을 지니며, 우두머리 수컷의 색깔이 가장 선명하다. 맨드릴은 대부분 시간을 땅에서 보내며, 열매, 알, 잎에서 작은 포유동물에 이르기까지 다양한 먹이를 먹는다.

앙골라콜로부스
학명: *Colobus angolensis*
사는 곳: 아프리카 중부와 동부
길이: 최대 66cm

'흑백콜로부스'라고도 하는 우림의 이 홀쭉한 원숭이는 가장 인상적인 구대륙 종에 속한다. 얼굴 주위의 하얀 털과 어깨 위로 드리운 하얀 갈기가 눈에 띈다. 나무를 아주 잘 타며, 높은 나무 위에 큰 무리를 지어 산다. 주로 나뭇잎을 먹는다.

긴 주둥이

굵은 팔다리

앙골라콜로부스는 하루에 나뭇잎을 3킬로그램까지 먹을 수 있다. 자기 몸무게의 3분의 1이다.

코주부원숭이의 **코는** 너무 **길게** 자라서 먹이를 먹으려면 **옆으로 밀어야** 할 정도다.

흰머리마모셋
학명: *Callithrix geoffroyi*
사는 곳: 브라질 동부 열대 지방
길이: 최대 23cm

다람쥐만 한 마모셋은 가장 작은 원숭이다. 다른 마모셋들처럼, 이 종도 이빨로 나무껍질에 구멍을 내어 스며 나오는 달콤한 수액을 핥아먹는다.

황금사자타마린
학명: *Leontopithecus rosalia*
사는 곳: 브라질 동부 열대 지방
길이: 최대 33cm

이 작고 멋진 타마린은 예전에는 널리 퍼져 있었지만, 지금은 아주 드물다. 나무를 아주 잘 타며, 긴 발톱이 달린 손가락으로 빽빽한 나뭇잎들을 헤치고 열매와 곤충을 찾는다.

기아나갈색카푸친
학명: *Sapajus apella*
사는 곳: 남아메리카
길이: 최대 46cm

남아메리카에 널리 퍼진 카푸친은 주로 나무 위에서 집단생활을 하는 다양한 종으로 이루어진다. 이 종은 가장 흔한 종류에 속하며, 다양한 숲에서 번성할 수 있는 적응력 뛰어난 잡식 동물이다.

코주부원숭이
학명: *Nasalis larvatus*
사는 곳: 보르네오
길이: 최대 76cm

크고 살집 있는 코 때문에 '코주부'라고 불리는 이 구대륙 원숭이는 높은 나무 위에 살면서 열매와 나뭇잎을 먹는다. 늘 물 가까이에 지내며, 헤엄을 아주 잘 친다.

검은머리올빼미원숭이
학명: *Aotus nigriceps*
사는 곳: 아마존 서부
길이: 최대 42cm

이 열대 아메리카 원숭이는 커다란 눈으로 밤에 열매와 곤충을 찾아 먹으며, 어둠 속에서 나무 사이를 건너뛸 수도 있다. 야행성이기에 원숭이를 사냥하는 수리로부터 안전하다.

검은손거미원숭이
학명: *Ateles geoffroyi*
사는 곳: 중앙아메리카
길이: 최대 63cm

팔다리가 거미의 다리처럼 아주 길어서 거미원숭이라고 한다. 꼬리는 더욱 길며, 감을 수 있는 형태다. 우림의 높은 나무 위에서 열매를 찾으며 돌아다니는 생활에 완벽하게 적응해 있다. 거의 엄지가 없는 손을 갈고리 삼아서 나뭇가지 사이를 매달려 옮겨 다닌다.

살집 있는 코
성체 수컷은 코가 훨씬 더 길다.

곧은 손톱이 달린 길고 가는 손가락

다섯 번째 팔다리
이 감을 수 있는 꼬리는 몸무게를 견딜 수 있을 만큼 튼튼하다.

대머리우아카리
학명: *Cacajao calvus*
사는 곳: 아마존 서부
길이: 최대 57cm

이 종의 선명한 붉은 얼굴은 건강하다는 표시다. 건강이 안 좋을수록 얼굴 색깔이 더 옅고, 짝을 찾기가 어려워진다. 아마존 상류의 계절에 따라 물에 잠기곤 하는 숲에 살며, 나무 꼭대기에서 씨앗과 열매를 먹는다.

흰얼굴사키원숭이
학명: *Pithecia pithecia*
사는 곳: 남북아메리카
길이: 최대 41.5cm

수컷만 검은 털과 선명한 대조를 이루는 독특한 하얀 얼굴을 지닌다. 암컷은 더 갈색을 띤다. 부부는 평생 같이 살곤 한다.

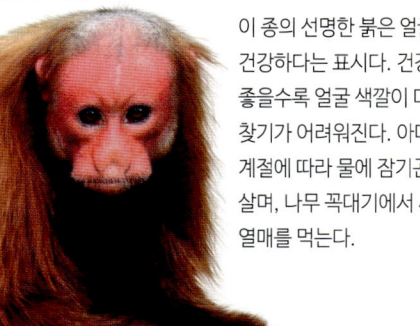

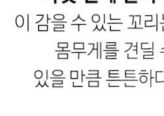

오랑우탄의 출생률은 아주 낮다. 암컷은 평균 **9.3년마다 새끼를 한 마리 낳는다.**

끈끈한 관계
어미는 8~9년 동안 새끼를 키운다.

새끼는 어미에게 매달려 다닌다.

네 개의 손
오랑우탄은 손처럼 발로도 나뭇가지를 움켜쥘 수 있다.

유연한 다리
오랑우탄의 다리는 팔보다 짧다.

붉은 유인원
털은 주황색이나 밤색에서 적갈색에 이르기까지 다양하다.

오랑우탄은 말레이어로 '숲 사람'이라는 뜻이다.

58세 야생 오랑우탄의 최대 수명.

플랜지가 있는 수컷은 성숙한 암컷보다 몸집이 2배 더 크다.

플랜지가 있는 수컷

플랜지가 없는 수컷

나중에 발달되는 형질
우두머리 수컷은 볼에 넓적하게 살집 있는 플랜지가 달리고, 소리를 증폭시키는 목주머니가 크고, 긴 털이 어깨를 덮는다. 이런 특징들은 암컷과 플랜지가 없는 수컷 등 경쟁자에게 깊은 인상을 준다. 플랜지가 없는 수컷은 일종의 발달 지체 상태로, 번식을 할 수는 있어도 플랜지가 결코 발달하지 못할 수도 있다.

나무에 둥지 짓기
오랑우탄은 매일 높은 나무에 있는 두 종류의 둥지에서 지낸다. 낮 둥지와 밤 둥지다. 둥지는 나뭇가지와 잎을 엮어서 짓는다. 오랑우탄은 서로에게서 둥지를 짓는 법을 배우므로, 새끼가 짓는 첫 둥지는 어미의 둥지를 흉내 낸 둥지일 것이다.

수마트라오랑우탄

오랑우탄은 높은 나무의 나뭇가지에 매달려 몸을 흔들어서 옮겨 다닌다. 늘 나뭇가지가 몸무게를 지탱할 수 있는지 살펴보면서 느릿느릿 움직인다. 높은 나무 위에서 생활하며, 땅으로는 거의 내려오지 않는다.

포유류

수마트라오랑우탄

학명: *Pongo abelii*

사는 곳: 수마트라

키: 최대 99cm

먹이: 열매, 나뭇잎, 곤충

오랑우탄은 동남아시아의 보르네오섬과 수마트라섬에 산다. 모습이 비슷하지만, 현재 두 섬의 집단은 별개의 종이라고 여겨진다. 주로 우림의 위쪽에서 열매를 따 먹고, 나무에 사는 흰개미와 새알도 먹는다. 오랑우탄은 지능이 매우 높지만, 다른 유인원에 비해 사회적이지 않다. 홀로 먹이를 찾아 먹고 홀로 자는 쪽을 선호한다. 수마트라오랑우탄은 보르네오오랑우탄보다 더 마르고 키가 크며, 우림 파괴 때문에 멸종 위험에 더 많이 처해 있다.

도구 사용
오랑우탄은 막대기를 써서 흰개미집을 파거나 벌집에서 꿀을 딴다.

엄지와 손가락
사람의 손처럼 네 개의 긴 손가락과 마주 보는 엄지를 써서 꽉 쥘 수 있다.

긴 팔
양쪽 손의 손가락 끝에서 끝까지의 길이가 최대 2.25미터에 달한다.

빠른 학습 능력
각 지역의 집단마다 먹이를 찾고, 둥지를 짓고, 이웃과 의사소통하는 나름의 방식이 있다. 새끼는 도구를 써서 나무 구멍에서 곤충을 파내는 기술 등을 어미로부터 배운다. 새끼는 적어도 7년 동안 어미와 함께 산다.

마운틴고릴라

거대한 고릴라는 유인원 중에서 가장 크다. 이 숲의 거인은 사람의 가장 가까운 친척 중 하나다. 지능이 매우 높고, 우두머리인 '실버백' 수컷을 중심으로 가족 집단을 이루어 산다. 실버백은 엄청난 힘으로 경쟁자인 수컷들을 억누른다.

고릴라는 동부고릴라와 서부고릴라 두 종이 있다. 마운틴고릴라는 동부고릴라의 아종이다. 아프리카 중동부의 고지대 숲에 살며, 땅 가까이에서 자라는 나뭇잎과 줄기를 주로 먹는다. 영양가가 별로 없는 것들이므로, 고릴라는 대부분 시간을 먹으면서 보낸다. 가능한 한 많은 영양소를 빼내기 위해서 커다란 어금니로 계속 씹는다.

209kg 고릴라 수컷의 몸무게. 암컷의 두 배다.

실버백
성숙한 수컷은 14세가 되면 등에 짧은 은회색 털이 자라기 시작한다.

덥수룩한 털
마운틴고릴라는 다른 고릴라들보다 털이 더 길다.

싸움 자세
고릴라는 팔다리를 디디면서 걷는 '손등 보행'을 한다. 서로 싸우거나 가슴을 두드릴 때에만 일어선다.

수컷들은 죽을 때까지 싸우기도 한다. 하지만 먼저 **가슴을 두드리며** 고함을 질러서 상대를 쫓아내려고 한다.

가족 구조
전형적인 마운틴고릴라 가족 집단은 수컷 한 마리, 암컷 서너 마리, 그 수컷의 자식들인 나이가 서로 다른 새끼 네다섯 마리로 이루어진다. 수컷은 포식자와 경쟁자 수컷들로부터 가족을 지킨다. 경쟁자가 수컷을 내쫓으면, 수컷의 새끼들도 죽이려고 한다. 그런 피해가 닥치지 않는 한, 가족은 함께 지낸다.

서부흰눈썹 긴팔원숭이
학명: *Hoolock hoolock*
사는 곳: 남아시아
길이: 최대 81cm

모든 긴팔원숭이처럼, 이 종도 아주 긴 팔과 튼튼한 어깨로 나뭇가지에 매달려 옮겨 다닌다. 수컷은 검은 털과 선명하게 대비되는 하얀 눈썹이 있다. 암컷은 회갈색이다.

눈썹이 하얀 수컷

갈색을 띤 암컷 — 암컷은 털이 갈색이고, 얼굴 가장자리가 하얗다.

하얀 손과 발

긴 팔 — 아주 긴 팔로 매달려 몸을 흔들어서 멀리 떨어진 나뭇가지도 잡는다.

안정적인 다리 — 모든 유인원처럼, 이 종도 잠깐 동안 서서 걸을 수 있다.

흰손긴팔원숭이
학명: *Hylobates lar*
사는 곳: 동남아시아
길이: 최대 42cm

개체마다 검은색부터 황갈색까지 털 색깔은 다양하지만, 모두 검은 얼굴의 가장자리에 하얀 털이 난다. 열대 우림의 높은 나무 위에서 가족 집단을 이루어 산다. 주로 열매를 먹는다. 숲 바닥으로는 거의 내려오지 않는다.

유인원

유인원에는 두 주요 집단이 있다. 한쪽은 높은 나무 위에서 생활하는 데 적응한 긴팔원숭이다. 또 한쪽은 대형 유인원이다. 침팬지와 그 친척인 보노보와 인간이 속해 있다. 오랑우탄과 고릴라(182~185쪽 참조)도 대형 유인원에 속한다.

유인원은 가장 놀라울 만치 날랜 영장류다. 긴팔원숭이 19종은 긴 팔을 써서 나무에 매달려 우아하게 옮겨 다닌다. 대형 유인원은 유인원 중 가장 크며, 가장 지적인 영장류라고 여겨진다.

다리는 팔보다 짧다.

북부흰뺨긴팔원숭이
학명: *Nomascus leucogenys*
사는 곳: 동남아시아
길이: 최대 53cm

수컷은 몸이 검은색이며, 뺨이 하얗다. 반면에 암컷은 옅은 갈색이고, 얼굴이 검다. 다른 긴팔원숭이들처럼, 짝을 지으면 오래 함께 산다. 주로 열매를 먹으며, 덜 자란 부드러운 나뭇잎과 작은 동물도 먹는다.

사회적 털 고르기 — 모든 유인원에게 털 고르기는 털을 청소하는 것인 동시에 사회적 유대를 강화하는 중요한 활동이다.

털이 검은 수컷

큰긴팔원숭이의 울음소리는 숲에서 2킬로미터까지 퍼질 수 있다.

침팬지는 150마리까지 사회를 이루어 살지만, 먹이를 찾을 때는 더 작은 무리로 나뉘어 다닌다.

큰긴팔원숭이
학명: *Symphalangus syndactylus*
사는 곳: 동남아시아
길이: 최대 90cm

모든 긴팔원숭이는 큰 소리를 질러서 영역을 지키지만, 큰긴팔원숭이의 소리가 가장 크다. 부푸는 목주머니가 공명을 일으키면서 소리를 증폭시킨다. 부부 한 쌍이 15분 넘게 쌍으로 울어대기도 한다. 특히 이른 아침에 우짖으면, 주변에 있는 개체들도 화답하면서 우짖는다.

울음 주머니
목주머니는 머리만 하게 부풀 수 있다.

힘센 팔
길쭉한 손은 가지를 잡는 데 알맞다.

보노보
학명: *Pan paniscus*
사는 곳: 중앙아프리카
길이: 최대 83cm

두 종의 침팬지 중에서 더 수가 적으며, 다리가 더 길고 더 홀쭉하다. 열대 우림의 나무 위와 숲 바닥 양쪽을 다 돌아다닌다. 숲 바닥에서는 팔다리를 다 짚는 '손등 보행'으로 걷는다. 주로 열매를 먹으며, 나뭇잎, 알, 곤충, 작은 척추동물도 먹는다.

독특한 머리털
보노보는 머리털이 길고 검으며, 한가운데에 가르마가 있다.

분홍색 입술

성긴 검은 털

침팬지
학명: *Pan troglodytes*
사는 곳: 아프리카 중부와 서부
길이: 최대 96cm

침팬지는 보노보보다 더 땅딸막하며, 다양한 서식지에서 수컷을 중심으로 무리 지어서 영역을 지키며 산다. 열매를 많이 먹지만 도구를 써서 곤충도 잡으며, 원숭이 등 더 큰 동물도 잡아먹는다.

침팬지는 날카롭게 다듬은 막대기로 나무 구멍에 숨은 갈라고를 찔러 잡는다고 알려져 있다.

굵은 마디

긴 다리

발로 가지를 움켜쥘 수 있다.

포유류 · 박쥐

박쥐는 **반향정위를 써서** 6킬로미터 떨어진 곳에서 나는 **나방도 찾아낼 수 있다.**

인도날여우박쥐
학명: *Pteropus giganteus*
사는 곳: 인도, 동남아시아
길이: 최대 25cm

열대에 사는 이 커다란 과일박쥐는 밤에 열매를 찾아서 넓은 숲을 날아다니는 종류 중 하나다. 낮에는 발로 나뭇가지에 거꾸로 매달려 잠을 잔다. 한 나무에 수백 마리가 모여 살기도 한다.

관박쥐
학명: *Rhinolophus ferrumequinum*
사는 곳: 유럽, 아시아
길이: 최대 7cm

대부분의 작은 박쥐들처럼 이 종도 공중에서 곤충을 잡는다. 반향정위를 써서 날고 있는 나방과 딱정벌레를 찾아낸다. 반향정위는 높은 소리를 계속 내어 돌아오는 메아리를 듣고서 위치를 파악하는 것이다. 코에 있는 말발굽 모양의 구조로 돌아오는 메아리를 모은다.

유령박쥐
학명: *Macroderma gigas*
사는 곳: 북오스트레일리아
길이: 최대 14cm

열대의 이 커다란 박쥐는 유령처럼 창백한 회색 털에 거의 투명한 아주 얇은 날개를 지녀서 유령박쥐라는 이름이 붙었다. 아주 큰 이빨로 도마뱀, 생쥐, 작은 새, 심지어 다른 박쥐까지 잡아먹을 수 있는 강한 포식자다.

작은긴코박쥐
학명: *Leptonycteris yerbabuenae*
사는 곳: 북아메리카와 중앙아메리카
길이: 최대 9cm

이 특이한 박쥐는 꿀을 빤다. 사막에서 선인장과 용설란의 꽃을 찾아다닌다. 이 식물들은 밤에 꽃을 피워서 박쥐를 꾀며, 박쥐는 끝이 솔처럼 생긴 아주 긴 혀로 꿀을 핥아 먹는다. 정지 비행을 하면서 꽃꿀을 빨 수도 있다.

큰불도그박쥐
학명: *Noctilio leporinus*
사는 곳: 중앙아메리카와 남아메리카
길이: 최대 13.2cm

큰 박쥐는 큰 먹이를 사냥할 수 있으며, 큰불도그박쥐는 물고기를 잡는 쪽으로 진화했다. 물속에서 물고기가 움직일 때 수면에 일어나는 잔물결을 감지하여, 꼬리 피부막과 발톱을 물속에 담가서 물고기를 낚아 올린다. 수컷은 밝은 주황색을 띨 때가 많다.

박쥐

포유류 종의 4분의 1은 박쥐다. 박쥐는 조류 외에 스스로 날 수 있는 유일한 현생 척추동물이다. 포유류, 파충류, 심지어 개구리 중에도 활공할 수 있는 종들이 있긴 하지만, 박쥐는 자기 힘으로 날 수 있다. 대부분 공중에서 곤충을 낚아채면서 살아갈 만큼 날래면서 정확하게 날 수 있다.

박쥐의 날개는 아주 길어진 손가락뼈를 늘어나는 피부가 덮고 있는 형태다. 피부막은 박쥐의 다리와 심지어 꼬리까지도 이어져 있다. 몇몇 박쥐는 속도를 내기 좋은 길고 좁은 날개를 지닌다. 날랜 움직임에 알맞은 짧고 넓은 날개를 지닌 종류도 있다. 전형적인 새와 달리 박쥐는 밤에 날며, 대부분 반향정위를 써서 어둠 속에서도 날 수 있다.

포유류
토끼박쥐

학명: *Plecotus auritus*
사는 곳: 유럽과 중앙아시아
길이: 최대 5.5cm
먹이: 곤충, 거미

1,240종 전 세계 박쥐의 종수.

흡혈박쥐
학명: *Desmodus otundus*
사는 곳: 중앙아메리카와 남아메리카
길이: 최대 9.5cm

열대 아메리카의 흡혈박쥐는 피를 먹는다. 면도날처럼 날카로운 앞니로 큰 동물의 피부를 살짝 벤 뒤, 흘러나오는 피를 긴 혀로 할짝할짝 핥아먹는다. 흡혈박쥐는 접은 날개를 다리처럼 써서 땅 위를 달리고 뛰어오를 수도 있다.

토끼박쥐는 22년까지 산다고 추정된다.

접히는 귀
낮에 잠을 잘 때는 커다란 귀를 날개 밑으로 집어넣는다.

날개 손가락
비행할 때는 길어진 손가락뼈가 펼쳐지면서 날개막을 지탱한다.

반향정위
모든 식충 박쥐는 복잡한 반향정위 체계를 갖추고 있다. 박쥐는 날 때, 높은 주파수의 소리를 잇달아 낸다. 이 소리는 장애물과 먹이에 부딪혀서 메아리로 반사되고, 박쥐는 귀로 메아리를 들어서 주변 환경의 '소리 영상'을 만든다. 덕분에 완벽하게 어두운 곳에서도 날면서 사냥할 수 있다.

토끼박쥐
이 유럽 박쥐의 커다란 귀는 어둠 속에서 곤충과 거미가 내는 가장 희미한 소리까지 들을 수 있다. 또 아주 작은 소리로 반향정위를 써서 나무 사이로 날면서 먹이인 곤충을 잡을 수 있다.

토끼박쥐는 시력도 좋아서, **달빛 아래서 먹이를 사냥하기도 한다.**

박쥐 / 보내는 소리 / 메아리 / 곤충

190 포유류 · 식육류

70km/h 회색늑대가 달릴 수 있는 **최고 속도**.

고기를 자르는 이빨
거의 모든 식육류처럼, 늑대도 '열육치'라는 특수한 어금니가 있다. 뼈에서 고기를 발라내는 가윗날처럼 작용하는 변형된 어금니다. 또 늑대는 먹이를 꽉 무는 길고 뾰족한 송곳니도 지닌다.

위 송곳니
위 열육치
아래 열육치
아래 송곳니

움직이는 귀
늑대는 귀를 움직여서 먹이의 위치를 찾고 감정을 표현한다.

예민한 수염으로 공기 움직임을 감지한다.

울부짖기
늑대 무리는 울부짖어서 이웃 무리에게 영역을 침범하지 말라고 경고한다.

두꺼운 털
겉털 안쪽에 빽빽한 속털이 있어서 추위를 막아 준다.

회색늑대

기르는 모든 개의 조상인 회색늑대는 예전에 북반구의 모든 대륙에 널리 퍼져 있었다. 지금은 먼 북쪽 오지와 몇몇 산악 지역 외에는 늑대의 울음소리를 듣기가 어렵다.

늑대는 식육목에 속한다. 식육목은 고기를 먹는 육식 동물이 많다는 이유로 이름 붙여진 포유류 집단이다. 늑대는 생쥐에서 물소 성체에 이르기까지 주로 다른 포유류를 잡아먹지만, 혼자서 큰 먹이를 잡을 수 있는 사례는 많지 않다. 대신에 몇 개의 가족군이 함께 사냥을 한다. 지능과 의사소통 능력을 토대로 늑대는 먹이를 함께 공격한 뒤, 잡은 먹이를 나누어 먹는다.

포유류
회색늑대
학명: *Canis lupus*
사는 곳: 유럽, 중앙아시아
길이: 최대 1.6m
먹이: 주로 커다란 포유류

인간을 제외할 때, 회색늑대의 **주된 천적은 시베리아호랑이다.**

늑대 무리는 5킬로미터 이상 먹이를 뒤쫓아서 잡기도 한다.

늑대 무리는 대개 5~12마리로 이루어지지만, 36마리까지 늘어날 수도 있다.

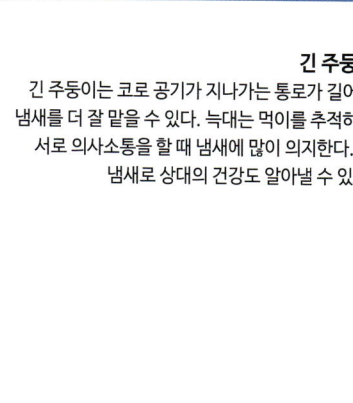

긴 주둥이
긴 주둥이는 코로 공기가 지나가는 통로가 길어서 냄새를 더 잘 맡을 수 있다. 늑대는 먹이를 추적하고 서로 의사소통을 할 때 냄새에 많이 의지한다. 또 냄새로 상대의 건강도 알아낼 수 있다.

밤눈
늑대는 색각이 안 좋지만, 밤에는 잘 볼 수 있어서 종종 밤에 돌아다닌다.

다양한 색깔
털은 검은색부터 흰색에 이르기까지, 지역 집단별로 다르다.

몸짓 언어
늑대는 자세와 몸짓 언어를 써서 의사소통을 하는 매우 사회적인 동물이다. 무리는 번식하는 쌍이 이끈다. 이 사진에서 암컷은 귀를 낮추고 웅크림으로써 '우두머리 수컷'에게 복종한다는 것을 보여 준다. 수컷은 꼬리를 치켜들고서 우위를 드러낸다.

조기 학습
우두머리 암컷만 새끼를 낳지만, 무리 전체가 새끼를 보살피고 먹이를 준다. 새끼들은 굴속에서 장난치고 먹이를 놓고 경쟁하면서 스스로 지키고 살아가는 법을 배우며, 이윽고 어른들을 따라 사냥에 나선다.

긴 다리
가늘고 긴 다리로 지치지 않고 먹이를 계속 뒤쫓을 수 있다.

미끄럼 방지
먹이를 잡으러 달릴 때 튼튼한 발톱이 땅에 콱 박혀서 미끄러지지 않는다.

아프리카들개

마르고 가볍고 다리가 긴 아프리카들개는 가장 뛰어난 사냥꾼 중 하나다. 먹이가 지칠 때까지 계속 뒤쫓아 달린 뒤, 돌아가면서 공격하여 쓰러뜨린다.

아프리카들개는 가장 사회적인 식육목에 속하며, 홀로는 살아갈 수 없다. 평생을 무리 속에서 살아간다. 무리는 성체와 새끼로 이루어지는 확장된 가족군이며, 많으면 30마리에 달하기도 한다. 열대 아프리카의 초원과 숲에서 함께 사냥하면서 살아간다. 무리는 드넓은 지역을 돌아다니면서 가젤, 영양, 심지어 다 자란 얼룩말까지 사냥한다.

가족의 중요성
들개 무리는 번식하는 암수인 우두머리 쌍이 이끈다. 다른 들개들은 이들을 도와서 새끼를 돌본다. 무리에는 대개 암컷보다 수컷이 더 많다. 다 자란 뒤에도 수컷 중 상당수는 무리에 남아서 일을 돕지만, 암컷은 새 무리를 꾸리기 위해서 무리를 떠난다.

위장색
아프리카들개는 개 중에서 가장 화려한 무늬를 지닌다. 검정색, 황갈색, 노란색, 흰색의 얼룩이 온몸에 나 있다. 이 제멋대로인 무늬는 숲, 덤불, 풀밭에 숨을 때 완벽하게 몸을 감추어 준다. 그래서 먹이에게 들키지 않은 채 가까이 다가갈 수 있다.

포유류
아프리카들개

- **학명**: *Lycaon pictus*
- **사는 곳**: 아프리카 사하라 이남
- **길이**: 최대 1.4m
- **먹이**: 주로 큰 포유류

덥수룩한 꼬리
꼬리는 끝이 하얗다. 이 꼬리로 무리의 개들에게 신호를 보내는지도 모른다.

긴 다리
대부분의 개처럼, 아프리카들개도 다리가 달리는 데 적응해 있다. 종아리뼈들은 옆으로 돌아가지 않도록 맞물려 있어서, 부상 위험이 적다.

독특한 무늬
얼룩덜룩한 무늬가 있는 털 때문에 '얼룩늑대' 라고도 불린다.

너구리는 겨울에 **겨울잠을** 자는 유일한 식육류다.

페넥여우는 뜨거운 사막 모래로부터 발을 보호하기 위해 발바닥에 털이 나 있다.

에티오피아늑대
학명: *Canis simensis*
사는 곳: 동아프리카
길이: 최대 1m

회색늑대의 친척인 이 우아한 황갈색 종은 에티오피아 중부의 추운 높은 산에 산다. 들쥐 같은 작은 포유동물을 사냥한다. 서식지 파괴와 인간 활동으로 개과 동물 중 가장 멸종 위기에 처해 있다.

개과 동물

늑대, 들개, 여우는 모두 개과에 속한다. 개과 동물은 식육류에서 생존에 가장 성공한 집단에 속한다. 식육류이긴 하지만, 대다수가 식물도 먹는다.

많은 개과 동물은 긴 다리와 유연한 몸으로 탁 트인 지역에서 먹이를 뒤쫓아 달리는 데 적응해 있다. 그러나 개과 동물이 성공을 거둔 것은 적응력이 아주 뛰어나고, 다양한 먹이를 먹을 수 있기 때문이다. 대부분의 여우는 몸을 숨긴 채 먹이에게 몰래 다가가기 좋은 숲에서 사냥을 하는 반면, 큰귀여우는 곤충을 먹는 쪽으로 진화했다. 많은 개과 동물은 홀로 사냥을 하지만, 거의 대부분이 혈연과 사회적 상호 작용을 토대로 무리를 지어 살아간다.

게잡이여우
학명: *Cerdocyon thous*
사는 곳: 남아메리카
길이: 최대 77.5cm

대부분의 개과 동물처럼, 이 남아메리카 여우도 열매에서 작은 포유류에 이르기까지, 기회가 생기면 가리지 않고 다 먹는다. 게다가 강둑에서 게를 사냥하는 습성이 있다.

갈기늑대
학명: *Chrysocyon brachyurus*
사는 곳: 남아메리카
길이: 최대 1.15m

큰 귀로 아주 잘 듣는다.

승냥이
학명: *Cuon alpinus*
사는 곳: 아시아
길이: 최대 1.35m

아프리카들개의 남아시아 형태이다. 승냥이는 거의 고기만 먹으며, 무리 지어서 사슴과 어린 물소 같은 큰 먹이를 사냥한다. 번식하는 암컷이 몇 마리 포함된 큰 무리를 이루어서 복잡한 사회생활을 한다.

가늘고 긴 다리
갈기늑대는 다리가 아주 길어서 키가 큰 풀 위로 주위를 살펴볼 수 있고, 밤에 먹이를 찾아서 아주 멀리까지 돌아다닐 수 있다.

남아메리카의 갈기늑대는 몸집이 크고 다리가 아주 긴 붉은여우처럼 보이지만, 늑대도 여우도 아니라 별개의 집단에 속한다. 갈기늑대는 긴 귀로 소리를 들으면서 긴 풀이 자란 초원에서 홀로 먹이를 사냥한다. 열매도 많이 먹으며, 특히 '늑대사과'라고 하는 일종의 야생 토마토를 즐겨 먹는다.

붉은여우는 지구에서 가장 널리 퍼진 포유동물에 속한다.

덤불개는 발에 물갈퀴가 있어서 헤엄을 잘 친다.

북극여우는 영하 70도까지 견딜 수 있다.

안데스여우
학명: Lycalopex culpaeus
사는 곳: 남아메리카
길이: 최대 92cm

남아메리카 지역에서 주민들이 '조로(zorro)'라고 부르는 여우가 몇 종류 있는데, 그중 하나다. 적응력이 뛰어난 이 사냥꾼은 먹이를 찾아서 안데스산맥 높은 곳까지 올라간다.

너구리
학명: Nyctereutes procyonoides
사는 곳: 유럽, 아시아
길이: 최대 70cm

동아시아의 이 종은 아메리카너구리와 얼굴이 비슷하며, 겨울에 털이 아주 길고 빽빽하게 난다. 나무를 아주 잘 기어오르며, 열매를 따 먹으러 올라가곤 한다. 곤충, 생쥐, 개구리, 심지어 물고기까지 잡아먹는다.

큰귀여우
학명: Otocyon megalotis
사는 곳: 아프리카 동부와 남부
길이: 최대 60cm

개과 중에서 특이하게도 이 여우는 식성이 까다롭다. 아프리카 초원에서 커다란 귀로 흰개미와 딱정벌레를 찾아서 아주 작은 이빨로 바삭거리면서 씹어먹는다.

덤불개
학명: Speothos venaticus
사는 곳: 중앙아메리카와 남아메리카
길이: 최대 75cm

개와 여우는 대개 몸이 날씬하고 다리가 길지만, 남아메리카의 덤불개는 예외다. 테리어처럼 다리가 짧고 머리가 둥글다. 무리를 지어서 커다란 설치류와 돼지처럼 생긴 페커리를 사냥한다.

짧은 귀

회색여우
학명: Urocyon cinereoargenteus
사는 곳: 캐나다 남부에서 남아메리카까지
길이: 최대 66cm

미국과 중앙아메리카의 많은 지역에 퍼져 있는 이 여우는 다른 모든 개과 동물의 조상과 가깝다. 나무를 기어올라서 나뭇가지로 건너뛰면서 먹이를 찾는 능력을 비롯하여, 몇몇 원시적인 특징들을 간직하고 있다.

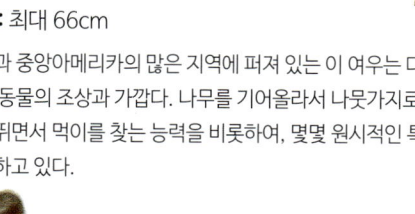

페넥여우
학명: Vulpes zerda
사는 곳: 북아프리카
길이: 최대 41cm

북아프리카 사막에 사는 이 여우는 개과 중 가장 작으며, 어둠 속에서 큰 귀를 써서 생쥐, 도마뱀 같은 먹이를 찾는다. 귀는 열도 방출함으로써, 체온 유지를 돕는다.

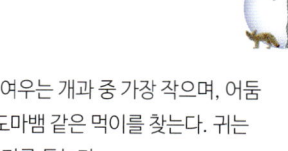

모래색 털
털 덕분에 사막 서식지에서 완벽하게 몸을 숨길 수 있다.

붉은여우
학명: Vulpes vulpes
사는 곳: 북극 지방, 북아메리카, 유럽, 아시아, 북아프리카, 오스트레일리아
길이: 최대 90cm

북반구 전역에 널리 퍼져 있고, 오스트레일리아에도 전해졌다. 붉은여우는 북극권 툰드라에서 대도시에 이르기까지 거의 어디에서나 살 수 있다. 작은 포유류를 사냥하지만, 곤충, 지렁이, 열매, 사체도 먹는다.

빽빽한 털
빽빽한 털은 대개 붉은색이며, 가슴과 꼬리 끝은 하얀색, 발은 검은색이다.

북극여우
학명: Vulpes lagopus
사는 곳: 캐나다 북부, 알래스카, 그린란드, 북유럽, 북아시아
길이: 최대 39.5cm

북극여우는 아주 추운 북극 지방에서 살아가는 데 적응했다. 이 여우는 매우 두꺼운 털 덕분에 추위를 아주 잘 견딘다. 털은 대개 겨울에는 순백색이지만, 여름에는 색이 더 짙어진다.

회색곰

덩치 크고 힘센 회색곰과 그 가까운 친척들은 북극권 아래 아메리카에서 가장 큰 육식 동물이다.

회색곰은 유럽과 아시아에도 사는 갈색곰의 북아메리카 아종이다. 털은 끝이 회색이나 은색을 띤다. 커다란 동물을 잡아먹을 수도 있지만, 대개는 작은 동물, 열매를 비롯한 식물을 먹는다. 알래스카의 곰은 해마다 산란하러 올라오는 연어를 잡아먹는다.

포유류	
회색곰	
학명:	*Ursus arctos horribilis*
사는 곳:	북아메리카
길이:	최대 2.8m
먹이:	열매를 비롯한 식물, 육상 동물, 어류

회색곰은 버섯부터 들소에 이르기까지 기회가 생기면 거의 가리지 않고 먹는다.

겨울잠
겨울에는 먹이를 찾기가 어렵다. 그래서 회색곰은 늦여름에 많이 먹어서 살을 찌운 뒤, 겨울에 아늑한 굴에서 겨울잠을 잔다. 잠을 자는 동안 체온은 몇 도 낮아질 뿐이라서, 위험한 상황이 닥치면 비교적 빨리 다시 활동할 수 있다.

회색 털
회색곰의 털은 끝이 옅은 은색이나 금색을 띤다. 그래서 전체적으로 옅은 회색 얼룩이 진 듯하다. 알래스카불곰 등 다른 아종들은 털이 더 짙고 선명한 갈색이다.

회색곰은 먹지도 마시지도 않은 채 **잠을 6개월 넘게** 잘 수 있다.

납작한 발
다른 대다수 식육류가 주로 발가락을 써서 걷는 반면, 곰은 발바닥으로 걷는다.

수컷 성체는 **몸무게가 360킬로그램까지도** 나간다.

겨울잠을 준비하는 **곰은 많이 먹어서 몸무게를 두 배까지 늘린다.**

회색곰은 동물 사체도 먹으며, 동물을 잡아서 먹고 있는 **늑대들을 쫓아버리고 먹이를 차지하기도 한다.**

작은 눈
회색곰은 눈이 좋긴 하지만, 후각이 더 뛰어나다.

다목적 이빨
긴 송곳니가 있지만, 잡식성이라서 이빨이 딱히 고기를 먹는 데 알맞은 모양은 아니다.

커다란 발톱
회색곰은 길고 튼튼하지만 뭉툭한 발톱으로 땅을 파고 물고기를 잡는다. 새끼는 이 발톱으로 나무를 기어오르기도 하지만, 성체는 너무 무거워서 나무에 오르지 못한다.

연어 잡기

연어는 여름에 알을 낳기 위해 알래스카 강을 거슬러 올라온다. 이때 회색곰은 강어귀에서 연어를 잡아먹는다. 회색곰은 여름에 일 년 동안 필요한 먹이의 절반 이상을 먹는다. 한곳에 아주 많이 모여서 연어를 잡으며, 가장 큰 수컷들이 가장 좋은 자리를 차지한다.

지켜보면서 기다리기
곰은 물에 들어가서 기다린다. 연어는 강을 거슬러 올라가려면 이 폭포를 뛰어올라야 한다.

뛰어오르는 먹이
산란지인 상류로 올라가는 데에만 몰두하느라, 연어는 곰이 기다리고 있다는 것을 알아차리지 못한다.

성공!
곰은 공중에서 연어를 입으로 낚아챈다. 물 밖으로 갖고 나와서 먹을 것이다.

포유류 ○ 식육류

대왕판다는 필요한 영양소를 얻으려면 하루에 대나무를 최대 14킬로그램을 먹어야 한다.

1,600마리 야생에 살고 있다고 추정되는 대왕판다의 수.

포유류
대왕판다
학명: *Ailuropoda melanoleuca*
사는 곳: 동아시아
길이: 최대 1.8m
먹이: 대나무

엄지 받침
판다의 손목뼈 중 하나가 엄지처럼 다른 '손가락들'과 마주 보게 자란다. 그래서 판다는 대나무 줄기를 움켜쥘 수 있다.

양육
암컷은 대개 2년에 한 번씩 출산을 한다. 새끼를 자주 두 마리를 낳기도 하지만, 어미는 두 마리를 다 키우는 일이 거의 없다. 갓 태어난 판다는 아주 작고 눈도 못 뜨고 무력한 상태다. 처음 몇 달 동안 어미는 특수한 보금자리에서 새끼를 돌본다. 새끼는 약 3개월째에 걷기 시작한다. 2년이 될 때까지 새끼는 어미에게 의존한다.

대왕판다

대왕판다는 위험에 처한 세계 야생 생물의 가장 대표적인 상징으로, 멸종 위기에 있다. 대왕판다는 거의 대나무만 먹는 곰이다. 대나무는 판다의 고향인 중국 중부 고지대 숲에 무성하게 자라는 거대한 풀이다.

북극곰을 제외한 모든 곰은 식물을 아주 많이 먹는다. 그러나 대왕판다는 식성이 아주 까다로워서, 대나무를 먹는 쪽으로 적응했다. 아주 드물게 고기를 먹기도 한다. 특수하게 적응한 앞발로 대나무를 움켜쥔 뒤 씹는 데 알맞은 커다란 이빨로 씹어 먹는다. 하지만 대나무는 영양가가 아주 적어서 판다는 하루 대부분을 가장 즙이 많은 싹을 찾아내어 씹으면서 보내야 한다.

대왕판다는 하루 **16시간**을 먹으면서 보낸다.

불룩한 몸
커다란 근육질 위장은 엄청난 양의 대나무를 소화할 수 있다.

흑백 무늬
흑백 무늬는 눈 덮인 그늘진 숲에서 몸을 숨기는 데 도움을 준다.

발바닥
다른 곰들처럼 대왕판다도 발바닥으로 걷는다.

대나무 싹

짓이기는 넓적한 어금니

아래턱

날카로운 송곳니

짓이기는 이빨
다른 곰들에 비해, 판다는 커다란 어금니로 먹이를 짓이기고 갈아서 섬유질 식물 세포 안에 든 즙을 빼내 먹는다. 삼킨 대나무는 커다란 근육질 위장에서 걸쭉해진다. 그러나 소화계 전체는 전형적인 초식 동물보다 육식 동물의 것에 더 가깝다. 그래서 먹은 질긴 섬유질 중에 소화가 안 되는 비율이 꽤 높다.

먹이가 가득
대왕판다가 사는 숲에는 대나무가 아주 많기 때문에, 대왕판다는 대나무를 먹는 쪽으로 진화했다. 그러나 먹은 대나무 중 상당수는 소화가 되지 않은 채 배설되므로, 판다는 엄청난 양을 먹어야 한다. 먹지 않을 때에는 잠을 자서 에너지를 절약한다.

보전
대왕판다는 수천 년 동안 번성했다. 그러나 많은 숲 서식지가 벌목되어 경작지로 바뀌면서, 판다는 현재 멸종 위험에 처해 있다. 야생에서는 판다 보호 구역에서 살아가고 있으며, 포획하여 번식시키기도 한다.

태양곰

학명: *Helarctos malayanus*
사는 곳: 동남아시아
길이: 최대 1.5m

곰 중에서 가장 작고 짧은 털로 덮인 이 종은 열대 서식지에 잘 적응했다. 태양곰은 나무를 잘 타며 주로 나무 위에서 생활한다. 주로 열매를 먹지만, 벌집을 부수고 아주 긴 혀로 꿀을 핥아 먹기도 한다.

긴 혀
꿀을 먹을 때 혀를 25센티미터까지 빼기도 한다.

안경곰

학명: *Tremarctos ornatus*
사는 곳: 남아메리카
길이: 최대 1.9m

'안데스곰'이라고도 하며, 남아메리카의 유일한 곰이다. 안데스산맥 북부에만 있다. 덤불이 듬성듬성 있는 사막과 초원에도 보이지만, 산림을 선호한다. 나무를 오르면서 견과, 과일, 나무껍질을 먹는다. 고기를 거의 먹지 않지만, 곤충, 달팽이, 작은 포유류를 먹기도 한다.

날카로운 이빨
북극곰은 다른 곰들보다 이빨이 더 날카로우며, 먹이를 죽여서 찢어 먹는 데 쓰인다. 그러나 다른 포식자들의 이빨에 비하면 고기를 자르는 데 덜 적응되어 있다. 먼 북쪽에서 물범을 사냥하기 시작한 잡식성 갈색곰에서 진화했기 때문이다.

길고 좁은 주둥이

곰

곰은 식육류 중 가장 크다. 식육류는 들개와 호랑이 같은 사냥꾼들을 포함한 집단이다. 적어도 곰 한 종은 호랑이와 맞먹을 만큼 사나울 수 있지만, 대부분은 주로 과일과 견과, 심지어 곤충까지 먹는다.

곰의 조상은 개처럼 생긴 사냥꾼이었지만, 시간이 흐르면서 대다수의 곰은 영양가 있는 다양한 먹이를 먹는 쪽으로 적응했다. 곰의 이빨은 전형적인 식육류의 이빨보다 덜 분화해 있으며, 고기를 자르는 날카로운 이빨 대신에 식물을 짓이기고 가는 더 넓적한 어금니가 있다. 그러나 많은 곰은 여전히 동물을 잡아먹으며, 북극곰은 오로지 고기만 먹는다.

포유류
북극곰

학명: *Ursus maritimus*
사는 곳: 북극해와 연안
길이: 최대 2.8m
먹이: 물범, 작은 고래, 바닷새

800kg 다 자란 북극곰 수컷의 몸무게.

느림보곰은 **구석에 몰리면** 사나워지며, **호랑이보다 위험하다**는 말도 있다.

느림보곰
학명: *Melursus ursinus*
사는 곳: 인도
길이: 최대 1.9m

곤충을 먹는 쪽으로 적응한 곰이며, 주로 개미와 흰개미를 먹는다. 강하고 커다란 발톱으로 흰개미집을 부순 뒤, 위아래 입술을 죽 내밀어 관처럼 만들어서 우글거리는 흰개미들을 빨아들인다.

긴 관 모양의 주둥이

방수 털
빽빽한 하얀 털은 체온을 유지하고 위장도 해 준다.

북극곰
가장 큰 곰이자 육식만 하는 유일한 곰이다. 북극곰은 가장 큰 육상 포식자다. 주로 물범, 특히 흰띠박이바다표범을 사냥한다. 해빙 위에 있다가 물범이 호흡을 하기 위해 얼음 구멍으로 올라올 때 잡는다. 빽빽한 하얀 털과 두꺼운 지방층 덕에 북극의 겨울 내내 해빙 위에서 사냥을 할 수 있다. 북극곰의 진정한 서식지는 사실 얼어붙은 바다다.

들러붙는 발
얇은 얼음 위에서 커다란 발로 몸무게를 분산시킨다. 발바닥은 오목해지면서 얼음에 착 달라붙는다.

반달가슴곰
학명: *Ursus thibetanus*
사는 곳: 히말라야, 동아시아
길이: 최대 1.9m

가슴의 반달무늬

숲에 사는 이 곰은 깨어 있는 시간의 절반은 나무 위에서 보낸다. 곤충, 꿀, 과일, 견과, 버섯 등 다양한 먹이를 먹는다. 산양과 심지어 물소 같은 더 큰 동물도 잡아먹는다.

아메리카흑곰
학명: *Ursus americanus*
사는 곳: 북아메리카
길이: 최대 1.9m

가장 흔하면서 가장 잘 알려진 곰에 속한다. 부드러운 잎에서 물고기와 어린 사슴에 이르기까지 거의 모든 것을 먹는다. 또 아주 다양한 서식지에서 잘 살아가는 적응력이 뛰어난 곰이다. 그럼에도 겨울잠을 자며, 북쪽으로 높이 올라가면 8개월까지 겨울잠을 자기도 한다.

북극곰은 1킬로미터 이상 떨어진 얼음 위에서도 물범의 **냄새를 맡을 수 있다.**

새끼가 태어나면 **어미는 약 7일 동안** 함께 지내다가, **3일 동안** 사냥을 떠난다.

캘리포니아강치

캘리포니아강치는 사회성 동물이며, 바위 해안 가까이에 큰 무리를 이루어 산다. 강치 무리는 늘 혼잡하고 시끌벅적하다. 강치는 지능이 높고, 빠르게 헤엄치는 어류와 오징어를 매우 능숙하게 사냥한다. 거의 30미터까지 잠수할 수 있고, 최대 10분까지 숨을 참을 수 있다.

강치를 포함한 바다사자와 물개는 '귀가 있는 물범'이라고 알려져 있다. 하프물범 같은 진정한 물범류와 달리 귓바퀴가 눈에 보이기 때문이다. 또 앞지느러미발이 훨씬 길며, 이 발을 물속에서 헤엄칠 때뿐 아니라 뭍에서 돌아다니는 데에도 쓴다. 암컷은 홀쭉하고 우아한 반면, 수컷은 불룩하고 아주 무거우며 호전적이다.

체온 조절
체온을 올리거나 낮추려 할 때, 강치는 헤엄치면서 한쪽 지느러미발을 물 밖으로 내민다. 그러면 지느러미발의 혈관을 통해 햇빛의 열기가 흡수되거나 체열이 공기로 방출된다.

귓바퀴
강치는 귀가 작지만, 청력이 아주 좋다. 물속에서는 더욱 잘 듣는다.

공기 호흡
강치는 숨을 쉬려고 수면 위로 올라올 때, 뺨 근육을 수축시켜서 콧구멍을 연다. 근육을 이완시키면 콧구멍은 자동으로 닫혀서 잠수할 때 물이 들어오지 않는다. 사람과 달리, 강치는 잠수하기 전에 숨을 내쉰다. 부력을 줄이기 위해서다.

예민한 촉각
얼굴에 아주 민감한 수염이 60개까지 나 있어서, 어둠 속이나 흙탕물에서도 먹이를 찾을 수 있다.

유선형 몸
목과 몸이 길고 유연해서, 빠르고 힘차게 헤엄칠 수 있다.

강한 앞다리
앞지느러미발은 물속에서 헤엄칠 때 날개처럼 쓰인다.

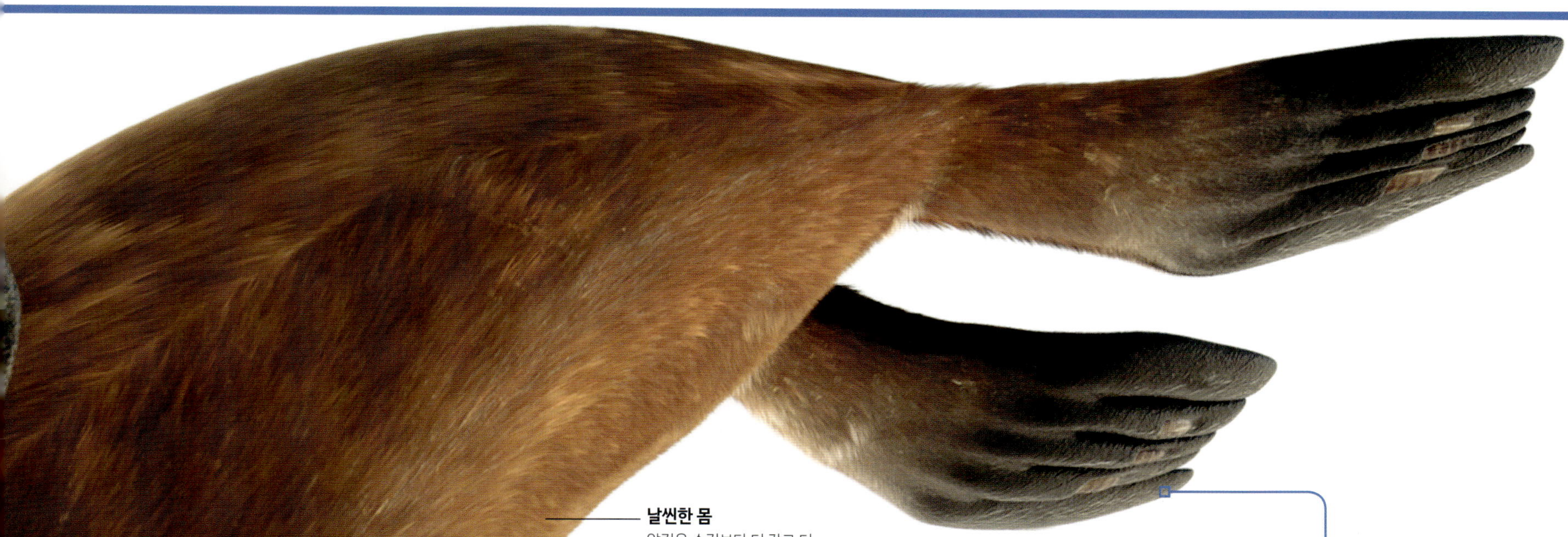

390kg 캘리포니아강치 수컷의 최대 몸무게.

물속에서는 산소를 아끼기 위해서 심장 박동수가 1분에 95회에서 20회로 줄어든다.

강치는 야생에서 24년까지 산다.

날씬한 몸
암컷은 수컷보다 더 작고 더 날씬하며, 더 옅은 갈색을 띤다.

단열층
피부 밑에 두꺼운 지방층이 있어서 추운 물에서도 체온을 유지한다. 지방층은 에너지도 저장한다. 이 점은 수컷에게 특히 중요하다. 수컷은 번식기에 아예 먹지 않기 때문이다.

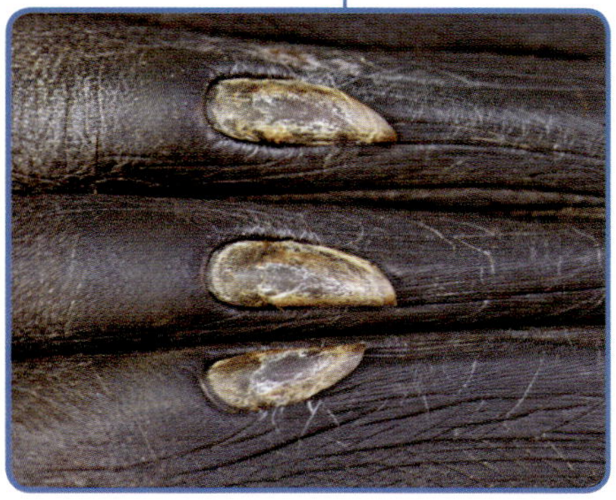

다목적 지느러미발
강치의 뒷다리는 긴 지느러미발로 변했다. 주로 물속에서 방향을 바꿀 때 쓰이지만, 뭍에서 딛고 움직이는 데에도 쓰인다. 뼈는 지느러미발 끝까지 뻗어 있지 않으며, 발 중간에 작은 발톱이 나 있다.

포유류

캘리포니아강치
학명: *Zalophus californianus*
사는 곳: 미국 서부
길이: 최대 2.4m
먹이: 어류, 오징어

캘리포니아강치를 주로 잡아먹는 포식자는 바로 **범고래와 백상아리다.** 이들은 수면 가까이에서 헤엄치면서 강치를 기다려 사냥한다.

육중한 수컷
번식기에 수컷들은 암컷을 놓고 서로 사납게 싸운다. 이긴 수컷이 암컷들과 짝짓기를 한다. 수컷은 암컷들을 지키며, 사납게 경쟁자들을 물리친다. 싸울 때 몸집이 가장 큰 수컷이 이길 가능성이 가장 높다. 이긴 수컷은 대다수의 암컷과 짝짓기를 하여 자신의 유전자를 다음 세대로 전달한다. 수컷 성체는 암컷보다 몸무게가 세 배나 더 나가기도 한다.

네 발로 걷기
뭍에서 움직일 때는 몸무게의 대부분을 네 지느러미발로 지탱한다. 뒷지느러미발을 앞으로 돌려서 네 발로 딛고 몸을 일으킨다. 그런 뒤 등을 구부리면서 뒷발을 앞으로 당긴 뒤, 몸 앞쪽을 치켜들면서 앞발을 앞쪽으로 내민다. 이런 식으로 놀라울 만치 빠르게 움직일 수 있다.

두건물범 암컷이 새끼에게 **젖을 먹이는 기간은 12일도 안 된다.** 포유류 중에서 가장 수유 기간이 짧다.

사람을 제외하고, 지구의 대형 포유류 중 **가장 수가 많은 동물**은 게잡이물범일 것이다.

물개
학명: *Callorhinus ursinus*
사는 곳: 북태평양
길이: 최대 2.1m

바다사자와 비슷하게 물개도 귀가 보이며, 차가운 물에서 살아남을 수 있는 아주 두꺼운 털가죽으로 덮여 있다. 이 종은 물개류 중 가장 크며, 수컷이 더 육중하고 암컷은 더 홀쭉하고 더 가볍다. 수컷들은 암컷들을 놓고 경쟁한다.

바다코끼리
학명: *Odobenus rosmarus*
사는 곳: 북극해
길이: 최대 3.5m

긴 엄니가 나 있어서 바로 알아볼 수 있다. 예민한 수염으로 얕은 바다 밑에 숨어 있는 조개류를 찾아 먹는다. 암수 모두 엄니가 있지만, 수컷의 엄니가 더 크다. 물에서 나와 몸을 데울 때면 두꺼운 주름진 피부가 분홍색으로 변한다.

두건물범
학명: *Cystophora cristata*
사는 곳: 북대서양에서 북극해까지
길이: 최대 2.7m

그린란드 주위의 떠다니는 해빙 위에서 산다. 수컷은 주둥이에 부풀릴 수 있는 검은 '두건'이 달려 있으며, 코의 점막도 부풀릴 수 있다. 그래서 한쪽 콧구멍이 분홍색 풍선껌처럼 부풀곤 한다. 이 빨간 풍선으로 수컷 경쟁자들에게 과시하고 암컷을 꾄다.

두건물범 암컷

효율적인 지느러미발
다른 물범들처럼, 얼룩무늬물범의 뒷지느러미발도 뒤쪽을 향해 있으며, 물속에서 추진력을 일으킨다.

턱수염물범
학명: *Erignathus barbatus*
사는 곳: 북극해
길이: 최대 2.5m

덩치가 크며, 무성한 수염으로 바다 밑에서 조개류 등을 찾아 먹는다. 떠다니는 해빙 위에서 번식한다.

얼룩무늬물범
학명: *Hydrurga leptonyx*
사는 곳: 남극해
길이: 최대 3.4m

표범처럼 검은 반점 무늬가 있고, 성질이 사납다. 다른 물범과 펭귄을 사냥하는 강력한 포식자다. 유빙 가까이에 숨어 있다가 물속으로 잠수하는 먹이를 덮치곤 한다. 기회가 생기면 크릴과 어류도 많이 먹는다.

게잡이물범 중 최대 78퍼센트는 **얼룩무늬표범에게 공격을 받아** 상처나 흉터가 나 있다.

게잡이물범
학명: *Lobodon carcinophaga*
사는 곳: 남극해
길이: 최대 2.4m

차가운 남극해의 해빙 위에는 게잡이물범 수백만 마리가 산다. 이들은 거의 오로지 크릴만 먹는다. 여러 갈래로 갈라진 이빨은 맞물리면 아주 효율적인 체 역할을 한다. 이 이빨로 물을 걸러서 먹이를 잡아먹는다.

남방코끼리물범
학명: *Mirounga leonina*
사는 곳: 남극해
길이: 최대 5m

수컷은 아주 거대하며, 상대적으로 홀쭉한 암컷보다 최대 다섯 배까지 더 무겁다. 수컷들은 번식지인 차가운 남극해 섬의 해안에서 커다란 코로 시끄럽게 포효하면서, 암컷들을 놓고 서로 싸운다.

하프물범
학명: *Pagophilus groenlandicus*
사는 곳: 북대서양에서 북극해까지
길이: 최대 1.7m

해빙 위에 무리를 지어서 번식한다. 새하얀 새끼를 안전하게 지키기 위해, 북극곰이 올라오지 못할 만큼 아주 얇고 불안정한 얼음 위를 선호한다. 그러나 그렇게 해도 인간 사냥꾼의 손에서는 벗어나지 못한다. 인간 사냥꾼들은 해마다 많은 하프물범을 잡는다.

하프 모양 무늬

예민한 수염 수염은 먹이를 찾는 데 쓰인다.

새끼 물범

띠무늬물범
학명: *Histriophoca fasciata*
사는 곳: 북태평양, 북극해 남부
길이: 최대 1.5m

물범은 대부분 칙칙한 색깔이지만, 이 물범은 멋진 흑백 띠무늬를 지닌다. 떠다니는 해빙 위에서 번식을 하며, 암컷 혼자 새끼를 키운다.

물범

물범은 바다에서 사냥하는 쪽으로 적응한 해양 식육류다. 그러나 일부 해양 포유류와 달리, 평생을 바다에서 보낼 수는 없다. 번식을 하려면 뭍으로 돌아와야 한다.

물범은 '기각류'라는 집단을 이룬다. 기각류는 세 집단으로 나뉜다. 물개류, 바다코끼리, 물범류다. 물개류는 개처럼 귓바퀴가 튀어나와 있고, 앞지느러미발이 길고, 육지에서도 잘 돌아다닐 수 있다. 바다코끼리도 비슷하지만 긴 엄니가 난다. 물범류는 뒷다리가 헤엄치는 데 적응해 있고, 육지에서는 잘 돌아다니지 못한다.

줄무늬스컹크

많은 동물은 포식자를 물리칠 방어 무기를 지니고 있지만, 스컹크만큼 효과적인 무기를 지닌 종류는 거의 없다. 스컹크를 공격하려는 포식자는 모두 악취를 풍기는 화학 물질의 세례를 받기 십상이다.

스컹크는 야행성이며, 오소리와 족제비처럼 홀로 다니는 식육류다. 이 줄무늬스컹크는 식육류에 속하긴 하지만, 다양한 먹이를 먹는다. 주로 곤충을 먹지만, 작은 포유류, 사체, 심지어 과일 같은 식물도 먹는다. 숲, 농경지, 도시도 포함하여 다양한 서식지에서 살아갈 수 있다. 겨울에는 거의 땅속 굴에 틀어박혀 있으며, 몸무게가 절반까지 줄어들기도 한다.

사람은 **1킬로미터 떨어진 곳에서도** 스컹크의 분사액 **냄새를 맡을 수 있다.**

경고 신호
스컹크는 위험을 느끼면, 털을 바짝 세운다.

적에게 맞서기
구석에 몰리면, 상대를 계속 바라보면서 엉덩이를 돌려서 분사액을 겨냥한다.

좁은 턱
턱과 이빨은 곤충을 비롯한 작은 동물을 먹는 데 알맞다.

땅을 파는 발톱
스컹크의 앞발에는 다섯 개의 튼튼한 긴 발톱이 있다. 이 발톱으로 흙을 파서 먹이를 찾는다. 스컹크는 땅에 사는 물컹거리는 곤충 애벌레를 주로 먹는다. 직접 굴을 파기도 하지만, 다른 동물이 판 굴을 이용하기도 한다.

납작한 발
스컹크는 곰처럼 발바닥을 대고 걷는다.

포유류

줄무늬스컹크

학명: *Mephitis mephitis*

사는 곳: 북아메리카

길이: 최대 40cm

먹이: 작은 동물, 열매

위험 신호
화학 물질을 분사할 때 방해가 되지 않도록, 길고 덥수룩한 꼬리를 경고하는 깃발처럼 들어올린다.

악취 분사액
스컹크의 비밀 무기는 꼬리 밑에 있는 한 쌍의 항문샘에서 만들어진다. 많은 포유류도 항문샘을 가지는데, 대개 자기 영역을 냄새로 표시하는 데 쓰인다. 하지만 스컹크의 항문샘은 황이 섞인 지독한 화학 혼합물을 만든다.

경고 줄무늬
스컹크의 대담한 흑백 줄무늬는 개체마다 독특하다. 이 독특한 무늬는 모든 적에게 경고하는 역할을 한다. 스컹크의 분사액을 맞아본 동물들은 두 번 다시 스컹크에게 다가가지 않을 것이 분명하다.

사전 경고
이 붉은여우 같은 포식자와 맞닥뜨리면 스컹크는 꼬리를 치켜들고 위협하듯 쉿쉿 소리를 내고 발을 굴러 경고한다. 그래도 효과가 없으면, 엉덩이를 돌려서 상대의 얼굴에 지독한 액체를 분사한다. 이 액체는 냄새도 지독할 뿐 아니라 눈을 몹시 쓰리게 하여 일시적으로 앞을 보지 못하게 한다.

벌꿀오소리

구석에 몰리면 몹시 사납게 행동하는 것으로 유명한 벌꿀오소리는 족제비의 친척이다. 강한 독을 지닌 뱀까지 포함하여 잡을 수 있는 동물은 거의 다 잡아먹는다.

육식 동물이긴 하지만, 벌꿀오소리는 야생 벌집을 좋아하는 것으로 잘 알려져 있다. 침에 쏘여도 개의치 않고 벌집을 부순다. 쏘인 것을 못 느낄 수도 있다. 피부가 아주 두껍기 때문이다. 그래서 두려움 없이 공격과 방어에 나선다. 적응력이 아주 뛰어나서 반사막에서 울창한 우림에 이르기까지 다양한 서식지에 산다.

벌꿀오소리는 먹이를 먹을 때 **뼈, 피부, 털, 깃털**까지 모조리 다 먹어 치운다.

옅은 색의 외투
머리에서 꼬리 밑동까지 등에는 은회색 털이 나 있다. 아종에 따라서 흰색에서 회색까지 털 색깔이 다양하다.

작은 눈

강한 턱

거칠고 뻣뻣한 털

두꺼운 피부
목을 감싼 피부는 유달리 두껍다.

긴 앞발톱
벌꿀오소리의 앞발에는 다섯 개의 아주 강한 발톱이 달려 있다. 이 발톱으로 굴을 파고 땅속에 숨은 먹이를 잡는다. 또 벌집을 찾아서 나무 위를 기어올라서 나무줄기를 찢고 벌집을 꺼내기도 한다.

달콤한 먹이
벌집에는 달콤한 꿀도 들어 있지만, 단백질이 풍부한 벌 유충도 있다.

벌꿀오소리의 **턱은 땅거북의 등딱지도 부술 정도로 강하다.**

벌꿀오소리의 **피부는 호저의 날카로운 가시를 막을 만큼 질기다.**

헐거운 피부
피부가 유달리 헐거워서 공격자에게 잡히면, 몸을 비틀어 상대를 물 수 있다.

짧은 꼬리

화학 무기
스컹크처럼, 벌꿀오소리도 항문샘에서 악취를 풍기는 액체를 만든다. 이 액체는 영역을 표시하거나, 포식자를 물리치는 데 쓰인다.

독을 지닌 먹이
강한 독을 지닌 코브라를 감히 건드리려는 포식자는 거의 없지만, 벌꿀오소리는 코브라도 주저하지 않는다. 두꺼운 피부가 너무 질겨서 코브라의 독니가 뚫지 못하는 것일 수도 있다. 벌꿀오소리가 뱀의 신경독에 면역력이 있다고 보는 연구자도 있다. 아무튼 벌꿀오소리는 물려서 죽을 걱정 없이 코브라 같은 독사를 잡아먹을 수 있다.

작은 뒷발
뒷발에는 짧고 튼튼한 발톱이 다섯 개 있다.

맞대결
벌꿀오소리는 강한 적과 마주쳤을 때 놀라울 만치 대담하게 행동한다. 피하기가 불가능하면 맞서서 싸우며, 심지어 사자를 공격하여 쫓아낸다고도 한다. 두껍고 헐거운 피부 때문에 상대는 벌꿀오소리를 꽉 물기가 쉽지 않고, 죽이기는 더욱 어렵다. 그래서 몸집 큰 사냥꾼들은 대부분 벌꿀오소리를 건드리지 않는다.

포유류

벌꿀오소리

학명: *Mellivora capensis*

사는 곳: 아프리카와 남아시아

길이 최대 96cm

먹이: 동물, 과일, 꿀

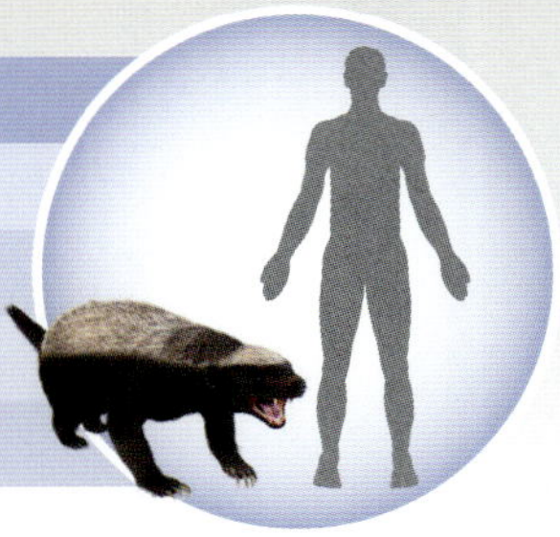

울버린의 턱과 이빨은 말코손바닥사슴의
정강뼈를 부술 만큼 강하다.

족제비류

전형적인 족제비과 동물들은 날렵하고 무시무시하고 사나운 육상 포식자이다. 자신보다 더 큰 동물도 사냥하곤 한다. 그러나 물에서 사냥하는 종류도 있고, 통통한 잡식성 동물도 있다.

족제비, 밍크, 긴털족제비 같은 포식자들은 땅속 굴에서 먹이를 추적하기 알맞게 다리가 짧고 몸이 길쭉하다. 담비도 비슷하게 생겼지만, 나무 사이로 뛰어다니는 데 적응해 있고, 수달은 헤엄치고 잠수하는 쪽으로 적응해 있다. 반면에 오소리는 작은 먹이를 찾기 위해 굴을 파고, 다양한 먹이를 먹는다.

해달
학명: *Enhydra lutris*
사는 곳: 북태평양 연안
길이: 최대 1.2m

해달은 족제비류 중 가장 무거운 축에 들며, 북태평양 해안의 물속에 자라는 켈프(바닷말) 숲에서 주로 생활한다. 털이 아주 빽빽해서 단열이 잘 되며, 해류에 떠내려가지 않도록 켈프로 몸을 감은 뒤 물 위에서 잠을 잔다.

가시투성이 먹이
해달은 잠수하여 성게를 잡은 뒤 물 위에 누워서 먹는다.

물갈퀴 달린 발
커다란 뒷발에는 헤엄치고 잠수할 때 추진력을 일으킬 물갈퀴가 달려 있다.

수달
학명: *Lutra lutra*
사는 곳: 유라시아, 아프리카 북서부
길이: 최대 82cm

이 우아한 수생 사냥꾼은 빽빽한 짧은 털로 뒤덮여 있다. 끝으로 갈수록 가늘어지는 꼬리를 지니고 있어서, 물속에서 완벽한 유선형을 이룬다. 주로 강, 호수, 얕은 해안에서 물고기를 사냥한다. 탁한 물속에서 예민한 긴 수염을 이용해 먹이를 찾아낸다.

울버린
학명: *Gulo gulo*
사는 곳: 유라시아 북부, 북아메리카
길이: 최대 1.5m

족제비류 중에서 가장 큰 축에 속하며, 북쪽의 숲과 북극권 툰드라에 산다. 순록 같은 큰 먹이를 사냥하거나 사체를 먹는다. 아주 강한 턱으로 얼어붙은 고기를 뜯고 뼈를 부술 수 있다.

흰족제비는 자기 몸무게의 열 배나 되는 토끼도 잡을 수 있다.

해달은 다른 모든 동물보다 털이 더 빽빽하게 나 있다.

1.8m 족제비과에서 가장 긴 큰수달의 몸길이.

211

유럽소나무담비
학명: *Martes martes*
사는 곳: 유럽, 서아시아
길이: 최대 58cm

다른 족제비류와 달리, 담비는 날카로운 발톱으로 나무를 기어올라서 사냥을 한다. 발톱은 필요하지 않을 때는 어느 정도 움츠려 넣을 수 있다. 유럽소나무담비는 가장 잘 알려진 담비 중 하나다. 주로 밤에 돌아다니며, 나뭇가지 사이를 힘들이지 않고 우아하게 건너뛰면서 다람쥐를 잡는다. 또 땅에서 다른 작은 동물들도 사냥한다.

털로 뒤덮인 꼬리
담비는 털로 뒤덮인 긴 꼬리로 몸의 균형을 유지한다.

유럽오소리
학명: *Meles meles*
사는 곳: 유럽, 서아시아
길이: 최대 90cm

오소리는 튼튼한 발톱이 달린 발로 복잡하게 얽힌 굴을 파서 산다. 즙이 많은 뿌리, 곤충 애벌레, 작은 동물을 잡는다. 말벌집도 공격한다. 주로 지렁이를 먹지만, 땅에 둥지를 트는 새, 두더지, 고슴도치 같은 먹이도 잡는다. 과일과 견과도 많이 먹는다.

흰족제비
학명: *Mustela nivalis*
사는 곳: 유라시아 북부, 북아메리카
길이: 최대 26cm

족제비류 중 가장 작지만, 무시무시한 사냥꾼이다. 가늘고 유연한 몸은 굴에서 생쥐와 들쥐를 뒤쫓는 데 적합하지만, 훨씬 더 큰 먹이도 잡을 수 있다. 먼 북쪽에 사는 집단은 겨울에 새하얀 털로 바뀐다.

하얀 배

호랑이

포유류 ○ 식육류

호랑이는 사람보다 **밤눈이 적어도 여섯 배 더 밝다.**

4,000마리 야생에 남아 있는 호랑이의 수.

호랑이는 대형 고양이류 중에서 가장 크며, 지구에서 가장 강한 포식자에 속한다. 엄청난 힘으로 큰 먹이를 사냥한다.

자신보다 더 큰 먹이를 혼자서 사냥하는 포식자는 거의 없지만, 호랑이는 자기 몸무게의 여섯 배에 달하는 물소도 쓰러뜨릴 수 있다. 가능한 한 가까이 몰래 다가간 뒤, 뒤에서 펄쩍 뛰어 덮친다. 작은 동물은 목 뒤를 물어서 죽이고, 더 큰 동물은 목 앞쪽을 물어서 질식시킨다.

하얀 반점
뒤에서 보면 귀는 검은색이고, 한가운데 새하얀 점이 있다. 상대를 공격하려 할 때, 호랑이는 귀를 납작하게 한 다음 비틀어 흰 반점이 앞쪽에서 보이게 한다. 즉, 이 반점은 주로 적에게 경고하는 용도로 쓰이는 듯하다.

줄무늬 털
야생 호랑이는 거의 언제나 주황색에 검은 줄무늬가 있다. 그리고 배는 하얀색을 띤다.

긴 꼬리
호랑이는 공격할 때 긴 꼬리로 균형을 잡는다.

짧은 근육질 목

두꺼운 보호대
배의 헐거운 피부는 싸울 때 배를 보호한다.

근력
강력한 앞다리로 먹이를 꽉 누른다.

커다란 발
발바닥은 소리 없이 다가갈 수 있도록 넓고 푹신하다.

뛰어오르는 다리
뛰어오르기 좋게 뒷다리가 더 길다.

위장

대부분의 대형 고양이류는 털이 밋밋하거나 반점이 있는 반면, 호랑이는 특이하게 검은 줄무늬가 있다. 이 줄무늬 덕에 호랑이는 몸을 아주 효과적으로 숨긴다. 특히 긴 풀 사이에 숨어 있을 때면, 풀줄기들이 수직으로 만드는 밝고 그늘진 무늬와 완벽하게 조화를 이룬다. 줄무늬는 호랑이의 윤곽을 흩뜨려서 들키지 않고 사냥감 가까이 다가갈 수 있도록 돕는다. 먹이가 알아차리지 못하는 가운데 가까이 다가가서 덮친다.

움츠릴 수 있는 발톱

발톱은 달릴 때 마찰력을 일으키는 용도보다는 먹이를 잡는 쪽으로 적응해 있다. 평소에는 날카로운 끝을 보호하기 위해서, 발톱집 안에 집어넣고 있다. 먹이를 덮칠 때 앞다리를 앞으로 쭉 펴면 발톱이 저절로 튀어나와서 먹이를 꽉 움켜쥘 수 있다.

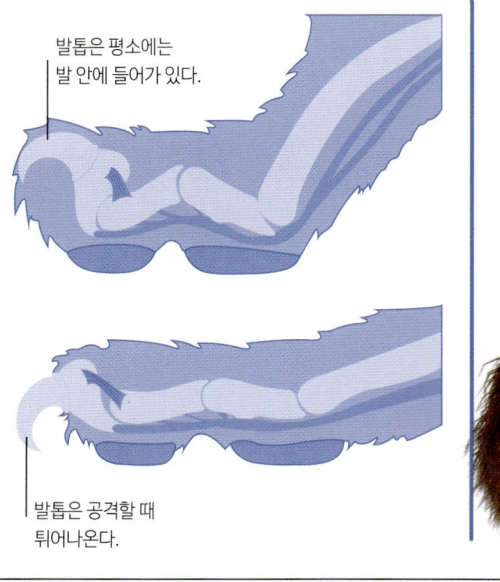

발톱은 평소에는 발 안에 들어가 있다.

발톱은 공격할 때 튀어나온다.

50kg 호랑이가 한 번에 먹을 수 있는 고기의 양.

호랑이는 짧은 거리에서 시속 65킬로미터까지 속도를 낼 수 있다.

예민한 촉각
긴 수염은 어둠 속에서 길을 찾도록 돕는다.

둥근 귀
귀는 작지만, 청력이 뛰어나다.

갈기
수컷은 목에 긴 갈기가 있다.

송곳니
열육치

살상력
모든 고양이류처럼, 호랑이도 고기를 자르는 커다란 열육치가 있고, 씹는 이빨은 없다. 그래서 턱이 짧다. 덕분에 거대한 송곳니로 먹이를 죽일 때, 강한 턱 근육으로 송곳니를 최대한 강하게 박을 수 있다.

포유류

호랑이
학명: *Panthera tigris*
사는 곳: 아시아 동부와 남부
길이: 최대 2.9m
먹이: 주로 대형 발굽 포유류

치타

치타보다 빨리 달릴 수 있는 동물은 없다. 대부분의 스포츠카보다 더 빨리 속도를 낼 수 있다. 짧은 거리를 경이로운 속도로 달려서 먹이를 잡는 쪽으로 고도로 적응한 종이다. 가장 날쌔면서 가장 약삭빠른 먹이만이 그나마 치타에게서 달아날 가능성이 있다.

다른 고양이류는 은밀한 접근, 힘, 날카로운 발톱에 의지하여 사냥을 하지만, 치타는 다르다. 치타는 날렵한 몸, 유연한 등뼈, 긴 다리를 써서 그레이하운드처럼 빠르게 질주한다. 덮치려면, 먼저 가능한 한 가까이 다가가야 한다. 빠른 속도를 오래 유지할 수 없기 때문이다.

포유류
치타
- **학명:** *Acinonyx jubatus*
- **사는 곳:** 아프리카, 서아시아
- **길이:** 최대 1.4m
- **먹이:** 작은 초식 동물

중요한 꼬리
긴 꼬리는 빠르게 달리다가 방향을 바꿀 때 균형을 잡도록 돕는다.

굽은 발톱
앞다리에는 발 바로 위 안쪽에 날카롭게 굽은 며느리발톱이 있다. 치타는 가까이 다가가면 이 발톱으로 먹이를 쓰러뜨린다. 먹이가 쓰러지면, 목을 꽉 물어서 질식시킨다.

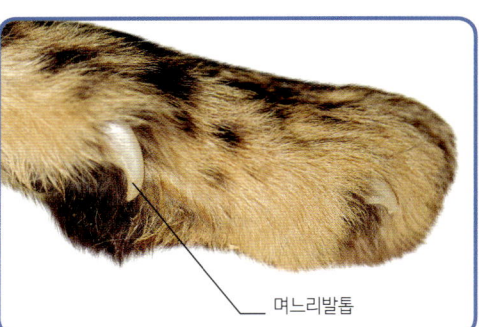

며느리발톱

잡을 만한 먹이
치타는 대개 작고 날쌘 가젤을 사냥한다. 가젤은 아주 날래서 재빨리 방향을 바꾸어 치타를 따돌리곤 한다. 치타는 빠르게 가속하다보니 몸이 과열될 수 있다. 그래서 먹이를 잡아 죽이고 나면, 길게는 20분까지 쉬면서 몸을 회복한 뒤에야 먹기 시작한다.

달리는 발톱
두툼한 발톱집이 없어서 발톱은 늘 드러나 있다. 달릴 때 운동화의 못처럼 바닥에 꽉 박혀서 미끄러지는 것을 막아 준다.

치타는 서 있다가 **3초 안에** 최고 속도로 가속할 수 있다.

7m 치타가 한 번에 뛸 수 있는 거리.

사냥감을 뒤쫓는 일은 평균 45초 동안 지속된다. 그보다 더 길어지면 치타는 포기할 것이다.

치타는 **지구력이 부족해서** 사냥감을 다른 대형 고양이류에게 넘겨주는 일이 흔하다.

40~50% 치타가 사냥감을 추적해서 잡을 확률.

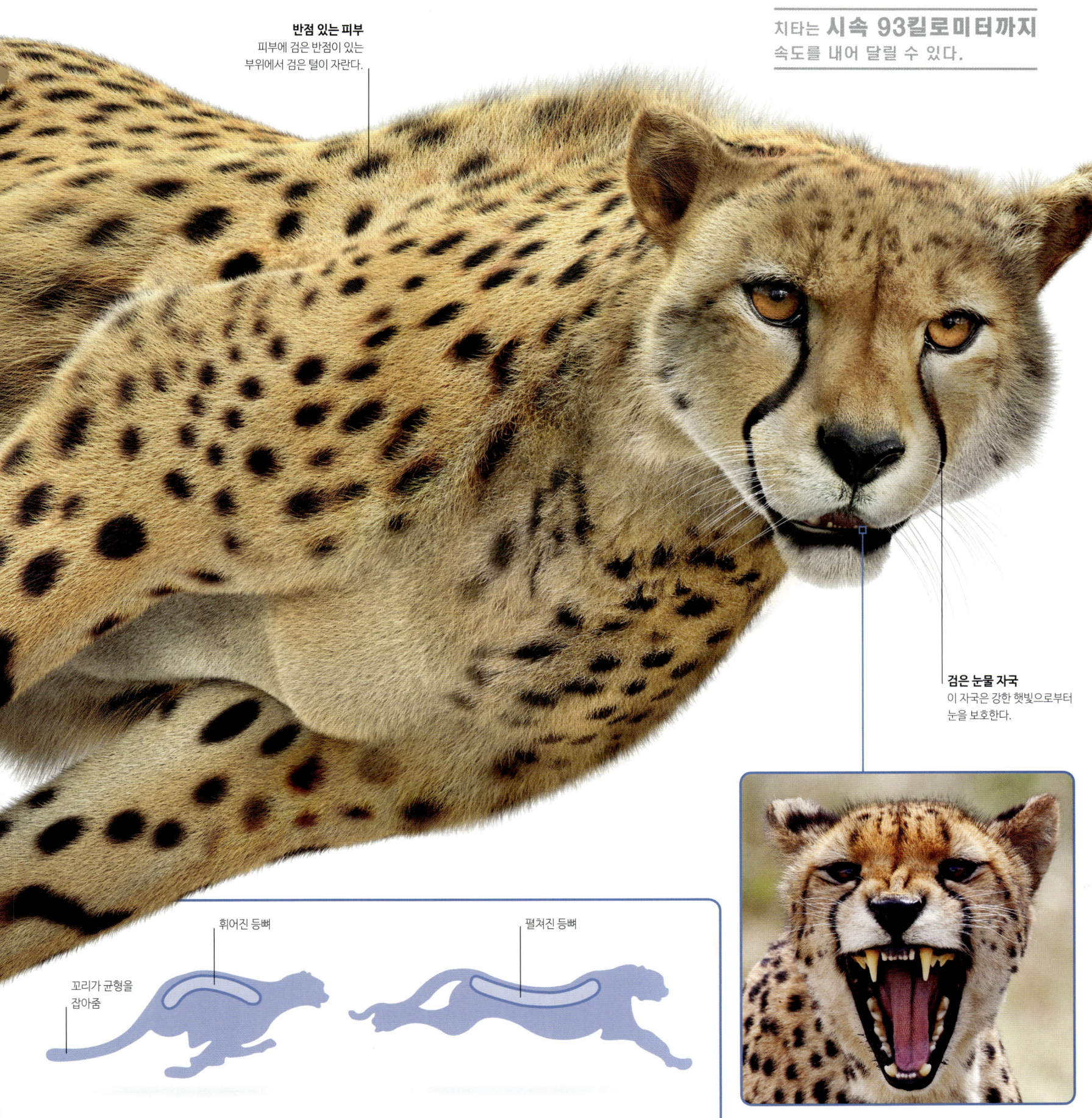

반점 있는 피부
피부에 검은 반점이 있는 부위에서 검은 털이 자란다.

치타는 **시속 93킬로미터까지** 속도를 내어 달릴 수 있다.

검은 눈물 자국
이 자국은 강한 햇빛으로부터 눈을 보호한다.

휘어진 등뼈

펼쳐진 등뼈

꼬리가 균형을 잡아줌

유연한 등뼈
치타가 놀라운 속도를 낼 수 있는 것은 몸을 쭉쭉 뻗으면서 달리기 때문이다. 그래서 한 번에 아주 멀리까지 뛸 수 있다. 치타는 다리가 아주 길며, 유연한 등뼈 덕분에 더욱 늘어나는 효과가 나타난다. 전속력으로 달릴 때, 등뼈를 최대한 구부려서 뒷다리를 앞쪽으로 당긴 다음, 뒤로 쭉 펴면서 더욱 추진력을 얻는다.

작은 이빨
전형적인 대형 고양이류에 비해, 치타는 송곳니가 작다. 빨리 뛸 때 필요한 공기를 빨아들이기 위해서 콧구멍이 아주 커졌기 때문이다. 콧구멍이 머리뼈에서 아주 많은 공간을 차지하는 바람에, 위쪽에 송곳니의 뿌리를 넓적하게 넣을 공간이 없다.

포유류 · 식육류

약 1만 2,000년 전까지, 사자는 사람을 제외하고 포유류 중 지구에서 가장 넓은 면적을 돌아다녔다.

사자

사자는 호랑이와 몸집이 거의 비슷하고, 커다란 먹이를 잡기 위한 적응 형질들을 똑같이 지닌다. 사자는 대형 고양이류 중에 무리를 지어 사는 유일한 종이다. 암수는 모습이 서로 다르다. 무리 내에서 맡은 역할이 서로 다르다는 것을 말해 준다.

암사자는 날씬하고 빠르고 날래다. 그리고 혼자 하든지 둘이 하든지 무리 지어 하든지 간에 사냥을 아주 잘 한다. 수컷은 훨씬 더 크고 더 근육질이다. 수컷끼리 무리를 차지하기 위해 싸울 때면, 거의 언제나 몸집이 가장 큰 수컷이 이긴다. 이긴 수컷은 무리에 있는 대다수 암컷과 짝짓기를 하고 새끼들은 그 수컷의 특징을 물려받는다. 수사자는 커다란 먹이를 죽일 만큼 강하지만, 사냥은 대개 더 몸이 날랜 암컷들에게 떠넘긴다.

가족생활
사자 무리는 사는 지역과 먹이의 양에 따라서 크기가 달라진다. 많으면 암컷 성체 세 마리와 그 새끼들, 수컷 성체 1~3마리로 이루어진다. 수컷들은 영역을 지키고, 경쟁자 수컷들로부터 무리를 보호한다.

사냥 전술
무리의 사냥은 주로 암사자들이 맡는다. 사냥감의 30미터 안쪽까지 슬그머니 다가간 뒤, 와락 달려든다. 서로 협력하여 사냥감이 달아날 길목을 막기도 한다.

장엄한 갈기
수사자의 갈기는 황금색에서 검은색까지 다양하며, 나이를 먹을수록 짙어지는 경향이 있다. 갈기가 검고 빽빽할수록, 암컷에게 더 매력적으로 보인다.

수사자 성체의 포효는 아주 우렁차서 약 8킬로미터 떨어진 곳에서도 들을 수 있다.

복슬복슬한 꼬리
고양이류 중에서 사자만이 꼬리 끝에 털 무더기가 달려 있다.

사자 수컷은 하루에 40킬로그램까지 먹을 수 있지만, 그런 뒤에는 3~4일 동안 먹지 않고 지낸다.

포유류

사자
- **학명:** *Panthera leo*
- **사는 곳:** 아프리카, 인도
- **길이:** 최대 2.5m
- **먹이:** 주로 발굽 포유류

커다란 송곳니

육중한 몸
강한 어깨도 기린 같은 커다란 사냥감을 쓰러뜨리는 데 한몫을 한다.

치명적인 무기
움츠렸다 내밀 수 있는 아주 날카로운 발톱으로 먹이를 잡고, 기어오르고, 싸운다.

황갈색 털
모래와 비슷한 색깔이라서 메마른 초원과 먼지 많은 땅에서 몸을 숨겨 준다.

눈표범

눈표범은 대형 고양이류 중에서 가장 눈에 잘 안 띄는 종이다. 다가가기 힘든 서식지에서 홀로 지내기 때문에 거의 목격된 적이 없다. 눈표범은 지구에서 가장 높고 가장 춥고 가장 험한 산맥 중 한 곳에 살며, 혹독한 환경에서 살아가도록 적응해 있다.

히말라야산맥과 드넓은 티베트 고원을 포함하는 아시아의 산악 지역에 사는 눈표범은 홀로 사냥을 하며, 땅다람쥐에서 낙타에 이르기까지 다양한 동물을 잡는다. 주된 먹이는 아이벡스와 야생 양이며, 가파른 바위 비탈에서 놀라울 만치 날래게 사냥감을 추적한다. 커다란 허파로 공기가 희박한 높은 산에서 산소를 충분히 흡수하고 빽빽한 털로 추위를 막는다.

눈표범은 평균 2주마다 대형 동물을 한 마리씩 잡아먹는다.

눈표범은 해발 3,000~4,500미터에서 사냥을 할 수 있다.

포유류
눈표범
- 학명: *Panthera uncia*
- 사는 곳: 중앙아시아
- 길이: 최대 1.25m
- 먹이: 포유류와 땅에 사는 조류

긴 털
눈표범은 길고 빽빽한 털로 뒤덮여서 통통해 보인다. 겨울에는 털이 12센티미터까지 자란다.

작은 귀

털 난 발
눈표범의 발바닥에는 유달리 털이 많다. 덕분에 발을 통해 열이 빠져나가는 것이 줄어들고 바위에 더 착 달라붙을 수 있다. 또 눈표범은 대다수 고양이류보다 발이 더 넓적해서, 체중이 분산되어 깊이 쌓인 눈 위에서 덜 빠진다.

깊은 호흡
콧속이 넓어서 한 번에 많은 공기를 마실 수 있다.

털 무늬
검은색과 흑갈색 반점은 몸을 숨겨 준다.

움츠릴 수 있는 발톱

6,500마리 야생에 남아 있다고 추정되는 눈표범의 최대 개체수. 4,000마리에 불과할 수도 있다.

눈표범은 잠잘 때 털이 빽빽하게 난 꼬리를 이불로 삼는다.

> 눈표범은 자신의 몸무게의 **세 배나 더 나가는** 동물도 잡을 수 있다.

짧은 다리
다리는 비교적 짧고, 속도를 내기보다 날쌔게 움직이는 데 알맞다.

날렵한 근육질 몸

균형을 잡는 꼬리
아주 긴 복슬복슬한 꼬리는 먹이를 뒤쫓아서 바위 사이를 건너뛸 때 균형을 잡는 역할을 한다. 눈표범은 아주 가파른 비탈을 아래로 달려 내려가며 아이벡스 같은 날쌘 동물을 추적하곤 한다. 내려갈수록 속도가 빨라지지만, 바위에서 미끄러지는 일은 거의 없다.

시야가 잘 보이는 곳에 숨어서
눈표범은 어스름한 새벽이나 저녁에 매복 공격하는 쪽을 선호한다. 탁월한 위장술을 써서 바위나 덤불 사이에 숨어서 사냥감이 오기를 기다린다. 눈표범이 바위 위에 웅크리고 있으면 얼룩덜룩한 무늬가 맨 바위나 지의류로 덮인 바위와 완벽하게 어울려서 대낮에도 위치를 알아차리기가 어렵다.

바위 틈새 육아실
암수는 대개 홀로 지내다가 늦겨울에 만나서 짝짓기를 한다. 암컷은 3개월 남짓 뒤에 바위 틈새 굴에서 새끼를 1~5마리 낳는다. 갓 태어난 새끼들은 눈도 못 뜨고 무력하며, 11개월 동안 어미 곁에 있다가 자신의 사냥터를 찾아 떠난다.

순종 **유럽살쾡이**는 떠돌이 집고양이들과 서로
교배하는 바람에 점점 희귀해지고 있다.

야생 고양이류

포식자인 고양이류는 오로지 고기만 먹는 쪽으로 적응했다.
씹지 못하고, 턱이 짧고, 먹이를 물어 죽이는 무기인 크고
날카로운 송곳니가 있다.

고양잇과는 두 집단으로 나뉜다. 표범아과에는 대형 고양이류의
대부분이 속하며, 대부분 짖을 수 있다. 나머지 집단은 짖지 못하며,
대개 몸집이 작다. 하지만 치타와 퓨마도 짖지 못하는 집단에 속하긴
한다. 고양이류는 홀로 먹이에 슬그머니 다가가서 와락 덮치는
사냥꾼이다.

카라칼
학명: *Caracal caracal*
사는 곳: 아프리카, 아라비아, 동남아시아
길이: 최대 1.1m

'사막스라소니'라고도 하는 이 고양이의 가장 뚜렷한
특징은 스라소니의 귀처럼 생긴 끝에 검은 털이 난
긴 귀다. 카라칼은 야행성 사냥꾼이다. 주로
작은 포유류, 조류, 파충류를 먹지만, 때로
영양 같은 더 크고 빠른 동물도 잡는다.

짧은 꼬리

서벌
학명: *Leptailurus serval*
사는 곳: 아프리카 사하라 이남
길이: 최대 92cm

이 키가 큰 아프리카 고양이는 긴 풀 사이로 슬그머니 걸으면서
움직이는 커다란 귀로 작은 먹이의 소리를 찾는다. 고양이류
중에서 몸집에 비해 다리가 가장 길다.

오실롯
학명: *Leopardus pardalis*
사는 곳: 중앙아메리카와
남아메리카
길이: 최대 1m

길 찾기
길고 예민한 수염은 밤에
길을 찾는 데에도 쓰인다.

유럽살쾡이
학명: *Felis silvestris silvestris*
사는 곳: 유럽
길이: 최대 66cm

집고양이의 조상에 가까운 이 야생 고양이는 얼룩 고양이와 비슷해
보이지만, 꼬리가 더 복슬복슬하다. 수가 적고 눈에 잘 안 띄며, 작은
포유류를 잡아먹는 사나운 사냥꾼이다. 아프리카와 아시아에 다른
아종들도 산다.

아름다운 줄무늬와 반점은 점점이 그늘이 지는 열대림을
돌아다닐 때 몸을 잘 숨겨 준다. 홀로 밤에 사냥을 하며, 나무를
잘 타고 헤엄도 잘 친다. 다양한 포유류, 조류, 파충류, 심지어
어류까지 먹는다.

영역을 지키는 동물이며,
영역을 차지하기 위해 **죽을
때까지 싸우기도 한다.**

재규어는 턱이 아주 세며, 이빨로 거북 등딱지까지 뚫을 수 있다.   표범은 다른 포식자가 훔치지 못하게 잡은 먹이를 나무 위에 올려놓는다.   퓨마는 아메리카의 육상 동물 중 가장 널리 퍼져 있다. 221

스라소니
학명: *Lynx lynx*
사는 곳: 동유럽, 아시아
길이: 최대 1.1m

모든 스라소니처럼, 이 종도 귀에 검은 털이 있고 꼬리가 짧다. 주로 북쪽의 추운 숲에서 사냥하며, 털이 난 커다란 발은 깊은 눈에 빠지지 않게 막아 준다. 순록처럼 자기보다 네 배나 큰 동물도 잡을 수 있다.

마블고양이
학명: *Pardofelis marmorata*
사는 곳: 동남아시아
길이: 최대 62cm

이 아름다운 무늬를 지닌 작은 고양이는 나무 위에서 주로 생활한다는 점에서 독특하다. 열대림 높은 나무 위에서 주로 밤에 조류, 다람쥐, 도마뱀 같은 작은 동물들을 사냥한다.

퓨마
학명: *Puma concolor*
사는 곳: 아메리카
길이: 최대 1.6m

'쿠거' 또는 '산사자'라고도 하며, 표범아과가 아닌 고양이류 중에서 가장 큰 편에 속한다. 말코손바닥사슴을 잡을 만큼 강하다. 아메리카에 널리 퍼져 있으며, 사막, 초원, 숲, 산 등 다양한 서식지에 산다.

마눌고양이
학명: *Otocolobus manul*
사는 곳: 중앙아시아
길이: 최대 65cm

다리가 짧고 털이 아주 빽빽해서 유달리 통통해 보인다. 털은 히말라야산맥과 티베트 고원의 추위를 막아 준다.

고기잡이살쾡이
학명: *Prionailurus viverrinus*
사는 곳: 남아시아
길이: 최대 1.1m

물고기를 주로 먹는 유일한 고양이다. 대개 강둑 얕은 물에서 물고기를 떠내지만, 아주 맛있어 보이는 물고기가 있으면 잠수하여 뒤쫓기도 한다.

재규어
학명: *Panthera onca*
사는 곳: 중앙아메리카와 남아메리카
길이: 최대 1.7m

아메리카에 사는 가장 커다란 고양이이자 구대륙의 유일한 표범아과 고양이이다. 재규어는 다양한 숲과 습지가 있는 초원에 산다. 생쥐부터 악어에 이르기까지 잡을 수 있는 것은 다 잡아먹는다.

구름표범
학명: *Neofelis nebulosa*
사는 곳: 동아시아
길이: 최대 1.1m

놀라운 무늬를 지닌 이 종은 사슴과 멧돼지처럼 자신보다 더 큰 먹이를 잡을 수 있는 아주 긴 송곳니가 있다. 나무를 아주 잘 타며, 거꾸로 나무를 타고 달려 내려올 수도 있고 나뭇가지에 거꾸로 매달리기도 한다.

표범
학명: *Panthera pardus*
사는 곳: 아프리카, 남아시아
길이: 최대 1.9m

표범은 사막에서 정글과 습지에 이르기까지, 다양한 서식지에서 사는 은밀한 사냥꾼이다. 모든 표범은 온몸에 검은 반점이 있다. 검은 표범조차도 아주 검은 반점 무늬가 있다.

반점이 있는 털 — 대개 표범의 것보다 더 큰 장미무늬 반점이 있다.

검은 털에도 장미 무늬 반점이 보인다.

날카로운 무기 — 날카로운 상태로 유지하기 위해 평소에는 발톱을 움츠리고 있다.

탄자니아의 응고롱고로 분화구에서 점박이하이에나는 먹이의 90퍼센트를 사냥을 통해 얻는다.

15분 하이에나 무리가 얼룩말을 먹어치우는 데 걸리는 시간.

사자는 하이에나가 잡은 **먹이를 훔치곤 한다.**

뛰어난 청력
크고 둥근 귀는 소리를 효율적으로 들을 수 있다. 그래서 하이에나는 소리로 의사소통을 잘 할 수 있다.

예리한 눈
뛰어난 시력으로 먹이를 찾아낼 수 있다.

웃는 소리
점박이하이에나는 다양한 소리로 서로 의사소통을 할 수 있다. 사람의 웃음소리처럼 들리는 소리도 있다.

날카로운 송곳니

포유류
점박이하이에나
학명: *Crocuta crocuta*
사는 곳: 아프리카 사하라 이남
길이: 최대 1.6m
먹이: 다른 포유류, 사체

60km/h 점박이하이에나가 먹이를 추적할 수 있는 속도.

14kg 점박이하이에나가 한 자리에서 먹을 수 있는 고기량.

목의 갈기는 어깨까지 이어진다.

뼈 부수기
강한 이빨로 뼈를 부수어서 뼛속에서 영양소를 얻는다.

경사진 등
튼튼한 어깨와 긴 목 뒤쪽으로 등이 비스듬하게 경사져 있다.

나이를 먹을수록 반점이 흐릿해진다.

더 큰 암컷
암컷이 수컷보다 최대 10퍼센트 더 크다.

굵은 발톱
발에는 개의 발톱과 비슷한 네 개의 짧고 굵은 발톱이 나 있고, 발바닥은 넓적하고 가죽질이다.

뼈를 부수는 작은어금니 / 열육치

뼈를 부수는 이빨
하이에나의 커다란 근육질 턱에는 거대한 원뿔형 작은어금니가 있다. 이 이빨은 기린의 다리뼈를 부술 만큼 강하다. 그 앞에는 고양이나 개의 이빨과 비슷하게 질긴 가죽, 고기, 힘줄을 가르는 데 알맞은 날카로운 칼날 같은 열육치가 있다.

점박이하이에나

기이하게 낄낄거리는 소리 때문에 '웃는 하이에나'라고도 부른다. 이 청소동물은 아프리카 평원에서 가장 치명적인 포식자 중 하나다.

점박이하이에나는 사체를 먹는 데 적응해 있다. 다른 식육류가 버린 뼈를 부수는 아주 힘센 턱과 이빨, 사체의 모든 부위를 소화할 수 있는 소화계를 지닌다. 그럼에도 이들은 주로 살아 있는 먹이를 잡는다. 종종 무리를 지어 사냥한다. 이런 재능에 힘입어서, 이들은 아프리카에서 가장 성공한 대형 식육류가 되었다.

하이에나 사회
점박이하이에나는 암컷을 중심으로 최대 80마리까지 무리를 지어 산다. 대부분의 무리는 이보다 훨씬 작은 규모다. 젊은 암컷은 무리에 머물고, 젊은 수컷은 무리를 떠나서 이웃 무리로 들어간다.

사냥하기
다른 하이에나 종들은 주로 청소동물이지만, 점박이하이에나는 주로 사냥꾼으로 살아간다. 혼자일 때는 작은 먹이를 잡지만, 무리를 지어 사냥할 때는 얼룩말, 심지어 아프리카물소 같은 큰 동물도 잡는다. 하이에나들은 최대 5킬로미터까지 추적한다. 이윽고 사냥감이 지치면 함께 덮친다.

224 포유류 · 식육류

땅 파는 발톱
미어캣 앞발의 아주 긴 발톱은 땅을 파는 데 알맞다. 굴을 파거나 곤충과 작은 포유류 같은 먹이를 잡기 위해 땅을 팔 때 쓴다. 미어캣은 몇 초마다 모래 위에서 체중을 옮기면서 아주 빨리 땅을 팔 수 있다.

닫을 수 있는 귀
땅을 팔 때 모래와 먼지가 들어가지 않도록 작은 귀를 꽉 닫을 수 있다.

높은 곳에서 보기
미어캣은 바위, 둔덕, 덤불 위에 곤추서서 주위를 살핌으로써, 위험을 가능한 한 일찍 알아차릴 수 있다.

꼬리로 균형 잡기
끝이 검은 꼬리는 일어섰을 때 균형을 잡도록 돕는다.

가느다란 발
뒷다리의 허벅지는 굵지만, 발은 작고 가늘다.

미어캣

미어캣은 포식자를 살피거나 아침 햇볕을 쬘 때 뒷다리로 일어서는 습관이 있다. 덕분에 이 홀쭉한 사막 몽구스는 아프리카 포유류 중에서 가장 금방 알아볼 수 있는 동물 중 하나다.

다양한 몽구스 종은 땅에 사는 작은 식육류다. 미어캣은 아프리카 남부 사막의 모래흙에 드넓게 판 그물망 같은 굴에서 약 20마리가 무리 지어 생활한다. 가장 사회적인 동물 중 하나. 이 무리는 낮에 곤충 같은 작은 동물을 사냥한다. 이때 한 마리는 일어서서 망을 본다. 위험을 감지하면, 짖거나 휘파람 소리로 경고한다. 그러면 다른 미어캣들은 안전을 위해 가장 가까운 굴 입구로 달려간다.

독을 지닌 먹이
미어캣은 종종 전갈을 먹는다. 강한 전갈의 독에 어느 정도 면역이 되어 있을지도 모른다. 그러나 미어캣은 대개 전갈을 잡으면 침이 있는 꼬리를 물어뜯음으로써 찔리는 것을 피한다. 그렇게 방어 능력이 사라진 전갈은 손쉬운 먹이가 된다. 왼쪽 사진의 새끼 미어캣은 무리의 어른으로부터 전갈 사냥 방법을 배운다.

단체 일광욕
미어캣 무리에서는 번식하는 암수 쌍이 있으며, 새끼들은 대부분 그들의 자식이다. 다른 암수 성체들은 번식 쌍의 새끼들을 돌본다. 사막의 추운 밤이 지나면 매일 아침 미어캣 무리는 전부 굴 밖으로 나와서 모인다. 미어캣들은 눕거나 일어서서 최대한 많이 햇볕을 쬔다.

굴 하나는 여러 층으로 되어 있고, 입구가 최대 15개까지 있다.

미어캣은 300미터 이상 떨어진 곳에 있는 맹금류도 알아볼 수 있다.

포유류
미어캣
- **학명:** *Suricata suricatta*
- **사는 곳:** 남아프리카
- **길이:** 최대 29cm
- **먹이:** 곤충을 비롯한 작은 동물

예민한 주둥이
미어캣은 뛰어난 후각을 써서 먹이의 냄새를 맡는다. 또한 냄새로 무리 안에 다른 미어캣이나 적이 섞여 있는지 구별한다.

눈부심을 막는 검은 얼룩
눈가의 검은 얼룩은 햇빛의 눈부심을 막아 준다.

열 흡수기
털 밑의 피부는 검은색이어서 서서 햇빛을 받을 때 몸이 빨리 데워진다.

미어캣은 포식자를 발견하면, 땅에 있는지 하늘에 있는지에 따라 **경고 소리를 다르게 낸다.**

사냥꾼의 눈
두 눈은 앞을 향해 있는 양안시라서, 주변을 입체로 볼 수 있고 거리를 정확히 판단할 수 있다.

사막 위장술
회갈색 털은 군데군데 덤불이 있는 남아프리카의 모래사막에서 미어캣의 몸을 잘 숨겨 준다.

226 포유류 · 발굽동물

현재 살아 있는 프르제발스키말은 모두 20세기 초에 포획된 야생말 12마리의 후손이다.

아프리카당나귀
학명: *Equus africanus*
사는 곳: 아프리카 북동부
길이: 최대 2m

기르는 당나귀의 야생 조상으로, 말과 동물 중 가장 작다. 소말리아와 인근 지역의 건조한 초원과 사막에 산다. 사막의 질긴 식물을 먹으며, 물 없이도 3일까지 버틸 수 있다.

아시아당나귀
학명: *Equus hemionus*
사는 곳: 서아시아와 중앙아시아
길이: 최대 2.5m

아라비아에서 몽골에 이르는 건조한 초원에 산다. 지역에 따라 서로 다른 이름으로 불리는 일곱 개의 아종이 있다. 모두 개체수가 아주 적다.

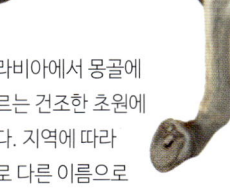

캬앙당나귀
학명: *Equus kiang*
사는 곳: 중앙아시아
길이: 최대 2.1m

아시아당나귀의 가까운 친척이며, 털 색깔이 더 짙다. 티베트 고원에서 히말라야산맥 북부에까지 퍼져 있다. 야생 당나귀 중 가장 덜 위협을 받고 있으며, 100마리 넘게 무리를 짓기도 한다.

프르제발스키말
학명: *Equus przewalskii*
사는 곳: 중앙아시아
길이: 최대 2.8m

기르는 말의 조상에 가까운 진정한 야생말 중 유일하게 살아남은 종이다. 1870년대에 몽골에서 발견되었다. 20세기에 거의 전멸했지만, 사람들이 원래 서식지에 다시 들여왔다. 지금은 서서히 수가 늘어나고 있다.

파리 쫓기
먼지떨이처럼 긴 털이 달린 꼬리를 움직여 물어대는 파리를 쫓는다.

산얼룩말
학명: *Equus zebra*
사는 곳: 아프리카 남서부
길이: 최대 2.6m

산얼룩말은 나미비아와 남아프리카의 고지대 초원에 산다. 풀과 나뭇잎, 과일도 먹고 산다. 몸에는 세로로 좁은 띠무늬가 있고, 엉덩이는 넓적한 수평 띠무늬가 있다.

그레비얼룩말
학명: *Equus grevyi*
사는 곳: 동아프리카
길이: 최대 2.7m

얼룩말 중에서 가장 크고 가장 희귀하다. 띠무늬가 좁고, 머리도 호리호리하게 가늘다. 동아프리카의 몇몇 건조한 초원에 살며, 먹이와 물을 찾아서 떠돌아다닌다. 번식할 때가 되면, 수컷들은 무리를 지어서 넓은 영역을 차지하고 지킨다.

수컷끼리의 경쟁
수컷들은 영역을 지키기 위해 싸우기도 한다.

그레비얼룩말은 태어난 지 6분 안에 일어설 수 있고, 45분 안에 포식자를 피해 달릴 수 있다.

아시아당나귀는 **가장 빠른 발굽동물**로서, 시속 70킬로미터로 달릴 수 있다.

말

기르는 말은 전 세계에 있지만, 말의 야생 친척들은 대부분 아주 희귀하다. 캬당나귀와 버첼얼룩말만이 말의 조상들이 그랬듯이 큰 무리를 지어서 초원을 돌아다닌다.

말은 탁 트인 평원에 사는 쪽으로 적응했다. 숨을 곳이 없기 때문에, 빨리 달려서 포식자를 피하는 수밖에 없다. 말은 긴 다리와 특수한 발굽으로 아주 빨리 달리며, 커다란 이빨로 거칠고 질긴 풀을 뜯어 먹는다.

뻣뻣한 갈기
줄무늬가 있는 갈기는 거칠고 뻣뻣하며, 곤두서 있다.

버첼얼룩말
버첼얼룩말은 줄무늬 아래에 말의 모든 친숙한 특징들을 지닌다. 위험이 닥치는지 주시하면서 풀을 뜯을 수 있는 긴 주둥이, 씹는 커다란 이빨, 긴 다리, 각 발에 달린 하나의 커다란 발굽 등이다. 이 대담한 줄무늬가 있는 이유는 불분명하지만, 무리가 뒤섞일 때 개체를 알아보기 힘들게 한다거나, 몸을 식히는 것을 돕는다거나, 무는 곤충을 물리친다는 이론들이 나와 있다.

포유류

버첼얼룩말

학명: *Equus quagga burchellii*

사는 곳: 동아프리카와 남아프리카

길이: 최대 2.5m

먹이: 풀, 나뭇잎, 싹

하나의 발굽
얼룩말, 말, 당나귀의 조상은 발가락이 세 개 이상이었다. 그러나 수백만 년에 걸쳐 진화한 끝에 지금은 발가락이 하나만 남았다. 그리고 튼튼한 발굽이 발가락을 감싸고 있다. 빠르게 달리는 데 적합하게 튼튼하고 충격을 흡수하는 발의 형태이다.

발가락 뼈
뼈로 된 단단한 심
발굽

검은코뿔소

거대한 뿔이 달린 머리와 두꺼운 가죽을 지닌 검은코뿔소는 선사시대 거대한 초식 동물 중 살아남은 종이다. 밀렵으로 현재 멸종 위기에 처해 있으며, 아프리카 동부와 남부의 몇몇 야생 생물 보호 구역에만 남아 있다.

검은코뿔소는 육중한 초식 동물이다. 덤불과 나무의 잎과 부드러운 싹을 먹는다. 이런 식물은 영양소가 적지만, 코뿔소는 아주 많이 먹음으로써 필요한 영양소를 얻을 수 있다. 뿔로 사자 같은 적을 죽일 수도 있다. 뿔은 경쟁자들끼리 싸우는 데에도 쓰이며, 때로 치명적인 부상을 입히기도 한다.

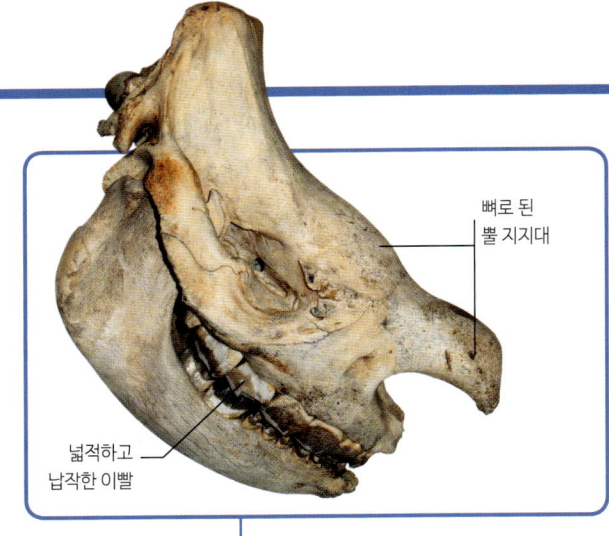

무거운 머리뼈
검은코뿔소는 머리뼈와 턱이 무겁고, 어금니가 크지만 앞니는 없다. 뿔은 뼈가 받치고 있고 더 커다란 앞뿔은 튀어나온 뼈 지지대에 올려져 있다.

- 뼈로 된 뿔 지지대
- 넓적하고 납작한 이빨
- 뒷목에 난 혹
- 털로 덮인 귀

두꺼운 가죽
코뿔소의 두꺼운 피부는 날카로운 가시를 막아 준다.

- 털로 덮인 꼬리

작은 눈
코뿔소는 눈이 나쁘며, 청각과 후각에 의지한다.

뿔
검은코뿔소는 대개 뿔이 두 개이며, 앞쪽 뿔이 가장 길다.

발굽이 달린 발
크고 억센 발에는 발굽 달린 발가락이 세 개 있다.

무장 경비원
20세기 말에 검은코뿔소는 밀렵꾼에게 거의 전멸당했다. 중국의 약재나 단검 손잡이로 쓸 뿔을 얻기 위해서다. 지금은 울타리를 친 보호 구역에서 엄격하게 보호를 받고 있으며, 무장 경비원이 지키기도 한다. 그래도 여전히 수가 적다. 이 눈먼 새끼는 코뿔소가 직면한 많은 위험 중 하나를 보여 준다.

검은코뿔소

흰코뿔소

뾰족한가 납작한가?
나뭇잎을 먹는 검은코뿔소는 감아쥘 수 있는 뾰족한 윗입술로 잎을 감아서 뜯는 반면, 아프리카 흰코뿔소는 땅에서 풀을 뜯기 알맞은 납작한 입술을 지닌다.

1.3m 검은코뿔소의 가장 길다고 알려진 뿔의 길이.

현재 살아 있는 검은코뿔소는 약 5,000마리에 불과하다.

55km/h 검은코뿔소의 최대 속도.

포유류
검은코뿔소
- **학명:** *Diceros bicornis*
- **사는 곳:** 아프리카
- **길이:** 최대 3.8m
- **먹이:** 나뭇잎, 잔가지

친구냐 적이냐?
붉은부리소등쪼기새는 검은코뿔소를 따라다니곤 한다. 피를 빠는 진드기 같은 피부 기생충을 먹는다. 하지만 소등쪼기새는 상처를 후벼 파서 나오는 피를 마시기도 한다.

뿔의 구조
뿔은 피부가 자란 것이며, 털 같은 케라틴 섬유들이 합쳐져서 단단한 덩어리가 된 것이다.

주름진 피부
강한 태양으로부터 피부를 보호하기 위해서, 코뿔소는 두껍고 거친 피부를 진흙으로 덮곤 한다.

감을 수 있는 입술
검은코뿔소는 움직이는 뾰족한 윗입술로 줄기와 잎을 감아서 뜯는다.

수컷은 많으면 절반까지도 **다른 수컷의 뿔에** 찔려서 다친 상처 때문에 죽는다.

포유류 ◦ 발굽동물

야생 쌍봉낙타는 너무 희귀해서 자연 서식지에서는 멸종 위기에 처해 있다.

포유류
단봉낙타
학명: *Camelus dromedarius*
사는 곳: 북아프리카, 아라비아, 오스트레일리아에도 도입
길이: 최대 3.4m
먹이: 나뭇잎, 풀

낙타류

사막과 높은 산에서 사는 데 적응한 낙타류는 지구에서 가장 혹독한 몇몇 기후에서도 살아남을 수 있다. 낙타들은 강인하기에 인류의 중요한 자산이 되어 왔다.

낙타류는 두 종류의 낙타뿐 아니라, 남아메리카의 과나코와 비쿠냐, 그들로부터 나온 길들인 낙타로 이루어진다. 과나코는 라마의 조상이다. 수백 년 동안 선택 교배를 한 끝에 짐을 지는 동물인 라마가 나왔다. 비쿠냐는 풍성한 털을 얻기 위해 기르는 알파카의 조상이다. 아라비아의 단봉낙타는 적어도 4,000년 전에 길들여졌으며, 지금은 야생에서는 멸종한 듯하다.

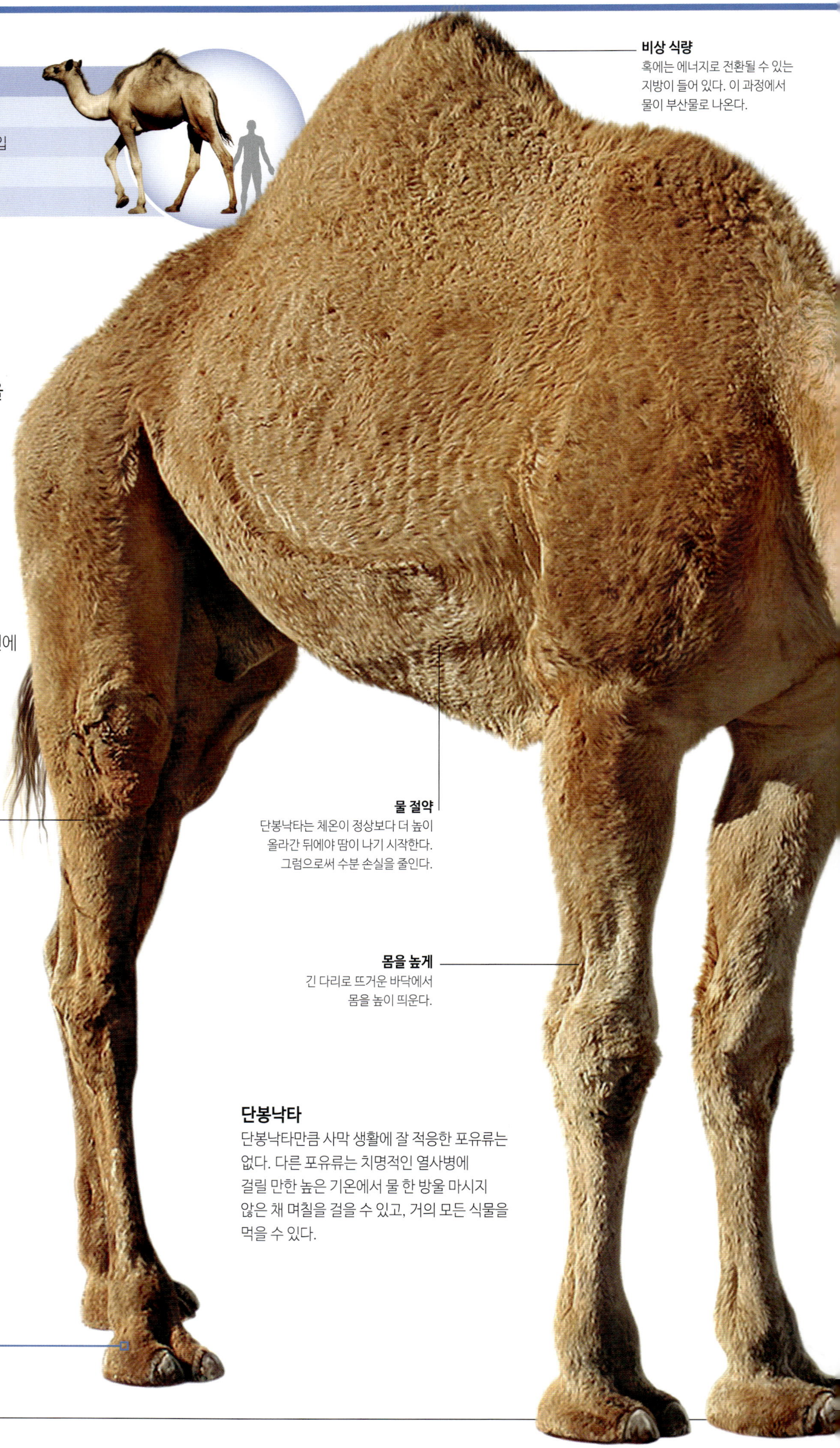

비상 식량
혹에는 에너지로 전환될 수 있는 지방이 들어 있다. 이 과정에서 물이 부산물로 나온다.

햇빛 차단
두꺼운 털이 햇빛을 막아서 피부를 상대적으로 시원하게 유지한다.

물 절약
단봉낙타는 체온이 정상보다 더 높이 올라간 뒤에야 땀이 나기 시작한다. 그럼으로써 수분 손실을 줄인다.

몸을 높게
긴 다리로 뜨거운 바닥에서 몸을 높이 띄운다.

사막에 알맞은 발
발가락 두 개인 넓적한 발은 바람이 부는 모래언덕을 걷는 데 잘 적응해 있다. 부드럽고 건조한 모래에 빠지지 않도록 몸무게를 분산시킨다. 그러나 날카로운 돌 위를 걸을 때에는 발바닥에 상처가 날 수도 있다.

단봉낙타
단봉낙타만큼 사막 생활에 잘 적응한 포유류는 없다. 다른 포유류는 치명적인 열사병에 걸릴 만한 높은 기온에서 물 한 방울 마시지 않은 채 며칠을 걸을 수 있고, 거의 모든 식물을 먹을 수 있다.

목마른 단봉낙타는 13분 만에 130리터의 물을 마실 수 있다.

가시에 찔리지 않는 입술
입술의 피부는 아주 질겨서 가시투성이 사막 덤불도 뜯어먹을 수 있다.

먼지 차단
단봉낙타는 눈썹이 짙고, 유달리 빽빽한 이중의 속눈썹이 있다. 속눈썹은 사막 모래폭풍이 일 때 눈에 먼지가 들어오지 못하게 막는다. 또 먼지가 들어와서 숨이 막히는 일이 없도록 콧구멍도 닫을 수 있다.

쌍둥이 혹
혹은 작고 원뿔 모양이다.

쌍봉낙타
학명: *Camelus ferus*
사는 곳: 중국 북서부, 몽골
길이: 최대 3.5m

아라비아의 단봉낙타와 동일한 적응 형질을 지니고 있지만, 쌍봉낙타는 중앙아시아의 훨씬 더 추운 사막에 산다. 단봉낙타처럼 수천 년 전에 길들여졌으며, 길들여진 형태는 현재 다른 종이라고 여겨진다.

비쿠냐
학명: *Vicugna vicugna*
사는 곳: 남아메리카 안데스산맥
길이: 최대 1.9m

우아하면서 가볍게 생긴 비쿠냐는 바위 많은 중앙 안데스산맥, 풀로 뒤덮인 고지대 평원, 아타카마사막에 산다. 밤에 기온이 영하로 떨어지는 곳들이다. 빽빽하게 난 부드럽고 고운 털로 체온을 유지한다. 이들이 길들여져서 진화한 동물이 빽빽한 털로 뒤덮인 알파카다.

과나코
학명: *Lama guanicoe*
사는 곳: 남아메리카
길이: 최대 2.1m

과나코는 남아메리카에 산다. 춥고 건조한 기후에 잘 적응해 있다. 높은 고도의 희박한 공기에서도 살 수 있도록 피에는 산소를 운반하는 적혈구 농도가 아주 높다. 지구에서 가장 메마르고 뜨거운 사막인 아타카마사막에서도 살아갈 수 있다.

대부분의 돼지와 달리, 혹멧돼지는 밤에 굴을 판다.

수컷의 위쪽 엄니는 길이가 30센티미터까지 자란다.

성긴 털
몸에는 빳빳한 털이 성기게 나 있다.

몸을 식히는 진흙
대다수 돼지처럼, 혹멧돼지도 진흙 목욕을 좋아한다. 피부에 땀샘이 없기 때문에 열대 아프리카의 기후에서 몸을 식히기 위해 진흙 목욕을 한다. 진흙은 뜨거운 태양에 피부가 화상을 입지 않도록 하고, 질병을 옮기는 파리에게 물리는 것도 막아 준다.

혹멧돼지

혹멧돼지는 얼굴에 거대한 엄니가 나 있고 기이한 혹이 가득하지만, 멧돼지의 한 종류다. 숲이 아니라 초원에 사는 멧돼지는 두 종뿐인데, 그중 하나다. 서식지에서 가장 풍부한 먹이인 풀을 먹는 쪽으로 적응해 있다.

혹멧돼지의 경이로운 위쪽 엄니는 주로 사자와 표범 같은 강력한 포식자에게 맞서는 방어용이다. 아래쪽 엄니는 입을 다물 때마다 위쪽 엄니에 부딪치면서 갈리는 바람에 끝이 날카롭다. 아래쪽 엄니는 심한 부상을 입힐 수 있지만, 주식인 풀 외에 즙이 많은 뿌리를 캐 먹는 용도로 주로 쓰인다.

뭉툭한 윗엄니

치명적인 날
아랫엄니는 윗엄니보다 더 짧고 훨씬 날카롭다.

무릎 굽히기

아프리카 사바나에서 살아가려면 혹멧돼지는 풀을 잘 뜯어 먹어야 한다. 그런데 목이 짧고 다리가 상대적으로 길어서 풀을 뜯기가 어려울 수 있기에, 혹멧돼지는 '무릎'을 굽히고 엎드린다. 이 무릎은 사실 발목 관절이 변형된 것이다. 관절에는 무릎을 꿇은 채 움직이면서 풀을 뜯을 때 다치지 않도록 두꺼운 피부판이 있다.

박치기

성숙한 수컷들은 뭉툭한 윗엄니를 서로 부딪치면서, 자기 영역을 지키려 싸운다. 얼굴의 혹은 심한 부상을 막아 주며, 이 싸움은 목숨을 건 혈투가 아니라 습관적인 훈련에 가깝다.

작은 눈
혹멧돼지는 눈이 나쁘지만, 청각과 후각이 뛰어나다.

냄새 표지
얼굴의 젖은 얼룩은 눈 밑의 냄새샘에서 나오는 분비물이다.

뺨의 혹

물렁뼈의 성장
혹은 두꺼운 피부와 튼튼한 물렁뼈로 이루어진다.

뿌리를 파는 도구
예민한 주둥이는 땅에서 뿌리를 캐는 삽처럼 쓰인다.

포유류
혹멧돼지
학명: *Phacochoerus africanus*
사는 곳: 아프리카 사하라 이남
길이: 최대 1.5m
먹이: 풀, 즙 많은 뿌리

붉은사슴

붉은사슴 수컷의 놀라운 뿔은 무기, 지위의 상징, 힘의 증거다. 가장 뿔이 큰 수사슴들만이 경쟁자들을 물리치고 암컷을 얻을 기회가 있다.

붉은사슴은 사슴류 중 가장 큰 편에 속하며, 대다수의 사슴처럼 수컷만 뿔이 난다. 뿔은 해마다 떨어졌다가 다시 자라며, 가을에 가장 크게 자란다. 이때 수컷들은 으스대면서 걷고, 으르렁대면서 암컷들을 얻기 위해 서로 경쟁한다. 싸움은 마지막 수단일 뿐이다. 싸울 때에는 한쪽이 물러설 때까지 서로 뿔을 맞대고 밀어댄다.

뿔 맞대기
번식기에 수컷들은 먹을 시간이 거의 없으며, 몸무게가 5분의 1까지 줄어들 수 있다.

부드러운 녹용
봄에 수사슴의 뿔은 떨어지고, 새로 자라기 시작한다. 이때는 부드러운 털이 난 피부로 덮여 있는데, 이 피부로부터 산소와 영양소가 풍부한 피가 공급된다. 이때의 뿔을 '녹용'이라고 한다. 뿔이 다 자라면 피부는 말라붙고, 사슴은 나무에 뿔을 문질러서 맨 뼈를 드러낸다.

빽빽해진 갈기
번식기에 수컷은 갈기도 발달한다.

속도를 위해
길고 가느다란 다리를 써서 포식자로부터 빨리 달아난다.

포유류
붉은사슴

- **학명:** *Cervus elaphus*
- **사는 곳:** 유럽에서 동아시아까지
- **길이:** 최대 2.05m
- **먹이:** 나뭇잎, 풀

2cm 붉은사슴의 뿔이 하루에 자라는 길이.

번식기에 수사슴들은 덤불이나 작은 나무와 싸우기도 한다.

성공한 수사슴은 번식기에 암컷 20마리와 짝짓기를 할 수도 있다.

점무늬가 있는 새끼
붉은사슴은 태어날 때 점무늬가 있다. 이 무늬는 풀 사이에서 몸을 숨겨 준다. 새끼는 태어난 지 몇 시간 뒤 일어설 수 있고, 3~4주 뒤에는 어른을 따라다닐 수 있다. 포식자를 피해 달아나는 법을 빨리 배운다.

암컷과 수컷
암컷은 수컷보다 더 작고, 뿔이 없다. 이는 뿔이 오로지 수컷들끼리 싸우고, 암컷에게 깊은 인상을 주기 위한 것임을 말해 준다. 생존에 필요한 것이라면, 암컷도 뿔이 나야 한다. 먹이를 놓고 경쟁해야 하는 사슴 종은 암컷도 뿔을 지닐 가능성이 더 높다.

싸움은 위험하며, 해마다 많은 수컷들이 더 강한 수컷들에게 **다치거나 죽는다.**

밋밋한 털
여름털은 적갈색이다. 겨울털은 더 회색이고 더 빽빽하다.

크림색 궁둥이 반점

짧은 꼬리
대부분의 사슴처럼, 붉은사슴도 꼬리가 짧고 뭉툭하다.

수컷 머리뼈
붉은사슴의 전성기는 약 12세이다. 그때까지, 수컷의 뿔은 해가 갈수록 점점 정교해진다. 가지가 많으면 16개에 달하기도 한다. 이런 뿔을 만들려면 에너지가 많이 들기 때문에 인상적인 뿔은 건강하다는 표시다.

소과 동물

우아한 가젤부터 덩치 크고 육중한 물소에 이르기까지, 소과 동물은 발굽동물 중 가장 다양한 집단이다. 이들은 대부분 멋진 뿔을 지니고 있다.

소과 동물은 사슴과 마찬가지로 발가락이 두 개인 발굽동물이다. 사슴처럼 나뭇잎과 풀을 먹는 쪽으로 적응해 있다. 또 많은 섬유질 먹이를 소화하기 위해 네 개의 방으로 이루어진 복잡한 위장을 지닌다. 쌍쌍이 또는 작은 무리를 이루어 사는 종류도 있지만, 대규모 떼를 지어서 돌아다니는 종류가 훨씬 더 많다.

1m 아이벡스의 뿔 길이.

등의 볏
스프링복은 놀라거나 흥분하면, 뒤쪽 등의 두 피부 주름이 쫙 펴지면서 하얀 등의 털로 된 볏이 드러난다. 이 행동을 하는 이유는 불분명하지만, 이 볏이 시선을 끈다는 점은 분명하므로 다른 개체들에게 위험을 경고하는 것일 수도 있다.

케이프스프링복
아주 날랜 이 스프링복은 스프링이 튀듯이 땅에서 높이 뛰어오르는 습성이 있다. 주로 새끼들이 하는 이 행동은 위험을 감지했을 때 종종 보인다. 다른 개체들에게 경고 신호를 보내고, 자신이 건강함을 보여 줌으로써 적에게 더 약한 개체를 찾으라고 과시하는 역할을 하는 듯하다.

강한 다리
힘센 근육으로 높이 뛰어오를 수 있다.

포유류
케이프스프링복
학명: *Antidorcas marsupialis*
사는 곳: 아프리카 남서부
길이: 최대 1.1m
먹이: 풀, 나뭇잎

세렝게티흰수염누
학명: *Connochaetes mearnsi*
사는 곳: 아프리카 동부와 남부
길이: 최대 2.4m

이 크고 무거운 머리를 지닌 영양은 아프리카 사바나에서 큰 무리를 지어 산다. 정기적으로 세렝게티 초원에서 대규모로 이주를 하기에 이때 사자, 들개, 점박이하이에나, 나일악어의 먹이가 되기 쉽다.

기린영양
학명: *Litocranius walleri*
사는 곳: 동아프리카
길이: 최대 1.4m

'게레눅'이라고도 하며, 아주 호쭉하고 긴 다리를 지닌 날랜 동물이다. 뒷다리로 일어서서 낮게 달린 나뭇잎을 뜯어 먹곤 한다. 물을 거의 마시지 않고, 먹이를 통해 필요한 수분을 얻는다.

곧추서기
기린영양은 뒷발로 균형을 잡으면서, 일어서서 아카시아나무의 즙이 많은 잎을 따 먹는다.

1800년 이전에는 북아메리카에 최대 6억 마리의 들소가 있었다.
1900년 무렵에는 500마리도 채 남지 않았다.

아라비아오릭스는 물 한 방울을 안 마셔도 사막에서 몇 주 동안 생존할 수 있다.

고리무늬가 난 뿔
암수 모두 뿔이 나지만, 수컷의 뿔이 훨씬 더 굵고 튼튼하다.

아메리카들소
학명: *Bison bison*
사는 곳: 북아메리카
길이: 최대 3.8m

들소는 한때 엄청나게 떼 지어서 아메리카 초원을 돌아다녔지만, 1800년대에 사냥으로 거의 멸종 직전에 이르렀다. 수컷은 몸집이 거대하며, 경쟁할 때는 거대한 몸을 부딪치면서 서로 싸운다.

아이벡스
학명: *Capra ibex*
사는 곳: 남유럽
길이: 최대 1.35m

아이벡스는 야생 염소로서, 가파른 바위 비탈을 미끄러지지 않고 날래게 오르내리는 것으로 유명하다. 암수 모두 뿔이 있고, 수컷의 뿔은 아주 경이롭다. 수컷들은 이 뿔을 부딪치면서 싸운다.

사향소
학명: *vibos moschatus*
사는 곳: 북아메리카, 그린란드
길이: 최대 2.3m

양과 염소의 친척인 사향소는 북극 툰드라에서 생활하는 데 적응해 있다. 눈을 헤집어서 풀, 나뭇잎, 지의류를 뜯어 먹는다. 북극늑대의 먹이가 되곤 한다.

착 달라붙는 발굽
갈라진 발굽과 충격을 줄이는 발바닥으로 가파른 비탈과 바위 지대를 오르내릴 수 있다.

아라비아오릭스
학명: *Oryx leucoryx*
사는 곳: 중동
길이: 최대 2.3m

이 멋진 동물은 사냥으로 1970년대에 거의 멸종 직전까지 갔지만, 포획 번식과 재도입 사업을 통해 살아남았다. 사막 생활에 적응해 있으며, 비가 온 뒤에 자라난 신선한 풀을 찾아서 멀리까지 돌아다닌다.

고리무늬가 난 뿔
암수 모두 멋진 긴 뿔을 지닌다. 수컷들은 뿔을 부딪치면서 우위를 가리곤 한다.

포유류 · 발굽동물

기린은 시속 60킬로미터까지 속도를 낼 수 있다.

사람의 지문처럼 기린마다 털 무늬가 다르다.

기린

위엄이 넘치는 동물인 기린은 현생 동물 중에서 가장 키가 크다. 이 놀라운 키로 나무 꼭대기에 달린 잎을 뜯을 수 있다. 다른 동물들은 결코 닿지 않는 부드러운 어린잎을 뜯어 먹는다.

키가 너무 커서 생기는 문제들도 있다. 기린은 높은 곳에 있는 뇌까지 피를 보내야 하므로 심장이 유달리 크다. 물을 마시기 위해 머리를 낮추었다가 치켜들 때 어지럽지 않도록 막는 체계도 지닌다. 또 기린은 허파로 충분한 공기를 불어 넣기 위해서 호흡을 빨리해야 한다. 대신에 목과 다리가 유달리 긴 덕분에 위험을 멀리서도 알아차릴 수 있다. 수컷들은 경쟁할 때 서로 목을 부딪치면서 싸운다.

근육질 어깨

힘센 다리
앞다리로 포식자를 세게 차서 물리칠 수 있다.

덥수룩한 꼬리

뼈로 된 뿔
수컷은 혹 같은 뿔을 지닌다. 뿔은 수컷들끼리 싸울 때 쓴다. 암컷은 뿔이 더 가늘고 더 털이 많다.

큰 눈
커다란 눈으로 아주 멀리까지 볼 수 있다.

긴 주둥이

포유류
기린
- **학명:** *Giraffa camelopardalis*
- **사는 곳:** 아프리카
- **키:** 최대 6m
- **먹이:** 나뭇잎

유연한 혀
기린은 아프리카 사바나 초원에 듬성듬성 서 있는 키 큰 아카시아나무의 잎을 먹곤 한다. 그러나 아카시아의 잔가지에는 가시가 아주 많기에, 기린은 잘 움직이는 긴 혀로 가시 사이를 헤집고 잎을 입속으로 잡아당긴다. 그런 뒤 이빨로 잎을 끊어먹는다. 혀와 입술은 피부가 아주 두꺼워서 가시가 뚫지 못한다.

긴 혀
혀는 45센티미터까지 자랄 수 있다.

밤색 털
이 아종은 그물무늬기린이다. 독특한 하얀 테두리의 밤색 그물 무늬가 있다.

벌린 다리
기린은 땅에 머리를 대거나 물을 마실 때 앞다리를 옆으로 벌려야 한다.

털 무늬
기린의 아종은 최대 아홉 종류에 달하며, 각각 나름의 털 무늬가 있다. 동아프리카 마사이기린은 털 무늬가 들쭉날쭉 불규칙한 반면, 로스차일드기린은 반점이 더 크고 테두리가 크림색이다. 서아프리카기린은 붉은 반점의 테두리 폭이 더 넓다.

마사이기린

로스차일드기린

서아프리카기린

유연한 척추뼈
유달리 긴 척추뼈는 절구관절과 아주 비슷한 관절로 연결되어 있다.

늘어난 목뼈
기린은 다른 대다수 포유동물처럼 목뼈가 일곱 개이지만, 다른 동물들보다 뼈 하나하나가 훨씬 더 길다. 또 등의 척추뼈 중 하나가 변형되어서 목까지 뻗어 있다. 강한 근육과 힘줄이 뼈를 지탱한다.

발에는 발가락이 두 개다.

하마

하마는 **몸무게가 2,000킬로그램을 넘기도 한다.**
헤비급 권투선수 25명보다 무겁다.

아주 게을러 보이지만, 하마는 예측할 수 없는 공격적인 행동을 보이곤 하기에 아프리카에서 가장 위험한 동물에 속한다.

하마는 두 종류뿐이며, 육상 동물 중에는 다른 친척이 없다. 사실 DNA 증거에 따르면 하마의 가장 가까운 친척은 고래다. 하마가 살아가는 데 물이 굉장히 중요하다는 점을 생각하면 납득이 간다. 하마는 낮에는 물에 몸을 담가 아프리카의 강렬한 태양을 피해야 한다. 밤에 뭍으로 올라와서 많으면 다섯 시간까지 풀을 뜯는다. 낮에 머무는 서식지에서 아주 멀리 가기도 한다.

물속에서 뒹굴뒹굴
하마의 피부는 두껍지만, 대다수 포유류의 피부보다 훨씬 더 빨리 마른다. 그래서 하마는 낮 시간에는 주로 강이나 호수 안에서 뒹굴뒹굴한다. 물 바깥에 너무 오래 있으면, 태양에 피부가 손상되고, 갈라질 수도 있다.

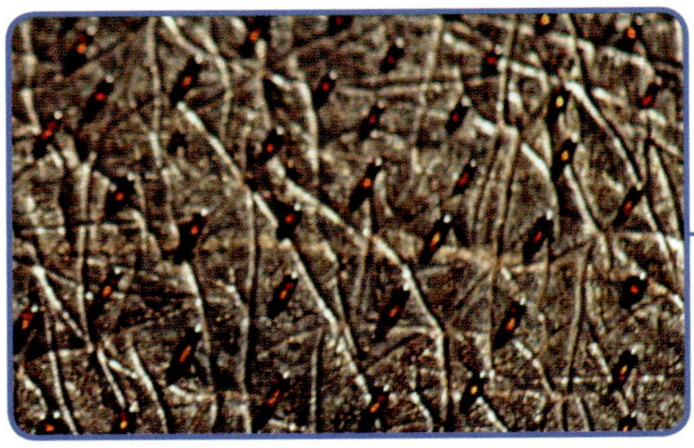

천연 자외선 차단제
하마의 피부에 있는 샘에서는 기름진 액체가 분비된다. 이 물질은 공기를 접하면 주홍색으로 변한다. 이 액체의 색소는 태양광선을 흡수하여 햇빛에 타지 않도록 하는 일종의 자외선 차단제 역할을 한다. 또 세균도 막음으로써 상처가 빨리 낫도록 돕는다.

짧고 뻣뻣한 털이 난 꼬리

물갈퀴 달린 발
하마는 물갈퀴가 달린 네 개의 발가락이 있는 억센 발굽으로 걷는다.

무거운 몸
통 모양의 거대한 몸은 아주 많은 양의 먹이를 담을 수 있다.

242 포유류 ○ 고래류

범고래 **암컷은**
90년 이상 살 수 있다.

눈의 얼룩무늬
눈의 옆의 얼룩무늬는 아종에 따라서 색깔과 모양이 다르다.

먹이 검출기
범고래는 반향정위로 먹이를 찾는다. 큰 클릭음을 보내어 반사되어 돌아오는 메아리를 듣는다. 클릭음은 콧속 주머니에서 생성되어 '멜론'이라는 불룩 튀어나온 이마로 방향을 잡아서 보낸다.

예민한 혀
범고래의 짧은 혀에 있는 맛봉오리는 먹을 수 없는 먹이를 식별한다.

강한 이빨
이빨은 튼튼한 원뿔 모양이며 길이가 10센티미터까지 자란다. 미끄럽고 몸부림치는 먹이를 꽉 무는 데 알맞다.

앞지느러미발
고래와 돌고래는 육상 포유류에서 진화했고, 앞지느러미발은 손가락이 길어져서 변형된 팔이다. 이 경직된 구조를 지닌 발을 주로 어깨 관절로 움직인다.

짧은 앞팔

'손가락' 뼈를 연결하는 연골

1.8m 수컷 등지느러미의 최대 높이.

범고래는 매우 **사회적인 동물**이며, 최대 **40마리**까지 가족 집단을 이루어 살아간다.

범고래는 최대 **시속 56킬로미터**로 헤엄칠 수 있다.

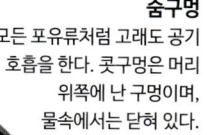

등지느러미
암컷은 등지느러미가 높이 솟은 삼각형이지만, 수컷은 이보다 두 배 더 높이 솟아 있다. 등지느러미의 모양은 다양하며, 개체를 식별하는 데 쓰일 수도 있다.

숨구멍
모든 포유류처럼 고래도 공기 호흡을 한다. 콧구멍은 머리 위쪽에 난 구멍이며, 물속에서는 닫혀 있다.

공동 사냥
범고래는 가장 지능이 뛰어난 동물에 속한다. 빨리 배우며, 지식을 동료에게 전달할 수도 있다. 그래서 가족 집단은 협력하여 먹이를 잡는 독창적인 방식을 새로 고안하기도 한다.

근육질 꼬리
강한 근육으로 꼬리를 움직여서 놀라울 만치 빠르게 나아간다.

고래 꼬리
물고기의 꼬리지느러미처럼 생긴 꼬리는 수평으로 양쪽으로 갈라져 있다.

어미 가까이
범고래 새끼는 어미 곁에서 헤엄치며, 성숙한 뒤에도 어미와 함께 다니곤 한다.

유혹적인 표적
범고래는 머리를 수면 위로 폴짝폴짝 내밀어서 먹이를 파악한다. 이 범고래는 남극 대륙 근처 유빙에 웨들물범이 있는 것을 알아차렸다.

합동 작전
범고래들은 완벽한 대형을 이루어서 유빙을 향해 빠르게 다가가서 그 밑으로 잠수한다. 그러면 파도가 일어나서 유빙을 향해 밀려간다.

포유류	
범고래	
학명:	*Orcinus orca*
사는 곳:	전 세계
길이:	최대 9.8m
먹이:	다양한 해양 동물

범고래

범고래는 사실은 거대한 돌고래이다. 뛰어난 지능과 힘으로 작은 어류에서 상어, 물범, 심지어 고래에 이르기까지 다양한 먹이를 몰래 다가가 잡는다.

지구에서 가장 강력한 포식자 중 하나이다. 특정한 유형의 먹이를 사냥하는 전문 기술을 지닌다. 또 가족 집단을 이루어서 전 세계 바다를 돌아다닌다. 복잡한 언어로 소통하면서 포획 전술을 써서 물고기 떼를 몰아서 잡는 기술을 지닌 집단도 있고, 매복해서 다른 해양 포유류를 잡는 기술을 지닌 집단도 있다.

임무 완수
파도는 얼음에 부딪히면서 산더미처럼 물을 쏟아낸다. 물범은 무력하게 얼음 위에서 밀려나 바다에 떨어지고, 기다리고 있던 범고래가 꽉 문다.

해마다 대다수의 혹등고래는 더 따뜻한 물에서 **번식하기 위해** 이주하며, 매번 8,300킬로미터가 넘는 거리를 헤엄친다.

꼬리의 움직임
혹등고래는 거대한 꼬리로 수면을 쳐서 시끄럽게 철썩거리는 소리를 낸다. 이 꼬리치기는 고래들끼리 의사소통을 하는 것이라고 여겨진다.

추진력
강력한 꼬리를 움직여서 앞으로 나아간다.

혹등고래

혹등고래는 물 밖으로 뛰어오르는 놀라운 묘기를 펼치는 것으로 유명하다. 혹등고래는 수염고래류, 즉 바닷물을 걸러서 작은 동물을 먹는 거대한 고래류에 속한다. 지구에서 가장 크고 가장 무거운 동물 중 하나다.

혹등고래는 긴수염고래의 일종이며, 턱부터 배에 이르기까지 길게 주름이 나 있다. 먹이를 먹을 때면 주름이 펴지면서 목이 풍선처럼 늘어나 많은 물을 한꺼번에 담을 수 있다. 혹등고래는 거대한 혀로 머금은 물을 입 밖으로 밀어내면서 빳빳한 판처럼 된 고래수염으로 거른다. 고래수염에 걸린 작은 물고기 같은 동물들을 삼킨 뒤, 다시 엄청난 양의 물을 입에 머금는다.

흑백 무늬
매끄러운 피부는 위쪽은 검고, 아래쪽은 하얀색 바탕에 얼룩덜룩하다.

방향 조절
지느러미발의 앞쪽 가장자리는 물결 모양처럼 되어 있다. 물이 잘 흐르도록 함으로써 방향을 빠르게 바꾸는 데 도움을 준다.

공기 방울 그물 사냥
북쪽 바다에서 혹등고래는 종종 작은 물고기를 사냥하곤 한다. 혹등고래들은 물고기 떼 주위를 빙빙 돌면서 몬다. 그러면서 숨을 내쉬어서 원통형 공기 방울 '그물'을 만든다. 물고기들이 서로 다닥다닥 모이면, 혹등고래는 거대한 입을 벌리고 밑에서부터 위로 쑥 올라오면서 한 번에 수백 마리씩 삼킨다.

포유류	
혹등고래	
학명:	*Megaptera novaeangliae*
사는 곳:	전 세계
길이:	최대 17m
먹이:	플랑크톤, 작은 어류

34톤 혹등고래의 몸무게. 아프리카 사바나코끼리 성체보다 3배 이상 무겁다.

혹등고래 성체는 매일 작은 물고기와 크릴을 1,000킬로그램 이상 먹을 수 있다.

독특한 무늬
혹등고래의 꼬리 밑면에 있는 무늬는 사람의 지문처럼 개체마다 다르다.

새끼 고래
새끼 고래는 태어난 후 적어도 1년 동안 어미 곁에서 헤엄친다.

수컷은 복잡한 소리를 만들어 '노래'를 한다. 이 노래는 **최대 32킬로미터 떨어져 있는** 고래들도 들을 수 있다.

두 개의 숨구멍
혹등고래는 머리 위쪽에 한 쌍의 거대한 콧구멍, 즉 숨구멍이 있다. 숨을 쉬기 위해 수면으로 올라오면, 고래는 물이 섞인 공기를 공중으로 높이 뿜어낸 뒤에 다시 숨을 들이마신다. 잠수할 때는 숨구멍을 닫는다.

달라붙은 승객
따개비라는 커다란 갑각류는 먹이를 쉽게 얻기 위해서 고래의 혹이 많은 주둥이에 달라붙어 있다.

늘어나는 목

긴 지느러미발
혹등고래는 동물계에서 가슴 지느러미발이 가장 길다. 몸길이의 약 3분의 1에 달한다.

고래수염
고래의 위턱에서는 빳빳한 고래수염이 수백 개 뻗어 나와서 일종의 체 역할을 한다. 고래수염은 케라틴으로 되어 있다. 사람의 손톱과 털을 만드는 유연한 물질이다. 고래수염은 이빨을 대신한다. 혹등고래는 이빨이 없다.

246 포유류 ○ 고래류

145톤 가장 큰 대왕고래의 몸무게 추정값.

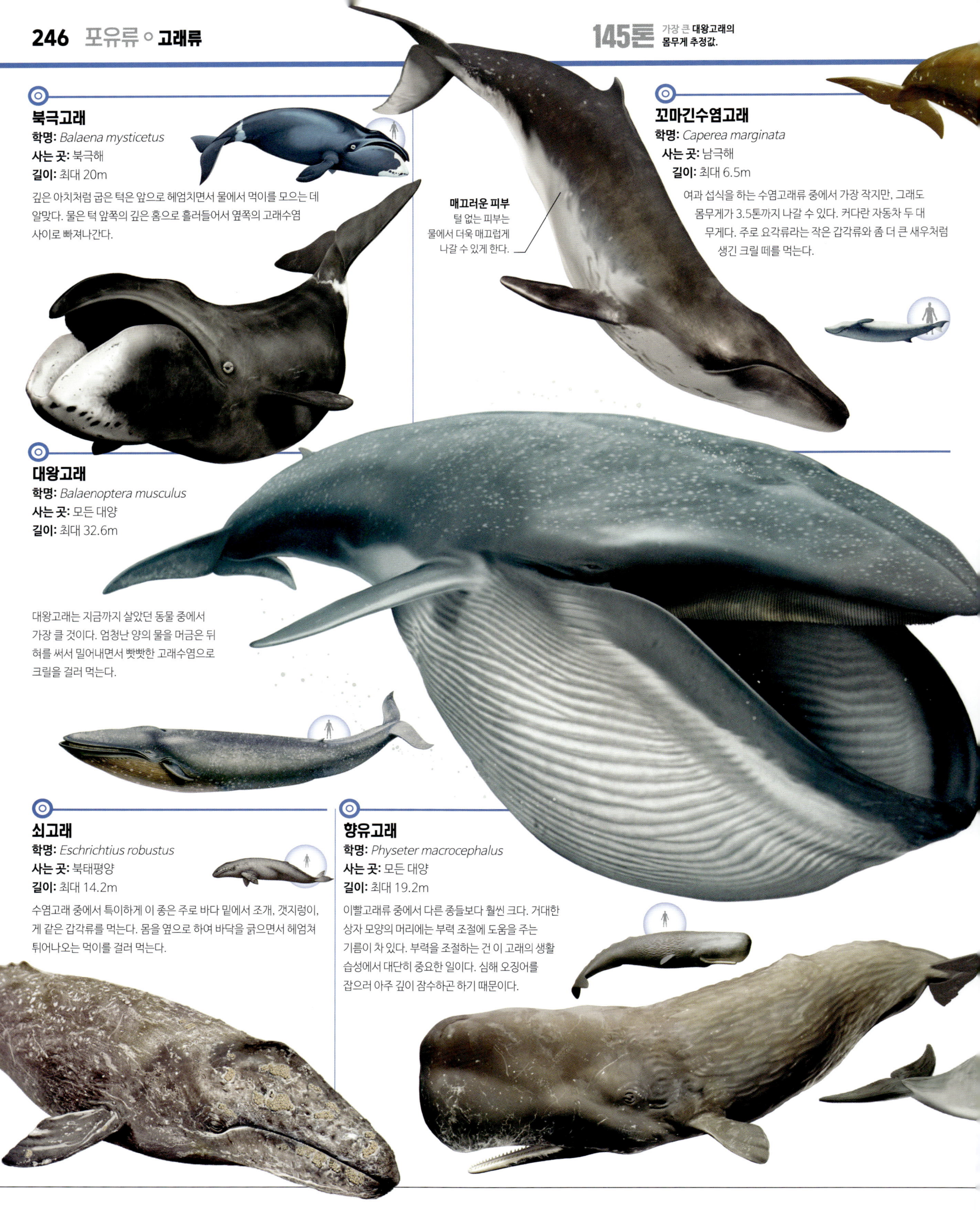

◎ 북극고래
학명: *Balaena mysticetus*
사는 곳: 북극해
길이: 최대 20m

깊은 아치처럼 굽은 턱은 앞으로 헤엄치면서 물에서 먹이를 모으는 데 알맞다. 물은 턱 앞쪽의 깊은 홈으로 흘러들어서 옆쪽의 고래수염 사이로 빠져나간다.

매끄러운 피부
털 없는 피부는 물에서 더욱 매끄럽게 나갈 수 있게 한다.

◎ 꼬마긴수염고래
학명: *Caperea marginata*
사는 곳: 남극해
길이: 최대 6.5m

여과 섭식을 하는 수염고래류 중에서 가장 작지만, 그래도 몸무게가 3.5톤까지 나갈 수 있다. 커다란 자동차 두 대 무게다. 주로 요각류라는 작은 갑각류와 좀 더 새우처럼 생긴 크릴 떼를 먹는다.

◎ 대왕고래
학명: *Balaenoptera musculus*
사는 곳: 모든 대양
길이: 최대 32.6m

대왕고래는 지금까지 살았던 동물 중에서 가장 클 것이다. 엄청난 양의 물을 머금은 뒤 혀를 써서 밀어내면서 빳빳한 고래수염으로 크릴을 걸러 먹는다.

◎ 쇠고래
학명: *Eschrichtius robustus*
사는 곳: 북태평양
길이: 최대 14.2m

수염고래 중에서 특이하게 이 종은 주로 바다 밑에서 조개, 갯지렁이, 게 같은 갑각류를 먹는다. 몸을 옆으로 하여 바닥을 긁으면서 헤엄쳐 튀어나오는 먹이를 걸러 먹는다.

◎ 향유고래
학명: *Physeter macrocephalus*
사는 곳: 모든 대양
길이: 최대 19.2m

이빨고래류 중에서 다른 종들보다 훨씬 크다. 거대한 상자 모양의 머리에는 부력 조절에 도움을 주는 기름이 차 있다. 부력을 조절하는 건 이 고래의 생활 습성에서 대단히 중요한 일이다. 심해 오징어를 잡으러 아주 깊이 잠수하곤 하기 때문이다.

일각돌래의 **나선형 엄니는 3미터까지** 자란다.

2011년 **민부리고래는 수심 2,992미터까지** 잠수했다. 포유류의 최고 잠수 기록이다.

일각돌고래
학명: *Monodon monoceros*
사는 곳: 북극해
길이: 최대 5m

일각돌고래는 수컷의 위턱에서 길게 뻗어 나온 나선형 엄니가 특징이다. 이 엄니는 주변 환경에서 일어나는 변화를 감지할 수 있는 감각 기관으로 여겨지지만, 싸우고 짝을 유혹하는 데에도 쓰인다.

민부리고래
학명: *Ziphius cavirostris*
사는 곳: 북극해를 제외한 모든 대양
길이: 최대 7m

부리처럼 생긴 주둥이를 지닌 이 수수께끼 같은 부리고래는 먼 바다에 살기 때문에 좀처럼 보기 어렵다. 이 종은 부리고래 22종 중에서 가장 널리 퍼져 있으며, 아래턱이 튀어나와 있다. 성숙한 수컷은 커다란 못 같은 이빨이 아래턱에 나 있다.

아마존강돌고래
학명: *Inia geoffrensis*
사는 곳: 아마존 유역
길이: 최대 2.5m

소수의 민물 돌고래 중 하나다. 이 종은 흙탕물에 살며, 주로 반향정위를 써서 먹이를 사냥한다. 긴 주둥이에는 두 종류의 이빨이 있다. 먹이의 종류에 따라 다른 이빨을 쓴다. 어류, 게, 거북을 먹는다.

고래류

고래와 돌고래로 이루어진 이 집단에는 지구에서 가장 큰 동물도 있다. 가장 크면서 가장 강력한 해양 포식자인 범고래(242~243쪽 참조)도 이 집단에 속하며, 모든 동물 중 가장 지적인 몇몇 종들도 속해 있다.

고래류는 모든 해양 포유류 중에서 가장 고도로 분화해 있다. 바다에서 먹고 바다에서 번식을 한다. 고래류는 크게 두 유형으로 나뉜다. 물에서 작은 동물을 걸러 먹는 거대한 수염고래류와 대체로 크기가 더 작은 이빨고래류다. 어류와 오징어를 먹는 돌고래는 이빨고래류에 속한다.

불룩한 부위, 즉 '멜론'

흰돌고래
학명: *Delphinapterus leucas*
사는 곳: 북극해
길이: 최대 4.5m

일각돌고래의 가까운 친척이며, 온통 새하얀 피부를 지닌다는 점에서 독특한 고래다. 사회성이 높고, 여름 출산기에는 수백 마리, 아니 수천 마리까지도 모여 지낸다.

바키타돌고래
학명: *Phocoena sinus*
사는 곳: 캘리포니아만
길이: 최대 1.5m

가장 작으면서 가장 희귀한 돌고래로서, 아주 얕은 물에서 어류와 오징어를 먹는다. 서식 범위가 매우 한정되어 있어서, 해양 포유류 중에서 가장 멸종 위험이 높다.

큰돌고래
학명: *Tursiops truncatus*
사는 곳: 모든 따뜻한 바다
길이: 최대 3.8m

돌고래는 먹이를 뒤쫓아서 빠르게 헤엄치는 데 적응한 작은 이빨고래류다. 이 종은 돌고래 중 가장 잘 알려져 있다. 복잡한 언어를 쓰고, 새로운 기술을 쉽게 배우는 등 지능이 아주 뛰어나다.

참거두고래
학명: *Globicephala melas*
사는 곳: 북대서양과 남반구 해역
길이: 최대 6.7m

유달리 이마가 뭉툭한 커다란 돌고래다. 이 불룩한 이마, 즉 멜론에는 모든 이빨고래류가 그렇듯이, 반향정위 클릭음을 모아서 보내는 구조가 들어 있다. 그래서 컴컴한 바다에서 먹이를 찾을 수 있다.

동물학

모습, 행동, 신체 기능 등 동물의 모든 것은 자연 선택의 산물이다. 동물은 수백만 년에 걸쳐 진화하면서 수많은 방식으로 자기 환경에 적응해 왔다. 그 결과 오늘날의 경이로울 만치 다양한 동물들이 생겨났다.

몸의 형태

지구에는 약 780만 종의 동물이 있다고 추정되는데, 지금까지 과학자들이 파악한 종 수는 약 140만 종이다. 각 동물은 자신이 살고 있는 환경과 생활 습성에 완벽하게 적응한 모습을 지닌다. 동물은 움직이고(적어도 조금이라도), 음식을 찾아 먹고, 산소를 흡수할 수 있어야 한다. 코요테, 산호, 바퀴 같은 종들의 몸은 서로 전혀 다르게 생겼어도, 이 모든 일들을 똑같이 할 수 있다. 모습과 내부 구조가 전혀 달라도 그렇다.

몸의 대칭

동물은 몸의 대칭에 따라 묶을 수도 있다. 몸 대칭은 몸을 만드는 기본 계획이다. 대부분의 동물은 좌우 대칭이다. 몸 반쪽이 다른 반쪽을 거울로 비춘 듯이 똑같다는 뜻이다. 방사 대칭, 즉 원 모양인 동물들도 있다. 신체 부위들이 한 점을 중심으로 원형으로 배열되어 있는 형태다. 한편 대칭이 전혀 없는 아주 단순한 동물들도 있다.

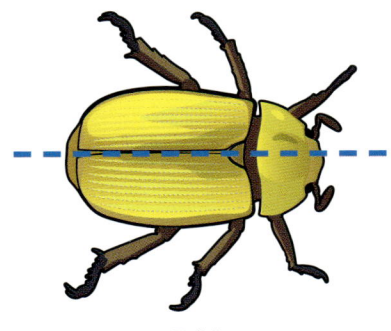

좌우 대칭
좌우 대칭인 몸은 한쪽 끝에 입과 주요 감각 기관들을 갖춘 머리가 있다. 다리를 비롯한 부속지들은 언제나 쌍으로 발달해서 몸 양쪽에 똑같이 난다. 척추동물, 절지동물, 연체동물, 환형동물은 좌우 대칭 동물에 속한다.

풍뎅이

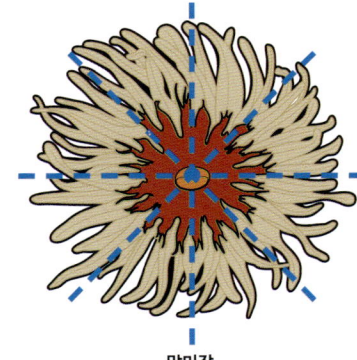

방사 대칭
해파리와 산호, 그 친척들은 몸이 방사 대칭이다. 머리가 없으며, 입은 몸의 중심에 있다. 이런 동물은 대개 노폐물을 내보내는 곳, 즉 항문이 따로 없다. 하나의 구멍을 통해서 모든 것이 들어오고 나간다. 불가사리와 성게 같은 동물들은 성체 때는 방사 대칭이지만, 유생 때는 좌우 대칭이다.

말미잘

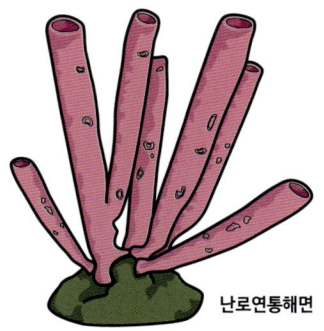

비대칭
가장 단순하면서 가장 원시적인 체제는 해면동물과 판형동물의 몸이다. 이 해양 동물들의 몸에는 대칭이 아예 없다. 해면의 몸은 관과 통로 형태로 자라며, 판형동물은 그저 두 개의 얇은 세포층으로 이루어진 납작한 몸을 지닌다. 이 동물들은 몸 표면을 통해서 산소와 먹이 알갱이를 흡수한다.

난로연통해면

체형

동물의 99퍼센트 이상은 몸의 모양이 좌우 대칭이다. 적어도 한살이 중에 그런 몸을 지닌 단계를 거친다. 그렇긴 해도 동물들의 몸은 아주 다양하다. 좌우 대칭인 몸은 다양한 서식지와 생활 방식에 적응하면서 다양하게 진화했다.

지렁이
환형동물에 속한다. 지렁이는 다리도 부속지도 전혀 없는 몸으로 굴을 판다. 몸은 몸마디가 죽 이어져서 만들어진다.

달팽이
연체동물문에 속한다. 달팽이는 두껍고 부드러운 발로 돌아다닌다. 본체, 즉 외투막은 방수가 되는 껍데기로 보호한다.

도마뱀
모든 척추동물처럼, 이 도마뱀도 몸을 지탱하는 척추가 있는 속뼈대를 중심으로 몸이 구성되어 있다. 이 도마뱀은 파충류에 속한다. 한쪽 끝에 머리와 뇌가 있고, 대다수의 척추동물처럼 다른 쪽 끝에는 꼬리가 있다.

거미
거미류에 속한다. 거미는 몸이 두 부분으로 되어 있다. 머리와 가슴으로 이루어진 머리가슴과 배. 여덟 개의 다리와 팔처럼 생긴 더듬이다리는 머리가슴에 달려 있다.

비둘기
대다수의 육상 척추동물처럼 다리가 네 개지만, 앞다리는 날개로 변형되어 있다. 몸을 덮고 있는 깃털은 날개와 꼬리의 표면적을 넓히지만, 무게는 거의 늘어나지 않는다.

게
걷는 다리 / 겉뼈대(껍데기) / 집게발

갑각류는 곤충 및 거미류와 함께 절지동물문을 이룬다. 이 게는 딱딱한 껍데기, 즉 겉뼈대가 몸 모양을 만든다.

물고기
꼬리지느러미 / 등지느러미 / 가슴지느러미 / 배지느러미

물고기의 몸은 매끈하고 유선형이다. 꼬리지느러미로 헤엄치는 추진력을 얻는다. 다른 지느러미들은 몸을 안정시키고 방향을 조절한다.

잠자리
관절 다리 / 앞날개 / 뒷날개

곤충은 날 수 있는 최초의 동물이었다. 대다수 곤충은 두 쌍의 날개와 세 쌍의 다리를 지닌다.

오랑우탄
이 유인원 같은 포유류는 대체로 팔다리가 네 개인 척추동물이다. 유인원이 대개 그렇듯이, 오랑우탄은 꼬리가 없다. 사람의 몸에도 꼬리가 없다.

긴 팔 — 유인원은 다리보다 팔이 더 길다.

신체 조직

대다수 동물의 몸에는 저마다 다른 일을 맡은 기관들이 있다. 여러 기관들이 협력하여 같은 일을 하기도 하는데, 이런 기관들의 집합을 기관계라고 한다. 몸이 제대로 돌아가려면 기관계들이 서로 조화를 이루어야 한다. 주요 기관계로는 골격계, 근육계, 신경계, 순환계, 소화계, 배설계, 생식계, 호흡계가 있다. 기관계들은 동물의 몸에 따라서 다양한 방식으로 배치되어 있다.

단순한 무척추동물
편형동물은 가장 단순한 동물에 속하긴 해도, 몸속은 기관과 기관계로 조직되어 있다. 하지만 신경계에는 뇌가 없고, 심장도 순환계도 없다. 소화계는 많은 가지를 뻗은 형태다.

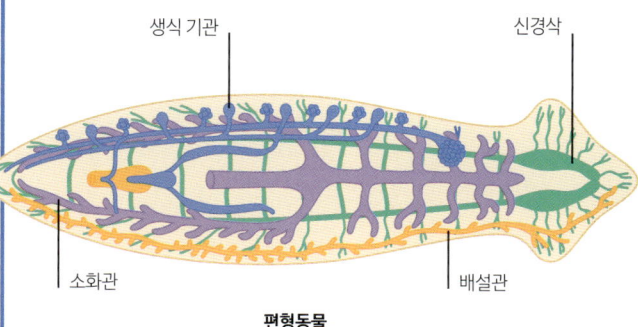

생식 기관 / 신경삭 / 소화관 / 배설관
편형동물

척추동물
개구리와 조류에서 포유류에 이르기까지, 육상 척추동물은 동일한 기관계들을 지닌다. 하지만 몸집, 생활 방식, 서식지에 따라서 변형되어 있곤 하다. 개나 치타처럼 아주 빨리 달리면서 사냥하는 동물은 같은 크기의 더 느리게 움직이는 동물보다 허파가 더 크다.

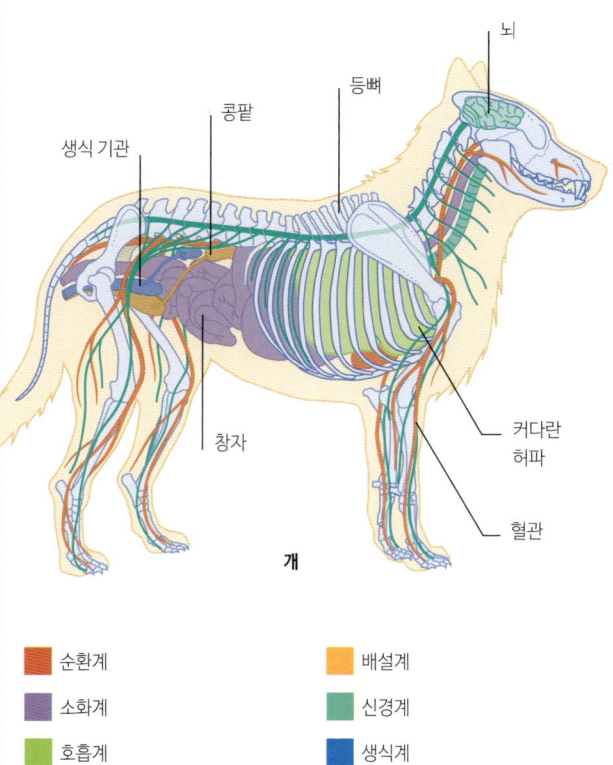

생식 기관 / 콩팥 / 등뼈 / 뇌 / 창자 / 커다란 허파 / 혈관
개

■ 순환계   ■ 배설계
■ 소화계   ■ 신경계
■ 호흡계   ■ 생식계

한살이

동물의 한살이는 태어나거나 알에서 깨어나서 차례로 발달 단계들을 거쳐서, 번식을 할 수 있는 성체가 되는 과정을 가리킨다. 한살이는 몇 주에 끝날 수도 있고, 여러 해가 걸릴 수도 있다. 새끼가 부모의 모습과 똑같고 그저 크기만 작은 동물들도 많다. 반면에 새끼와 성체가 모습뿐 아니라 생활 방식이 전혀 다른 동물들도 있다. 그런 동물들은 성체가 될 때 '탈바꿈'이라는 과정을 거친다. 애벌레가 나비로 변하거나 올챙이가 개구리가 될 때, 바로 그런 일이 일어난다.

직접 발육

이 여우를 포함한 포유류, 파충류, 조류는 직접 발육을 통해 성장한다. 태어나거나 알에서 부화한 새끼는 성체와 몸의 기관계와 해부 구조가 똑같다. 아주 작고 아직 번식을 할 수 없을 뿐이다. 스스로 살아갈 수 있을 때까지, 처음에는 부모가 먹이고 돌보는 종도 많다. 대개 빨리 성장하여 성체의 먹이 습성과 행동을 갖춘다.

불완전 탈바꿈

메뚜기 같은 많은 곤충은 불완전 탈바꿈을 한다. 어린 곤충은 모습은 그다지 달라지지 않은 채, 단순히 작아진 겉뼈대를 벗고 새 겉뼈대로 갈아입는 허물벗기를 몇 차례 하면서 몸집만 계속 커진다. 이렇게 불완전 탈바꿈을 하는 동물의 애벌레를 '약충'이라고 한다. 약충은 크기만 작은 성체처럼 보이며, 먹이도 똑같다.

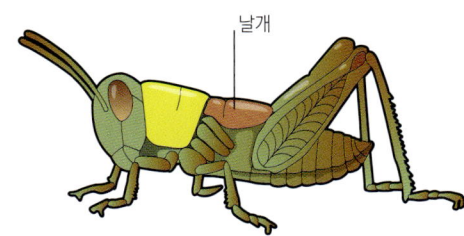

1 메뚜기 약충
알에서 나온 뒤, 메뚜기 약충은 먹기 시작한다. 날개는 없고, 날개로 자랄 싹만 있다. 자라면서 겉뼈대를 다섯 번 벗는다.

2 호퍼 메뚜기
한살이의 마지막 미성숙 단계를 '호퍼'라고 한다. 날개가 돋기 시작하지만, 아직 날 수 없다. 긴 뒷다리로 뛰어다닌다.

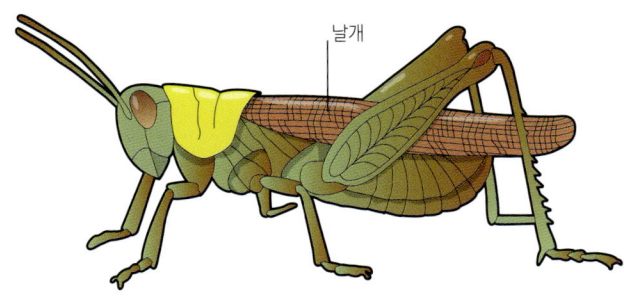

3 성체
마지막 허물을 벗은 뒤 메뚜기는 날 수 있는 긴 날개가 달린 성체가 된다. 이제 짝짓기를 하고 알을 낳을 것이다. 이 한살이가 완결되는 데에는 약 6주가 걸린다.

4 번데기
모충은 휴면 단계에 들어갈 준비가 된다. 끈적거리는 실타래를 만들어서 나뭇가지에 붙인 뒤 꽁무니의 갈고리돌기로 달라붙는다. 그리고 피부가 두꺼워지면서 번데기가 된다.

3 허물벗기
모충은 자라는 동안 자기 몸무게의 수천 배에 달하는 먹이를 먹는다. 몸이 자라서 피부가 꽉 끼면 허물을 벗는다. 모충은 허물벗기를 다섯 번 한다.

2 모충
나비의 애벌레는 흔히 '모충'이라고 한다. 꿈틀거리는 벌레처럼 생겼다.

성장 작은 애벌레는 계속 먹으면서 자란다.

먹이 종마다 다른 종류의 식물을 먹으며 산다.

1 알
한살이는 알에서 시작한다. 알에는 작고 단순한 애벌레의 몸이 발달하는 데 필요한 영양소도 함께 들어 있다.

허물벗기

어떤 동물은 몸이 자라도 몸을 감싼 바깥층이 함께 자라지 않는다. 그래서 허물벗기를 한다. 어린 곤충이 불완전 탈바꿈을 할 때와 비슷하게 갑갑해진 바깥층을 벗는다. 그래야 더 커질 수 있다. 바닷가재와 게 같은 갑각류도 허물을 벗는다. 바깥 껍데기를 벗으면, 그 안쪽에 있는 부드러운 새 껍데기가 곧 딱딱해진다. 뱀도 가장 바깥 피부를 벗는 허물벗기를 한다. 허물을 한 번에 다 벗는 종도 있다.

세대 구분

한 번에 아주 많은 새끼나 알을 낳는 동물은 성체가 다음 세대의 개체들과 먹이와 공간을 놓고 경쟁할 수도 있다. 몇몇 종은 애벌레와 부모의 생활 방식과 먹이를 전혀 다르게 함으로써 이 문제를 해결한다.

올챙이
개구리는 알에서 나올 때에는 올챙이의 모습이다. 올챙이는 물에 살면서 식물이나 작은 동물을 먹는다. 나중에 다리가 자라나면서 성체가 된다.

개구리
올챙이 때와 달리, 개구리 성체는 물뿐 아니라 뭍에서도 먹고 지낼 수 있다. 대부분의 개구리 종은 곤충을 비롯한 작은 육상 동물을 먹는다.

번데기

5 탈바꿈
번데기 안에서 모충의 몸은 많은 변화를 겪는다. 몸은 분해되어서 성체 형태로 만들어진다.

마른 껍데기
성체의 날개 색깔이 비친다.

6 성체
탈바꿈이 끝나면, 번데기가 마른다. 마른 껍데기는 투명해지면서 안에 있는 나비의 몸과 분리된다.

7 번데기에서 나오기
모충의 몸에 저장된 영양분을 써서 이루어지는 이 변신 과정은 약 2주가 걸린다. 이제 번데기가 갈라지면서 머리부터 성체가 밖으로 나온다.

늘어진 날개
막 나왔을 때는 날개가 늘어져 있다.

나비는 번데기에서 나온 지 두 시간 안에 첫 비행을 할 준비가 된다.

8 비행
번데기 안에서는 날개가 꽉 눌린 상태로 있다가 밖으로 나오면 피가 돌면서 서서히 펴진다. 겉뼈대도 마르면서 단단해진다. 이제 날 수 있다.

날 준비
구겨져 있던 날개는 곧 펴지면서 빳빳해진다.

완전 탈바꿈

가장 복잡한 한살이는 나비, 딱정벌레, 파리 같은 곤충들에게서 나타난다. 이들은 완전 탈바꿈을 거친다. 알에서 애벌레로 깨어나 삶을 시작한다. 애벌레는 성체와 전혀 다르며, 빨리 자란 뒤에 번데기라는 휴면 단계를 거친다. 이 단계에서 애벌레의 몸은 성체 형태로 완전히 바뀐다.

운동

모든 동물은 가장 단순한 종류조차도 한살이의 어느 단계에서는 움직일 수 있다. 동물은 먹이와 보금자리를 찾거나, 위험을 피하거나, 짝을 찾기 위해서 움직인다. 땅 위나 땅속에서, 물에서, 하늘에서 움직일 수도 있다. 어떤 동물은 두 곳 이상의 환경에서 돌아다닐 수도 있다. 몸의 모양과 크기는 그 동물이 어떤 뼈대를 가지고 어떤 식으로 움직이는지 알려 준다.

날개를 치켜올려서 아래로 칠 준비를 한다.

비행 날개
넓적하고 납작한 비행 깃털은 날개의 표면적을 늘려서 양력을 최대로 높인다.

하늘에서 움직이기

몇몇 다람쥐, 뱀, 개구리를 비롯하여 일부 종은 활공할 수 있다. 하지만 스스로 날 수 있는 동물은 세 집단뿐이다. 조류, 박쥐, 곤충이다. 이들은 모두 날개가 있으며, 날개를 쳐서 몸을 공중에 띄우는 힘을 일으킨다. 황조롱이 같은 몇몇 종은 한 점에서 정지 비행을 하면서 땅에 있는 먹이를 훑을 수 있다.

뼈대의 종류

동물의 운동은 근육을 통해 이루어진다. 근육은 수축하면서(짧아지면서) 몸을 잡아당기는 섬유다. 근육 혼자서는 몸을 움직일 수 없다. 근육은 뼈대에 붙어 있어야 한다. 뼈대는 크게 세 종류가 있다.

유체 뼈대

지렁이는 몸에 액체가 차 있고, 이 액체를 움직여서 몸 형태를 바꿀 수 있다. 지렁이는 두 층의 근육을 지니며, 각 근육층은 서로 다른 방향으로 움직인다. 한 층은 몸의 길이 방향으로 뻗어 있고, 다른 한 층은 몸을 둥글게 말고 있다. 둥글게 말고 있는 근육이 수축하면 몸이 길이 방향으로 늘어난다. 길이 방향의 근육이 수축하면 몸이 짧아지고 통통해진다. 지렁이는 이 두 행동을 번갈아 하면서 앞으로 나아간다.

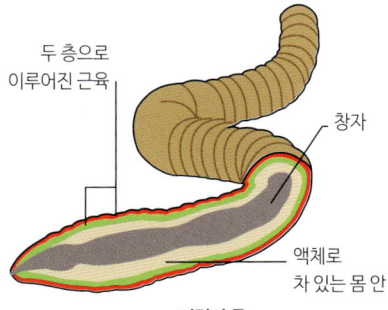

두 층으로 이루어진 근육 / 창자 / 액체로 차 있는 몸 안

지렁이 몸

겉뼈대

곤충 같은 절지동물은 단단하지만 구부릴 수 있는 연한 겉뼈대를 지닌다. 근육이 이 뼈대의 안쪽을 잡아당겨서 몸을 움직인다. 근육은 밀지는 못하고 잡아당기기만 할 수 있으므로, 서로 반대 방향에 놓인 두 근육이 짝을 이루어서 움직여야 한다.

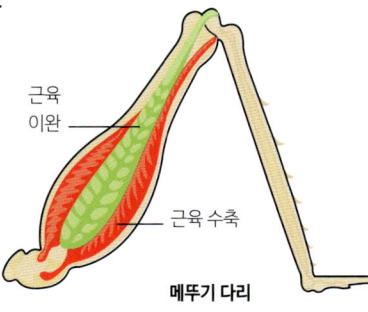

근육 이완 / 근육 수축

메뚜기 다리

속뼈대

고릴라 같은 척추동물은 뼈대가 몸 안에 있다. 수십 개의 뼈들이 연결되어서 뼈대를 이룬다. 근육은 힘줄이라는 질긴 섬유를 통해 쌍쌍이 뼈에 붙어 있다. 한쪽 근육이 수축할 때 다른 쪽 근육은 늘어난다.

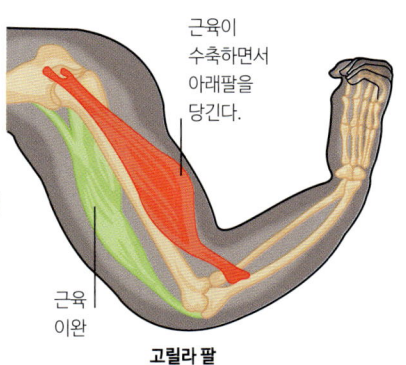

근육이 수축하면서 아래팔을 당긴다. / 근육 이완

고릴라 팔

달리기
빠르게 달리는 동물은 다리가 긴 경우가 많다. 얼룩말 같은 발굽동물은 달릴 때 발가락 끝만 땅에 닿는다. 이 발가락 끝은 단단한 발굽이 보호한다.

물에서 움직이기

동물은 물에서 바닥을 기어 다니거나, 물이 흐르는 대로 떠다니거나, 헤엄을 쳐서 움직일 수 있다. 몸이 유선형이면 물에서 훨씬 더 효율적으로 헤엄을 칠 수 있다.

물고기가 헤엄치는 법
대다수 어류는 꼬리지느러미를 움직여서 앞으로 나아간다. 대개 어류는 몸 전체에 물결 운동을 일으켜서 지느러미를 움직인다.

몸을 물결처럼 S자 모양으로 움직인다. / 물결 운동이 끝날 때 꼬리를 쳐서 앞으로 나아간다. / 머리를 움직여서 새 물결 운동을 시작한다.

비행
새는 날개를 쳐서 난다. 날개를 아래로 칠 때 공기가 아래와 뒤로 밀리면서 몸이 위쪽과 앞쪽으로 나아간다. 이어서 날개를 위로 치켜들어서 다시 아래로 칠 준비를 한다.

- 날개를 아래로 친다.
- **더 작은 깃털**: 날개 주위로 공기가 더 잘 흐르도록 날개의 윤곽을 매끄럽게 만든다.

곤충 날개
새와 박쥐의 날개는 앞다리가 비행에 맞게 변형된 것이다. 반면에 곤충은 아주 얇은 두 개나 네 개의 빳빳한 날개가 가슴에 붙어 있다.

집파리의 비행

곤충의 비행
일부 곤충은 가슴의 모양을 바꿈으로써 날개를 친다. 한 근육 집합이 가슴을 아래로 잡아당기면 날개가 위로 올라간다. 이어서 다른 근육 집합이 가슴의 옆쪽을 잡아당기면, 날개가 내려간다.

- 첫 번째 근육 집합이 수축한다.
- 날개가 올라간다.
- 두 번째 근육 집합이 수축한다.
- 날개가 내려간다.

땅에서 움직이기

육상 동물은 아주 다양한 방식으로 움직인다. 아주 빨리 달리는 쪽으로 적응한 종들도 있고, 굴을 파거나 나무에 기어오르거나 높이 뛰어오르는 쪽으로 적응한 종들도 있다. 대부분의 육상 동물은 다리로 움직인다. 몸무게를 한쪽 다리로 기울였다가 다른 쪽 다리를 옮기면서 걷는다.

그네를 타듯이: 이 침팬지를 비롯한 모든 유인원은 어깨 관절이 아주 유연하다. 그래서 나뭇가지에 매달려서 그네를 타듯이 몸을 움직여서 빠르게 옮겨 다닐 수 있다.

뱀의 운동
뱀처럼 다리가 없는 동물은 근육과 갈비뼈를 써서 움직인다. 이 아코디언 운동은 좁은 공간에서 움직이는 데 유용하다.

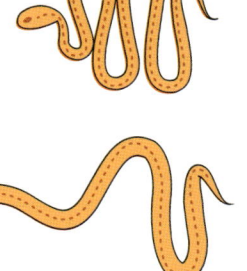

- 먼저 몸을 앞으로 모은다.
- 머리를 앞으로 쭉 내민다.
- 꼬리를 머리 쪽으로 당긴다.

제트 추진
갑오징어(왼쪽), 오징어, 문어 같은 해양 동물은 제트 추진 방식으로 위험한 상황에서 빠져나온다. 갑오징어는 몸 안에 있는 물을 고압으로 출수관으로 뿜어낸다. 그 반동으로 빠르게 뒤로 쑥 밀려난다.

고착 섭식자

많은 수생 동물은 고착성이다. 즉, 성체 때 바다 밑의 한곳에 몸을 고정한 채 살아간다는 뜻이다. 몸의 일부를 움직여서 먹이를 잡을 수 있지만, 일단 한곳에 정착하면 옮겨갈 수 없다. 이 바다조름은 바닷말처럼 보이지만, 사실은 해파리의 친척인 고착성 동물이다.

먹이 먹기

모든 생물은 먹이가 필요하다. 먹이를 먹어 움직이고 자라고 재생하는 데 쓸 에너지로 전환한다. 식물은 태양 에너지를 써서 스스로 먹이를 만들지만, 모든 동물은 살아남으려면 다른 생물을 먹어야 한다. 먹이는 풀, 바닷말 같은 식물에서 곤충, 어류, 포유류에 이르기까지 다양하다. 다양한 먹이를 먹을 수 있는 동물도 있지만, 특정한 먹이만 찾아 먹는 쪽으로 적응한 동물도 있다.

생명의 연료

동물은 '호흡'이라는 과정을 통해서 먹이에 든 에너지를 빼낸다. 먼저 먹이를 소화하여 포도당으로 전환한다. 산소는 호흡을 통해 흡수되고 피를 타고 세포로 보내진다. 포도당이 산소와 결합하는 과정을 통해 동물이 쓸 에너지가 생산되고, 이산화탄소와 물이 부산물로 나온다.

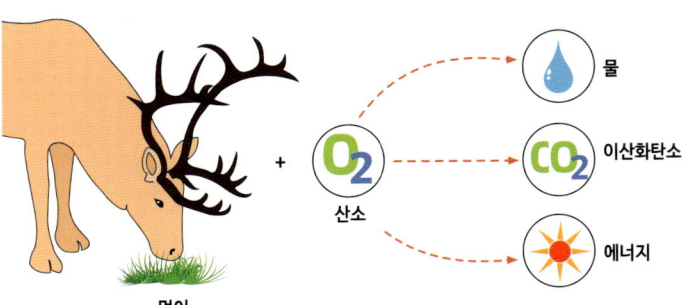

다양한 먹이

해면동물 같은 일부 단순한 동물들은 한곳에 몸을 고정한 채 물에 떠다니는 먹이를 걸러 먹는다. 초식 동물은 식물만 먹으며, 육식 동물은 다른 동물을 먹는다. 동식물을 다 먹는 잡식 동물도 있다. 사람도 잡식 동물이다.

무엇이든 다 먹을 수 있기에 미국너구리는 **생존 능력이 아주 뛰어나다.** 도시, 사막, 산 등 다양한 서식지에 살 수 있다.

가리지 않는 잡식 동물
미국너구리는 식물, 곤충, 물고기부터 사람이 남긴 음식 쓰레기에 이르기까지 닥치는 대로 먹는다. 작은 발에 있는 유연한 손가락으로 온갖 먹이를 쥐고 다룰 수 있다.

액체 먹이
이 벌새는 오로지 꽃이 만드는 액체인 꿀만 먹는다. 날개를 아주 빠르게 치면서 한 자리에 떠 있을 수 있다. 그러면서 긴 부리를 꽃 깊숙이 넣어서 달콤한 꿀을 빤다.

초식 동물
초식 동물은 식물을 먹는 동물이다. 이 사슴은 풀, 나뭇잎, 나무껍질 같은 식물 부위들을 먹는다. 식물은 소화가 잘 안 되므로, 초식 동물은 필요한 영양소를 얻기 위해서 아주 많이, 오래 먹곤 한다.

여과 섭식자
고래상어는 커다란 입을 벌려 많은 물을 빨아들여서 작은 물고기 같은 해양 동물들을 걸러 먹는다.

재활용 전문가
풀을 먹는 동물의 똥에는 소화되지 않은 식물체가 많이 들어 있다. 그래서 쇠똥구리의 좋은 먹이가 된다. 쇠똥구리는 똥을 공 모양으로 빚은 뒤 굴려서 굴로 가져간다. 새로 부화한 애벌레는 이 똥을 먹으며 자란다.

먹이와 이빨

이빨을 보면 그 동물이 어떤 먹이를 먹는지 꽤 많이 알 수 있다. 독사는 날카로운 독니로 먹이를 마비시킨 뒤 통째로 삼킨다. 포유류의 이빨은 물고, 부수고, 자르고, 씹고, 짓이기는 등 다양한 일을 한다. 대부분의 포유동물은 몇 종류의 이빨을 지니며, 먹이에 따라 이빨의 모양이 다양하다.

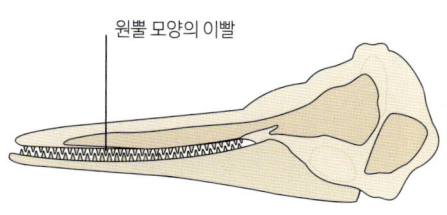

돌고래
돌고래의 이빨은 미끄러운 물고기를 꽉 물어서 잡는 데 알맞다. 포유류 중에서는 특이하게도 모든 이빨의 모양과 크기가 똑같다.

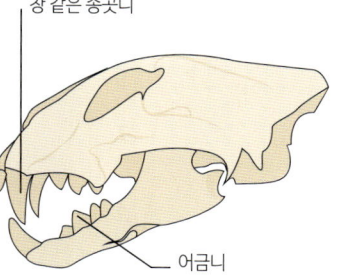

사자
사자는 먹이를 꽉 찔러 잡는 길고 뾰족한 송곳니와 고기를 삼키기 좋은 덩어리로 자르는 데 알맞은 가위 같은 어금니를 지닌다.

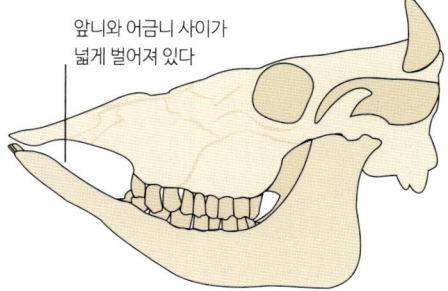

소
소 같은 동물은 풀을 먹는다. 풀은 소화가 잘 안 되기에, 소는 소화에 도움이 되도록 짓이겨서 걸쭉하게 만드는 납작한 어금니를 지닌다.

포식자와 먹이의 만남
검은등자칼이 물을 마시러 온 사막꿩에게 몰래 다가가서 덮친다.

에너지가 많이 드는 사냥
포식자는 다른 동물을 잡아먹는 육식 동물이다. 고기는 영양가가 매우 높지만, 포식자는 몰래 다가가고 뒤쫓고 덮치기 위해서 소중한 에너지를 많이 써야 한다.

시각

시각은 포식자와 먹이, 양쪽 동물 모두에게 중요하다. 두더지처럼 어둠 속에 살아서 굳이 시각이 좋을 필요가 없는 동물도 있긴 하다. 동물 집단에 따라서 눈의 종류는 다양하다. 곤충과 거미 같은 절지동물은 대개 두 종류의 눈을 지닌다. 단순히 빛을 검출하는 홑눈과 넓게 보는 겹눈이다. 사람을 비롯한 척추동물의 눈은 앞을 향해 있거나, 머리 양쪽에 달려 있다.

홑눈
거미를 비롯한 몇몇 절지동물은 복잡한 겹눈과 함께 '홑눈'이라는 단순한 눈도 지닌다. 홑눈은 빛의 변화를 감지하며, 몇몇 종에서는 거리 판단에도 쓰인다. 홑눈에는 수정체 하나가 들어 있다. 대개 머리 위쪽에 쌍으로 달려 있다.

겹눈
절지동물은 겹눈을 지닌다. 겹눈은 아주 작은 수정체가 들어 있는 낱눈이 모인 것이다. 수천 개가 모일 때도 있다. 겹눈은 움직임을 감지하지만, 자세히는 아니다. 파리매 같은 날아다니는 곤충에게 겹눈이 가장 발달했다.

척추동물의 눈
포유류, 파충류, 조류, 어류, 문어 같은 몇몇 무척추동물은 모두 눈이 두 개다. 이 눈은 사진기처럼 작동한다. 수정체가 눈알 뒤쪽의 민감한 세포에 빛의 초점을 맞춘다. 빛, 운동, 색깔을 감지한다.

후각과 미각

밀접하게 연관된 이 두 감각은 화학 수용기라는 특수한 세포를 이용한다. 포유류의 화학 수용기는 코와 입에 있다. 코의 수용기는 냄새, 입의 수용기는 맛을 식별한다. 이 세포들은 얻은 정보를 뇌로 전달하고, 뇌는 그 냄새나 맛을 아는 것과 모르는 것, 좋은 것과 불쾌한 것 등으로 분류한다. 냄새와 맛을 감지하는 화학 수용기가 몸의 다른 부위에 있는 동물들도 있다. 많은 곤충은 더듬이로 냄새를 맡고, 발에 맛봉오리가 있다. 뱀은 혀로 공기에 섞인 냄새 분자를 찾아낸다.

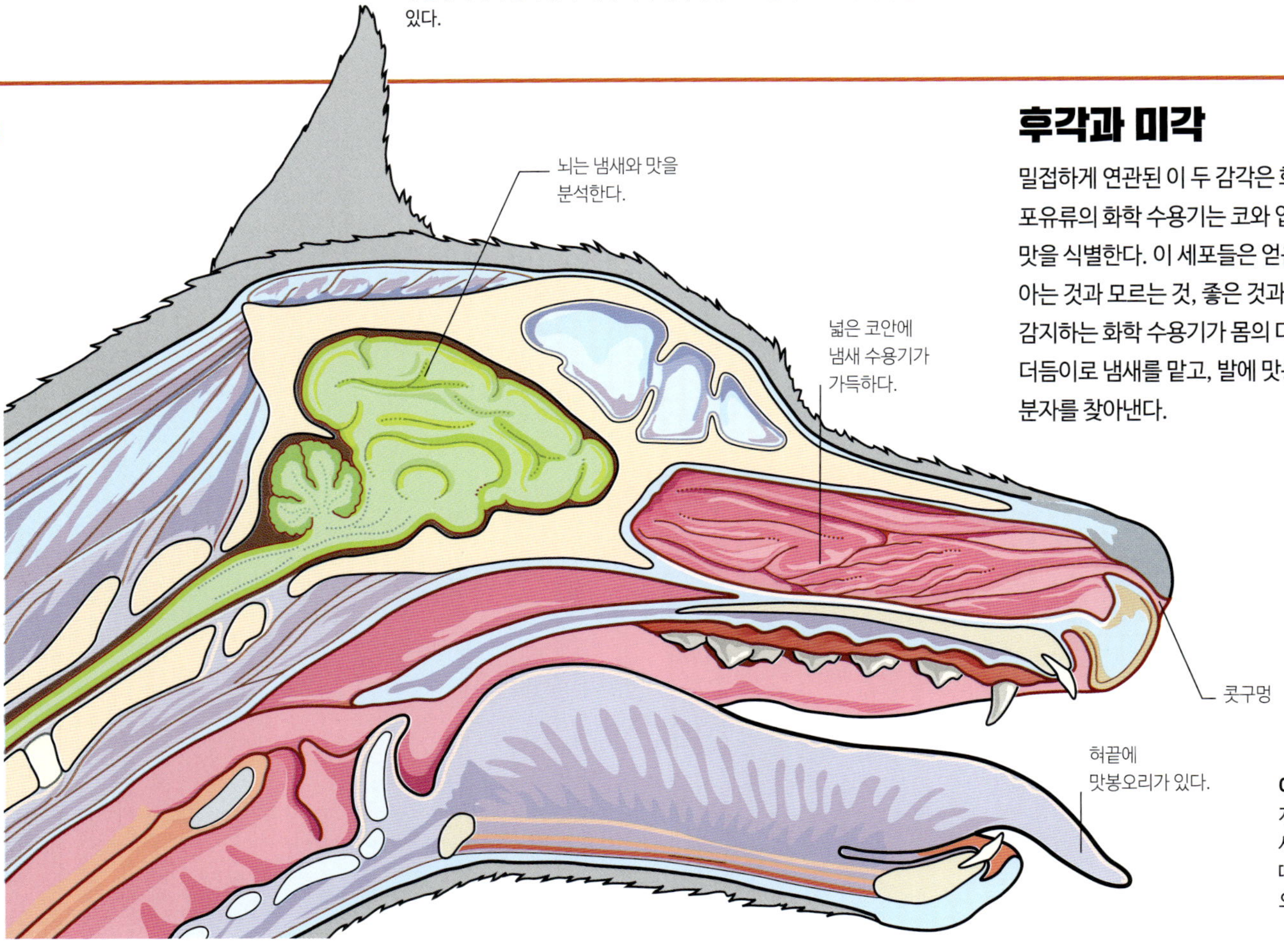

> 개는 사람에 비해 **뇌에서 냄새를 분석하는 영역이 40배 더 넓다.**

- 뇌는 냄새와 맛을 분석한다.
- 넓은 코안에 냄새 수용기가 가득하다.
- 콧구멍
- 혀끝에 맛봉오리가 있다.

아주 민감한 코
개는 코에 냄새 수용기가 1억 2,500~3억 개 있다. 사람은 약 600만 개를 가진다. 개는 양쪽 콧구멍을 따로따로 움직일 수 있다. 그래서 냄새가 어느 방향에서 오는지 정확히 알 수 있다.

민감한 더듬이
이 황제나방 수컷은 깃털 같은 더듬이에 화학 수용기가 있다. 이 더듬이는 암컷이 내뿜는 '페로몬'이라는 화학 물질을 5킬로미터 떨어진 곳에서도 검출할 수 있을 만큼 아주 민감하다.

까다로운 입맛
돌고래는 후각이 아예 없지만, 혀뿌리에 맛봉오리가 있다. 주변에 먹이가 많을 때에는 좋아하는 물고기를 골라서 잡아먹는다.

발로 맛보기
나비를 비롯한 많은 곤충은 발에 화학 수용기가 있다. 이 수용기는 다른 동물의 혀에 있는 맛봉오리와 거의 비슷한 방식으로 작동한다. 어느 꽃에 알맞은 먹이가 있는지 알려 준다.

감각

동물은 먹이와 짝과 보금자리를 구하고, 무리를 이루어 지내고, 포식자를 피하려면 감각이 필요하다. 많은 동물은 시각, 청각, 후각, 미각, 촉각의 오감이 사람보다 훨씬 뛰어나다. 게다가 필요에 따라서 특별한 감각을 추가로 지닌 동물들도 있다. 완전한 어둠 속에서 먹이의 따뜻한 몸에서 나오는 적외선을 감지하여 사냥을 하는 야행성 뱀도 있다. 조류는 지구 자기장을 읽는다. 이 능력은 이주할 때 길을 찾는 데 중요하다. 상어는 다른 동물에게서 나오는 전기 신호를 감지할 수 있다.

촉각

예민한 촉각은 어둠 속에서 돌아다니는 동물에게 매우 중요하다. 크고 작은 고양이류는 예민한 수염을 이용하여 밤에 돌아다닌다. 탁한 물에 사는 메기도 마찬가지로 입가의 수염을 써서 먹이를 찾는다. 촉각이 가장 뛰어난 동물은 아마 앞을 거의 보지 못하는 별코두더지일 것이다. 별난 촉수가 달린 주둥이에는 촉각 수용기가 2만 5,000개 있다.

청각

동물은 청각을 써서 먹이나 다가오는 포식자의 소리를 듣고, 짝을 찾는 소리 같은 신호를 듣는다. 고래와 코끼리는 사람의 귀에 들리지 않는 아주 낮은 소리로 멀리서도 서로 대화를 한다. 밤에 사냥하는 박쥐는 아주 높은 음파를 보내어 부딪쳐서 돌아오는 메아리를 듣고서 곤충이 어디 있는지 알아낸다.

몇몇 박쥐는 사람이 들을 수 있는 소리보다 다섯 배 더 높은 **100킬로헤르츠 이상의 소리를 내고 듣는다.**

땅속의 소리 듣기
큰귀여우는 아프리카 사바나에서 뛰어난 청각을 써서 곤충 같은 작은 동물을 찾아낸다. 커다란 귀로 땅속에 숨은 동물이 내는 아주 작은 소리까지 듣는다.

바깥 고막
개구리의 고막은 피부 바로 밑에 있다. 위의 사진에서처럼, 몇몇 종은 고막이 눈 바로 옆에 얇은 막으로 보이기도 한다.

놀라운 곳에 있는 귀
여치는 무릎 관절에 귀가 있다. 반면에 메뚜기는 배에 고막이 있다. 여치는 자기 종의 노래를 구별할 수 있다.

초감각

상어는 한 가지 특수한 능력을 지닌다. 모든 동물이 내는 가장 약한 전기 신호까지 검출할 수 있다. 상어는 이 전기 수용 감각을 써서 먹이를 찾아낼 수 있다. 로렌치니 기관이라고 하는 상어의 전기 감각기는 주둥이에 난 구멍에 들어 있는 전기 수용기 세포들로 이루어져 있다. 이 세포는 물을 통해 전달되는 전기 신호를 검출하여 상어의 뇌로 보낸다.

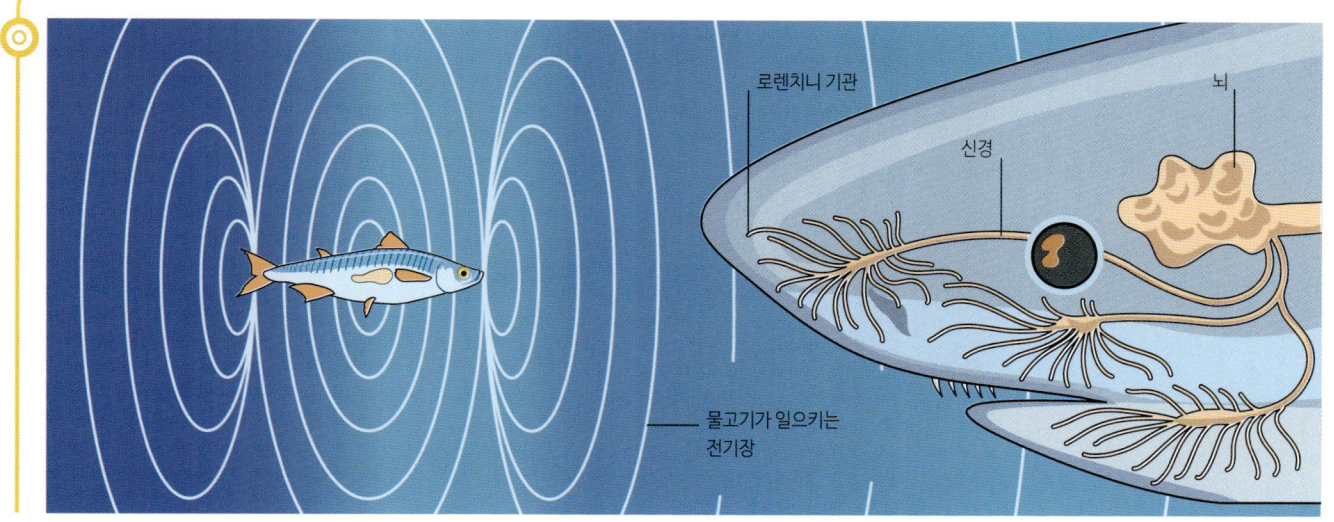

의사소통

주로 홀로 생활하는 동물도 때로 같은 종의 개체와 접촉해야 한다. 자신이 있다고 알리거나, 자기 영역임을 주장하거나, 짝을 유혹하고 싶을 수도 있다. 일부 동물은 가까이 있는 개체들이 알아차릴 수 있는 소리나 냄새를 통해 의사소통을 한다. 많은 동물은 몸짓 언어나 색깔 변화 같은 시각 신호를 쓴다. 집단 구성원들 사이에서는 의사소통이 잘 이루어지는 것이 특히 중요하다. 모두가 안전하게 지내고 싸움을 예방하는 데 도움이 되기 때문이다.

시각 신호

동물들은 소리를 내지 않고서도 의사소통을 할 수 있다. 시각 신호를 이용하면 된다. 같은 종의 개체들은 명확한 의미를 지닌 몸짓 언어를 사용한다. 경쟁자에게 위협을 가하는 것부터 위험을 경고하거나 짝을 꾀는 것에 이르기까지, 동물은 꼬리, 이빨, 색깔로 다양한 의사를 전달할 수 있다.

복종하는 행동
이 아프리카들개는 말썽을 피하고자 애쓴다. 머리를 낮추어서 무리의 지도자에게 도전하지 않는다는 것을 보여 준다.

소리와 노래

동물은 번식기에 가장 소란스럽다. 많은 종은 울음소리를 내어 짝을 꾄다. 하지만 일 년 내내 울음소리를 내는 종도 있다. 울음소리로 요구나 경고를 하는 종이 많기 때문이다. 버빗원숭이는 다양한 경고 소리를 내어서 어떤 위험이 닥쳤는지를 정확히 알린다.

버빗원숭이
매우 사회적인 종으로, 다양한 소리를 내어서 무리의 구성원들에게 어떤 위험이 닥쳤는지를 정확히 알린다. 꿀꿀거리는 소리는 하늘에서 공격한다는 경고다. 꽥꽥거리는 소리는 대형 고양이류를 피해서 나무를 기어오르라는 경고다. 달그락거리는 소리는 뱀이 가까이 있다는 경고다.

새의 노래
새들의 수컷은 힘차게 노래할수록 건강하다는 표시로, 좋은 짝을 얻을 수 있다. 이 유럽울새는 노래로 자신의 번식 영역을 알린다.

개굴개굴 개구리
많은 개구리는 깊이 개굴개굴거리는 소리나 높이 꽥꽥거리는 소리로 짝을 꾄다. 이 빨간눈청개구리는 울음주머니를 부풀려서 소리를 증폭한다.

시끄러운 메뚜기
곤충은 마찰음이라는 방법을 써서 몸으로 소리를 낸다. 메뚜기는 뒷다리로 앞날개를 비벼서 마찰 소리를 낸다.

반짝이는 꼬리
흰꼬리사슴은 무언가에 깜짝 놀라면, 꼬리를 치켜올리면서 펄쩍 뛰어 달아난다. 꼬리를 들면 하얀 털이 드러난다. 이 털은 주변에 있는 다른 사슴들에게 경고 신호 역할을 한다.

구애 행동
극락조 수컷은 화려한 깃털을 과시한다. 이 깃털의 놀라운 모양과 색깔은 암컷에게 건강한 짝임을 과시한다.

체색 변화
카멜레온은 기분에 따라서 피부색이 바뀐다. 더 선명한 색깔은 겁이 나거나 화가 났음을 뜻할 수 있다. 다채로운 무늬는 짝을 원한다는 뜻이다.

커다란 입
이 하마는 하품하는 것이 아니다. 커다란 턱과 거대한 엄니를 과시하면서 자신에게 싸움을 걸지 않는 편이 낫다고 다른 하마들에게 경고하는 것이다.

꿀벌 춤

꿀을 모으는 일벌은 벌집에 있는 다른 벌들에게 '8자' 춤을 추어서 꿀과 꽃가루가 어디에 있는지 알려 준다. 춤의 방향과 속도를 통해 거리, 위치, 먹이의 질을 알린다.

중앙을 흔들면서 지나는 속도는 벌집에서 얼마나 떨어져 있는지를 알려 준다.

다른 일벌들이 주위에 모인다.

냄새 이용

냄새는 동물들이 가장 흔히 쓰는 유형의 의사소통이다. 많은 동물은 후각이 뛰어나다. 모든 동물은 독특한 냄새를 지닌다. 동물은 같은 종의 구성원들에게 몸의 냄새를 바꾸어서 기분, 건강, 지위 같은 정보를 알릴 수 있다.

페로몬 이용
페로몬은 동물의 행동에 영향을 미치는 화학적 메시지다. 이 군대개미는 땅을 뒤덮고 가면서 페로몬을 분비한다. 다른 개미들이 따라오도록 흔적을 남기는 것이다.

표지 남기기

영역을 지키는 동물은 자기 영역임을 알리는 표지를 남긴다. 똥 무더기, 발톱 자국, 털 뭉치, 오줌 냄새 같은 것들이다. 이런 표지를 무시하는 동물은 영역 주인과 싸우게 될 수 있다.

곰이 긁은 자국
이 발톱 자국은 갈색곰이 남긴 것이다. 긁은 높이는 이 곰이 얼마나 큰지를 알려 준다.

냄새 표지
대다수의 포유류는 얼굴, 항문, 배에 냄새 나는 기름을 분비하는 샘이 있다. 동물은 자기 서식지에 있는 대상들에 이 샘을 문질러서 다른 동물들에게 냄새 표지를 남긴다. 마다가스카르에 사는 이 알락꼬리여우원숭이는 팔로 바닥을 짚은 채 꼬리 밑동에 있는 냄새샘으로 작은 나무에 표시를 하고 있다. 수컷은 팔목과 가슴에도 냄새샘이 있다.

알락꼬리여우원숭이 수컷은 번식기에 **악취 싸움도** 한다. 꼬리를 냄새샘에 대고 문지른 뒤, 경쟁자를 향해 휘둘러서 악취를 풍긴다.

짝 찾기

동물계에서 짝을 찾는 것은 대단히 중요한 일이다. 종의 성공은 암수가 짝을 지어서 얼마나 번식을 하느냐에 달려 있다. 짝짓기는 암수가 한 마리, 또는 여러 마리의 짝을 선택하는 것을 뜻할 수도 있다. 그러나 많은 동물의 수컷은 여러 암컷들이 지켜보는 가운데 정교한 구애 행위를 통해 짝을 꾀는 방법을 쓴다. 수컷끼리 싸워서 이긴 자가 암컷을 차지하는 종도 있다. 시기도 아주 중요하다. 대다수의 동물은 번식기가 짧으며, 그 사이에 짝을 찾아야 한다.

올바른 선택

동물은 누구를 짝으로 선택하는 것이 더 나은지를 본능적으로 한다. 가장 크고 멋진 뿔을 지닌 수사슴이나 가장 화려한 꼬리를 지닌 공작은 암컷을 꾀는 데 성공할 가능성이 가장 높다. 그 모습은 건강과 생존 능력이 더 뛰어나다는 것을 뜻한다. 그리고 자식들도 그런 특징을 물려받을 가능성이 높음을 의미한다.

긴 목
기린목바구미 수컷은 목이 길수록 경쟁자들을 물리치고 암컷을 얻을 가능성이 높다.

목적에 맞게

많은 종은 암수의 색깔, 크기, 모습이 전혀 다르다. 이를 '성적 이형성'이라고 한다. 이런 차이는 그 종에 유용한 특징들이 후대로 전달되면서 발달한다. 수컷의 유달리 큰 몸집이나 암컷의 보호색 같은 것들이 그렇게 나타난 것이다.

색깔 변이
따뜻한 물에 사는 작은 어류인 털비늘베도라치는 암수의 색깔과 무늬가 다르다. 왼쪽의 수컷은 구애할 때 암컷을 꾀기 위해 붉은 색깔도 띤다.

번식하는 무리

많은 조류, 특히 퍼핀 같은 바닷새는 번식기에 대규모 무리를 지어서 짝을 찾고 번식을 한다. 수백 마리가 모여 있어서 포식자로부터 더 안전하다. 암컷은 저마다 알을 품거나 새끼를 돌본다.

구애

구애는 번식기에 짝에게 좋은 인상을 주기 위한 행동이다. 많은 동물의 수컷은 암컷 앞에서 구애 행동으로 자신을 과시한다. 조류는 대개 노래를 하며, 뇌조와 두루미 같은 새들은 춤을 춘다. 고래와 개구리는 울어대고 노래한다. 원숭이와 비둘기는 서로의 털과 깃털을 골라 준다. 일부 거미와 곤충은 선물을 건넨다. 굴뚝새는 솜씨를 발휘하여 멋진 둥지를 짓는다. 수컷끼리 싸워서 자신을 과시하는 종도 있다.

과시하기
봄에 산쑥들꿩 수컷은 과시 장소에 모여서, 암컷들이 지켜보는 가운데 한껏 뻐기면서 걷는다. 암컷들은 가장 멋진 공연을 펼친 수컷을 고르는 경향이 있다.

울어대기
개구리 수컷은 울음주머니를 부풀려서 울어대면서 암컷을 꾄다. 암컷이 다가오면, 수컷은 더 크거나 빠르게 울거나 음을 바꾸어서 짝짓기를 원한다고 알린다.

춤추기
극락조 수컷은 가장 정교한 구애 행동을 펼친다. 화려한 색깔의 깃털을 활짝 펼치고 흔들면서 나뭇가지나 땅에서 춤을 춘다.

짝 유대

대다수의 조류와 일부 포유류는 적어도 번식기의 일부 기간에는 끈끈한 일대일 관계를 유지한다. 그런 관계를 '짝 유대'라고 한다. 이 관계는 새끼가 자라서 독립할 때까지만 유지될 때도 있다. 해마다 새 짝 유대를 맺는 종도 있고, 짝끼리 평생 함께 지내는 종도 있다.

선물 주고받기

뿔논병아리 암수는 물풀을 선물로 주고받는 걸로 짝을 맺겠다는 약속을 한다. 뿔논병아리는 '물풀 춤'이라는 정교한 혼례식을 통해서 유대 관계를 다진다.

싸우기

코끼리물범 수컷은 해변에서 거대한 몸을 부딪치면서 우위를 가리는 싸움을 한다. 승리자가 암컷들을 차지한다.

건축물 짓기

새틴바우어새 수컷은 땅에 막대기를 모아서 건축물을 짓고, 꽃, 열매 등 화려한 색깔의 물건들을 덧붙여 장식을 한다. 이것이 바우어다. 암컷은 마음에 드는 바우어를 지은 수컷을 선택한다.

복혼제

한 마리가 한 번식기에 여러 상대와 짝짓기를 하는 것을 '복혼제'라고 한다. 아래 사진처럼 개코원숭이는 수컷 한 마리가 여러 암컷과 짝을 짓는다. 사슴, 일부 영양, 파충류, 일부 조류도 그렇다. 암수가 일대일로 짝을 맺는 것은 '일부일처제'라고 한다.

번식

모든 동물은 번식을 해야 한다. 새 세대를 낳지 않으면, 그 종은 금방 사라질 것이다. 동물은 대부분 유성 생식을 통해 자식을 낳는다. 암수 성체가 짝짓기를 해서 자식을 낳는 것을 뜻한다. 이 방법으로 자식은 부모의 특징을 섞어서 물려받는다. 그 결과 종은 더 다양해져서 환경 변화에 더 잘 견딜 수 있다. 일부 동물은 혼자서도 번식을 할 수 있다. 이때는 자신을 고스란히 복제한 자식을 낳는다.

체외 수정
대다수 어류와 수생 동물은 암컷의 몸 바깥에서 수정을 한다. 암컷과 수컷이 물속에 난자와 정자를 배출하면, 그곳에서 뒤섞이면서 수정이 일어난다. 사진은 연어 수컷이 알 무더기에 정자를 뿜는 모습이다.

둘이 필요해

유성 생식에는 암컷과 수컷이 필요하다. 암수는 생식 세포를 만든다. 암컷이 만드는 것은 난자, 수컷이 만드는 것은 정자다. 정자와 난자는 결합하여 수정란이라는 새로운 세포가 된다. 이 과정을 '수정'이라고 한다. 수정란은 자라서 양쪽 부모의 특징을 지닌 자식이 된다. 수정은 어미의 몸 안에서 일어날 수도 있고 밖에서 일어날 수도 있다.

꽉 잡기
수컷은 자기 배로 암컷의 배를 꽉 잡는다.

끈기가 필요한 과정
나비는 이 자세로 1시간까지 꼼짝 않고 있기도 한다.

체내 수정
대다수의 육상 동물은 암컷과 수컷이 짝짓기를 하며, 수정은 암컷의 몸속에서 일어난다. 나비는 꼬리를 맞대어 짝짓기를 한다. 이때 수컷은 암컷의 배 안에 있는 주머니에 정자를 집어넣는다. 암컷은 알을 낳을 준비가 될 때까지 정자를 간직한다. 알을 낳기 직전에 정자를 수정시켜서 식물에 낳는다.

새끼 낳기

수정이 이루어진 뒤, 새 세포는 여러 번 분열하여 배아가 된다. 일부 동물, 특히 포유류의 배아는 태어날 준비가 될 때까지 어미의 몸속에서 자란다. 배아는 '자궁'이라는 기관에서 어미의 몸에서 영양분을 받으면서 계속 자란다. 이윽고 태어날 준비가 된다.

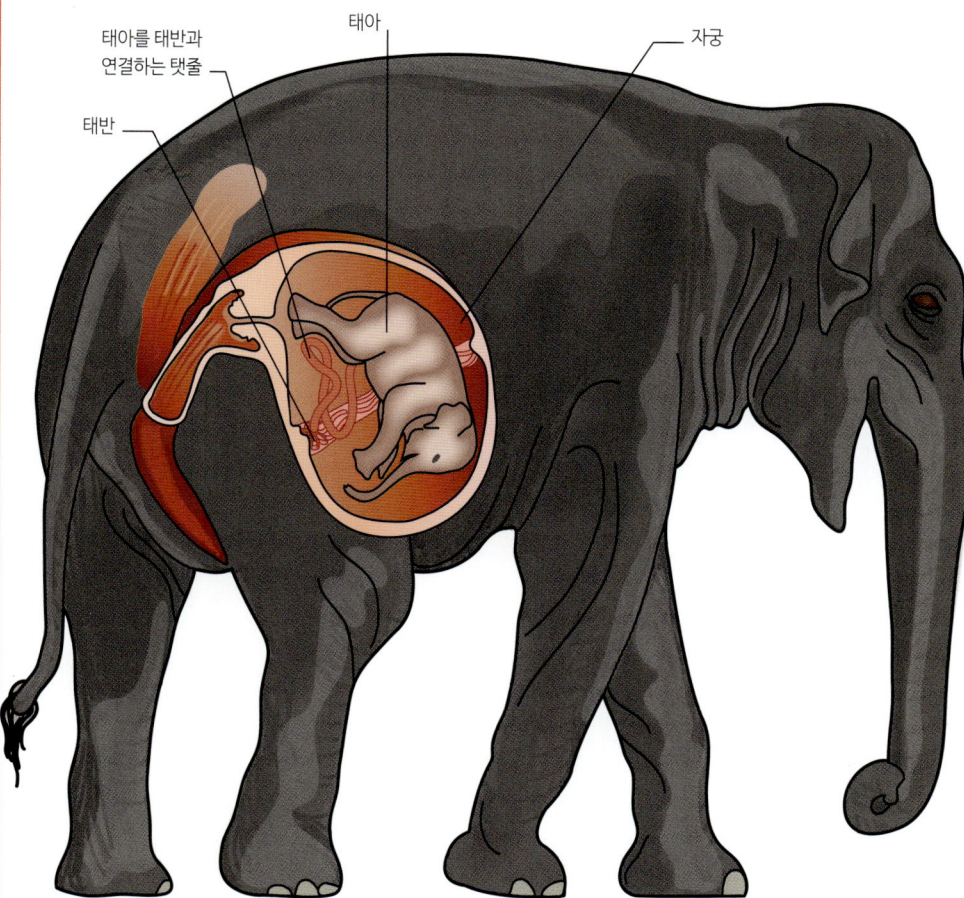

안전하게 자랄 수 있는 곳
코끼리 같은 태반류의 태아는 '태반'이라는 임시 기관을 통해서 어미로부터 영양소를 받고 노폐물을 배출한다. 태반은 어미의 자궁에 생긴다.

아기 코끼리는 **어미의 자궁에서 22개월 동안 자란다. 코끼리는 포유류 중 임신 기간이 가장 길다.**

알 낳기

대다수의 동물은 알을 낳는다. 배아는 어미의 몸 밖으로 나온 알 속에서 자란 뒤에, 알을 깨고 나온다. 보호하는 단단한 껍데기로 감싸인 알도 있지만, 개구리알처럼 단단하지 않은 알도 있다. 일부 종은 새끼가 나올 때까지 알을 돌본다. 반면에 알을 낳은 뒤 그냥 떠나는 종도 있다.

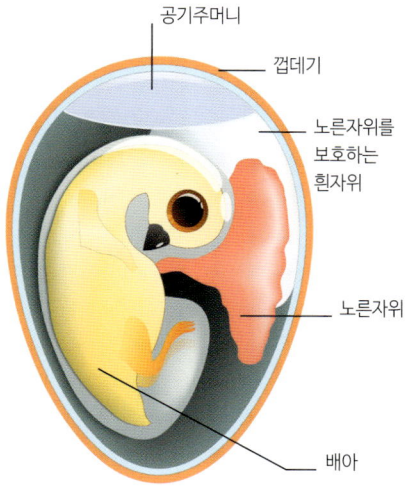

생명 유지 장치
오른쪽 그림에서 보듯이, 새알에는 배아가 발달하는 데 필요한 모든 것이 들어 있다. 단단한 껍데기는 배아를 보호하면서 공기가 드나들 수 있도록 한다. 노른자위는 자라는 배아에 영양분을 제공한다.

끈적거리는 민달팽이
민달팽이 알은 부드럽고 젤리 같다.

알에서 나오는 모충
나비 알은 껍질이 얇고 약하다.

깨고 나오기
악어는 특수한 이빨로 가죽질 껍데기를 깬다.

투명한 알 껍질
어류 알은 부드럽고 거의 투명하다.

짝을 찾기 어려울 때

몇몇 달팽이, 민달팽이, 환형동물 개체들은 난자와 정자를 다 만들 수 있다. 그래서 주변에서 짝을 전혀 찾을 수 없다면 혼자서 번식을 할 수 있다. 자라면서 성별이 바뀌는 동물도 있다.

파랑머리놀래기 암컷

파랑머리놀래기 수컷

성 전환
파랑머리놀래기는 성별을 바꿀 수 있는 어류에 속한다. 처음에는 대부분 암컷이지만, 번식할 때 수컷이 부족하면 일부가 수컷으로 성을 바꾼다. 몸 색깔도 바뀐다.

홀로 번식하기

무성 생식은 동물이 자신을 복제하여 자식을 만드는 과정이다. 특정한 상황에서 수를 빠르게 늘리기 위해서 이 방법으로 번식할 수 있는 동물도 있다. 그런 동물들은 대개 유성 생식도 할 수 있다.

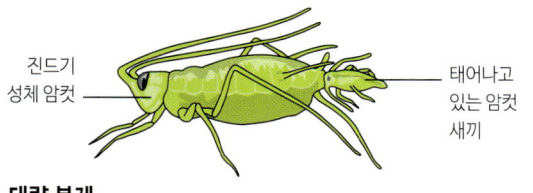

대량 복제
진드기 암컷은 정자가 없이도 자식을 만들 수 있다. 암컷 한 마리에서 한 계절에 최대 40세대까지 불어날 수 있다. 모두 그 암컷의 클론이다.

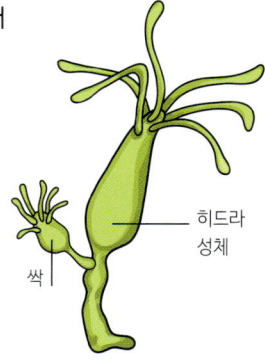

출아법
물에 사는 작은 생물인 히드라 같은 동물은 몸에서 싹을 내어서 번식을 한다. 싹은 떨어져서 똑같은 새 개체로 자란다.

육아

동물 종이 생존하려면, 구성원들이 자신의 번식 차례가 왔을 때 자식을 만들어서 한살이를 완결해야 한다. 다음 세대를 기르는 일도 대단히 중요한데, 종마다 방식이 다르다. 많은 동물은 어린 자식을 먹이고 보호하며, 삶의 기술을 가르치는 데 많은 시간과 에너지를 투자한다. 반면에 자식을 아주 많이 낳는 쪽으로 에너지를 집중하는 종도 있다. 그런 종은 알이나 새끼를 낳은 뒤 돌보지 않는다. 많은 자식들 중 소수만 살아남아서 성체가 되어 번식을 한다.

번식 전략

동물 종은 다양한 방식으로 개체수를 안정적으로 유지한다. 어떤 종은 알이나 새끼를 아주 많이 낳음으로써, 그중 한두 마리라도 살아남도록 하는 방법을 쓴다. 한편 한 마리만 낳아서 성체가 될 때까지 오랜 기간 잘 돌보는 종도 있다.

많을수록 유리해
개구리는 알을 수천 개씩 낳는다. 그래서 돌보지 않아도 그중 일부가 살아남도록 한다. 알이나 알에서 나온 올챙이는 대부분 포식자에게 먹히지만, 적어도 일부는 살아남아서 성체가 될 것이다.

한 번에 한 마리씩
코알라는 대개 해마다 또는 한 해 걸러서 새끼를 한 마리만 낳는다. 태어난 아기는 아주 잘 돌본다. 앞 세대를 대신할 다음 세대의 수가 아주 적기 때문에, 코알라 집단은 아주 느리게 불어나며, 멸종 위협에 취약하다.

육아 담당자

육아는 매우 힘들 수 있다. 조류는 종종 쉴 새 없이 일하면서, 새끼를 키우는 데 아주 많은 에너지를 쓰곤 한다. 부모가 공동으로 육아를 하는 새도 있다. 하지만 암컷 홀로 새끼를 돌보는 종이 대부분이다. 많은 어미는 새끼가 생존 기술을 다 배울 때까지 데리고 다닌다. 어미의 도움 없이 수컷이 홀로 자식을 키우는 종도 드물게 있으며, 주로 어류에서 볼 수 있다.

형제자매의 경쟁
이 새끼들은 살아남기 위해 서로 경쟁해야 한다. 부모에게 먹이를 달라고 끊임없이 울어댄다. 부모는 가장 크게 울어대는 새끼에게 먼저 먹이를 줄 것이다. 시끄러우면 둥지가 위험해지기 때문이다. 더 약하고 조용한 새끼는 어미에게 외면당해서 굶어 죽곤 한다.

헌신적인 아비
이 후악치 수컷은 알을 입에 머금어서 안전하게 지킨다. 암컷은 알을 낳은 뒤 떠나고, 수컷은 알을 수정시킨다. 그런 뒤 홀로 알을 지킨다. 새끼들이 부화할 때까지 아무것도 먹지 못한다.

철저한 보호
악어는 강둑 높은 곳에 굴을 파고서 그 안에 알을 낳는다. 어미는 알이 부화할 때까지 열심히 둥지를 지키며, 새끼가 나오면 거대한 입을 벌려 새끼를 담아서 안전하게 물로 옮긴다.

아기 돌보미

몇몇 사회적 동물들은 공동으로 육아를 한다. 이를 '새끼 보호 행동'이라고 한다. 은색랑구르 암컷은 자신이 낳은 새끼든 아니든 간에 무리에 있는 새끼들을 돌보고 먹인다. 이 종의 새끼들은 털이 황금색이라서, 어른들은 새끼를 금방 알아볼 수 있다.

주머니에 넣고 다니기

캥거루와 주머니쥐 같은 유대류는 어미의 배에 있는 주머니(육아낭)에 새끼를 넣고 다닌다. 새끼는 태어날 때 아주 작고 무력하다. 주머니 안에 있는 젖꼭지를 물고 여러 주 동안 젖을 빤 뒤에야 밖으로 나올 수 있을 만큼 자란다.

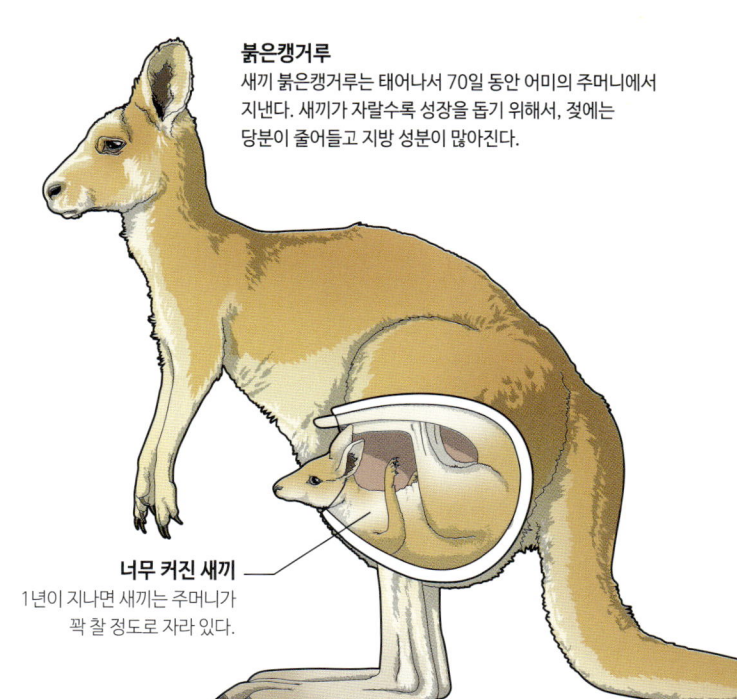

붉은캥거루
새끼 붉은캥거루는 태어나서 70일 동안 어미의 주머니에서 지낸다. 새끼가 자랄수록 성장을 돕기 위해서, 젖에는 당분이 줄어들고 지방 성분이 많아진다.

너무 커진 새끼
1년이 지나면 새끼는 주머니가 꽉 찰 정도로 자라 있다.

생존 기술 가르치기
이 새끼 치타들은 어미가 지켜보는 가운데 새끼 가젤을 쫓고 있다. 새끼들은 충분히 자라면, 사냥하는 어미를 따라다니면서 어미가 몰래 다가가서 사냥감을 덮치는 모습을 지켜본다. 그런 뒤 그 기술을 연습한다. 1년쯤 된 새끼는 스스로 먹이를 잡을 수 있다.

서식지와 생태계

서식지는 동물이 살아가는 환경이다. 동물은 온갖 서식지에서 생존하도록 적응해 왔다. 해부 구조, 행동, 한살이 등 동물의 모든 측면은 생활 조건과 밀접한 관련이 있다. 어느 서식지든지 간에 아주 다양한 요인들이 동물의 생활 습성에 영향을 미친다. 기온, 강수량, 일조량 등이 그렇다. 또, 한 동물의 생존은 같은 서식지에 사는 다른 생물에게도 영향을 받는다. 서식지에서 생물들은 서로서로 그리고 환경과 상호 작용하면서 '생태계'라는 공동체를 이룬다.

생물 군계

서식지를 연구하는 학문을 '생태학'이라고 한다. 생태학자는 지구를 기후(날씨와 기온)에 따라서 생물 군계라는 몇 개의 지역으로 나눈다. 하나의 군계에 속한 동식물들은 비슷한 점이 있지만, 한 군계 안에는 아주 다양한 생태계가 있다.

극지방
지구에서 가장 추운 곳이다. 겨울에는 대체로 어두컴컴하며, 얼음으로 덮여 있긴 해도 강수량이 아주 적다. 너무 혹독해서 1년 내내 이곳에서 생활할 수 있는 동물은 아주 적다.

툰드라
극지방과 맞닿아 있으며, 겨울이 길고 흙이 얼어붙어 있어서 나무가 자랄 수 없다. 짧은 여름에 식물들이 빠르게 자라난다. 그리고 그 식물들을 먹는 초식 동물과 그 초식 동물을 잡아먹는 스라소니 같은 포식자들도 온다.

초원
빨리 자라는 풀들이 드넓게 펼쳐진 곳이다. 강수량이 적어서 나무가 많이 자라지 못하는 지역이다. 초원에는 풀을 뜯는 대형 동물들이 떼 지어 다니고, 굴을 파고 사는 작은 포유류가 있다.

사막
연강수량이 25센티미터 미만인 곳이다. 식물이 거의 자라지 못한다. 이 극단적인 기후에 적응해 먹지도 마시지도 않은 채 오래 견딜 수 있는 뱀 같은 소수의 동물들이 살아간다.

우림
우림은 대부분 열대에 있다. 강수량이 많고 기온이 높아서 식물이 자라기에 딱 맞는 곳이다. 우림에는 원숭이, 뱀, 조류, 곤충 등 다른 모든 육상 서식지보다 더 많은 동물이 산다.

산
산에는 여러 서식지가 들어 있을 수 있다. 올라갈수록 기온이 떨어지고 더 살기 힘든 곳이 나타난다. 아주 높은 곳에는 산양과 맹금류 같은 가장 강인한 동물들만이 산다.

알려진 **동식물 종의 절반은 우림에 산다.**

해양층
지표면의 70퍼센트는 바다로 덮여 있다. 하지만 바다의 평균 수심이 3.7킬로미터이므로, 사실상 바다는 지구 서식지의 99퍼센트를 차지한다. 수심에 따라서 생활 조건이 달라지기에, 바다는 몇 개의 서식지 층으로 나눌 수 있다.

침엽수림
'타이가'라고도 하는 이 상록수림은 겨울이 길고 추운 지역에 자란다. 나뭇잎은 튼튼한 바늘 모양이라서 눈이 덜 쌓인다. 이 먼 북쪽의 추운 숲에는 곰, 맹금류, 늑대가 산다.

유광층
수심 200미터까지는 낮에 햇빛이 든다. 이 층에 가장 많은 해양 생물이 산다.

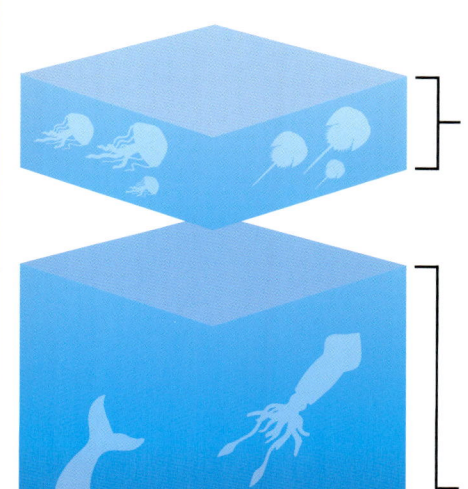

약광층
수심 1,000미터까지는 아주 약하게 빛이 들긴 하지만, 조류가 자랄 정도는 아니다. 이 층의 동물들은 유광층에서 떨어지는 죽은 생물을 먹거나, 먹이를 구하러 유광층으로 올라가곤 한다.

무광층
수심 1,000미터 이하는 하루 24시간 컴컴하다. 생물 발광이 유일한 불빛이다. 몇몇 동물이나 동물의 몸속에 사는 세균이 내는 빛이다.

온대림
이 숲은 여름이 따뜻하고 겨울이 덜 추우며, 일 년 내내 비가 오는 곳에 자란다. 나무는 주로 낙엽수로서, 겨울에 에너지를 아끼기 위해 잎을 떨군다. 다람쥐, 조류, 사슴 같은 동물들이 먹는 다양한 열매, 견과, 잎, 씨가 자란다.

심해저층
수심 2,000미터 이하는 가장 큰 해양 서식지다. 그러나 이곳에 사는 동물은 아주 적다. 칠흑 같은 어둠, 강한 수압, 찾기 힘든 먹이, 거의 얼어붙을 듯한 수온에서 살아가도록 적응한 생물들이다.

산호초
따뜻한 지역의 얕고 햇빛이 비치는 바다에는 '산호'라는 단순한 동물이 가득 자란다. 산호초는 바다에서 가장 생물이 풍부한 서식지이며, 갑각류, 상어, 갖가지 물고기 등 아주 다양한 생물들이 산다.

에너지 피라미드

이 피라미드는 먹이 그물에서 생물 사이에 에너지가 어떻게 전달되는지를 보여 준다. 밑바닥에는 스스로 에너지를 생산하는 식물 같은 생물들이 있다. 그 에너지는 더 위쪽에 있는 식물을 먹는 동물들에게 전달되고, 그 동물들은 더 위에 있는 동물들에게 먹힌다. 그러나 각 단계에서 대부분의 에너지는 그 동물이 살아가는 데 쓰이며, 다음 층으로 전달되는 것은 약 10퍼센트에 불과하다. 이는 피라미드의 바닥층보다 꼭대기층에 생물이 훨씬 적다는 뜻이다.

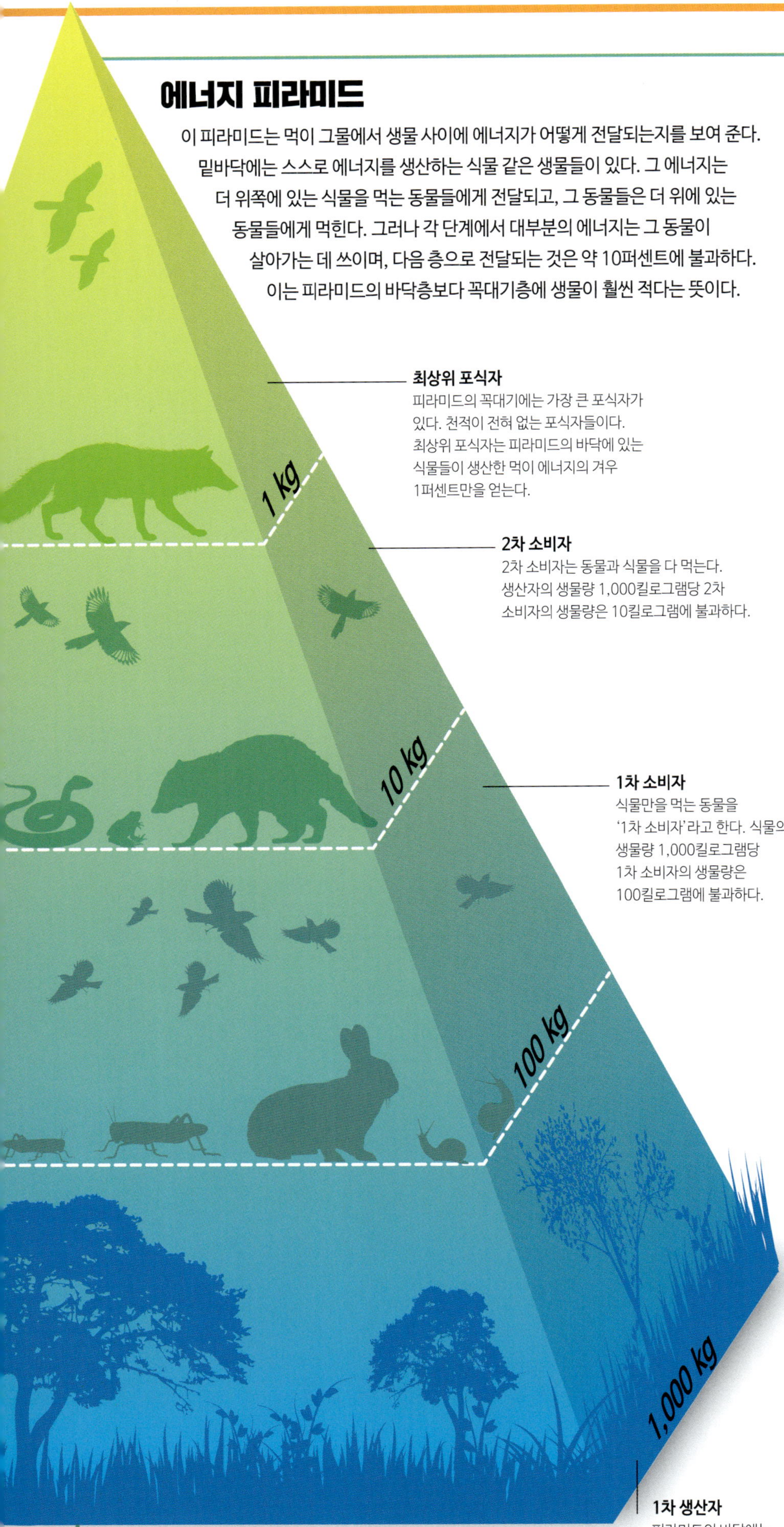

최상위 포식자
피라미드의 꼭대기에는 가장 큰 포식자가 있다. 천적이 전혀 없는 포식자들이다. 최상위 포식자는 피라미드의 바닥에 있는 식물들이 생산한 먹이 에너지의 겨우 1퍼센트만을 얻는다.

2차 소비자
2차 소비자는 동물과 식물을 다 먹는다. 생산자의 생물량 1,000킬로그램당 2차 소비자의 생물량은 10킬로그램에 불과하다.

1차 소비자
식물만을 먹는 동물을 '1차 소비자'라고 한다. 식물의 생물량 1,000킬로그램당 1차 소비자의 생물량은 100킬로그램에 불과하다.

1차 생산자
피라미드의 바닥에는 식물 생물량 1,000킬로그램이 있다.

생물량
한 지역에 있는 생물의 총량을 '생물량'이라고 한다. 이 피라미드는 생물량을 써서 에너지가 먹이 그물을 따라 어떻게 전달되는지를 보여 준다. 생물의 수가 아니라 생물의 총무게를 나타낸 것이다.

먹이 그물

모든 동물은 돌아다니고, 자라고, 치유하고, 번식하려면 먹이를 먹어서 에너지를 얻어야 한다. 먹이는 동물마다 다르다. 식물을 먹는 종류도 있고, 동물을 먹는 종류도 있다. 생물이 어떤 먹이와 연결되어 있는지를 나타낸 것을 '먹이 사슬'이라고 하며, 먹이 사슬은 서로 연결되어 먹이 그물을 이룬다. 에너지는 먹이 그물 속에서 한 생물로부터 다른 생물로 전달된다. 이 모든 에너지의 원천은 대개 태양이며, 광합성 식물은 태양의 에너지를 먹이로 전환한다.

생산자와 소비자

동물은 먹이 그물에서 어디에 끼워지고 무엇을 먹는가에 따라서 정의할 수 있다. 모든 동물은 소비자다. 즉 먹이를 소비하여 에너지를 얻는 생물이라는 뜻이다. 식물은 생산자다. 다른 생물을 먹지(소비하지) 않고, 햇빛을 이용하는 광합성을 통해 필요한 에너지를 생산한다.

육식 동물
고기를 먹는 동물이다. 육식 동물은 피라미드의 꼭대기에 몰려 있는 경향이 있다. 이용할 에너지가 적은 층이다. 에너지 공급이 적어서 늑대는 토끼보다 수가 훨씬 적다.

잡식 동물
동물과 식물을 다 먹는 동물이다. 잡식 동물은 먹이 피라미드에서 2차 소비자일 때가 많다. 생산자와 1차 소비자를 다 먹는다.

초식 동물
토끼 같은 1차 소비자는 식물만 먹는다. 이들을 '초식 동물'이라고 한다. 대개 먹이인 식물은 구하기가 쉽지만, 영양소를 필요한 만큼 얻으려면 아주 많이 먹어야 한다.

식물
많은 먹이 피라미드의 바닥에 있는 1차 생산자는 식물이다. 식물은 태양 에너지를 광합성 작용을 통해 당으로 전환한다. 이 당은 먹이 그물을 통해 흐르는 모든 먹이 에너지의 원천이다.

북극 지방 먹이 그물

먹이 그물은 서식지에서 동물들이 무엇을 먹는지를 보여 준다. 먹이 그물은 복잡할 때가 많다. 두 가지 이상의 먹이를 먹는 동물들이 있기 때문이다. 이 북극 지방 먹이 그물에서 1차 생산자는 '식물성 플랑크톤'이라는 식물 비슷한 생물이며, 1차 소비자인 동물성 플랑크톤은 가장 생물량이 많다.

범고래
바다의 최상위 포식자로서 모든 동물을 먹는다. 천적은 없다.

잔점박이물범
해안에서 물고기를 잡아먹는다. 범고래가 즐겨 먹는 먹이다.

흰띠박이바다표범
동물성 플랑크톤, 새우, 물고기를 잡아먹는 육식 동물이다. 범고래, 상어, 북극곰의 먹이가 된다.

북극곤들메기
해안의 얕은 물에 산다. 작고 어린 물고기를 잡아먹곤 한다.

동물성 플랑크톤
식물성 플랑크톤을 먹는 아주 작은 해파리, 새우 등의 미세한 동물들이며, 물에 떠다닌다.

북극대구
모든 종류의 플랑크톤을 먹는 심해어류다. 종종 얼음 밑에서 헤엄치며, 물범의 먹이가 된다.

하프물범
생애 대부분을 바다에서 지내며, 쉴 때는 해빙 위로 올라온다. 물고기를 먹으며, 범고래와 북극곰에게 먹힌다.

열빙어
큰 무리를 지어 다니면서 플랑크톤을 먹는 작은 어류다. 북극 지방 육식 동물의 중요한 먹이다.

북극곰
얼어붙은 북극해의 최상위 포식자 중 하나다. 해빙 위에서 물범을 사냥한다. 북극곰을 잡아먹는 동물은 없다.

식물성 플랑크톤
식물 비슷한 생물로서 바다의 1차 생산자다. 대부분 아주 작으며, 햇빛이 드는 수면 가까이에 떠다닌다.

극제비갈매기
물고기를 먹는 바닷새다. 성체는 대개 포식자에게 당하지 않지만, 알과 새끼는 포유류와 조류에게 먹히곤 한다.

심해 먹이 그물

햇빛이 전혀 들지 않는 심해에서는 1차 생산자가 식물 비슷한 생물이 아니라 세균이다. 이 세균은 열수 분출구 주위에 산다. 심해의 해저 화산에서 나오는 열기와 양분을 이용해 살아간다. 이 세균이 동물성 플랑크톤에게 먹히고, 동물성 플랑크톤은 주변에 사는 더 큰 동물들에게 먹힌다.

검은 연기 기둥
광물질이 풍부한 거무스름한 물이 쏟아지는 열수 분출구를 블랙스모커나 '검은 연기 기둥'이라고 한다. 다른 1차 생산자들이 햇빛을 에너지원으로 삼는 반면, 검은 연기 기둥 주위에 사는 세균은 이 물에서 에너지를 얻는다.

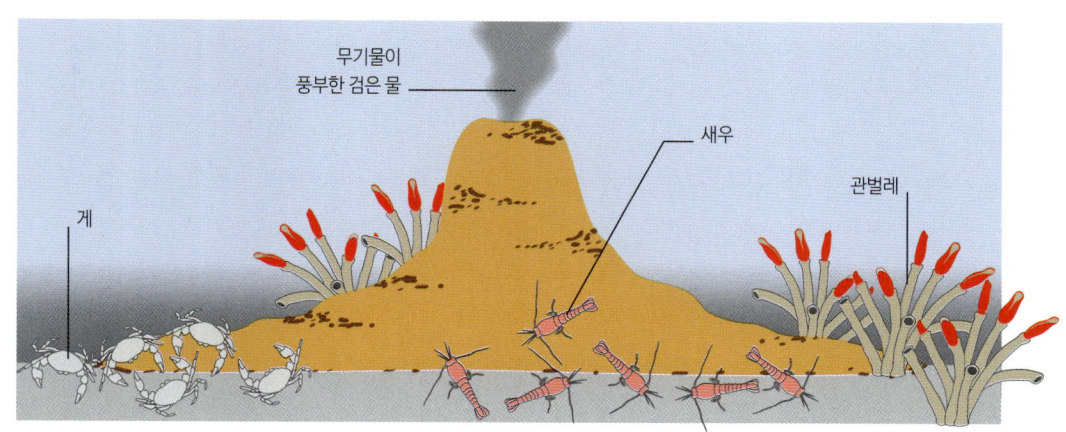

무기물이 풍부한 검은 물 · 새우 · 관벌레 · 게

공격과 방어

포식자는 먹기 위해서 다른 동물을 사냥하고 공격한다. 먹이를 잡을 수 있도록 포식자는 대개 예리한 감각, 빠른 반응, 힘세고 날랜 몸, 날카로운 이빨이나 부리와 긴 발톱 같은 사냥 무기를 갖추고 있다. 일부 포식자는 빠른 속도로 먹이를 뒤쫓아 잡는다. 나뭇잎이나 긴 풀 사이에 숨어 위장해 있다가 먹이가 가까이 다가오면 덮치는 매복 포식자도 있다. 그러나 먹이 동물도 생존에 도움을 주는 방어 수단들을 갖추어 왔다. 더 빨리 달아나거나 사납게 맞서 싸우는 능력 같은 것들이다.

철저한 무장

바닷가재의 으깨는 발톱부터 맹금류의 날카로운 갈고리발톱에 이르기까지, 동물들은 먹이를 붙잡고 죽이는 다양한 무기를 갖추어 왔다. 한편 코끼리의 엄니나 물소의 거대한 뿔처럼, 동물들은 자신을 지키는 무기도 지니고 있다. 몇몇 모충은 공격자의 몸에 박혀서 고통을 주는 뻣뻣한 털로 덮여 있으며, 폭탄먼지벌레는 유독한 화학 물질을 뿜어서 공격자를 물리친다.

엄니

뿔

공격 중

많은 동물은 빠른 속도로 먹이를 따라잡거나, 완벽하게 숨어 있다가 다가오는 먹이를 매복 공격하는 식으로 홀로 사냥을 한다. 또 덫을 놓거나 교묘하게 속여서 먹이를 잡는 포식자도 있다. 몇몇 종은 무리를 지어서 합동 전술을 써서 자신보다 더 크거나 혼자서는 잡기 어려운 먹이도 잡는다.

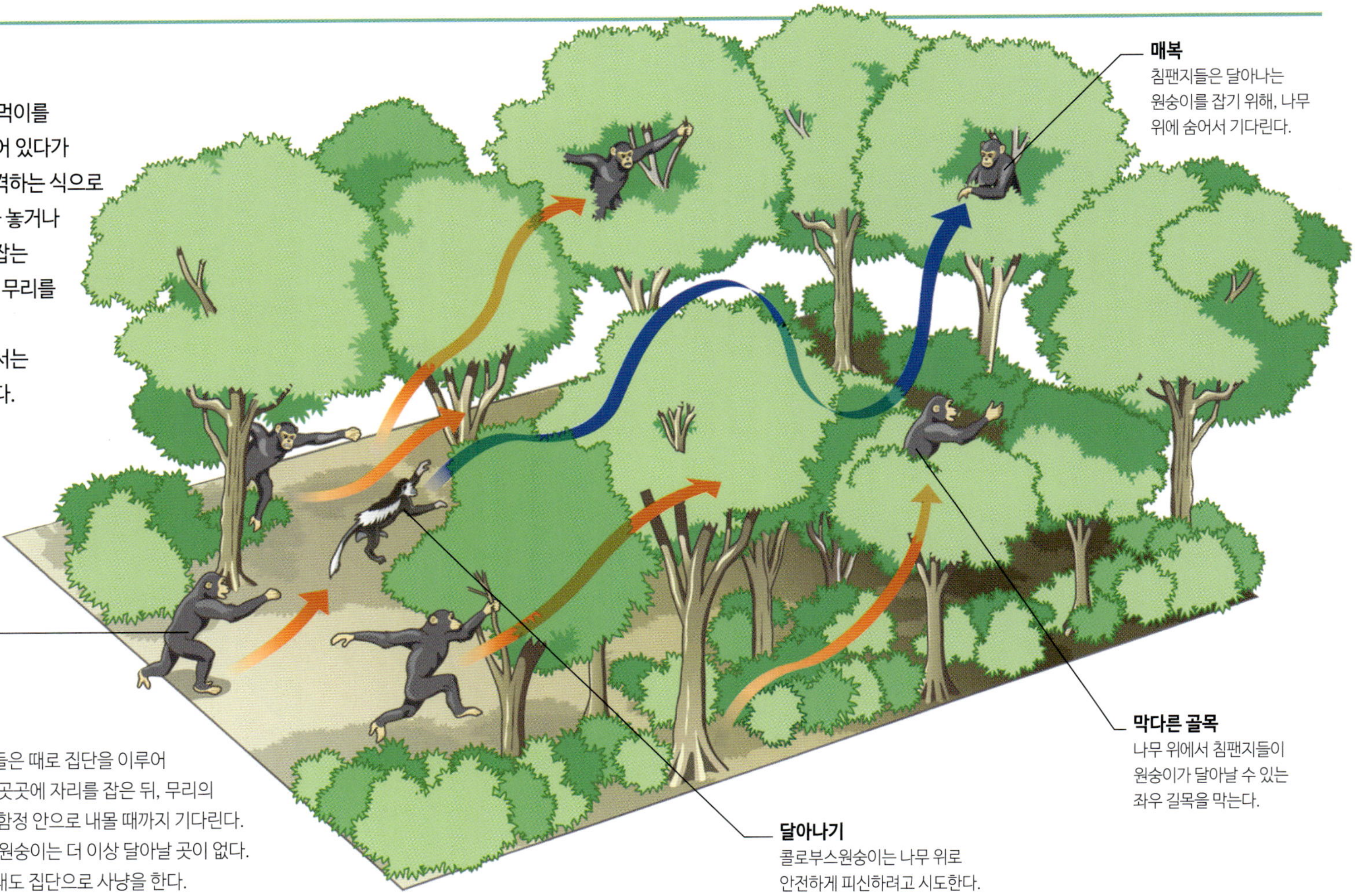

매복
침팬지들은 달아나는 원숭이를 잡기 위해, 나무 위에 숨어서 기다린다.

내몰기
침팬지들이 숲에서 콜로부스원숭이를 몬다.

막다른 골목
나무 위에서 침팬지들이 원숭이가 달아날 수 있는 좌우 길목을 막는다.

달아나기
콜로부스원숭이는 나무 위로 안전하게 피신하려고 시도한다.

집단 공격
열대 아프리카 숲의 침팬지들은 때로 집단을 이루어 사냥한다. 침팬지들은 나무 곳곳에 자리를 잡은 뒤, 무리의 누군가가 작은 원숭이를 그 함정 안으로 내몰 때까지 기다린다. 나무 꼭대기까지 내몰리면, 원숭이는 더 이상 달아날 곳이 없다. 늑대, 사자, 하이에나, 돌고래도 집단으로 사냥을 한다.

빠른 반응
카멜레온은 꼼짝하지 않고 앉아 있다가, 갑자기 끈끈한 혀를 확 쏘아서 지나가는 곤충을 잡는다.

속임수로 꾀기
아귀는 발광 미끼를 써서 작은 물고기를 꾄다. 미끼를 보고 물고기가 다가오면 덥석 잡는다.

덫으로 잡기
거미는 끈끈한 거미집을 짓고서 지나가는 곤충이 걸리게 한다. 걸리면 거미줄로 꽁꽁 감아서 꼼짝 못 하게 만든다.

슬그머니 와락
표범은 들키지 않으면서 슬그머니 먹이에게 가까이 다가간다. 그런 뒤 번개 같은 속도로 와락 덮쳐서 죽인다.

화학 무기

많은 동물은 화학 무기로 공격이나 방어도 한다. 전갈과 말벌은 독침을 지니며, 일부 거미와 뱀은 독니를 지닌다. 이런 독으로 먹이를 마비시켜서, 포식자는 쉽게 잡아먹을 수 있다. 또 동물은 독으로 방어할 수도 있다. 하지만 먼저 경고를 보내기도 한다. 옆 사진의 방울뱀은 꼬리를 흔들어서 경고한다. 독은 양이 한정되어 있기에, 어쩔 수 없는 상황이 아니면 쓰지 않으려 할 것이다.

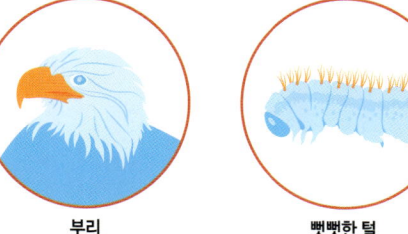

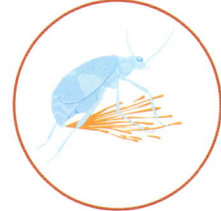

집게발 / 발톱 / 독침 / 부리 / 뻣뻣한 털 / 유독한 분사액

자기 방어

포식자에게 공격을 받을 때, 동물은 다양한 수단으로 방어한다. 뿔, 엄니, 독을 지닌 동물은 맞서 싸울 것이다. 그러나 다른 방법도 많다. 주변 환경과 섞여서 잘 보이지 않는 위장술을 쓰거나 무리를 지어서 안전을 도모하는 종도 있다. 일부러 자기 모습을 드러내는 동물도 있다.

몸 부풀리기
복어는 물을 삼켜서 몸을 부풀리고, 가시를 세워서 포식자를 물리칠 수 있다. 다른 동물들도 비슷한 전술을 쓴다. 고양이는 털을 뻣뻣이 세우고, 두꺼비와 도마뱀도 더 커 보이도록 몸을 부풀린다.

위장
위장은 먹이가 숨을 때에도, 포식자가 매복할 때에도 쓰인다. 이 아프리카소쩍새처럼 주변 환경과 잘 섞이는 색깔을 지닌 동물은 들킬 가능성이 적다.

의태
이 난초에 앉은 난초사마귀는 거의 알아차리기가 어렵다. 꽃을 흉내 낸 모습과 색깔을 하고 있어서 먹이는 알아차리지 못한 채 다가온다.

경고와 독
일부 청개구리는 지독한 맛이 나거나 독을 지니고 있다. 그런 개구리들은 선명한 색깔로 독이 있음을 알린다. 포식자에게 물러나라고 경고한다.

함께 모여 있기
이 누 떼는 눈과 귀가 아주 많기에 위험을 알아차리기 쉽다. 빽빽하게 모여 있기에, 공격을 받을 가능성도 낮다.

함께 살기

동물은 종종 같은 종의 개체들과 가까이에서 지내거나 무리를 지어 살곤 한다. 일부 동물 집단은 사회적이다. 즉 개체들이 생존하기 위해 서로 협력한다. 훨씬 느슨한 집단을 이루는 종도 있다. 개체들이 협력하지는 않지만, 가까이에서 지냄으로써 혜택을 보는 형태다. 일부 종은 다른 종과 가까이에서 함께 산다. 혜택을 받거나 중립적인 공생 관계를 이루면서다. 그러나 한 동물이 다른 동물에 기생할 때, 그 관계는 해로울 수도 있다.

동물 집단

대규모 동물 집단은 바다와 초원 같은 서식지에서 가장 흔하다. 먹이가 균일하게 넓게 퍼져 있는 서식지다. 다른 서식지에서는 동물들이 홀로 사냥하는 쪽을 선호할 수도 있다. 동물들은 이주, 더 높은 효율, 안전을 위해 큰 무리를 짓곤 한다.

물고기 떼
어류는 안전을 위해 떼 지어 다닌다. 모든 개체들이 똑같은 방향으로 움직이면, 전체가 거대한 동물처럼 보인다

새 떼
일부 이주하는 새들은 V자 대형을 이루어 날아간다. 긴 비행 때 맞바람이 일으키는 항력을 줄이기 위해서다.

홀로 다니는 동물
숲의 동물들은 자신이 먹는 종류의 나무가 드문드문 흩어져 있거나 먹이가 한정되어 있기에 홀로 지내곤 한다.

공동 작업

개미, 말벌, 흰개미, 꿀벌 군체는 가장 체계적인 조직을 갖춘 집단이다. 이들을 '사회성 곤충'이라고 한다. 분업이 이루어지고, 모든 구성원들이 한 암컷 또는 암수 한 쌍의 번식을 돕기 위해 일하는 형태다. 집단의 대다수를 차지하는 일꾼들은 여왕의 번식을 돕기 위해서 자신의 번식 기회를 포기한다.

먹이 수집 개미
늙은 일꾼은 군체가 먹을 곰팡이를 키우는 데 필요한 잎을 따온다.

일개미
더 작은 일개미는 둥지에서 유충을 돌보는 일을 맡곤 한다.

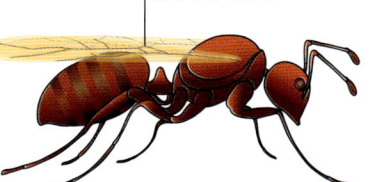
여왕개미
여왕은 군체에 있는 모든 일꾼의 어미다.

수개미
날개 달린 수컷은 어린 여왕과 짝짓기를 하지만, 군체에서 함께 살지는 않는다.

잎꾼개미 군체에서 맡는 역할들

사회 집단

진정한 사회 집단은 먹이를 찾고, 새끼를 기르고, 방어하기 위해 서로 협력하는 구성원들로 이루어진다. 포유류는 가장 사회적인 동물이다. 사자, 고래, 침팬지, 들개는 모두 무리를 이루어 살아간다. 많은 동물은 친족 중심으로 무리를 짓는다. 무리의 새끼들이 잘 자랄 수 있게 서로 돕는다.

코끼리 가족
사회 집단은 계층 구조를 이룰 때가 많다. 일부 구성원이 나머지 무리를 지배하는 형태다. 코끼리는 나이 많은 암컷이 가족 집단을 이끈다. 수컷은 어른이 되면 무리를 떠나며, 대개는 홀로 살아간다.

공생

동물이 다른 종과 가까이에서 함께 살아가는 것을 '공생'이라고 한다. 함께 살면서 양쪽이 다 이익을 보는 관계도 있고, 한쪽만 이익을 보는 관계도 있다.

청줄청소놀래기는 '청소 작업장'을 운영한다. 산호초의 물고기들은 이곳으로 와서 청소를 받는다.

말미잘과 흰동가리
흰동가리는 말미잘의 침을 쏘는 촉수 사이에서 산다. 말미잘은 침으로 흰동가리의 포식자를 물리치고, 보답으로 흰동가리는 말미잘의 촉수에 붙은 기생충과 찌꺼기를 청소한다.

임팔라와 소등쪼기새
소등쪼기새는 임팔라에 붙어사는 진드기와 이를 잡아먹는 작은 새다. 임팔라는 이 새가 쪼아대는 것을 참고 견딘다. 털과 피부를 청소하기 때문이다. 하지만 새는 임팔라의 상처를 헤집어서 피를 핥아 먹기도 한다.

청줄청소놀래기
파란색과 노란색 무늬를 지닌 이 작은 물고기는 산호초에 산다. 더 큰 물고기들은 청줄놀래기가 있는 곳을 정기적으로 방문한다. 포식자인 물고기도 온다. 청줄놀래기는 물고기들의 죽은 피부 조각과 기생충을 갉아먹는다.

기생 생물

공생의 또 한 가지 유형은 기생이다. 기생하는 동물은 숙주와 일방적인 관계에 있다. 기생 생물은 이익을 보고, 숙주는 쇠약해지거나 죽기도 한다. 포식 기생도 있다. 포식 기생 생물은 숙주의 피부나 몸속에 알을 낳는다. 깨어난 새끼는 숙주의 몸을 파먹으면서 자란다.

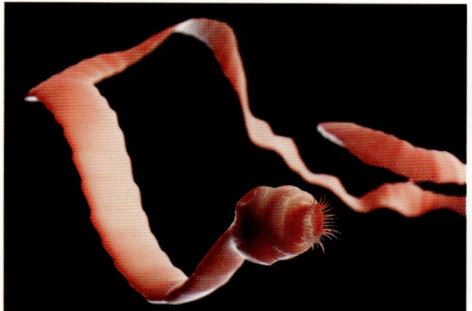

체내 기생 생물
촌충은 체내 기생 생물이다. 숙주의 몸속에 산다는 뜻이다. 창자벽에 달라붙어서 소화된 영양소를 피부로 흡수한다.

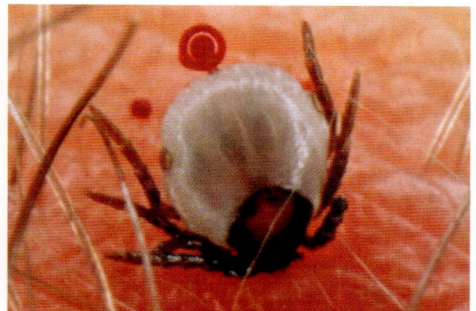

체외 기생 생물
참진드기는 체외 기생 생물이다. 숙주의 몸 바깥에 산다는 뜻이다. 이 작은 진드기는 숙주의 몸에 달라붙어서 피를 빤 뒤, 떨어져 나가서 소화한다. 피를 빨 때 질병을 옮길 수 있다.

포식 기생 생물
이 모충은 포식 기생 말벌의 알로 뒤덮여 있다. 알에서 깨어난 말벌 애벌레는 모충을 파먹으면서 자란다. 이 말벌은 애벌레 단계에서 특정한 숙주 종을 먹이로 삼으며, 애벌레는 결국 죽는다.

탁란

일부 기생 생물은 알과 새끼를 키우는 일을 숙주 종에게 떠넘긴다. 이를 '탁란'이라고 한다. 숙주는 남의 새끼를 키우는 일에 많은 에너지와 시간을 투자하며, 그 과정에서 진짜 새끼를 잃을 수도 있다. 뻐꾸기는 탁란 동물의 대표적인 사례다.

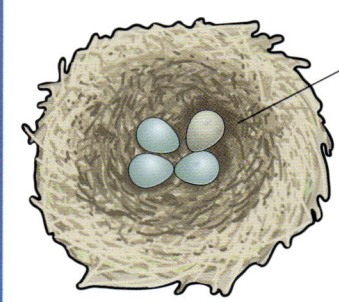

알은 숙주의 알과 모양과 크기가 비슷하다.

추가 알
뻐꾸기 암컷은 숙주가 알을 낳을 때까지 기다렸다가, 숙주가 자리를 비울 때 그 둥지에 자기 알을 하나 낳는다. 돌아온 숙주는 알이 하나 늘어난 것을 알아차리지 못한다.

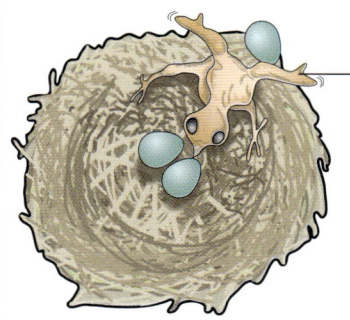

새끼 뻐꾸기는 다른 알들을 등으로 밀어서 둥지 밖으로 버린다.

둥지 비우기
새끼 뻐꾸기는 약 12일 뒤에 부화한다. 새끼는 부화하지 않은 알들을 둥지 밖으로 내버린다. 새끼 뻐꾸기는 숙주의 새끼들보다 몸집이 더 커서, 새끼 숙주가 있어도 먹이를 다 빼앗아 먹는다.

14일째에 새끼 뻐꾸기는 숙주 새보다 몸집이 세 배 더 커진다.

둥지의 뻐꾸기
새끼 뻐꾸기는 새끼 숙주의 먹이 달라는 소리를 흉내 내며, 새끼 숙주보다 더 자주 먹이를 받아먹는다. 새끼 숙주들은 곧 굶어 죽는다.

이주

이주는 동물이 정기적으로 한 지역에서 다른 지역으로 옮겨 가는 것이다. 이주는 대개 해마다 이루어지지만, 매일 이주를 하는 사례도 있다. 이주는 대개 같은 경로를 따라 이루어진다. 대다수의 동물은 큰 무리를 이루어서 한꺼번에 이주를 한다. 이주는 산맥을 넘거나, 포식자가 우글거리는 강을 지나거나, 먹이가 드문 사막을 지나는 등 넓은 땅이나 바다를 건너는 위험한 여행이다. 도중에 잠시 멈추어서 쉬거나, 번식을 하는 종도 있다. 즉 이주를 시작한 개체들 중 일부는 여행을 끝까지 하지 못하고 그 자손들이 목적지에 도착할 수도 있다.

동물이 이주하는 이유

이주는 많은 위험이 따르지만, 위험을 무릅쓸 만한 혜택이 있다. 먹이가 더 풍부해지고, 번식하기에 더 좋고, 날씨도 더 좋은 곳으로 가기 때문이다.

먹이
이주 경로는 언제나 먹이가 더 풍부한 곳으로 이어진다. 한 지역에 먹이가 많아지고, 다른 지역에 먹이가 적어지면 이주가 시작되기도 한다.

번식
홀로 생활하는 동물은 해마다 대규모로 번식지로 이주한다. 번식지는 짝을 찾고 새끼를 기르기에 좋은 지역이다.

이주 경로

일반적으로 이주하는 동물은 해마다 같은 길로 여행한다. 많은 동물들은 첫 이주 때 부모를 따라가면서 그 길을 배운다. 하지만 연어나 제왕나비 같은 동물은 평생에 단 한 번 이주를 한다. 이 지도와 사진은 몇몇 동물들과 주요 이주 경로를 보여 준다.

순록
이 커다란 사슴은 여름에는 북아메리카의 나무 없는 추운 평원에서 무리를 지어 생활한다. 겨울이 다가오면 무리는 더 작게 쪼개져서 남쪽으로 이주한다. 극심한 추위를 피하기 위해서다. 날이 따뜻해지면 다시 북쪽으로 올라가서 번식을 한다.

제왕나비
제왕나비는 여름에 북아메리카와 캐나다 남부에서 번식을 한 뒤, 가을에 남쪽으로 이주하여 캘리포니아와 멕시코에서 겨울을 보낸다. 바람을 타고 최대 시속 130킬로미터의 속도로 4,800킬로미터를 날아간다.

혹등고래
이 고래는 여름에 극지방의 물에서 지낸다. 겨울에는 따뜻한 열대 해역의 번식지로 가서 짝을 찾고 새끼를 낳는다. 그런 뒤 새끼와 함께 다시 극지방으로 가서 풍부한 먹이를 찾아 먹는다.

대규모 이동

풍족한 여름이 지나고 겨울이 되면 씨앗과 열매가 부족해질 수 있다. 홍여새 같은 새들은 먹이 공급 지역이 과밀 상태가 되면, 먹이를 찾아서 훨씬 더 남쪽으로 날아간다. 개체수가 이렇게 급증하면, 평소 서식하던 곳에서 1,500킬로미터 멀리까지 이동하기도 한다. 메뚜기 떼의 이동도 이런 개체수 급증으로 촉발되는 사례다.

기후 조건
이주는 계절과 관련이 있을 때가 많다. 날씨가 안 좋게 바뀌거나 습했다가 건조해지면, 이주가 시작될 수 있다.

과밀
메뚜기 같은 동물은 과밀 상태가 되어 먹이가 부족해지면 이주한다. 수가 늘어나서 서로 계속 부딪치게 되면 떼 지어 나는 행동이 일어날 수 있다.

수직 이주

많은 해양 생물은 24시간 주기로 수면에서 깊은 곳까지 오간다. 수면이 밝게 빛나는 낮에 해파리 같은 동물들은 포식자를 피해서 더 어두운 깊은 곳으로 내려간다. 밤이 되면 컴컴해진 수면으로 올라와서 먹이를 먹는다. 새벽이 오면 다시 내려간다.

⬆ 대서양연어
연어는 평생에 한 번 이주한다. 강에서 부화하여 1~2년쯤 지내다가 바다로 향한다. 바다에서 성체로 자란다. 그런 뒤 자신이 깨어난 강으로 돌아온다. 강을 거슬러 올라가서 짝을 짓고 알을 낳은 뒤 죽는다.

⬆ 극제비갈매기
이 바닷새는 동물 중에서 가장 장거리 이주를 한다. 해마다 여름을 따라 북극권에서 남극 대륙까지 갔다가 되돌아온다. 북극권의 여름에 번식을 한 뒤, 남극 대륙의 여름에는 살을 찌운다. 한 번 오갈 때 약 7만 5,000킬로미터를 난다.

바다에서의 하루 주기 이주

⬆ 세렝게티흰수염누
해마다 약 150만 마리의 누가 동아프리카의 세렝게티 평원을 이주한다. 누는 짧은 풀을 뜯어 먹으며 물을 많이 먹기에, 비가 내리는 곳을 따라 이동한다. 비가 내린 뒤 새 풀이 자라기 때문이다. 그러면서 1년 내내 넓은 초원 전역을 돌아다닌다.

⬆ 제비
제비는 초봄에 아프리카와 남아메리카의 월동지를 떠나서 유럽, 북아메리카, 아시아로 이주한다. 따뜻한 계절을 북반구에서 보낸다. 북반구에서 둥지를 짓고 번식을 한 뒤, 가을에 다시 남쪽으로 이주한다.

크릴은 포식자를 피해서 **매일 수심 900미터가** 넘는 곳까지 **내려간다.**

위기에 처한 동물들

야생에서 동물들은 잡아먹거나 먹히고, 지진이나 산불 같은 자연재해를 겪곤 한다. 그러나 오늘날 동물들은 새롭고도 긴박한 위험에 처해 있다. 바로 인간이 가하는 위협이다. 인간은 도시를 넓히기 위해서 자연 서식지를 파괴하고, 화학 물질과 쓰레기로 오염시킨다. 그 결과 해마다 많은 동물 종이 사라지고 있다.

위협 받는 동물들

많은 동물은 심각한 위험에 처해 있다. 해마다 최대 3만 종이 멸종 위험에 처한다. 국제자연보호연맹(IUCN)은 해마다 취약하거나 멸종 위험에 처한 동물들의 '적색 목록'을 발표한다. 하지만 많은 종, 특히 양서류와 파충류는 제대로 파악조차 안 되고 있다.

■ IUCN이 '위협'을 받고 있다고 평가한 종의 비율

어류	양서류	파충류	조류	포유류
평가한 종의 19%	평가한 종의 37%	평가한 종의 27%	평가한 종의 23%	평가한 종의 28%

다양한 위협

많은 종에게 가장 큰 문제는 서식지 상실이다. 보금자리, 충분한 먹이, 짝을 찾을 가능성을 제공하는 서식지를 더 이상 찾을 수 없다면, 동물은 곧 사라질 것이다.

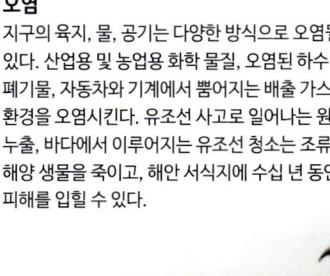

> 지난 **6500만 년**에 걸쳐서 멸종 속도가 **가장 빠른** 동물 집단은 척추동물이다.

오염
지구의 육지, 물, 공기는 다양한 방식으로 오염될 수 있다. 산업용 및 농업용 화학 물질, 오염된 하수 같은 폐기물, 자동차와 기계에서 뿜어지는 배출 가스는 환경을 오염시킨다. 유조선 사고로 일어나는 원유 누출, 바다에서 이루어지는 유조선 청소는 조류와 해양 생물을 죽이고, 해안 서식지에 수십 년 동안 피해를 입힐 수 있다.

숲 파괴
땔감을 얻기 위해서나 농장, 도시, 도로를 만들기 위해서 숲을 파괴하면, 많은 동물들은 살 곳을 잃는다. 복잡한 먹이 그물이 파괴되면서, 그 지역에 살던 모든 동물들이 위험에 빠진다.

기후 변화
지구 기후는 점점 더워지고 있다. 공기 오염과 숲 파괴 같은 요인들은 이 과정을 더 촉진한다. 극지방의 만년설이 녹으면서 해수면이 올라가고, 사막이 넓어지고, 서식지가 더욱 빠르게 사라지고 있다.

외래종 침입
인간이 들여온 동부회색다람쥐(위) 같은 외래종은 그 서식지에 본래 살던 고유종들에게 해를 끼칠 수 있다. 고유종을 먹이로 삼거나, 먹이나 둥지 자리를 놓고 경쟁하기 때문이다.

미래를 위한 희망

야생 생물 보호는 지구의 미래에 매우 중요하다. 한 서식지에 사는 동식물의 수를 '생물 다양성'이라고 한다. 생물 다양성이 높으면 위험에 처한 동물뿐 아니라 사람에게도 유익하다. 건강한 생태계는 식량, 물, 보금자리, 의약품 등 우리에게 필수적인 것들을 제공한다. 지구 생물 다양성을 유지하려면, 위험에 처한 종과 그 서식지를 보호할 방법을 시급하게 찾아야 한다.

보호 지역
자연공원과 자연 보전 구역은 인간의 방해 없이 동물들이 보호를 받으면서 자연 상태에서 살아갈 수 있도록 지정한 곳이다. 탄자니아의 응고롱고로 크레이터 보전 구역(위)에는 약 2만 5,000마리의 대형 동물이 산다.

밀렵과의 싸움
밀렵으로 위험에 처한 동물들도 있다. 동물의 가죽과 신체 부위가 옷감, 장신구, 의약품을 만드는 데 쓰이기 때문이다. 케냐(위)에서는 해마다 몇 톤에 이르는 코끼리의 엄니를 압수하여 태운다. 범죄자들의 코끼리 밀렵과 상아 거래를 막기 위해서다.

포획 번식
야생에서 멸종 위기에 처한 동물을 포획하여 번식시키기도 한다. 불어난 자손들을 다시 야생에 풀어놓는다. 황금사자타마린은 포획 번식 사업으로 수가 늘어나 왔으며, 덕분에 생존할 가능성이 높아졌다.

추적 기록하기

동물을 보전하는 일을 도우려면, 동물들이 어떻게 사는지를 더 자세히 알아야 한다. 연구자들은 이 코끼리물범 같은 동물에게 전파 발신기와 카메라를 달아서 먹고, 번식하고, 이주할 때의 이동 양상을 추적한다. 동물의 습성과 행동을 알면 그들을 보호할 가장 좋은 방법이 무엇인지 판단하는 데 도움이 된다.

영원히 사라지다

새로운 종이 출현하고, 있던 종이 사라지면서 동물계는 끊임없이 변한다. 그러나 인간이 일으키는 멸종 사례가 점점 늘어나고 있다. 사람들은 지난 200년 사이에 모리셔스섬의 날지 못하는 새인 도도부터 아프리카에만 살던 아틀라스곰에 이르기까지 수백 종을 멸종시켰다.

태즈메이니아늑대
이 동물은 오스트레일리아의 태즈메이니아섬에 살던 유대류였다. 양을 습격한다고 믿는 농민들에게 사냥 당하고, 들개와 경쟁에서 밀려나면서 이 종은 사라졌다. 1936년 태즈메이니아 동물원에서 마지막 남은 개체(왼쪽)가 사망했다.

참고 자료

'낱말 풀이'에서는 이 책에 나오는 용어들을 간단하게 정리하였고,
'찾아보기'에서는 책에 나오는 동물들을 이름별로 찾아볼 수 있도록
이름과 페이지 번호를 실었다.

낱말 풀이

가슴
곤충의 몸에서는 가운데 부분, 포유류의 몸에서는 목과 배 사이.

갈라고
로리스과에 속하며 아프리카에 사는 작은 야행성 영장류.

갈고리발톱
맹금류나 부엉이에게 있는 힘센 굽은 발톱.

갑각류
게와 새우처럼 단단한 겉뼈대와 관절로 이어진 다리를 지닌 동물.

거미류
거미와 전갈이 속한 무척추동물 집단.

겉뼈대(외골격)
곤충 같은 동물의 몸을 감싸고 있는 단단한 껍질.

겹눈
곤충과 갑각류에서 낱눈이라는 작은 눈 수백 개가 모여서 만들어진 눈.

고래류
고래, 돌고래, 강돌고래가 속한 집단.

곤충
다리가 여섯 개이고 몸이 세 부분으로 나뉜 절지동물 집단. 날개를 지닌 종류가 많다.

관족
극피동물이 이동, 먹기, 호흡을 할 때 쓰는 움직이는 돌기. 물로 채워져 있다.

광합성
식물이 태양 에너지를 써서 이산화탄소와 물로부터 탄수화물을 만드는 과정.

군체
함께 살아가는 생물 집단.

극피동물
불가사리와 성게처럼 가시가 나 있는 해양 동물로 이루어진 문.

기생 생물
다른 생물의 몸 안이나 바깥에 붙어살면서 해를 끼치는 생물.

꽃가루
꽃이 만드는 작은 알갱이로서, 알세포와 수정되어 씨를 만드는 것.

꽃꿀
꽃이 꽃가루를 옮길 동물을 꾀기 위해 만드는 달콤한 액체.

다족류
지네처럼 네 쌍이 넘는 다리를 지닌 동물 집단.

단공류
오리너구리처럼 알을 낳는 포유류 집단.

단백질
생물이 몸을 만들고 활동을 하는 데 쓰는 물질 중 하나.

단열재
지방, 털가죽, 깃털처럼 몸에서 열이 빠져나가는 것을 막는 물질.

더듬이
공기에 든 화학 물질과 움직임을 감지하는 한 쌍의 감각 기관.

독니
독액을 주입하는 속이 비어 있는 날카로운 이빨처럼 생긴 구조물.

독액
생물이 물거나 쏘아서 주입하는 독. 사냥이나 방어에 쓴다.

돌연변이
생물의 DNA가 영구히 변하는 것.

동족 섭식
동물이 자기 종을 먹는 것.

두껍질조개
이음매로 연결된 단단한 껍데기 두 개를 지닌 조개 같은 연체동물.

두족류
문어와 오징어가 속한 연체동물 집단.

등딱지
갑각류 같은 동물의 등쪽을 덮은 딱딱한 판.

먹이
다른 동물에게 먹히는 동물.

먹이 피라미드
생태계에서 먹이 사슬을 이루는 생물의 수나 양을 피라미드 모양으로 나타낸 관계.

면역
독액과 병균 같은 위험한 것에 해를 입지 않도록 대비되어 있는 상태.

멸종
생물 종이 완전히 죽어 사라진 것.

무지갯빛
빛이 표면에서 반사될 때 보는 각도에 따라서 다채로운 색깔을 띠는 것.

무척추동물
등뼈가 없는 동물.

반향정위
물이나 공기 속으로 음파를 보낸 뒤 돌아오는 메아리를 듣고서 물체의 위치를 알아내는 방식.

방사 대칭
중심을 지나는 여러 개의 선을 기준으로 몸이 대칭인 것.

방패비늘
뿔이나 뼈로 된 방패 모양의 단단한 비늘.

배
포유류 같은 척추동물에서는 소화 기관과 생식 기관이 들어 있는 부위. 절지동물에서는 몸의 뒷부분.

복족류
달팽이처럼 배로 기어 다니는 연체동물 집단.

복혼제
짝을 둘 이상 갖는 것.

부력
물에 뜨는 힘.

분화
세포의 구조와 기능이 특수화되는 현상.

불임
번식을 할 수 없는 것.

산란
수정이 일어나도록 물속으로 알을 뿜어내는 것.

산소
많은 생물이 호흡을 통해 먹이를 에너지로 바꾸는 데 쓰는 중요한 기체.

색각
색채를 알아보는 감각.

색소
색깔을 띠게 하는 물질.

생물
살아 있는 존재.

서식지
야생 생물이 살아가는 곳.

성숙
번식할 만큼 자란 상태.

세균
단순한 단세포 형태의 아주 작은 생물.

세포
생물의 가장 작은 단위. 세포 하나로 이루어진 생물도 있고, 여러 세포가 모여서 이루어진 생물도 있다.

송곳니
육식 동물이 먹이를 잡는 데 쓰는 길고 뾰족한 이빨.

수관
수생 연체동물이 몸속으로 물을 빨아들이거나 밖으로 물을 뿜어내는 데 쓰는 관. 호흡과 운동 등 다양한 용도로도 쓰인다.

수생
물에 사는 것.

수염
많은 무척추동물의 입 주변에 있는 쌍으로 된 짧은 구조물. 대개 먹이를 다루는 데 쓴다. 포유류에게서는 감각 기관으로도 쓰인다.

수정
씨를 만들거나 새 개체를 만들기 위해서 암수의 세포가 결합하는 것.

식육류
고양이 등 고기를 먹는 포유동물의 한 집단.

아가미
물속에서 호흡을 하는 데 쓰는 기관.

아종
한 종 중에서 특정한 지역에서만 사는 변이 형태.

알 품기
새끼가 자라서 부화할 수 있도록 알을 품어서 따뜻하게 하는 것.

앞니
포유동물의 입 앞쪽에 있는 끌 같이 생긴 무는 이빨.

야행성
동물이 밤에 활동하는 것.

양서류
어릴 때는 물에 살다가 다 자라면 공기 호흡을 하면서 뭍에서 살 수 있는 동물. 알을 낳을 때는 물로 돌아가는 종류가 많다.

양안시
두 눈으로 동시에 보는 것. 입체적으로 보면서 거리를 판단할 수 있다.

연골(물렁뼈)
경골(굳뼈)보다 물렁한 뼈. 상어류는 굳뼈 대신 물렁뼈를 지닌다.

연체동물
달팽이, 조개, 오징어가 속한 무척추동물 집단.

열육치
육식 동물이 고기를 찢는 데 쓰는 이빨.

영양분
생물이 살고 자라는 데 필요한 물질.

위장
알아차리기 어렵게 동물이 주변 환경과 어울리는 색깔과 무늬를 지니는 것.

유대류
덜 자란 새끼를 낳아서 주머니에서 키우는 포유류.

유생
동물이 알에서 깨어나서 탈바꿈(완전 탈바꿈)을 거쳐서 성체가 되기 전까지의 미성숙 단계.

유압
액체의 압력을 이용하는 것.

유혈목이
꽃뱀이나 율모기, 풀뱀 등으로 불리는 뱀과의 파충류로 개구리류와 설치류를 먹는다.

육식 동물
고기를 먹는 동물.

이산화탄소
대기 성분 중 하나. 식물과 조류는 이 기체를 이용하여 먹이를 만들 수 있다.

일부일처제
동물이 짝을 한 마리만 지니는 방식.

자포동물
해파리, 산호충, 말미잘이 속한 동물 문.

잡식 동물
식물과 동물을 다 먹는 동물.

재생
사라진 몸의 부위가 다시 자라는 것.

절지동물
겉뼈대와 관절 다리를 지닌 무척추동물.

정자
암컷의 알을 수정시켜서 새 개체로 발달할 수 있도록 하는 수컷의 생식 세포.

조류
식물처럼 태양의 에너지를 이용하여 먹이를 만들 수 있는 생물.

종
서로 교배하여 번식이 가능한 후손을 만들 수 있는 생물들의 집단.

좌우 대칭
몸의 왼쪽과 오른쪽이 서로 거울에 비춘 것 같은 모습을 한 것.

주둥이
입이 길게 튀어나온 것.

진화
자연 선택을 통해 시간이 흐르면서 생물이 변하는 것.

척삭동물
모든 척추동물이 속해 있는 큰 동물 문.

척추
조류(새)나 포유류 같은 동물의 등뼈를 이루는 뼈.

척추동물
등뼈를 지닌 동물.

청소동물
죽은 동물의 사체나 썩어가는 유기물을 먹고 사는 동물.

초식 동물
식물을 먹는 동물.

촉수
주로 무척추동물에게 달려 있는 움직이는 부위로서, 침을 쏘는 세포가 들어 있기도 하다.

케라틴
털, 깃털, 비늘, 발톱을 만드는 단단한 구조 단백질.

탄수화물
이산화탄소와 물이 결합되어 생긴 당분이 많고 에너지가 풍부한 물질.

태반류
어미가 임신했을 때 몸속에서 새끼를 키우는 데 쓰는 태반을 만드는 포유류.

파충류
거북, 도마뱀, 악어, 뱀을 포함하는 동물 집단.

포식자
다른 동물을 잡아먹는 동물.

포유류
몸이 털로 덮여 있고 체온이 일정하며, 암컷이 새끼에게 젖을 먹이는 동물 집단.

폴립
단단한 표면에 붙어서 서로 연결된 군체를 이루는 자포동물.

플랑크톤
물에 떠다니는 작은 생물.

형광
빛의 에너지를 흡수하여 빛을 내는 것.

홰
새나 박쥐가 내려앉는 곳.

흔적 기관
지금은 거의 또는 전혀 쓰이지 않지만, 조상들이 썼기에 아직 후손의 몸에 남아 있는 해부학적 특징.

힘줄
근육을 뼈와 연결하는 밧줄 같은 조직으로서 조금 늘어나기도 한다.

DNA
데옥시리보핵산의 약자. 동식물의 세포에 들어 있으며, 세포에 어떤 활동과 기능을 할지를 알려 주는 명령문이 들어 있다.

찾아보기

굵은 글씨로 표시된 숫자는
그 동물이 중요 종으로 설명된
페이지를 나타냅니다.

ㄱ

가리알 116, 117
가분살무사 114
가시관불가사리 56
가시대서양홍어 69
가시새조개 27
가시연필성게 57
가시올빼미 143
가오리류 64~67, **68~69**
가자미 78
갈기늑대 194
갈라코카투 134
갈라파고스가마우지 9
갈라파고스땅거북 **98~99**
갈색펠리컨 138
갑각류 12, 16, **28~31**, 253
강도다리 78
개과 동물 **194~195**
개구리 82~83, **88~89**, 253
개미류 261, 274
개암바구미 37
개코원숭이 263
거꾸로해파리 21
거미류 12, 16, 17, 48~49, **52~53**,
  250, 272, 273
거북류 **96~97**, 98~101
거품 그물 사냥 244
검독수리 **130~131**
검은 연기 기둥 271
검은고함원숭이 **178~179**
검은꼬리프레리도그 172
검은등자칼 257
검은머리올빼미원숭이 181
검은손거미원숭이 181
검은얼룩가시복 79
검은코뿔소 **228~229**
게 31, 251, 253
게잡이물범 204, 205
게잡이여우 194
경골 13, 60, **78~79**
고기잡이살쾡이 221
고기잡이올빼미 142
고래 **246~247**, 259, 274
고래상어 256

고래지방 155
고리무늬물범 271
고릴라 **184~185**
고세균 6
고양이류 **220~221**, 259
고착 섭식자 255
곤충 12, 16, **44~45**
곰 155, **200~201**, 261
곰쥐 172
곰팡이 7
공룡 9, 10~11, 97, 120, 154
공생 275
공작갯가재 30
공작류 **128~129**
과나코 230, 231
과시하기 262
과자불가사리 56
관박쥐 188
구름표범 221
구애 행동 **262~263**
군대개미 261
굼벵이무족도마뱀 109
굿펠로나무타기캥거루 161
그레비얼룩말 226, 227
그레이트배리어리프 21
그물거미불가사리 57
그물무늬비단뱀 114, 115
극락조 261, 262
극제비갈매기 139, 271, 277
극지방 268
극피동물 12, 16, **54~57**
근육 254
금조 150
기각류 205
기린 **238~239**
기린목바구미 262
기린영양 236
기생 생물 275
기생성 275
기아나갈색카푸친 181
기아나큰부리새 145
기체 교환 7
기후 277
기후 변화 9, 278
긴가시성게 57
긴꼬리친칠라 172
긴빗톱가오리 69
긴코뿔개구리 89

긴팔원숭이 **186~187**
긴호랑거미 52
깃털 121, **254~255**
까마귀 151
까막딱따구리 145
꼬리박각시 40, 41
꼬마긴수염고래 246
꽁지가오리 **66~67**
꿀벌 **42~43**, 261
꿀오소리에게 공격 209
꿀주머니쥐 161
끈띠바다뱀 115

ㄴ

나그네앨버트로스 **136~137**
나마쿠아카멜레온 103
나무타기캥거루 161
나미비아낙타거미 53
나방 **40~41**, 258
나비류 **40~41**, 252~253
나이팅게일 150
나일악어 116~117
낙타 154, **230~231**
난쟁이악어 117
난초사마귀 273
남극좁은컵해파리 21
남방화식조 123
남부급류도롱뇽 93
남부두겹목깃태양새 151
남부주머니두더지 160
남아프리카뜀토끼 172
납작꼬리도마뱀붙이 109
냄새 표지 261
너구리 194, 195
네발가락도롱뇽 92
노란눈펭귄 127
노랑가오리 68~69
노랑발안테키누스 160
노랑부리저어새 120
노랑전갈 53
노래기 46
노르웨이레밍 172
녹색바실리스크 108
녹색이구아나 97, 108
뇌산호 20
뇌조 257, 262
누 273

눈표범 **218~219**
뉴기니앵무 134
뉴질랜드솔부엉이 143
느림보곰 201
늑대 155, 190~191, 194, 196, 236,
  268, 270, 279

ㄷ

다람쥐 133, 160~161, 172, 175,
  218, 278
다세포 생물 6, 10
다윈개구리 89
다이아몬드백테라핀 101
다족류 12, 16, **46~47**
단공류 154, **156~157**
단봉낙타 230~231
달팽이 17, 26, 250
닭류 **128~129**
담치류 17, 27
대구 79, 271
대머리우아카리 181
대왕고래 246
대왕오징어 25
대왕조개 **22~23**
대왕쥐가오리 69
대왕판다 **198~199**
대칭 17, 250
대평원두꺼비 89
대형 고양이류 13, 212~219, 220,
  221
덤불개 195
도깨비도마뱀 108
도롱뇽 82, 83, **92~93**
도루묵도마뱀 108
도마뱀 96, 102~109, 250
도요타조 122, 123
도토리따개비 30
독액 273
돌고래 155, 247, 257, 258
돌묵상어 6, 68
돌연변이 8
동고비 150
동물계 7, **12~13**, 279
동물성 플랑크톤 271
동부솜꼬리토끼 175
동부회색다람쥐 172, 278
돛새치 **74~75**

돼지코거북 100
두건물범 204
두꺼비 82, **86~87**, 88~89
두더지 157, 160, 166~167, 172,
  259
두발가락엠피우마도롱뇽 92
두족류 **24~25**, 27
둥지 121
들고양이 220~221, 259
들칠면조 129
딱따구리 **144~145**
딱정벌레 **36~37**, 250, 256, 273
딱지조개 26
딱총새우 16
딸기말미잘 20
땅거북 96~97, **100~101**
떼목거미 52

ㄹ

라마 230
레아 123

ㅁ

마눌고양이 221
마다가스카르꼬마카멜레온 103
마도요 120, 139
마블고양이 221
마운틴고릴라 **184~185**
마타마타거북 101
말 **226~227**
말라리아모기 **38~39**
말미잘 17, 20, 250, 275
말벌 45, 211, 273~275
매 **132~133**
맨드릴 180
맹금류 **130~133**
먹이 그물 **270~271**
멋쟁이요정굴뚝새 150
메기 259
메뚜기 **32~33**, 252, 254, 259, 260,
  277
멕시코붉은무릎타란툴라 **48~49**
멕시코토끼 175
멸종 8~9, 10, 11, 278, 279
멸종 위기종 **278~279**
모기 38~39

모래뱀상어 69
모충 252~253, 265, 272, 275
목도리도마뱀 109
목도리뱀 115
목도리중부리 145
몸짓 언어 260~261
몽구스 224
무당개구리 89
무당벌레 17, 36~37
무덤새 129
무악 13, 60, 62~63
무족영원류 82
무척추동물 12, 14~57, 251
문(생물) 12, 13, 16
문어 17, **24~25**
물개 202, 204, 205
물거미 53
물범류 **204~205**, 263, 271, 279
물벼룩 6, 30
물소 237, 272
물수리 132
물이 30
물총새 120~121
미각 258
미국너구리 256
미국성게 57
미국청개구리 83
미어캣 **224~225**
민꽃게거미 17, 52
민달팽이 26, 265
민물가마우지 138
민부리고래 247
밀랍 279

ㅂ

바구미 37, 262
바늘두더지 157
바다거북 96, **100~101**
바다사 57, 202~203, 204, 205
바다악어 117
바다이구아나 **106~107**
바다칠성장어 **62~63**
바다코끼리 204, 205
바닷가재 **28~29**, 253
바야베짜기새 151
바우새 263
바위뛰기펭귄 127

바키타돌고래 247
박쥐 **188~189**, 259
반향정위 189, 247
발굽동물 226~241, 254
방사거북 101
방어 273
방울뱀 97, 273
배물방개붙이 37
백상아리 **64~65**
뱀 96, 97, **114~115**, 257
뱀목거북 101
뱀잡이수리 133
뱀장어 61
뱀타래말미잘 17, 20
버들조름류 255
버빗원숭이 260
버섯산호 20
버첼얼룩말 227
번식 264~265
벌 **42~43**, 261
벌거숭이두더지쥐 172
벌꿀오소리 **208~209**
벌새 120, 256
범고래 **242~243**, 271
베록스시파카 177
베르트부인쥐여우원숭이 176
베이트 볼 74
별코두더지 259
볏부엉이 143
보노보 187
보라성게 57
보전 279
복어 273
복족류 26, 27
복해마 **70~71**
복혼제 263
봄베이가시꼬리뱀 114
부엉이류 140~143, 273
부채머리수리 133
북극고래 246
북극곤들메기 271
북극곰 9, 200~201, 271
북극대구 271
북극여우 195
북극토끼 175
북미긴꼬리산누에나방 40
북방강꼬치고기 79
북부메뚜기쥐 172

북부흰뺨긴팔원숭이 186
북아메리카비버 **170~171**
분홍거미고둥 26
분홍뒷날개나방 40
불가사리 17, **54~55**, 56, 57, 250
불꽃개가리비 27
불도롱뇽 92
불완전 탈바꿈 252
붉은가슴수액빨이딱따구리 145
붉은도롱뇽 93
붉은등때까치 151
붉은또아리물달팽이 26
붉은배피리냐 **76~77**
붉은부리소등쪼기새 229, 275
붉은사슴 **234~235**
붉은여우 195
붉은왜가리 138
붉은장식극락조 **146~147**
붉은캥거루 **158~159**, 267
브라자원숭이 180
브라질세띠아르마딜로 **162~163**
비둘기 250
비쿠냐 230, 231
빗영원 **90~91**
빗해파리 16
빙하기 11
빨간눈청개구리 **84~85**, 260
뻐꾸기 275
뿔논병아리 138, 263
뿔달랑게 31
뿔조개 27

ㅅ

사랑앵무 134
사마귀 45
사마귀영원 93
사막 230~231, 268
사막꿩 257
사막메뚜기 **32~33**
사막방울뱀 114
사슴 256, 261, 276
사슴벌레 37
사자 **216~217**, 257, 274
사향거북 101
사향소 237
사회 집단 274
산사자(퓨마) 221

산소 7, 60, 83, 120, 256
산쑥들꿩 262
산얼룩말 226
산토끼 **174~175**
산호동물 20, 21, 250
산호뱀 115
산호초 21, 79, 269, 275
살무사 113
살빈도롱뇽 93
삼천발이불가사리 57
상어류 **68~69**, 259
상자해파리 20, 21
새우류 16, 30, 31
생물 군계 268~269
생물 다양성 279
생물 발광 269
생물량 270
생태계 **268~269**, 279
서벌 220
서부다이아몬드방울뱀 **112~113**
서부흰눈썹긴팔원숭이 186
서식지 **268~269**, 278
선충류 12
선형동물 12
설치류 **172~173**
성게 56, 57, 250
성적 이형성 262
세균 6, 7, 10, 271
세렝게티흰수염누 236, 277
세로무늬키위 123
소 257
소과 동물 **236~237**
소등쪼기새 275
소라게 31
소비자 270
솔잣새 151
송곳벌레살이납작맵시벌 44
쇠고래 246
쇠똥구리 256
쇠부엉이 143
쇠푸른펭귄 127
수달 210, 211
수리 **132~133**
수리부엉이 **140~141**
수마트라오랑우탄 **182~183**
수염고래 244~245, 246, 247
수염수리 133
수정 264

수직 이주 277
순록 276
숲 268, 269, 274, 278
숲멧토끼 174
슐레겔자이언트장님뱀 114
스라소니 221
스컹크 108
스페인솔갯민숭달팽이 26
슬로언바이퍼피시 79
승냥이 194
시드니깔때기거미 53
식물 7, 11, 270
식물성 플랑크톤 271
식육류 13, 190~225, 256, 257, 270
신호가재 31
실러캔스 79
심해긴팔옆새우 30
쌍각조개류 22~23, 27
쌍봉낙타 154, 230, 231
쐐기꼬리수리 133

ㅇ

아귀 272
아델리펭귄 126
아라비아오릭스 237
아르마딜로갑옷도마뱀 108
아마미검은멧토끼 175
아마존강돌고래 247
아마존왕지네 **46~47**
아메리카군함조 138
아메리카독도마뱀 109
아메리카들소 237
아메리카송장벌레 37
아메리카수리부엉이 142
아메리카앨리게이터 117
아메리카원앙 139
아시아가는머리연갑자라 100
아시아당나귀 226, 227
아시아덩굴쥐 115
아시아코끼리 169
아이벡스 236, 237
아이아이 177
아프리카긴코악어 117
아프리카들개 **192~193**, 260
아프리카소쩍새 273
아프리카야생당나귀 226
아프리카코끼리 154~155, **168~169**

찾아보기

아프리카펭귄 127
아프리카황소개구리 88
아프리카흰개미 45
아홀로틀 7, 93
악어거북 100
악어류 96, **116~117**
안경곰 200
안경올빼미 143
안경카이만 117
안데스여우 195
안데스콘도르 132, 133
안초비 79
알 265, 266
알다브라코끼리거북 96~97
알락꼬리여우원숭이 176, 261
알파카 230, 231
앙골라콜로부스 180, 181
앨리게이터 116, 117
앵무류 **134~135**
앵무조개 25
야생당나귀 226
야생염소 237
야자민목독수리 133
양서류 13, 80~93, 278
어류 58~79, 278
얼룩말 226~227, 254
얼룩매가오리 69
얼룩무늬물범 204
얼룩실베짱이 45
엄니 272
에너지 6, 97, 155, 256
에메랄드나무왕뱀 **110~111**
에메랄드쇠왕부리 145
에뮤 123
에티오피아늑대 194
엘프올빼미 142, 143
여과 섭식 6, 23, 68, 244, 246, 247, 256
여왕가리비 27
여우 194, 195, 252, 259
여우원숭이 **176~177**, 261
여치 259
연골 13, 60
연어 78, 197, 264, 277
연체동물 12, 16, 22~27
열빙어 271
열육치 190, 193, 223
영양 236
영원 82, 90~91, **92~93**
영장류 176~187
오랑우탄 **182~183**, 251
오리너구리 156~157

오색앵무 134
오소리류 210
오스트레일리아투망거미 52
오실롯 220
오염 278
오징어 24, 25
올름 93
올빼미 143
올챙이 83, 85, 87, 253, 266
옷감청자고둥 26
옹달샘돔 79
왕잠자리 **34~35**
요각류 30
우렁이솔새 132
우림 268, 269
울버린 210~211
원생생물 6, 7
원숭이 178~181, 260, 267, 272, 279
원숭이올빼미 142
월리스날개구리 88
웜뱃 161
위장 8, 70, 85, 89, 109, 212, 219, 273
유대류 154, **160~161**, 267
유대하늘다람쥐 161
유럽겨울잠쥐 172
유럽두더지 **166~167**
유럽살쾡이 220
유럽소나무담비 211
유럽오소리 211
유럽울새 260
유럽자고새 129
유럽청딱따구리 145
유령박쥐 188
유령해파리 21
유리개구리 88
유리날개나비 40
유인원 **186~187**, 255
육아 **266~267**
육점박이길앞잡이 37
은색랑구르 267
응고롱고로 분화구 279
의사소통 **260~261**
의태 273
이 30
이구아나 97, 106~108
이끼벌레 12
이빨 257
이산화탄소 7, 60, 256
이주 259, 274, **276~277**
이질바퀴 44

인도공작 **128~129**
인도날여우박쥐 188
인도코브라 115, 209
인드리 177
일각돌고래 247
일본원숭이 180
일본장수도롱뇽 92
임금펭귄 126
임팔라 275

ㅈ

자연 보전 구역 279
자연 선택 8
자칼 257
자포동물 12, 16, 18~21
작은긴코박쥐 188
작은멋쟁이나비 41
작은부레관해파리 20, 21
잔점박이물범 271
잠자리 251
잡식 동물 256, 270
장님거미 53
장수거북 100~101
재규어 221
잭슨카멜레온 103
잿빛개구리매 133
적색야계 129
전갈 50~51, 53, 224, 273
전기 수용 감각 259
전력날치 78
전자리상어 69
절지동물 12, 16, 31, 254, 258
점박이하이에나 **222~223**
점수염상어 68
점쏠배감펭 **72~73**
정원달팽이 26
젖 155
제비 150, 277
제왕깡충거미 53
제왕나비 40, 258, 276
제트 추진 255
젠투펭귄 126
조개류 17
조류 13, 118~151, 278
족제비류 210~211
좀넓적꽃등에 45
좌우 대칭 17, 250
주금류 **122~123**
주기매미 45
주름상어 68
주머니개미핥기 160, 161

주머니쥐 161
줄무늬굴청개구리 89
줄무늬스컹크 **206~207**
중미보석풍뎅이 37
쥐며느리 30
지렁이 17, 250, 254
지중해카멜레온 103
지질시대 10~11
직접 발생 252
진드기 275
진딧물 265
진홍버들조름 20, 21
진홍타이란새 150
진화 8~11
집파리 255
짝 결합 263
짝짓기 262~263
쪽빛장갑판도마뱀 108

ㅊ

참거두고래 247
참매 133
채찍전갈 53
척삭동물 12, 13
척추동물 12, 13, 57~247, 251, 254, 278
천산갑 155
철갑상어 79
청각 259
청개구리 83, 84~85, 260, 273
청독화살개구리 89
청상아리 69
청설모 172
청소놀래기 265, 275
청소새우 31
체형 17, 250~251, 254
초록곰치 78
초록스라소니거미 53
초록풀잠자리 45
초록히드라 21
초식 동물 256, 270
초원 268, 277
촉각 259
촌충 275
총산호류 17, 20
최초의 육상 동물 11
춤 261, 262, 263
치타 7, 122, **214~215**, 267
칠점박이무당벌레 36~37
침팬지 187, 255, 272, 274

ㅋ

카라칼(사막스라소니) 220
카멜레온류 **102~103**, 261, 272
카이만류 116, 117
카카포 134
카피바라 172
칼이빨 사냥꾼 11
캘리포니아강치 **202~203**
캘리포니아멧토끼 175
캘리포니아왕도롱뇽 92
캘리포니아화살꼴뚜기 25
캥거루 158~159, 161, 267
캥당나귀 226, 227
케언스비단제비나비 41
케이프스프링복 236~237
켈트갯고사리 56
코끼리 **154~155**, 168~169
코끼리물범 205, 263, 279
코모도왕도마뱀 **104~105**
코알라 160, 266
코주부원숭이 181
콜로부스원숭이 272
콩새 120
쿠거(퓨마) 221
크로커다일 116~117, 265, 266
크릴 30, 31, 277
큰갑오징어 25, 255
큰개미핥기 **164~165**
큰고니 139
큰귀뛰는쥐 172
큰귀여우 195, 259
큰긴팔원숭이 187
큰나뭇잎벌레 44
큰돌고래 247
큰머리거북 101
큰보관조 129
큰부리새 **144~145**
큰불도그박쥐 188
큰빌비 160
큰사이렌 92
큰초원뇌조 129
큰홍학 138
큰회색올빼미 143
클론 265

ㅌ

타조 120, 122~123
탁란 275
탈바꿈 83, 252~253
태반류 154, 265

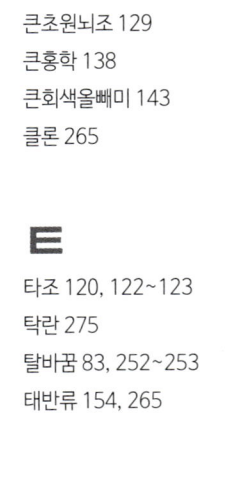

태생도마뱀 108
태양곰 200
태즈메이니아늑대 279
태즈메이니아데빌 160
태평양쐐기풀해파리 **18~19**
턱끈펭귄 126
턱수염물범 204
털 155
털매머드 11
털비늘베도라치 262
토끼류 **174~175**
토끼목 174
토끼박쥐 **188~189**
토끼벼룩 45
토마토개구리 89
투아타라 96
툰드라 268
팀버늑대 155

ㅍ

파란갯민숭달팽이 26
파란고리문어 25
파란눈검은여우원숭이 176
파란혀도마뱀 108
파랑머리놀래기 265
파리 45, 255, 258
파슨카멜레온 **102~103**
파충류 13, 96~117, 278
팬서카멜레온 103
팬케이크거북 101
퍼핀 138, 139, 262
페넥여우 194, 195
페로몬 261
펭귄 124~127
편형동물 12, 251
포식자 56, 66~67, 72~73, 257, 270, 272~273
포유류 13, 152~247, 278
포획 279
폭탄먼지벌레 273
폴립 20, 21
표범 221, 273
표범무늬땅거북 97
푸른바다거북 100
푸른불가사리 56
풀숲무덤새 129
풍뎅이 250
퓨마 221
프르제발스키말 226
플랑크톤 70, 271
피라미드 270

피셔카멜레온 103
피파두꺼비 89

ㅎ

하루살이 45
하마 **240~241**, 261
하프물범 205, 271
한살이 **252~253**
해달 210, 211
해마 70~71
해면동물 12, 16, 250, 256
해삼 57
해파리 **18~19**, 20, 21, 250
향유고래 246
허물벗기 253
호랑이 **212~213**
호저 171~172
호흡 256
혹등고래 **244~245**, 277
혹멧돼지 **232~233**
홍개미 44
홍살귀상어 69
홍여새 277
홍연어 78, 197
화석 9, 120
화학 무기 273
화학 수용기 258
환형동물 12, 16, 17, 250
황금날뱀 115
황금사자타마린 181, 279
황제나방 258
황제전갈 **50~51**
황제펭귄 **124~125**
황조롱이 254~255
홰 146~151
회색곰 **196~197**
회색늑대 **190~191**
회색앵무 135
회색여우 195
후각 258, 261
후악치 266
훔볼트펭귄 127
흑곰 201
흡혈박쥐 189
흡혈오징어 25
흰꼬리사슴 261
흰꼬리수리 120
흰눈썹뜸부기 139
흰돌고래 247
흰동가리 275
흰띠박이바다표범 205

흰머리마모셋 181
흰머리수리 7, 132
흰멧새 151
흰발족제비여우원숭이 176
흰배환도상어 68
흰손긴팔원숭이 186
흰얼굴사키원숭이 181
흰올빼미 142
흰점찌르레기 **148~149**
흰족제비 211
흰코뿔소 228
히드라 21, 265
히아신스금강앵무 134~135

도판 목록

The publisher would like to thank the following people for their assistance in the preparation of this book: Sheila Collins, Kshitiz Dhobhal, Mik Gates, Pooja Pipil, Heena Sharma, and Jemma Westing for design assistance;
Ann Baggaley, Carron Brown, Stella Caldwell, Agnibesh Das, Charlie Galbraith, and Deeksha Saikia for editorial assistance; Nishwan Rasool for additional picture research; Kealy Wilson and Ellen Nanney from the Smithsonian Institution; Hazel Beynon for proofreading;
and Jackie Brind for the index.

Smithsonian Enterprises:
Kealy E. Gordon, Product Development Manager
Ellen Nanney, Licensing Manager
Brigid Ferraro, Vice President, Education and Consumer Products
Carol LeBlanc, Senior Vice President, Education and Consumer Products
Chris Liedel, President

Curator for the Smithsonian:
Dr. Don E. Wilson, Curator Emeritus of the Department of Vertebrate Zoology, National Museum of Natural History, Smithsonian

The publisher would like to thank the following for their kind permission to reproduce photographs:

(Key: a-above; b-below/bottom; c-centre; f-far; l-left; r-right; t-top)

123RF.com: tudor antonel adrian 25tc, Andreas Altenburger 160cl, Ivanov Arkady 108crb, belizar 229tl, bennymarty 236cr, Vladimir Blinov 237bl, Oxana Brigadirova 261tc (Chameleon), Steve Byland 145cla, 150tc, cla78 269ca, James Anak Anthony Collin 258tl, Berangere Duforets 188cla, Абаджева Марина 103cb, 108clb, dirk ercken 90tc, Iakov Filimonov 117crb, 194clb (DHOLE), Teresa Gueck 16cb, 46tl, Ruth Hallam 126crb, Irina Iglina 201ca, Eric Isselee 45crb, 109clb, 134tl, 150cl, 160bc, 172tc, 173tr, 181tl, 207tr, 220tc, 221tr, 238c, Michal Kadleček 197bc (hunting salmon), Anan Kaewkhammul 221cr, kajornyot 138tr, Naveen Kalwa 62cr, Olga Khoroshunova 127crb, Micha Klootwijk 103c, Michael Lane 87crb, 145tc, 145crb, 210bl, Sommai Larkjit 161cra, Keith Levit 127tc, Peter Llewellyn 179br, Tracie Louise 150bl, Bruce MacQueen 129cra, Maurizio Giovanni Bersanelli 236bc, Andreas Meyer 65bc, moori 221c, Christian Musat 237cb, NewAge 139tl, Wannee Nimcharoen 151bl, Duncan Noakes 216c, 233br, coroiu octavian 151c, Alexander Ogurtsov 255br, Alexandr Pakhnyushchyy 183crb, 208cb, Heiti Paves 143tr, photoroad 186clb, Alex Popov 191tc, Dmytro Pylypenko 126clb, Eduardo Rivero 145clb, Ron Rowan 175bc, Andrei Samkov 190tc, shsphotography 269cb, Alexey Sokolov 145cra, Hagen Ueberfuhr 258tc, Sergei Uriadnikov 187tr, Pavlo Vakhrushev 19cr, Vasiliy Vishnevskiy 180cla, Allan Wallberg 150bc, wirojsid 187tc, wrangel 133cla, 134tc, 220clb, Teerayut Yukuntapornpong 26c, Michael Zysman 110ca; **Alamy Stock Photo:** David A. Northcott / Corbis 102clb, The Africa Image Library 232bc, AfriPics.com 273br, age fotostock 27clb, Andrew Trevor-Jones 262bc, Arco Images GmbH 197br, Arctic Images 200c, Matthew Banks 67cr, RIEGER Bertrand / hemis.fr 117bc, Juniors Bildarchiv / F260 83bc, Juniors Bildarchiv / F304 255c, Juniors Bildarchiv / F349 223br, Ger Bosma 34tc, 34cl, Arco / C. Hütter 117clb, J & C Sohns / imageBROKER 103tl, David Chapman 260br, Chris Godfrey Wildlife Photography 218cl, Hugh Clark / Nature Photographers Ltd 188br, JAMES D WATT / Stephen Frink Collection 245cra, Ethan Daniels 71br, 255bl, Sarah Darnell / RGB Ventures / SuperStock 235tr, David R. Frazier Photolibrary, Inc. 183tl, David Tipling Photo Library 262cr, Reinhard Dirscherl 275tl, Keith Douglas 197cr, dpa picture alliance archive 103tc, Arnold Drapkin / ZUMAPRESS.com 243tl, Mark Duffy 173cla, Val Duncan / Kenebec Images 219cr, Stuart Dyer 105cr, Jason Edwards / National Geographic Creative 156tl, Richard Ellis 276bc, Dirk Ercken 7tr, Roger Eritja 38cl, FLPA 66bc, 140bl, 158clb, 191cr, 191crb, 266tc, Fve Media 116cla, Eric Gevaert 279tl, John Gibbens / Design Pics Inc 204cla, André Gilden 212tc, GM Photo Images 9tr, Paul Gordon 230bl, Bill Gorum 112tr, Peter Haygarth 272br, Jonathan Hewitt 183br, Martha Holmes / Nature Picture Library 240cla, Christian Hütter 34bc, Alex Hyde / Steve Bloom Images 262tr, imageBROKER 214bl, Arco Images / Wegner, P. 263br, Niebrugge Images 278crb, Jason O. Watson 99crb, Sarah Cheriton-Jones 259tr, Juniors Bildarchiv GmbH 274b, David Keith Jones / Images of Africa Photobank 239c, blickwinkel / Koenig 115c, 174crb, Tim Laman / National Geographic Creative 261tc, Volker Lautenbach / imageBROKER 263t, Don Johnston_MA 219bl, William Manning 279tr, Thomas Marent / Rolf Nussbaumer Photography 181clb, Doug McCutcheon 277c, Michael Patrick O'Neill 61br, 262cl, MichaelGrantWildlife 85crb, Mint Images Limited 116bl, Zeeshan Mirza / ephotocorp 115tl, MShieldsPhotos 171tc, William Mullins 148clb, Juan Muñoz / age fotostock 86tl, National Geographic Creative 185cr, Natural History Museum, London 133cra, Naturepix 45cl, Michael Nolan / robertharding 136br, Norman Owen Tomalin / Bruce Coleman Inc. 159bc, Photoshot License Ltd 254-255tc, Pink Sun Media 181cb, Sergio Pitamitz / Corbis 168cl, Premaphotos 248cl, 260crb, Radius Images 155br, robertharding 240tr, Willi Rolfes / Premium Stock Photography GmbH 235tc, Andreas Rose / imageBROKER 186cb, blickwinkel / S Gerth 277tc, blickwinkel / Sailer 266tr, Joel Sartore / National Geographic Creative 162br, 202cl, Kevin Sawford 87cb, Malcolm Schuyl 142cb, 264b, Aditya "Dicky" Singh 186tr, Uwe Skrzypczak 254c, Tom Soucek / Design Pics Inc 198tl, inga spence 199cr, 203bl, Walt Stearns / Stephen Frink Collection 75cr, Steve Bloom Images 136tr, tbkmedia.de 232br, McPHOTO / vario images GmbH & Co.KG 9cla, Dave Watts 239bc, Terry Whittaker 221tc, WILDLIFE GmbH 42bl, 43tr, 204clb, Wildscotphotos 205cla, blickwinkel / Woike 148c, blickwinkel / Wothe 136tl, Bernd Zoller / imageBROKER 140bc; **Ardea:** Steve Downer 25cr, Jean-Paul Ferrero 276br, Adrian Warren 104tr, M. Watson 124clb, 165crb; **Australian Antarctic Division:** Tony Bojkovski 125tr; **Biosphoto:** Régis Cavignaux 167cr, Fabrice Chanson 177c; **Barrie Britton:** 146tc; **Caters News Agency:** 209crb; **Corbis:** 132cla, 277bc, Alaska Stock 252tr, Theo Allofs 192tl, Theo Allofs / Minden Pictures 150tr, Annie Griffiths Belt 9clb, Ingo Arndt / Minden Pictures 84tr, 196bl, 272bc (Monarch), FLPA / Bernd Rohrschneider 161ca, Jürgen & Christine Sohns / imageBROKER 194cl, Clouds Hill Imaging Ltd. 64br, Sylvain Cordier / Copyright : www.biosphoto.com / Biosphoto 234tr, Daniel J. Cox 131br, 205c, Stephen Dalton / Minden Pictures 49cb, 115cr, 115bl, 188ca, J. David Andrews / Masterfile 136cl, Reinhard Dirscherl 16cb (Jellyfish), Reinhard Dirscherl / / age fotostock Spain S.L. 256bc, DLILLC 77tl, Suzi Eszterhas / Minden Pictures 177tr, Warren Faidley 118cr (SKY), Katherine Feng / Minden Pictures 199br, Dave Fleetham / Design Pics 261tl, 266bl, Gallo Images 216cl, Sergey Gorshkov / Minden Pictures 210crb, 243tr, Darrell Gulin 175tc, Heidi & Hans-Juergen Koch / Minden Pictures 253cla, Martin Harvey 238bl, Huetter, C 183tc, Imaginechina 172cb, Mitsuhiko Imamori / Minden Pictures 30bl, Jonathan Irish / National Geographic 192cl, Stephen J. Krasemann / All Canada Photos 170clb, Adam Jones / Visuals Unlimited 50clb, Wolfgang Kaehler 143clb, Frans Lanting 160tr, 239cb, Boden / Ledingham / Masterfile 207cr, Albert Lleal / Minden Pictures 42cb, 113c, 141cr, Thomas Marent / Minden Pictures 185br, 273bl, ZSSD / Minden Pictures 50cla, Momatiuk - Eastcott 205ca, Alan Murphy / BIA / Minden Pictures 143cr, Nature Connect 53cl, Andrey Nekrasov / imageBROKER 24ca, Flip Nicklin / Minden Pictures 70c, Richard T. Nowitz 268bc, Pete Oxford / Minden Pictures 107crb, 135tr, 177bc, D. Parer & E. Parer-Cook / Minden Pictures 22bl, 156bl, Norbert Probst / imagebroker 72tc, Fritz Rauschenbach 43cr, Mary Robbins / National Geographic My Shot / National Geographic Creative 228br, Sciepro / Science Photo Library 275cl, Zack Seckler 135cr, Roland Seitre / Minden Pictures 157cr, 160clb, 180cl, 188tr, 226clb (Kiang), Anup Shah / Minden Pictures 183tr, Paul Souders 204cb, 268cl, 272bl, Visuals Unlimited 271cb, Kennan Ward 276bl, 277cl, 277bl, 278bl, Fotofeeling / Westend61 98cl, Terry Whittaker / FLPA 219br, Steve Winter / National Geographic Creative 216tl, David Wrobel / Visuals Unlimited 18br, Norbert Wu / Minden Pictures 272bc, Michael S. Yamashita 147br, Christian Ziegler / Minden Pictures 188c; **Dorling Kindersley:** Thomas Marent 259c, Hanne and Jens Eriksen 126tr, Andy and Gill Swash 194cla, Blackpool Zoo 231tr, Blackpool Zoo, Lancashire, UK 173cb, 176tl, 226clb, British Wildlife Centre, Surrey, UK 211tr, 234bc, Cotswold Wildlife Park 127ca, 143bl, 172cra, Cotswold Wildlife Park & Gardens, Oxfordshire, UK 164tc, Peter Janzen 88crb, Forrest L. Mitchell / James Laswel 251ca, Twan Leenders 82cb, 89tc, 96clb, 100tr, 101tl, Liberty's Owl, Raptor and Reptile Centre, Hampshire, UK 51crb, 132cr, 133br, 141br, 142tr, 142cr, 142clb, 143ca, The National Birds of Prey Centre, Gloucestershire 132tc, Natural History Museum, London 8bl, 8bc, 27crb, 40tr, 40clb, 40cb, 41cla, 45clb, 64clb, 99cr, 199tr, 246crb, 247cla, Dr. Paddy Ryan 127cb, Dr. Peter M Forster 69cr, Linda Pitkin 69tc, John White 89cl, Wildlife Heritage Foundation, Kent, UK 214ca, 218tr, Jerry Young 89tl, 89clb, 117tr, 157crb, 189ca, 190bc, 192ca, 271clb; **Dr Don Hodgers:** 35bl; **Dreamstime.com:** 3quarks 271cl, 197bc, Aaskolnick 45cr, Guido Amrein 204br, John Anderson 269bl, Andreanita 256br, Kushnirov Avraham 183cr, Mikhail Blajenov 117cr, 138cl, 201cla, Lukas Blazek 181cr, Stephen Bonk 275bl, Canvaschameleons 102br, Neal Cooper 151cra, Daexto 12bc, Kim Deadman 99tr, Jelle Dekker 17cr, Olga Demchishina / Olgysha 30c, Demerzel21 268br, Designua 265cra, Divehive 58cr, Maria Dryfhout 273tr, Morten Elm 107tr, Christopher Elwell 256bl, Dirk Ercken 273bc, Geza Farkas 40crb, Simone Gatterwe 243cb, Goruppa 271c, Krzysztof Grabiec 268cra, Hakoar 138ca, Jeffrey Holcombe 268cb, Hotshotsworldwide 179bc, Hungchungchih 198tr, Isselee 109br, 129clb, Junkii 129bc, Kajornyot 259cl, Denise Kappa 196tr, Karin59 133cl, Ivan Kmit 269cla, Brian Kushner 132ca, Lucasdm 215br, Ludek Lukac 172clb, Vladimir Melnik / Zanskar 271cr, Mgkuijpers 103crb, Mikelane45 131tc, 138tl, 227bc, Maurizio Milanesio 28clb, Mychadre77 12ca, 16cl, Perseomedusa 127c, PeterWaters 52tr, Photooasis 40tc, Pnwnature 26tl, Michael Price 271tr, Konstantin Pukhov 237cr, Rafael Ben-ari 133cb, Paulo Resende 100tc, Jason P Ross 93cb, 99bc, Rqs 44tc, Scattoselvaggio 174br, Science Pics 12bl, Shijianying 45cb, Brandon Smith 201cr, Andrey Sukhachev 7tl, Tbel 258br, Teo1000 170bc, Pavel Trankov 250tc, Trubavin 181cl, Woravit Vijitpanya 108cra, Vincentstthomas 181tr, Vladvitek 138cb, Marion Wear 160tl, Jinfeng Zhang 259cr; **Edith Smith / Shady Oak Butterfly Farm:** 41tr; **FLPA:** Samuel Blanc / Biosphoto 205crb, Bill Coster 124tr, Berndt Fischer / Biosphoto 208bl, Robin Hausmann / Imagebroker 230tc, Jurgen & Christine Sohns 164bl, 232tr, Donald M. Jones / Minden Pictures 262bl, Michael & Patricia Fogden 108cb, Minden Pictures 223bl, Philip Perry 228bc, Photo Researchers 73tr, 92tl, Chris & Tilde Stuart 193tl, 228tr; **Fotolia:** Chrispo 139clb, Eric Isselee 241br, Strezhnev Pavel 152cr, 248c (water), 282cr (water), Stefan Zeitz / Lux 139bc; **Getty Images:** Anadolu Agency 279cr, Adek Berry / Afp 76tl, Jonathan Bird 69tr, Ger Bosma 256c, Mark Carwardine 77cra, David Cayless 214cb, Peter Chadwick 257, David Courtenay 203br, Stephen Dalton 32tr, Daniel.Candal 123tl David W. Macdonald 224bl, Thomas Dressler 273cr, Michael Durham 255tr, Mark Garlick / Science Photo Library 9ca, Martin Harvey 224tl, Richard Herrmann 25tr, Jared Hobbs 149cra, Don Johnston 245bc, Larry Keller 256cr, Rene Krekels / NiS / Minden Pictures 90br, Kenny Lee 128tr, Wayne Lynch 263bl, John E Marriott 271tl, Mint Images - Frans Lanting 147cr, Paul Nicklen 125cr, Daniele Occhiato / Buiten-beeld 260cra, Pal Teravagimov Photography 149c, 260cl, Panoramic Images 185bl, Doug Perrine 74bl, Rob Reijnen / Minden Pictures 8tc, Richard Du Toit 267b, Manoj Shah 278br, Stocktrek Images 7tc, Suhaimi Sulaiman / EyeEm 267tl, David Tipling / Digital Vision 118c (snow), Iwan Tirtha 266cb, Visuals Unlimited, Inc. / Adam Jones 275tc, Visuals Unlimited, Inc. / Marty Snyderman 275tr, v_ac_md 210tl, Mark Webster 54cl, Steve Winter 212bc; **Hans Hillewaert:** 29br; **imagequestmarine.com:** 55tr; **Jeroen Kooijman:** 51bl; **Jocelyn Rastel Lafond:** 207bc; **National Geographic Creative:** Des & Jen Bartlett 209cr; **naturepl.com:** Eric Baccega 130tc, Dave Bevan 149crb, 149br, Bristol City Museum 8c, Jane Burton 71tl, 166tr, Brandon Cole 258bc, Georgette Douwma 23tl, Suzi Eszterhas 203cr, Laurent Geslin 260tr, Tony Heald 236tc, Kathryn Jeffs 243crb, 243br, Klein & Hubert 224bc, Steve Knell 149bl, Tim Laman 262br, Grzegorz Lesniewski 261bc, Mark MacEwen 169tr, Luiz Claudio Marigo 163bl, Mark Payne-Gill 163br, George McCarthy 87cr, Michael D. Kern 49bl, Owen Newman 158tc, David Noton 278cr, Fred Olivier 125br, Constantinos Petrinos 70tl, Michael Pitts 104c, Michel Poinsignon 7tc (Fly agaric fungi), Richard Du Toit 261tr, Gabriel Rojo 279bl, Jeff Rotman 24clb, Roland Seitre 156bc, 175clb, Anup Shah 261br, 266bc, Martin Camm (WAC) 246cra, 247clb, Dave Watts 279br, Bert Willaert 86br; **Dick Newell:** 206bl; **Michael S. Nolan:** 107br; **OceanwideImages.com:** Gary Bell 64tc; **Photoshot:** Gerald Cubitt / NHPA 176cb, Paulo de Oliveira / NHPA 62tl, 63tr, Nigel Downer 54bl, D. Robert Franz 129cr, Martin Harvey / NHPA 228bl, Daniel Heuclin 157cb, Gerhard Koertner / NHPA 263bc, Mel Longhurst / Bruce Coleman 241cb, Thorsten Negro / Imagebroker 109cra, Oceans Image 68cl, Kjell Sandved 231ca, David Slater / NHPA 90bc, Layer, W. / Picture Alliance 195cr; **Press Association Images:** Themba Hadebe / AP 229tc; **Professor John R. Hutchinson,The Royal Veterinary College, United Kingdom:** 178tl; **Reuters:** 33br, Usa-Religion / Eagles Reuters / Rick Wilking 130br; **Lindsay Richards:** 106bl; **Chris Schuster:** 36cla; **Science Photo Library:** 39bl, Eye Of Science 6tr, Andy Harmer 35crb, Edward Kinsman 113cra, Dr Morley Read 275c, Sinclair Stammers 261cr; **SeaPics.com:** C & M Fallows 75tr, Chris Huss 264tc; **www.skullsunlimited.com:** 223cl, 239cl; **stevebloom.com:** Jany Sauvanet / Biosphoto 111tr; **SuperStock:** Animals Animals 196cl, Biosphoto 243cr, Minden Pictures 184br, 258bl, Roland Seitre / Minden Pictures 159bl; **Jean-Christophe Theil:** 110bc; **Tom M. Fayle:** 32cl; **Skulls Unlimited International, inc./ ww.SkullsUnlimited.com:** 235bc; **Karen Warkentin:** 85bl